혼자 공부하는 시간의 힘

나만의 지식 지도를 만드는 **공부의 기술**

혼자
공부하는
시간의 힘

책 읽는 원숭이 지음 | 정현옥 옮김

Self-study Encyclopedia

웅진 지식하우스

일러두기

1. 이 책에 나오는 도서 중 국내 출간된 경우 국내 출간 도서명을 따랐으며, 국내 미출간된 도서는 직역한 원서명을 병기해 수록했습니다.
2. 책에 수록된 참고 자료 중 국내에서 제공되고 있는 것은 국내의 내용으로 대체했습니다.

자기 성장을 위한 안내서

이 책의 사용법

이 책은 독학을 위한 도구상자다. 혼자 공부하는 시간에 독자의 가장 가까운 곳에서, 지적 성장의 길잡이가 될 수 있도록 구성에 신경 썼다.

독학을 6쪽 도표처럼 '흐름'과 '확장'이라는 두 개의 큰 틀로 나눈다면, 이 책은 흐름에 중심을 두고 구성했다. 만약 당신이 특정 주제나 과제에 관해 공부하려 한다면, 그 과제는 다음 표에서 확장 중 한 곳에 놓일 것이다.* 독학의 확장에 관해서는 공부의 토대가 되는 세 과목만 마지막 부분에서 따로 다루었다.

독학을 결심한 사람은 무엇을 배울지 스스로 결정하는 사람이다. 이 책은 독자가 무엇을 배우고자 하건 도움이 되는 것을 목표로 삼고 있다.

---

* 책의 모든 도표는 '확장'을 표현하기 위해 도서관에서 자주 쓰이는 십진분류법을 차용했다. 누가 방문할지 상정하기 어려운 공공도서관에서 다양한 정보 니즈에 대비한 것이다. 수많은 자료를 수용하고 배치하기 위해 활용되기에 공부를 하는 사람이 자신에게 필요한 자료를 조사하는 단서로 활용할 수 있다.

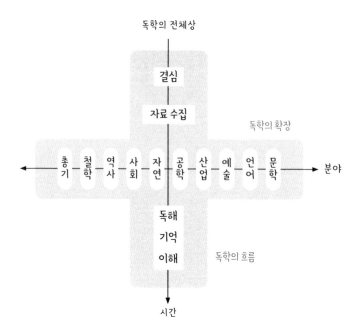

독학의 전체상

결심

자료 수집

독학의 확장

총기 — 철학 — 역사 — 사회 — 자연 — 공학 — 산업 — 예술 — 언어 — 문학 → 분야

독해

기억

이해

독학의 흐름

시간

따라서 범용성에 무게를 두었고, 어느 분야나 주제에 관해 배우더라도 공통으로 쓸만한 방법 위주로 편성했다. 이 때문에 가로축(독학의 확장)에 맞춘 학습 분야별 편성은 제외했다.

독학을 시작하려는 사람부터 이미 오랜 기간 독학하고 있는 사람에 이르기까지 어느 단계에 있는 독학자에게든 도움이 되기를 바랐다. 그래서 위 표의 세로축(독학의 흐름)에 맞추었고, 독학을 지향하는 단계에서부터 무엇을 배울지 선택하기, 학습에 필요한 자료 수집하기, 모아놓은 자료·학습 자원 읽기, 기억하기를 거쳐 이해하는 단계까지 다루었다.

각 장은 단독으로 읽어도 무방하다. 관련된 사항이 있으면 본문에 참조할 페이지를 표시해두었다.

이 책의 구성

이 책은 다음과 같이 3부와 부록으로 구성되었다.

·1부: 독학자의 내면적인 준비, 즉 독학을 지탱하는 비인지적 능력과 관련된 기술에 관해 다룬다. '우리는 왜 배우는가?'라는 질문에 대한 답이다. 이제부터 독학을 시작하고자 한다면 처음부터 읽기를 권한다. 이 책은 대체로 효과가 큰 내용부터 차례대로 구성했다. 일단 시작하고 지속하는 것이 가장 중요하다. 이를 위한 방법이 1부에 집중되어 있다.

·2부: 독학자의 외부 자원, 즉 독학자가 떨어져 있는 지식과 만나는 기술에 관해 다룬다. '무엇을 배울 것인가?'라는 물음에 대한 답이다. 독학자는 무엇을 배우는가는 물론, 어떤 자료와 교재를 사용해 배울지 스스로 정하는 자다. 2부에는 이를 위한 방법과 정보가 정리되어 있다.

·3부: 독학자와 지식이 맞물리기 위한 기술, 즉 지식을 습득해 이해하기 위한 기술에 관해 다룬다. '어떻게 배워야 하는가?'라는 물음에 대한 답이다. 쉽게 말해 '학습 방식'에 관한 내용을 망라했다. 수많은 공부법 중에 특히 효과적인 것을 추려 방법으로 택했고, 관련된 방법은 해설을 곁들여 소개했다.

·마지막 파트 '공부의 토대를 세운다'에서는, 1부에서 3부까지 소개한 각 방법을 실제 독학 상황에서 어떻게 조합해 사용하는지를 살펴본다. 다양한 분야의 공부에 기초가 되는 국어, 영어(외국어), 수학에 관한 내용이다.

각 장의 도입부에는 핵심을 요약해서 실었다. 시간이 없거나 긴 글을 읽는 데 자신이 없는 사람은 우선 이 부분만 읽기를 권한다. 이 책에서 다루는 내용의 개요를 파악할 수 있을 것이다.

또한 각 장의 핵심은 공부법을 다룬 부분이다. 구체적으로 무엇을 어떤 순서에 따라 해야 하는지 설명하고, 공부법의 사용 예시와 해설을 함께 덧붙였다.

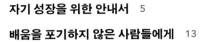

배움을 포기하지 않은
사람들에게

독학자는 배울 기회나 여건이 부족한데도 스스로 배움 속으로 뛰어든 사람이다. 가령 초등학생인데 학교에서 가르쳐주지 않는 삼각함수에 관해 알고 싶다면, 은퇴를 앞두고 포기했던 연구를 다시 시작하겠노라 결심했다면, 몇 번이고 난관에 맞닥뜨려 자신이 가진 힘으로는 극복하지 못해 좌절했다면, 혹은 자신의 아둔함에 쓰라린 눈물을 머금으며 '달라지고 싶다'고 진심으로 갈망했다면, 이미 배움의 한가운데에 있다.

기회와 조건이 제대로 갖추어지지 않았는데 헤쳐나가려 하니 독학자가 걷는 길이 늘 평탄하지만은 않다. 때로는 이해 부족이라는 역풍에 휘말리고, 때로는 시간과 돈, 학습 자원 부족이라는 장벽을 만나 어찌할 방법을 찾지 못할지도 모른다. 무엇부터 시작해야 좋을지 몰라 망연자실하고 시답잖은 충고에 끌려다니다 혼돈에 빠질지도 모른다. 이 책은 그런 독학자를 지지하고 응원하기 위해 세상에 나왔다.

배움을 위해 필요한 것

독학자는 배움을 요구받거나 강요당해서 하는 사람이 아니다. 어떠한 책임도 지지 않고 구속받지 않는 대신, 보호막도 없다. 일방적으로 주어지는 교재도 없으며, 어디까지 배웠는지 참견하며 감시하는 잔소리꾼 지도자도 없다. 게으름을 피워도 진학하지 못하거나 퇴학을 당할 일도 없다. 그러나 아무리 배움에 힘쓴다 해도 이익이 돌아오거나 칭찬을 받는 일도 없다. 배움을 언제 시작하고 언제 끝낼지, 무엇을 공부할지는 독학자의 자유지만, 좌절이나 중단이라는 악마의 속삭임이 늘 따라다닌다. 쉬운 길을 택하거나 시야가 좁은 탓에 생기는 생각의 오류가 함정처럼 도사리고 있다.

그렇기에 독학자에게 필요한 것은 '뇌과학에 기반한 학습법'과 같은 신경신화neuromyths*나 생존 편향**으로 꽉 찬 '독학으로 성공한' 유명인사나 엘리트의 자랑 따위가 아니다. 독학자는 스스로 무엇을 배울지 결정하고 자신을 위해 교재 등의 학습 자원을 입수하며, 필요한 시간을 어떻게든 쥐어짜면서 시행착오를 거듭하고 무수한 제약 속에서도 학습을 이어가야 한다. 자신감이 꺾이면 자력으로 끌어올려야 하고, 바쁜 삶에 허덕이는 사이 날아가버릴 것 같은 동기유발을 끌어모아야 하며, 좌절이 비집고 들어올 때마다 의욕을 일으켜 막아내야 한다.

그렇다면 독학자에게 필요한 지식은 무엇인가. 무엇을 배울지 결정

---

* 뇌과학으로 가장한 비과학적인 이론군의 총칭. 대표적으로 '인간은 뇌의 10%만 사용한다', '남자와 여자의 뇌는 차이가 있다', '우뇌 인간·좌뇌 인간이 존재한다', '유아기에 학습을 시작하지 않으면 나중에까지 영향을 미친다' 등이 있다.

** 살아남은 사례만 기준에 적용함으로써 잘못된 판단을 해버리는 인식의 편향. 약의 효과를 판단하기 위해 살아남은 사람에게서만 데이터를 수집한다면 옳은 판단이 불가하다.

하기 위해서는 어떤 지식이 학습 대상인지 알아야 한다. '지식에 관한 지식'이 있어야만 무엇이 필요한지 고민하고, 어디에 어떤 지식이 있는지 단서 삼아 배워야 할 내용을 찾으며, 결국 배운 것을 내 것으로 만들 수 있다. 또 독학자는 어떤 방식으로 학습할지 선택하고 결정해야 한다. 자신이 배우는 과정이 제대로인지 점검해야 하고, 필요하다면 학습하는 방식이나 대상을 수정해야 한다.

인간은 배움을 통해 달라지며, 달라지기 때문에 배워야 한다. 일단 변화한 후에는 지난날의 학습 방식이 더는 몸에 맞지 않을지도 모른다. 습득한 노하우를 그저 돌려막기만 하다가는 언젠가 바닥난다. 지금 내게 맞는 방법을 찾아내고 조합하며 자신에게 맞추어 재생산해야 할 필요가 있다. 그렇게 재구축하기 위해서는 각각의 방법이 어디에 들어맞는지 이해해야 한다. 즉 자율적 학습자인 독학자는 자기 변화에 맞추어 학습을 다시 계획해야 한다.

독학자에게는 계획을 완수하기 위한 기술도 필요하다. 그러기 위해 동기를 유지하고 유혹에 넘어가지 않도록 자기통제를 위한 지혜를 가져야 한다. 쉬지 않고 불어대는 주변의 역풍, 그리고 내면에서 끊임없이 솟구치는 게으름을 노련하게 다스리면서 꺼져버릴 듯한 동기를 재점화시키며 앞으로 나아가야 한다. 그러기 위해서는, 달나라에 갈 정도의 대업을 이뤄내기도 하지만 다이어트 하나도 성공하지 못하는 인간이라는 생물에 관해 제대로 알아야 한다.

인간은 질문하는 존재다

'지식이란 무엇인가', '배움이란 무엇인가', 나아가 '인간이란 무엇인가'

에 관한 고찰은, 독학 실용서를 표방하는 이 책에서 다루기에 지나치게 방대한 주제라는 생각도 든다. 하지만 전제를 다시 바라보며 근원을 파헤치는 일이 꼭 실천과 동떨어진 것은 아니다. 그런 물음은 기를 쓰고 읽어봤자 진도가 안 나가는 난해한 전문서에만 있는 게 아니라, 현실에서 무언가에 몰두하고 있는 사람들이 무심코 입에 담을 만한 의문이기도 하다.

모든 일이 순조롭게 흘러가는 동안에는 앞만 내다보느라 발밑의 돌부리를 무시할 만도 하다. 하지만 지금까지 모든 일에 최선을 다해왔기에 일이 잘 안 풀리거나 헛된 힘만 썼음을 깨달았을 때 '제길, 왜 이런 일이 일어난 거야?', '내가 왜 이걸 해야 하지'라는 의문이 들 수 있다.

인간은 '왜?'라는 질문을 던지는 생물이다. 질문하지 않으면 못 배기는 이런 특성이야말로 우리의 배움을 지탱하고, 어떻게 배워야 하는지 고찰하게 한다. 물론 '왜'의 대부분은 대답하는 사람은 고사하고 들어주는 사람도 없이 공중으로 흩어져버릴 것이다. 일상을 원만하게 보내기 위해서는 일일이 멈춰설 수는 없는 노릇이기에 곧장 다음으로 나아가야 할 때가 많기 때문이다.

그러나 우리가 지금 이어가고자 하는 질문은 인간이라는 존재의 심연에 있는 단단한 암석을 두드리는 것과 같다. 또한 이 질문은 배움을 지지하고 가능하게 하는 독학을 하려는 사람들을 돕기 위해 간과해서는 안 된다. 이런 질문에 답하기 위해서는 지식이나 경험을 획득하고 사고에 관여하는 인지적 기술뿐 아니라 자제심과 인내력 등 비인지적 기술에도 관여하는 인간의 특성을 이해해야 한다. 그렇기 때문에 책의 본격적인 부분에 들어가기에 앞서 이중과정이론*을 소개하고자 한다.

이중과정이론은, 인간의 인지나 행동이 크게 2가지 시스템(프로세스)

으로 구성된다는 이론이다. 시스템1은 무의식적이고 자동적이며, 신속하게 직접 작용한다. 한편 시스템2는 의도적으로 제어하고 처리 속도가 더디며 숙고 끝에 작용한다.

시스템1은 고집스러운 기질의 기능 장인들에 비유된다. 장인'들'이라고 복수형으로 칭하는 이유는 이 시스템이 복수의 전문기관인 모듈module의 집합체라고 할 수 있기 때문이다. 시스템1의 특징인, 오랜 진화를 거쳐 다듬어진 숙련된 기술은 각기 자신 있는 일에 대해서는 아주 우수하고 시간과 인지 자원을 거의 허비하지도 않는다. 그러나 시스템1이 적응한 환경**은 현재 우리가 살아가는 세상과는 다른, 인류가 뿌리내리고 진화해온 사바나 초원에서 고작 백수십 명 규모의 집단을 이루며 살던 때의 것이다. 여전히 시스템1은 여러 상황에서 의식하지 않고도 옳은 판단을 내리지만, 환경이 과거와 크게 달라졌으니 가끔 제대로 작동하지 않는 게 당연하다. 오늘날 시스템1이 가진 취약성은 널리 알려져 있지만, 이것을 구태여 끄집어내는 장치에 대해서는 무방비하다.

한편 시스템 2는 둔하면서 논리만 앞세우는 신입사원에 비유된다. 이 신입은 기능 장인들이 하지 못하는 '만일 ~라면'이라는 가정 상황까지

- 이성과 감정의 상극 등 인간의 심리를 둘로 나누어 생각하는 사고는 예로부터 존재했으나, 지금의 이중과정이론의 원류는 1960년대 이후 다양한 심리학 분야에서 축적된 연구들이다. 기억·학습에서 암묵적 학습(implicit learning)의 실험적 증명, 연역적 추론에서 논리적인 과정과 신념 편향의 영향을 받는 비논리적인 과정의 경합을 발견, 사회심리학에서 명시된 태도와 실제 사회적 행동의 괴리에 제어된 프로세스와 자동적 프로세스에 의한 설명, 그리고 행동경제학으로 이어진 카너먼과 트버스키의 의사결정에 관한 연구 등 이들 각 영역에서의 지견이 통합되어 이중과정이론으로 발전했다.
- 진화적 적응환경(EEA, Environment of Evolutionary Adaptedness)이라 하며, 대략 200만 년 전부터 수만 년 전 사이(갱신세, 구석기시대)로 추정된다.

예측할 수 있고, 새로운 과제에도 대응할 능력을 갖추었다. 그러나 일하는 속도가 느리고 엄청난 인지 자원을 필요로 한다. 다른 과제에 인지 자원이나 에너지(포도당)를 사용하고 있을 때는 제대로 작동하지도 않는다.[1]

이중과정이론 ✎

시스템1 직감적, 체험적	시스템2 합리적, 분석적
무의식, 자동적	지시나 의향에 대응함
신속, 대규모 병렬 처리	저속, 직렬 처리
연상형	언어 및 반성 의식과 관련
프래그머틱(종전의 지식이나 신념에 비추어 문제를 문맥에 맞춤)	추상적 · 가설적 사고 가능
작업 기억*이라는 중심 자원을 거의 필요로 하지 않음	작업 기억과 일반 지식에 각각 결합
일반 지식의 개인차에 관계없이 기능함	
작은 노력	큰 노력

이중과정이론[2]을 이용해 우리의 의지나 인지에 관한 문제를 몇 가지 분석해보자. 예를 들어 다이어트에 실패하는 이유는 시스템1이 시스템2를 이겨버리기 때문이다. 시스템2로는 지식과 가설 사고를 사용하면서 '만일 이 음식을 모두 먹어버리면 체중이 늘어나겠지'라는 예측을 할 수 있다. 그러나 시스템1은 달리 판단한다. 달고 열량이 높은 음식에 침을 흘

---

* 입력된 정보를 단기적으로 기억하면서 능동적으로 이해하고 조작하는 과정

리도록 조종한다.

시스템1이 지배하던 구석기시대에 달콤함이란, 중요한 영양 공급원이었던 과실의 영양가가 가장 높은 타이밍을 알려주는 신호였다. 또 고열량 식물은 손에 넣기 어려우므로 '찾아내면 실컷 먹어두어야 한다'는 룰이 생존방식이었다. 문제는 우리가 지니고 태어난 메커니즘은 거의 그대로인데 살아가는 환경은 크게 달라졌다는 점이다. 옛 환경에서는 희소했던 달고 상큼한 과실이나 고열량 식품이 현대 선진국에서는 저렴하고 간단히 손에 들어온다. 이렇게 달라진 환경에서 뇌의 타고난 기호나 충동대로 먹고 마신다면 어찌 될지 뻔하다. 이성적으로 생각하면 예측 가능한데도 불구하고 대부분 시스템2보다 시스템1이 우위에 서고, 그로 인해 많은 사람이 비만과 싸우고 있다. 인류가 경험해본 적 없는 현상이다.

그러나 한숨지을 필요는 없다. 시스템1의 우위는 뒤집지 못할지언정, 우리는 그 특성을 이해하고 이용할 수 있다. 기본적으로 '지금 이곳'에 반응하는 시스템1은 환경 의존적이다. 그러니 환경에 어떻게 반응하는가를 이해할 수 있다면 환경을 다시 디자인함으로써 시스템1을 유도할 수 있다. 더불어 지식과 가설 사고를 이용해 환경을 다시 디자인하고 간접적으로나마 시스템1을 통제할 수 있는 것이 바로 시스템2다.

일반적으로 우리가 공부를 어려워하는 이유는, 장기 기억이나 패턴 매칭을 담당하는 시스템1의 입장에서 학습을 통해 들어오는 정보가 낯설고 생존과 직결되지 않는 것들이기 때문이다. 시스템1은 생명과 직결되는 정보에 적합하다. 어떤 음식을 먹은 후에 몸 상태가 나빠졌다면 우리는 그 음식을 한 번에 떠올릴 수 있을 뿐 아니라 죽을 때까지 기억한다.* 이에 반해 학교에서 배운 내용은 거의 잊어버린다. 구석기시대에는 수학 공식은커녕 문자조차 존재하지 않았으니 시스템1을 원망하는 것은 옳지 않을지도 모른다.

그러나 시스템1이 적응한 환경과 그 특성을 이해하면 도움이 된다. 사진이나 녹음 등 복제기술이 없던 구석기시대에는 반복적으로 일어나는 일이 실제 접촉을 뜻했고, 다음에 또 일어날 가능성이 높으므로 기억할 가치가 있었다. 이 때문에 현대에는 시스템1이 오류적 진실 효과Illusory truth effect(특정 정보에 자주 노출될수록 진실이라고 믿기 쉬운 현상-편집자 주)[3]를 나타낸다는 약점을 안게 되었다. 학습에 자주 쓰이는 '반복'은 이 취약성을 공격해 시스템1에 중요한 정보라는 착각을 심기 위한 방편이다. 또한 오랜 세월 광고나 선전에서 써먹은 기본적인 테크닉이기도 하다.

지식은 어떻게 탄생했을까?

이중과정이론은 인지적 기술뿐 아니라 자기제어와 같은 비인지적 기술을 생각하는 데도 쓰이는 구조다. 그뿐만 아니라 '우리가 왜 배우는가', '지식은 왜 존재하는가'에 대해서도 생각할 토대를 제공한다.

시스템1은 오랜 구석기시대의 환경에 적응하기 위한 방식이었다고 생각할 수 있다. 그러나 우리가 사는 환경은 그때와 다르며, 이게 바로 널리 쓰이지만 아둔하고 많은 것을 잡아먹는 시스템2를 이용해야 하는

---

* 음식을 처음 먹은 후 몸이 나빠지는 등 불쾌 증상을 체험하면, 그 음식의 맛을 오래 기억해두고 두 번 다시 같은 것을 입에 넣지 않게 된다. 이 현상을 가르시아 효과(Garcia effect) 또는 미각혐오조건(taste aversion conditioning)이라고 한다. 이 현상은 한 번의 경험으로 획득되는 학습효과이며 미각 정보와 내장 감각 정보의 뇌 내 연합학습의 결과로 발생함을 실험으로 확인했다.

이유다. 환경이 크게 바뀌어버린 이유는 역사(거듭된 고난과 극복)가 인간이 살아가는 세상을 크게 변화시켰기 때문이다.

생물이 주위 환경에 변화를 주고 자기 형편에 맞도록 환경을 개선하는 것을 환경 구축niche construction이라고 하는데, 이는 다양한 생물에게서 나타난다. 작고 단기적인 것으로는 개가 소변으로 자기 영역을 표시하는 마킹 행위가 있으며, 좀 더 크고 세대를 장기적인 것으로는 비버가 강 흐름을 막으면서 댐을 짓는 행위가 있다.

인간이라는 생물 역시 환경 구축을 통해 환경을 바꾸고 문명을 이루어왔다. 그리고 비버가 만들어놓은 댐에는 비교도 안 될 만큼 크고 장기적인 영향을 남겼다. 인간의 환경 구축에서 가장 두드러진 특징은 그것이 물리적인 환경 개선을 넘어 인지적으로도 행해졌다는 것, 그리고 인지적 환경 구축을 매개로 대규모의 장기적인 환경 개선이 가능해졌다는 것이다. 이렇게 인간이 쌓아온 인지적 환경의 일부를 우리는 '지식'이라고 부른다.[4] 이 인지적 환경을 구축하는 데 시스템2가 크게 관여한 것으로 보인다. 시스템2의 특징은 언어를 통해 생각할 수 있다는 점이다. 이 때문에 느리고 한 번에 하나씩만 생각할 수 있다는 결함이 있지만, 장점 역시 언어의 특성에서 나온다. 우리는 언어의 부정형을 써서 '현실적인 존재'와 다른 상황을 나타내는데, 이는 '만일 ~라면'을 생각하는 가설적 사고를 가능하게 한다. 언어는 또 눈앞에 보이는 것과 일대일로 대응할 필요 없이 추상적 사고를 가능하게 한다. 게다가 언어가 지니는 함축성 nesting은, '나는 무엇을 하고 있는가, 무슨 생각을 하는가' 같은 반성적 사고를 가능하게 한다.

이처럼 사고를 언어로 주고받는 일은 배움과 지식 획득을 가능하게 한다. 가능한 일을 관찰만 해서는 일어나지 않을 픽션(이 또한 세상을 보는 눈을 바꾸는 인지적 환경이다), 이를테면 '우리는 같은 신의 자손이다' 같은 신화에 대해 말할 수 있게 되고, 혈연으로 얽힌 사람끼리만 이루던 소집단을 넘어선 대규모의 집단을 만들 수 있게 된다. 이렇게 농경이나 도시가 탄생하고 문명을 구축하는 일이 가능해진다.

나아가 언어는 타인에게 의사를 표시할 뿐 아니라 자기 자신에게 명령함으로써 스스로를 통제하는 매개가 되기도 한다. 어린아이는 손에 익지 않은 작업을 수행할 때 혼잣말을 하면서 한 단계씩 차근차근 밟아간다. 이 때문에 언어는 제도나 법 등의 기초(이것들 또한 인지적 환경이다), 즉 도덕만으로는 유지하지 못하는 대사회를 지탱하기 위한 사회제어의 기초가 되었다.

지식이 유지되려면 배움을 통한 전달이 필수다. 거꾸로 말하면 배우는 사람·담당하는 사람만 있으면 물리적인 사용 기한 같은 게 없으므로 인지적 환경은 물리적 환경보다 훨씬 오래갈 수 있다. 많은 생물이 멸종했는데도 생명 활동은 끊임없이 이어지듯, 놓쳐버린 지식이 많다고 해도 지식 활동은 여전히 진행 중이다. 대대로 이어진 지적 활동을 발판으로 지식을 더욱 높이 쌓아 올릴 수 있다. 이런 인지적 환경 구축의 막강한 힘을 빌려, 우리는 진화를 통해 길러진 인지기능(시스템1)이 따라잡지 못할 만큼 빠르게 환경을 개선해왔다.

이를 개인적인 차원에서 생각해본다면 '우리는 왜 배워야 하는가'에 대한 대답 중 하나를 얻을 수 있다. 우리가 시스템1이 진화할 때와 별반 다르지 않을 환경에서 살고 있다면, 즉 생득적인 인지기능에만 의지해 살아갈 수 있다면 뭔가를 따로 배울 필요는 없을 것이다. 그러나 인간은 타고난 인지기능만으로는 해결하지 못하는 문제를 해결했고, 그러기 위해 지식이라는 인지적 환경을 구축했으며, 살아가는 환경을 자력으로 개선해왔다. 우리는 지식을 습득해 대대로 전해왔다. 이처럼 인간과 지식이 함께 진화하면서 인간이 살아가는 세상은 갈수록 새로워졌으며, 현재 우리가 누리는 세상은 과거 인간이 진화한 환경과 더욱 멀어졌다.

우리는 직감과 감정이 우선하는 뇌가 있으면서도 타고난 인지기능만으로는 적응하기 어려운 세상, 다시 말해 이성과 지식 없이는 사회와 문명을 유지하기 어려운 세상에 살고 있다.

인간은 똑똑해졌을까?

그렇다면 기나긴 세월 동안 인지적 환경을 구축해온 인간은 그만큼 똑똑해졌을까? 지혜의 열매를 먹었다는 이유로 지난날 누리던 낙원에서 추방되고 몰락한 것은 아닌가? 과학이나 합리적 조직 운영법을 알게 되었기에 훨씬 효율적으로 서로 물고 뜯게 된 것은 아닌가? 이 책은 이런 생각에 동의하지 않는다.

우리는 인간이 유례없이 효율적으로 서로를 공격할 수 있게 되었음을 이미 알고 있다. 물론 지식이 다양한 국제조직과 안전보장에 관한 연구, 평화를 추구하는 크고 작은 움직임을 만들었다는 것도 안다. 또 우리는 모든 것을 해결할 '은銀 탄환'*이 없다는 것도, 비용을 지불하지 않아도

---

* 서양의 무속신앙에서 늑대인간이나 악마 등을 격퇴할 수 있다고 믿는 은으로 만들어진 탄환. 평범한 수단으로는 대처하기 어려운 대상을 일격에 해결하는 것으로 비유해 쓰기도 한다. 프레더릭 브룩스가 저서 『맨먼스 미신(The Mythical Man-Month)』에서 '어떤 경우에건 통용하는', '만능의 해결책'은 존재하지 않는다는 비유로 쓴 '은 탄환은 없다(No Silver Bullet)'라는 표현이 널리 알려졌다.

되는 '공짜 점심'**따위는 없다는 사실도 안다. 바로 이런 앎이 우리의 사고와 행동을 바꾸고 있다. 지식은 무언가를 변화시키는 힘을 지니고 있다. 그러나 모든 것을 변화시키지는 못한다. 이중과정이론으로 돌아가 확인해보자.

다이어트를 할 때 '이 음식을 먹는다면 살찌겠지' 하고 예측할 수 있는 이유는 식품이나 열량 등의 영양학·생리학적 지식과 '만일 ~라면'이라는 가설 사고를 사용할 수 있는 시스템2가 작용한 덕분이다. 시스템1은 태고의 환경에서 습득한 '열량이 높을 것 같은 음식은 마음껏 먹어라'라는 룰을 어김없이 따른다. 그러므로 지식으로 바꿀 수 있는 것은, 지식을 접하고 가설 사고를 전개할 수 있는 시스템2의 방식이다.

인지 편향의 원천인 시스템1이 지식의 영향을 받아 달라지는 일은 없다. 게다가 대체로 시스템1은 시스템2보다 강력하다. 도덕 심리학자인 조너선 하이트의 비유를 인용하자면, 우리는 코끼리(욕구, 감정)의 등에 올라탄 조련사(의지, 이성)다.

"나는 고삐를 잡고 저쪽으로 밀다 이쪽으로 당기면서 코끼리에게 '돌아, 멈춰, 앞으로 가' 하고 명령을 내릴 수 있다. 코끼리에게 지령할 수는 있으나, 그것은 코끼리가 자기 욕망을 잃었을 때뿐이다. 코끼리가 진정으로 무엇인가를 하고자 한다면 나는 코끼리를 이길 수 없다."[5]

하이트의 지적에 저항감을 느낄지 몰라도 사실임을 인정할 수밖에 없다. 그렇다면 방법은 없을까? 앞서 학습의 예에서 보았듯 시스템1의 특

** 로버트 A. 하인라인의 SF 소설 『달은 무자비한 밤의 여왕』에 실려 유명해진 격언 "공짜 점심 따위가 있을 리 없다(There ain't no such thing as a free lunch)." 이 격언 자체는 1949년에 이미 용례가 있다.

성을 이해하고 환경을 디자인함으로써 간접적으로 시스템1을 통제할 수 있다. 또한 시스템1만으로는 대처 불가능한 문제를 시스템2가 해결할 수 있다. 예를 들어, 집단을 만들어 유지하려면 집단에서 혜택만 받고 집단에 공헌하지 않는 무임승차를 억제해야 한다. 무임승차하는 사람이 소수라고 허용하기 시작하면 '그쪽이 유리하겠어. 비난받을 일도 없고'라며 무임승차가 점점 늘어나고, 그러면 집단을 유지하기 힘들어진다.

무임승차를 억제하는 기능을 담당하는 것이 바로 시스템1에 포함되는 보복 감정과 동족 옹호다. 당하면 갚아주는 보복 감정이 있으면 타인에게 손해를 입히는 행위는 보복을 통해 자신에게 손해로 돌아오므로 타인에게 손해를 끼치는 행위가 억제된다. 그러나 보복 감정은 적대감을 일으켜 협력이 애초에 성립되지 않으므로 동족 옹호의 감정도 필요하다. 동족 옹호의 감정은 동료에게는 친절하게 대하는 것이 기본이기 때문에 동족 내에서는 협력하고, 그래서 집단이 유지된다.

그러나 이 메커니즘에는 취약점이 있다. 가장 심각한 사태를 초래하는 것은 의도치 않은 사고로 인한 연쇄적 복수다. 보복 감정이 있는 경우 의도적인 손해 행위는 억제되지만, 오인이나 부주의 등으로 인해 고의성 없이 타인에게 손해를 끼치는 경우에는 어떻게 될까. 집단이 클수록 이런 사고의 빈도도 높아지고, 심각한 문제를 낳게 될 것이다.

동족 옹호의 감정은 친밀도에 따라 차등을 두게 되고, 같은 사실에 관해 다른 해석을 낳는다. 손해를 초래한 A와 친한 사람들은 A의 손해 행동이 고의가 아님을 중시해 온정을 베풀어야 한다면서 제재에 반대할 것이다. 반면 직접적으로 손해를 입은 B와 친한 사람들은 A가 손해를 입힌 결과에 중점을 두고 제재를 가해야 한다고 주장할 것이다. B와 친한 사람이 A에게 사적으로 제재를 가한다면 A와 가까운 사람들은 부당한 손해를 입었다면서 B에게 보복할 것이다. 이렇게 복수는 복수를 낳고 집단 전체에 심각한 손해를 입힌다.

이런 취약성을 알기 때문에 많은 문명에서 사적 제재의 금지와 법에 따른 형벌을 고안했다. '만일 복수가 사적으로 행해진다면 집단 전체에 커다란 손해가 미친다'는 가설을 세우고, 시스템1의 동족 옹호와 보복 감정에 의한 행동을 억제하는 것이 바로 시스템2다.

인간이 오랜 역사에 걸쳐 만들어온 다양한 제도, 이를테면 국가나 시장, 기본적 인권 등은 하나같이 시스템1에 기반한 감정과 직감만으로는 해결하지 못하는 문제에 대한 대처법이다. 그렇기에 해결책은 종종 우리의 감정과 직감을 거스른다. 직감으로는 이해하기 어렵고 감정적으로 납득하기 힘들다.

이 제도들은 훨씬 대규모 사회에서 해결을 목적으로 하는 것이므로 우리가 나고 자라며 일상적으로 활동하는 소집단에서는 자연스레 터득할 기회가 없다. 게다가 몇 세대에 걸쳐 사회에서 시행착오를 거쳐 만들어졌으므로 자세하게 설명해야 할 만큼 복잡하다. 또 이 제도들의 필요성을 이해하기 위해서는 감정·직감이라는 시스템1의 작용을 일단 억제하고, 가설 사고를 할 수 있는 시스템2를 작동시켜야 한다.

그러나 우리 일상에는 누군가가 일방적으로 장시간 말할 기회, 그리고 귀를 기울일 만한 기회가 그다지 없다. 이것이 거대하고 복잡한 사회를 지속하기 위해 생활 공동체에서 분리된 교육의 장, 즉 학교가 필요한 이유이기도 하다. 학교 역시 제기되는 문제를 수없이 극복해가면서 변함없는 인간의 사양(설계 구조)과 끊임없이 변화하는 환경이라는 양방향에 적응하기 위해 진화해왔다. 수십 분 침묵을 지키며 이야기를 들어주는 수업이라는 장, 흥미조차 생기지 않는 과목을 계획적으로 배우는 커리큘럼, 정기고사, 성적표 등 많은 사람이 악감정을 품고 있는 학교의 다양한 요소는, 자기통제가 부족하고 환경 의존적인 시스템1을 안정시키기 위해 꼭 필요하다. 학교는 우리가 나고 자란 공동체에서는 배울 수 없는 지식을 장기간 체계적으로 학습하는 인공적인 환경이면서, 동시에 감정과 직감만으로는 해결하지 못하는 문제에 대처하기 위해 시스템1의 억제를 체험하는 장이기도 하다.

독학을 시작하면 많은 사람이 자신의 불안정에 농락당한다. 스스로 세운 학습계획을 지키지 못하고 새로운 분야에 한눈을 팔며, '오늘 하루쯤 넘겨도 되겠지' 하고 고삐를 풀어 그대로 학습을 중단해버리기도 한다. 뒤집어 말하면, 학교가 얼마나 다양한 수단으로 불완전한 자기통제를 지원해 안정시켰는지 알 수 있다.

독학자는 학교가 부여하던 많은 인지적·비인지적 지원을 스스로 마련해야 한다. 그리고 배움을 이어가기 위해 무엇이 필요한지 고민할 필요가 있다. 이를 위해, 인간이라는 생물의 지성, 감정, 의지를 객관적으로 바라보는 이중과정이론이 꽤 유용하다.

나는 똑똑해질 수 있을까?

시스템2와 지식이 시스템1의 취약성을 어떻게 사회적 차원에서 보완하는지 살펴보았다. 이제 개인적 차원에서 한번 들여다보자. 시스템1만으로는 살아갈 수 없는 세상에서 시스템2를 (특히 그 확장성을) 살려 살아간다고 생각하면, 배움은 단지 지식을 외부에서 뇌 내로 옮겨 담는 일에 그치지 않고, 그 이상의 무언가가 있다고 믿고 싶어진다. 누군가가 이미 완성해놓은 지식을 통해 시스템2의 인지기능을 확장할 수 있는가 하면, 시스템1에 기인한 의지나 지속력 같은 비인지기능을 개선할 수 있다는 점이야말로 인지적 환경을 구축하고, 그것들을 학습으로 습득할 수 있는 인간의 자랑스러운 특성이다.

인지기능 확장의 알기 쉬운 예로 필산筆算이 있다. 평범한 인간이라면 암산, 즉 인간의 인지기능만으로는 세자릿수끼리의 곱셈조차 어려워한다. 그러나 종이와 필기도구를 사용해 문자나 식을 써서 계산하면 훨씬 많은 자릿수의 곱셈에서도 답을 구할 수 있다. 인간의 연산능력이 급격하게 확장되는 것이다. 더 복잡한 예로, 우리는 오감만으로 인식하기 어려운 원자나 분자의 움직임을 다양한 지식을 활용해 이해하고 예측할 수도 있으며, 거대한 구조물을 만들 수도, 거대한 조직을 디자인하고 운영할 수도, 인간을 달에 보낼 수도 있다. 이렇듯 대부분의 지식은 훨씬 고도로 얽히고설켜 있어 습득하기 위해 시간이 필요하지만 인간의 인지능력을 확장해준다.

지혜로움을 정의하기는 어렵지만, 그 반대인 '어리석음'은 바로 우리 자신을 두고 하는 말이므로 잘 알고 있다. 나중에 냉정하게 생각해보고 '왜 그렇게 해버렸을까!' 하고 후회하는 경우, 우리는 어리석은 행동을 했다고 말한다. 이렇게 생각하면 시스템1은 우리의 뛰어난 직감이나 인생의 풍요로움을 채우는 감정의 원천이자 어리석음의 원천이기도 하다. 시스템1의 취약성을 이해하고 시스템2를 통해 수정이나 보완을 할 수 있다면 우리는 어리석음에서 벗어나 (아주 약간이지만) 똑똑해질 수 있지 않을까. 물론 우리가 이상으로 삼는 지혜로움에는 못 미칠지 모른다. 그러나 이것은 우리가 배움을 이어가기 위해, 그로 인해 변함없이 지혜롭기 위해 필요한 최소한의 조건이다.

지식의 바다를 건너기 위한 안내서

이 책은 똑똑함을 유지하기 위해 필요한 요소들, 말하자면 지속적인 배움을 위해 필요한 지혜를 제공하는 데 목적을 두었다. 그러기 위해 인간의 인지와 행동에 관한 특성을 알고 이를 기반으로 지식이란 무엇인가, 배움이란 무엇인가를 고찰했으며, 이를 토대로 역대 독학자들이 개발한 방법을 재구성했다.

　독학에 성공하기 위해서는 이성이 필요하며, 이성은 앎과 배움으로 강화할 수 있다. 우리가 학습하고 생각하며 스스로를 통제하도록 도와주는 도구들을 인지 철학자 앤디 클라크의 표현을 빌려 외부장치Scaffold[6]라고 하자. 심리학에서 비고츠키의 근접발달영역설에서 시작되어 브루너를 거쳐, 학습과학으로 계승된 비계설정Scaffolding(학습자에게 적절한 도움을 주기 위해 기준을 정하는 것-옮긴이)이라는 개념은, 아동이 주체적으로 문제를 해결할 수 있도록 아동의 발달에 맞추어 지원하고, 도움을 점점 줄이다가　없앤다. 그러나 클라크가 말하는 외부장치는 우리의 사고와 행동에 도움을 주면서도 비계설정처럼 없어지지 않고 무한대로 쓰인다. 앞에서 설명한 필산을 마스터한 사람은 종이와 필기도구라는 외부장치를 이용함으로써 계산능력을 확장할 수 있다. 프로그래밍을 배운 사람은 컴퓨터를 사용해 더욱 복잡한 계산이나 정보를 처리하도록 능력을 확장할 수 있다. 또 과학이론의 다양한 모델을 통해 자연을 이해하는 능력을 키운다. 꼭 이론을 자세히 기억하지는 못하더라도 필요하다면 책을 보고 공식 등을 확인함으로써 이론을 활용할 수도 있다. 우리는 단지 뇌로만 사고하는 것이 아니라 외부환경에 있는 이런 외부장치를 통해 생각하고 행동한다. 외부장치의 도움을 받아 인지적, 비인지적으로 능력을 향상시킬 수 있는 것이다.

독학은 타고 있는 배를 고치면서 나아가는 항해와 같다. 외부장치의 개념으로 바꾸어 말하자면, 이 장치를 이용하면서 수리하고 확장해 독학이라는 항해를 이어간다.

혼자 공부하는 시간이 필요한 모두에게

간결하게 독학이라 표현하기는 했어도, 학교나 학원, 입시학원에 의존하지 않는 자기주도 학습에서부터 기관에 적을 두지 않은 독립연구자의 재야연구, 사회인의 재학습에 이르기까지 독학이 의미하는 범위는 넓다. 이 책에서도 독학의 의미를 가능한 한 포괄적으로 다루었다. 도달하고자 하는 목표가 어느 지점이건, 또 어느 단계에 있는 사람이건 스스로 배움 속으로 뛰어든 사람을 내버려둘 수는 없었기 때문이다. 그뿐 아니라, 지적 활동을 쓸데없는 장벽과 단계를 만들어 구분하는 것은 득보다 실이 많다고 생각한다. 학습과 연구를 별개로 분석하기보다 같은 지적 활동으로서 연속체의 일부[7]라 간주하는 편이 얻는 바가 크다.[*]

무엇보다 이렇게 해야 많은 독학 선구자를 역사의 한복판으로 끌어낼 수 있다. 이름만 들어도 알 만한 지식 탐구자들의 업적은 우러러볼 때마

---

[*] 가령, 역사를 배울 때 사건 연도나 순서를 암기하기보다, 역사가의 방식대로 사료를 뒤져 가설을 세우고 논의를 통해 타당한 추론을 세우는 편이 훨씬 깊은 지식을 얻는다. 이렇게 획득한 깊은 지식은 표면적인 지식처럼 시험이 끝나면 잊어버리는 것이 아니라 보존되며, 현실 세계에서 쉽게 활용된다.

다 높고 위대하지만, 그들의 지적 활동이 우리의 것과 동떨어지지는 않았다. 그렇지 않다면 그들이 알아내고 고민한 것들을 어떻게 우리가 지금 읽고 우리의 양식으로 삼을 수 있겠는가. 덧붙여, 그들도 변변찮은 상황에서 지적 활동을 이어왔음을 이해하는 것은, 앞으로 닥칠 여러 곤란을 극복하려는 우리에게 용기를 줄 것이다. 그들의 존재야말로 수많은 난관에도 불구하고 인간이 앎을, 배움을 포기하지 않았다는 증거다.

독학을 응원하고 지지하는 글을 쓸 자격이 내게 있는지 솔직히 의문이다. 그러나 이 글을 써야 한다는 의무감은 분명히 있다. 나 역시 악전고투하는 일개 독학자로서 이 책을 완성했다. 책에 쓰인 내용은 내가 지금까지 지속해온 독학의 경험에서 비롯된 것들이며, 훨씬 많은 내용을 독학 선구자들에게 빚졌다. 그들에게서 많은 도움을 받았으니, 다음 타자에게 바통을 넘겨줄 의무가 내게 있다고 생각하기로 했다.

내가 좀 더 똑똑하고 인내심 강한 사람이었다면 아마 완전히 다른 책을 썼을 테지만, 그 책은 지금의 나보다 훨씬 지혜롭고 참을성 많은 사람에게만 필요했을 것이다. 평범한 독학자인 내게는 이것이 최선이다. 이 책은 그다지 똑똑하지 않고 금방 질리고 포기해버리는 사람들을 위한 것이다. 그렇기에 매번 좌절하면서도 온전히 내려놓지 못하고, 배움에 도전하는 평범한 사람에게 도움이 될 것이다. 지식의 망망대해로 나아가는 모두에게 축복이 있기를. 우리의 항해가 무사히 끝나기를 기도하며.

1부

우리는
왜
배우는가

독학을 시작하기는 어렵지 않다. 그러나 지속하기는 어렵다. 다들 지속의 중요성을 알고 있지만, 계획이 틀어진 경험이 있을 것이고 지속하는 게 얼마나 험난한지 통감할 것이다. 인간이라는 생물에게는 다른 포유류처럼 체온을 일정하게 유지하는 우수한 메커니즘이 있지만 의지를 일정하게 유지하기 위한 자기통제에 관해서는 불완전한 기능밖에 갖추지 못한 것이다. 한마디로 인간은 체온을 유지할 수는 있어도 의지를 오래 유지하지는 못한다.

교훈을 얻을 만한 다른 생물을 둘러보자. 변온동물인 도마뱀은 자주 일광욕을 하거나 그늘에 숨는다.[1] 체온을 적절하게 조절하기 위해 온도가 높은 곳이나 낮은 곳으로 이동하는 것이다. 즉 도마뱀은 포유류 같은 항온 메커니즘을 타고나지 않은 대신, 체온을 유지하기 위해 외부환경을 이용한다.

우리의 직감이나 감정 혹은 충동을 만들어내는 시스템1은 기본적으로 '지금 이곳'에 대응하도록 진화했다. 다른 생물들과 마찬가지로 처한 환경에 좌우되게끔 만들어진 것이다. 이런 특성을 이해한다면 충동을 억제하고 의지의 힘을 강화하기 위해 외부환경을 이용할 수 있다. 게다가 인간은 도마뱀과 달리 적절한 공간으로 이동하면서 외부환경을 이용하는 데 그치지 않고 외부환경을 목적에 맞추어 디자인할 수 있지 않은가.

GTD Getting Things Done(업무 흐름 5단계 경영법)를 창안한 작가 데이비드 앨런은 이를 두고 "그다지 '똑똑하지 않은 내가' 올바른 판단을 내리도록 '똑똑한 내가' 계획한다"라고 표현했다.[2] 이것야말로 어디에서 어떻게 배우는가를 스스로 정하는 독학자에게 어울리는 해결법이다.

1부에서는 계획 실행 및 지속에 관한 비인지적 기술과 이와 관련된 방법을 다룬다. 이 방법들은 우리 의지력, 지속력 등을 강화하기 위해 선조들이 디자인한 외부환경이라 볼 수 있다. 이 비인지적 기술에는, 독학에 부족하기 쉬운 자원 중 학습 분야에 국한되지 않는 것, 시간이나 동기부여 등을 조달하고 관리하는 방법을 포함한다. 교재나 학습 자원과 관련된 방법에 관해서는 2부에서 다룰 예정이다.

제일 먼저 이런 내용을 다루는 이유는 이것이 '무엇을 어떻게 배우는가'보다 결과에 기여하는 바가 크기 때문이다. 배움을 멈추지 않는 법은 제대로 배우는 법보다 훨씬 어렵고 중요하다.

1장

배움의 계기를 발견한다

누가 하라고 등을 떠민 것도 아니다. 하고 싶으면 하고, 그만두고 싶으면 그만두면 그뿐. 바로 그것이 '독학'이다. 왜 우리는 스스로 공부를 시작하고 계획대로 잘 굴러가지 않아 좌절하고, 그런데도 포기하지 못하고 다시 시작하기를 반복하는 걸까? '그런데도 다시 시작하는' 바로 이 지점에 공부를 지속하게 만드는 '동기부여'의 열쇠가 있다.

공부와 직접적인 관계가 없어 보여도 내가 몰두했던 기억이나 공부를 시작한 계기를 되짚어보자. 콕 짚어 말하자면 '그럼에도 불구하고'* 해 낸 부분을 찾아보는 것이다. 부정적인 경험을 하고도 왜 배움을 포기하지 않은 걸까? 좌절하거나 중단해도 다시 시작한 이유는 무엇일까? 왜

---

* 신학자인 폴 틸리히는 『존재의 용기』에서 "용기란 그럼에도(비존재, 불안) 불구하고 자기를 긍정하는 일이다"라고 기술했다. 전지전능한 신이 인간으로(심지어 죄인으로) 죽임을 당한다는 '역설' 위에 구축된 기독교 신학에서 계승한 전통, 자유롭기에 범하는 죄, 신앙이나 신을 믿을 수 없어 빠지는 회의감마저 긍정으로 바꾸는 '그럼에도 불구하고(in spite of)'는 틸리히 신학의 핵심이다.

'그럼에도 불구하고' 다시 지속하는 것일까?

학문에 대한 동경? 누군가의 격려? 배우고 깨닫는 과정에서 얻게 된 일종의 쾌감? 그 요인은 타인이 보면 우스울 정도로 사소한 것일지도 모른다. 그러나 아무리 큰 강이라도 원류를 거슬러 올라가면 작은 물줄기, 혹은 물줄기의 한 방울에서 시작되기도 한다는 것을 잊지 말자.

공부법 1 학습 동기부여맵
의욕 자원을 끌어모은다

❶ 배움의 계기가 된 사건을 찾는다.

애초에 공부를 하겠다고 마음먹은 이유는 무엇이었는지 돌아보고, 그렇게 생각한 계기나 사건, 인물 및 책과의 인연을 적어본다. 여러 개라면 순번을 매겨 모두 적어본다.

다 적었다면 제일 중요할 것 같은 것을 골라 그것이 언제, 어디에서 누구와 함께 있을 때였는지 최대한 자세하게 적어보자. 당시에 어떤 심경이었는지도 떠오른다면 적는다. 마지막으로, 제일 중요한 것! 그 계기에 알맞은 제목을 나름대로 생각해서 붙여보자. 피상적이지 않은 제목이 좋다. 딱 들어맞는 제목을 찾을 때까지 수정하게 되기 때문이다.

나는 온갖 것에 손을 대며 학습하고 좌절하기를 반복했다. 배움의 계기가 된 제일 오래된 기억을 떠올려보니 초등학교 3학년 때 어린이 야생 조류 관찰 모임에 참가했을 때였다. 머리카락이 희끗희끗한 생물학자가 개최한 모임이었다. 어른들은 "저 선생님은 대단한 분이니까 하시는 말씀 많이 들어둬"라며 자녀들을 그 사람 주위로 끌어왔다.

"내가 너만 할 때부터 벌레를 잡았어. 수집할 만큼 예쁜 벌레는 아니었지만 말이야. 그때 내가 찍어놓았던 벌레를 물고기가 먹어버렸지 뭐야. 곤들매기더라고. 그날부터 낚시를 하기 시작했는데, 이번에는 곤들매기를 새가 잡아먹었어. 그래서 생각했지. 벌레는 물고기가 먹지? 물고기는 새가 먹고. 사람은 둘 다 먹지만, 물고기는 물속에서 헤엄치고 새는 하늘을 날아. 우물 안 개구리의 머리 위에도 하늘이 있잖아. 하늘은 세상을 향해 펼쳐져 있고. 이런 식으로 눈앞에 있는 것들을 완전히 손에서 놓지 않고 끌어안고 있다 보니, 언제부터인가 넓은 곳에 나와 있더라고. 그런 식으로 모든 생물을 생각하게 되었단다."

나는 이 기억에 '생물학자와의 만남'이라는 제목을 붙였다.

❷ 그 사건이 준 영향의 범위를 도식화한다.

중요한 사건에 자기 나름의 이름을 붙였다면 그 계기에서 어떤 영향을 받았는지 생각한다. 계기가 바꾸어놓은 행동이나 습관, 가치관 같은 것들이 주위에 미친 영향 등 직접적인 부분에서 시작해 간접적인 부분으로 옮겨 가자.

나는 앞서 소개한 생물학자와의 만남에서 3가지 영향을 받았다.

· 영향1: 그 생물학자는 어린 시절 놀이에 지나지 않았던 벌레 잡기가 어른이 된 지금의 관점에서 보자면 생물학이나 생태학에 관한 일이었음을 알 수 있도록 학문의 세계로 인도해주었다.

· 영향2: 그가 또렷하게 일깨워준 생물끼리의 연결고리는 지식의 세계 역시 각자 떨어진 것이 아니라 서로 연관되어 있다는 인상을 심어주었다.

· 영향3: 생물의 연결고리를 따라다니면서 확대된 그의 학문 편력은, 무엇인가를 알아간다는 것은 바로 그런 연결고리를 짚어가는 일이라는 깨달음을 주었다.

❸ 어떤 식으로 영향을 주었는지 평가한다.

이렇게 받은 영향이 자신에게 긍정적인지 부정적인지 평가한다. 내가 생물학자와의 만남에서 받은 영향은, 몰두할 분야나 주제를 확정하지 못해 여러 분야 사이를 갈팡질팡하는, '확산적'이라고도 할 수 있는 학습 스타일의 근본이 되었다. 이 때문에 전공 분야를 특정하지 못한다는 생각으로 고민에 빠진 적도 있지만, 지금은 긍정적인 영향을 받았다고 생각한다.

❹ 평가 근거를 마련한다.

중요한 계기가 남긴 영향이 바람직했다면 그렇게 평가한 이유는 무엇인지 스스로 묻고 답하자. 이 과정을 통해 중요한 계기가 가져오는 사건을 한 번 더 본인이나 본인의 학문과 연결 짓는다. 이렇게 하면 그 사건은 동기부여를 뒷받침하는 지원군이 된다. 내가 받은 영향을 긍정적으로 평가하는 이유는 다음과 같다.

· 영향1: 내 평범한 행위(벌레를 따라다니는 일, 도감으로 조사하는 일)와 학문의 세계는 연결되어 있다는 감각을 얻었기에 '그런 걸 배워도 실생활에 아무런 도움을 주지 않아'라는 허튼 생각이 비집고 들어와도 버틸 수 있었다.

· 영향2: 지식의 세계가 서로 맞물려 있다는 강한 인상은 서로 다른 분야에서 유사점을 발견하는 지적 습관의 계기가 되었다.

· 영향3: '앎'이라는 것은 이런 맞물림을 찾아가는 과정이라 생각하게 되었고, 참고문헌을 뒤지는 버릇이나 조사 습관으로 이어졌다.

이 긍정적인 영향들은 이 책에 나오는 독학을 뒷받침하는 기술의 토대가 되었다.

학습 동기부여맵의 예 🖊

(사건) 노생물학자와의 만남

- 긍정적 — **(영향1)** 평소 행동이 학문의 세계와 연결되어 있다는 감각
  - 학습도 지금 내가 하는 일의 연장선상에 있다고 생각할 수 있게 되었다.
  - 독서나 공부가 쓸모없다는 참견에도 버틸 수 있었다.
- 긍정적 — **(영향2)** 생물의 세계나, 지식과 학문의 세계가 맞물렸다는 인상
  - 지식 활동은 고립되어 있지 않으며, 모든 지식과 연결되어 있다.
    - 내 전문분야가 아니라고 해서 관계가 없는 것은 아니다.
    - 다른 분야와 유사점을 찾는 습관
      - 로제 카이와가 말하는 대각선의 과학
      - 『혼자 공부하는 시간의 힘』
- 긍정적 — **(영향3)** '앎'이라는 것은 그런 '맞물림'을 찾아가는 과정이라는 생각
  - 참고문헌을 짚어보는 습관
  - 조사 습관
  - 독학 기술의 토대

❺ ❶~❹ 단계를 필요한 만큼 반복한다.

영향이 미치는 곳을 찾아가면서 그 사건이 왜 자신에게 유익한지 생각하는 동안, 관련이 있거나 비슷한 다른 사건을 떠올리는 경우가 많다.

의지와 의욕을 점검한다

학습 동기부여맵은 배움의 시작 지점으로 돌아가 거기에서 현재까지 미친 영향을 반복적으로 되새김으로써 의욕과 의지를 기르고 점검하는 방법이다.

독학에 뜻을 품은 사람이라면 배우고자 결심한 계기가 있을 것이다. 자신을 지식의 세계로 이끌어준 사람과의 만남일 수도 있고, 예전에 감명받았던 책 속 한 구절일 수도 있으며, 책이나 인터넷을 매개로 알게 된 다른 독학자를 향한 동경일 수도 있다. 어쩌면 자신의 무지나 부족한 지

식에 직면해 수치나 분한 기분을 느꼈던 경험일지도 모른다. 배움으로 인도한 계기는 무언가를 배우는 경험을 낳고, 이 경험은 또 다른 배움으로 길을 터준다. 이런 선순환을 통해 인간은 스스로 학습자가 된다. 지知와 무지無知가 관련되어 발생한 다양한 사건을 수집하는 여정을 우리는 '배움'이라 칭한다.

학습 동기부여맵을 만드는 사이에 자신을 지식의 길로 이끌어준 계기들을 주워 담게 될 것이다. 또 각각의 계기가 미친 영향을 쫓아가다 보면 배우겠다는 의지가 몇 가지 사건이나 지식, 사람과의 만남 위에 솟아난 것임을 깨달을 것이다. 지식이 존립하기 위해서는 반드시 다른 지식의 힘을 빌어야만 하는 것처럼, 인간의 학문 또한 다른 학문과 어우러지고 서로 힘을 실어주어야 한다.

혼자서 배움의 길을 걷고 오랜 시간을 쏟아부어야 하기에 잊어버리기 쉽지만, 독학은 고독한 학문이 아니다. 끊임없이 배우다 보면 확신하게 될 것이다. 과거에서 학습의 계기를 모아 조직화하는 단계에서도 이미 알 수 있다.

배움에 뜻을 세우고 자신을 성장시킨다

배움은 장기간에 걸쳐 수행해야 하는 거대한 프로젝트다. 옛 현자들 대부분이 학문에 뜻을 세운 것만 보아도 알 수 있다. 공자*는 "나는 열다섯

---

* 공자(孔子, B.C.551~B.C.479): 중국 춘추시대의 사상가. 그의 가르침은 유교로 중국 사상의 근간이 되었고 후세에 지대한 영향을 미쳤다. '제자 3천 명, 그중 문예에 통달한 자 72명'이라 전해질 만큼 훌륭한 제자를 배출한 교육자였으나, 정작 자신은 고아로 자라 의지할 곳도 탄탄한 기반도 없이 고생하면서 예악(禮樂)을 수행한 독학자였다. 『논어』술이 편에는 다음과 같은 구절이 있다. "나는 절대로 태어나면서부터 만물을 알고 있던 자가 아니다. 옛 성인의 학문을 좋아하여 노력으로 이를 탐구한 자다."

에 학문에 뜻을 두었다"는 '지학志學'이라는 말을 남겼고, 무수한 노력과 고생으로 성공해 사회적으로 인정받게 된 사람을 뜻하는 '입지전적立志傳的 인물'이라는 관용구까지 있을 정도이니, 뜻을 세우는 일은 성공의 필수조건이라는 인식이 강한 듯하다.

그러나 이는 회고적 입장에서의 견해이므로 주의해야 한다. 성공한 사람이 과거를 돌아보면서 오랜 노력과 고생의 시작에는 뜻이 있었다는 걸 부각하는 데 의의가 있을 뿐, 뜻을 품은 사람이 반드시 성공한다는 보장은 없다.

인간은 누구나 꿈을 실현하기 위해 뜻을 세운다. 그리고 나는 꼭 뜻을 세워보라고 권한다. 지금은 받아들이기 힘든 상황에 놓여 있더라도 궁극적으로 추구하는 미래는 이상적이며 아름답다. 뜻을 세우면 마음이 꽉 찬 듯한 효과를 볼 수 있다. 그러나 얻을 수 있는 것은 꽉 찬 마음뿐이다. 뜻을 세운 사람을 여럿 모아 오랜 세월 동안 그들을 관찰하면(이 접근법을 '회고적'의 반대 개념으로 '미래적'이라 한다), 대부분 목표를 향해가는 중간 길목에서 좌절하고 있다. 똑같이 뜻을 세우고 목표를 설정했는데, 어째서 성공한 사람과 좌절한 사람으로 갈리는 것일까? 타고난 재능일까? 아니면 운?

사실 강한 의지는 의지를 세운 순간이 아니라 자신의 행동이나 생각을 끊임없이 의지와 결부하는 과정을 반복하면서 생긴다. 누군가의 행동이 예측 가능한 이유는 우리가 '그 사람다움'이라고 생각하는 바를 완전 똑같이는 아니더라도 당사자 역시 '나다움'의 일부라 새겨 자신의 행동과 의사결정에 반영하기 때문이다. 왜 그런 행동을 했는지 혹은 하지 않았는지 자문자답하고 이유를 붙이면서 사건과 행동과 인격을 최대한 일관되도록 조합한다. 이렇게 인간은 반쯤 자각하지 못한 채 자신이 어떤 사람인지 설명하고자 하는 자기만의 스토리를 거듭 말하고 연기한다.[*]

이렇게 자기만의 스토리에 맞춰 행동하고, 행동의 결과를 다시 스토리에 집어넣어 개정하는 작업을 반복하기에, 인간은 환경의 자극에 농간당하지 않고 존재할 수 있다. 훨씬 좋은 조건으로 유혹당해도 배신하지 못하고, 미칠 듯 화를 내고 싶은 상황에서도 침착하려 애쓰며, 멀리 달아나고 싶다가도 발을 멈춘다. 비록 당시에는 도망쳤을지언정 나중에 후회하고, 다음에는 도망치지 않겠다며 새로 결의를 굳히고 대책을 강구한다. 강한 의지는 절대로 흔들리지 않는 마음에서 피어나는 게 아니다. 연약한 마음을 품고 있으면서도 그것에 끊임없이 항거하는 자가 스스로 몰아붙이고 완성해 나가려는 과정에서 탄생하는 것이다.

진전이나 성과가 있으면 칭찬하며 의지와 결부하고 에너지를 쌓아가는 것, 실패나 좌절에 맞닥뜨렸을 때는 처음 뜻을 세운 지점으로 돌아가 기력을 회복하고 재도전의 기회를 노리는 것. 이런 과정이 쌓이고 쌓여 행동이나 생각이 확산하는 것을 멈추고, 처음에는 미숙하고 자기중심적이며 몽상에 지나지 않은 의지를 지면에 안착하도록 성장시키는 것이다.

학습 동기부여맵은 이런 새로운 스토리, 즉 새로운 연결에 집중한 방법이다.[**] 이것은 자신의 현실을 자각하고 뜻을 세울 수 있었던 사람에게도, 그러지 못한 사람에게도 도움이 된다.

---

[*] 스토리에서 탄생하는 자아에 관해서는 의견이 분분하다. 여기에서는 대니얼 데닛의 저서 『의식의 수수께끼를 풀다』에 실린 스토리적 자아에 관한 논의를 참조했다.

[**] 자아에 관한 스토리를 다루는 데 있어서 맵 활용의 장점에 관해서는 마이클 화이트의 저서 『내러티브 실천: 마이클 화이트와의 대화』를 참조했다. 또 동기부여의 계기를 끌어내는 4가지 질문은 같은 책에서 소개되는 '입장 표명 지도'에서 힌트를 얻었다.

2장

메타 인지를 단련하는
목표 세우기

아이젠하워*는 "계획은 쓸모가 없지만, 계획 세우기는 반드시 필요하다
Plans are Worthless, but Planning is Everything"라고 했다.

세상의 모든 지식을 아는 사람은 없다. 미래에는 예측 불가능한 일이
여기저기서 터질 것이고, 허를 찌르려고 돌발행동을 하는 상대가 있을
지도 모른다. 고심하면서 짜낸 계획대로 흘러가기란 하늘의 별 따기다.
그런데도 계획을 세우는 이유는 무엇일까.

성실하게 계획을 세우면 스스로 할 수 있는 일과 하지 못하는 일, 자신
이 처한 상황에 유익한 부분과 불리한 부분을 진지하게 생각할 수 있다.
계획 세우기, 즉 플래닝planning은 우리의 행동과 미래가 두루두루 안테나
를 뻗칠 수 있도록 하는 행위다. 자기 생각을 객관적으로 볼 수 있는 능

---

* 드와이트 아이젠하워(Dwight Eisenhower, 1890~1969): 미국의 군인이자 정치가. 육군참모총장, 북
  대서양조약기구(NATO)군 최고사령관, 미국의 제34대 대통령 등을 역임했다.

력을 '메타 인지'라 하는데, 플래닝은 이 메타인지를 단련하기에 최선의 방법이기도 하다.

계획대로 흘러가지 않아도 괜찮다. 계획이 어그러지는 데서 오는 좌절은 메타인지를 단련하는데 가장 좋은 교재라고 할 수 있다. 자신의 기대와 결과가 달랐다는 것을 정확하게 알려주기 때문이다. 인간은 좌절감을 겪지 않고서는 자기 자신을 알 수 없다. 그리고 계획을 세워보지 않으면 계획이 어그러질 일조차 없다. '어차피 실패할 텐데, 계획은 세워서 뭐 해'라고 미리 체념하면 발전도 없다. '계획 실패'라는 학습 기회를 얻기 위해 플래닝을 하는 것이다.

하지만 실패에서 배우기 위해 해야 할 일도 있다. 예측하지 못한 돌발 상황은 무엇이 있을지, 구체적으로 검토하면서 원인을 짚어보는 것이다. 그러기 위해서는 일어날 법한 일을 세세하게 예측하는 게 중요하다. 여기서도 플래닝이 필요하다. 최소한 무엇을 언제까지 얼마나 완수해야 하는지 적은 다음에, 각각 실현하기 위해 무엇이 필요한지 생각하고 준비하면 그만큼 실효성도 높아진다. 세세하게 설정해두면 그만큼 플래닝을 통해 배우는 것도 많아진다.

공부법 2 가능성의 계단

공부의 출발점을 찾아내는 기준

❶ 배우고 싶은 것을 한 가지 골라 잘하는 것 혹은 알고 있는 것을 적는다.

'수학을 잘하고 싶다. 그러나 목표가 구체적이지 않고, 어디부터 손을 대야 좋을지 모르겠다.' 이럴 때 자신이 잘하는 것 또는 알고 있는 것을 적는다.

❷ ❶에서 적은 분야에서 지금 풀 수 있는 것과 알고 있는 것을 간단하고 쉬운 내용부터 나열한다.

떠오르는 대로 무작위로 적은 후 적은 항목을 간단하고 초보적인 것부터 재배치한다. 예를 들어 다음과 같이 생각해보자.

· 분수, 소수 알고 있음

· 문자식 알고 있음

· 일차, 이차 방정식 알고 있음

· 삼각함수, 행렬, 미적분… 배운 기억은 나지만 어떻게 푸는지는 잊었음

❸ 학습의 출발점을 찾아낸다.

❷에서 적은 리스트를 만들다 보면 점차 복잡하고 고차원적인 내용으로 올라가는데, 그중에서 어떻게든 풀 수 있는 것, 풀 수는 있지만 애매한 것, 배운 적은 있지만 잊어버린 것, 무엇이 어려운지 판단하기 어려운 것 등으로 자연스레 분류된다. 이것을 계단의 '층계참'이라 한다. 이 층계참의 두 계단 아래쯤이 학습 시작점이 된다.

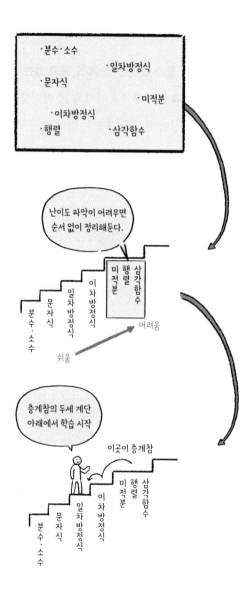

아는 것과 모르는 것의 경계선을 찾는다

이 방법은 배우고 싶은 것이 있는데 무엇부터 시작하면 좋을지 모를 때, 자신의 상황과 자원을 정리하기에 유용하다. 특정 분야나 주제에 관해 배우려고 하면서 그 분야나 주제에 관해 아무것도 모르는 경우는 없다. 지식이 전혀 없다면 애초에 그것들에 관해 생각할 일도 없으며, 배우고자 하는 동기가 생기지도 않는다. 물론 많이 알지는 못하겠지만 말이다. 그렇기에 자신이 무엇을 어디까지 알고 있는지 혹은 모르는지 기록해야 다음 단계로 전진할 수 있다.

아는 것과 모르는 것의 경계는 지식의 최전선이며 학습이 필요한 경계선이다. 아는 범위 안에서 쉬운 것에서 어려운 것순으로 배열하다 보면, 대충 이해하고 있거나 기억이 정확하지 않다는 걸 깨닫는다. 바로 이 지점을 새로운 학습의 출발점으로 삼아야 한다. 현실적으로는 확실히 안다고 자신할 수 있는 것보다 조금 앞 단계부터 시작하기를 권한다.

한 사람의 교육자가 여럿을 대상으로 같은 교재로 수업하는 교실에서는 공통된 출발지점을 설정해야 한다. 누구나 같은 순서와 속도로 학습을 이어가기 위해서는 같은 지점에서 출발해야 하기 때문이다. 그리고 학습자들이 미리 습득한 지식에 차이가 있다면 지식이 적은 학생에 맞추어 '하나부터 순서대로' 가르치는 게 바람직하다.

그런데 우리는 지금 독학 중이다. 그러니 어느 누구에게도 맞출 필요가 없다. 자신의 현재 지식과 실력에 맞추어 배우기 시작하는 지점을 스스로 정해도 좋으며, 또 그래야 한다. 기초부터 차근차근 쌓아가는, 혹은 산 입구에서부터 한 걸음, 한 걸음 올라가는 학습과 달리, '가능성의 계단'은 산 중턱부터 출발하기를 권한다.

최종 목표에서 바로 시작하는 '파라슈트 학습법'

현재 실력이 아니라 필요에 따라 최종 목적지인 산 정상에서 갑자기 시작하는 방식이 있는데, 바로 경제학자 노구치 유키오가 제창한 파라슈트 학습법이다.[3]

비행기를 타고 공중으로 오른 후 파라슈트(낙하산)를 메고 낙하해 목적지에 다이렉트로 도착하는 것에 착안한 이 학습법은, 최종 목적지와 최대한 가까운 지점에서부터 학습을 시작하라고 말한다. 시험공부라면 시험문제에 답을 다는 것이 최종 목표니, 정답에 제일 빠르게 접근하기 위해 기출문제부터 푼다. 문제를 풀다가 해설을 읽어도 모르겠다면 참고서 등을 뒤져 이해에 필요한 소스를 찾는다. 최종 목표 지점에서부터 학습하는 이 방식의 장점은 다음과 같다.

· 최종 목표를 늘 의식하기 때문에 학습 동기를 유지하기 쉽다.
· 무엇을 모르는지, 부족한 지식이 무엇인지 명확하게 판단할 수 있다.
· 최종 목표에 꼭 필요한 내용만 공부하기 때문에 불필요한 학습이 없어 시간이 단축된다.

필요해질 때까지 미루어두는 '지연평가 학습법'

파라슈트 학습법과 비슷한 필요에 의한 접근법으로, 지연평가 학습법[4]이 있다. 지연평가란 '평가하지 않으면 안 되는 값을 필요해질 때까지 계산을 미루어둔다'는 뜻의 컴퓨터과학 용어다. 이처럼 미리 학습해두는 것이 아니라, 필요할 때 필요한 것만 학습하는 방법이 지연평가 학습법이다.

프로그래머들이 이 학습법을 채택하는 이유는 프로그래밍이라는 세계가 끊임없이 학습을 요구하기 때문일 것이다. 기술 진보가 빠른 세계에서는 '필요한 지식을 미리 배워둔다'는 것은 망상에 가깝다.

오히려 이렇게 말해야 하지 않을까. 만일 누군가가 몇 가지 코드만으로 프로그램의 단편을 세상에 내놓는다면 세계는 그만큼 변화할 것이다. 그 코드가 고작 손에 꼽을 만큼이라 하더라도, 프로그래머들은 부단히 세상을 창조하고 개조하는 일에 참여하고 있는 것이다. 그리고 세상이 변화한다는 것은, 정도의 차이는 있겠지만 새로운 학습이 필요하다는 것을 의미한다.

컴퓨터와 관련된 세상에 사는 사람은 지적 활동으로 지식을 갱신하고, 그것이 그 후의 지적 활동에 직접 영향을 준다는 사실을 몸소, 심지어 빈번하게 깨닫고 있다. 그렇다면 학습 정지는 지식 갱신에서 탈락하는 것, 즉 세상에서 거절당하는 것이다. 그러니 수시로 발생하는 학습 니즈에 따라, 필요할 때 필요한 학습을 하는 접근법을 선호하는 것이다.

어느 지적 영역에서든 프로그래밍의 세계만큼 빠르지는 않아도 변화와 갱신을 피할 수 없다. 배움을 끝마치는 일은 불가능하다. 지연평가 학습법은 방법이라기보다 지식이 우리에게 보내는 요청이다.

스스로 학습 지도를 그린다

❶ 종이 양쪽 끝에 현재 지식 상태와 목표를 각각 적는다.

현재 지식 상태는 학습의 전제조건으로, '나(학습자)는 무엇을 이미 알고 있는가' 그리고 '무엇을 모르는가'에 관해 간단하게 적은 것이다.

목표는 'OO 배우기' 같은 학습 대상이 아니라 '학습한 후에 어떻게 달라지면 좋겠는가'에 대한 답을 적은 것이다.

현재 지식 상태가 '프랑스어를 하나도 모른다'라면 목표는 '프랑스어를 잘하고 싶다!'라는 두루뭉술한 표현이 나오겠지만, 우선 적어놓고 나중에 구체적인 내용으로 수정하면 된다.

❷ 단계를 추가해 현재 지식 상태와 목표 사이에 루트를 만든다.

루트는 실행 가능한 단계를 연결해놓은 길이다. 최대한 세세하게 단계를 밟아야 실행하기 쉽고 다른 루트를 고민하기도 쉽지만, 처음에는 굵직하게 잡아놓고 나중에 각 단계를 상세화하면 된다.

❸ 다른 루트도 고려한다.

현재 지식 상태와 목표를 이어주는 루트를 완성했다면 다른 루트도 생각해보자. 좀 더 어렵지만 짧은 루트나, 훨씬 쉽지만 긴 루트 등 다양한 루트를 생각해보면 원래의 루트가 지닌 장점이나 약점이 분명해진다.

❹ 여러 루트 중에서 실제로 학습할 것을 고른다.

먼저 다양한 가능성을 적어놓은 다음에 고르면, 나중에 방법을 찾느라 이리저리 헤맬 확률이 낮아진다.

❺ 실제로 학습하면서 루트맵을 보완해나간다.

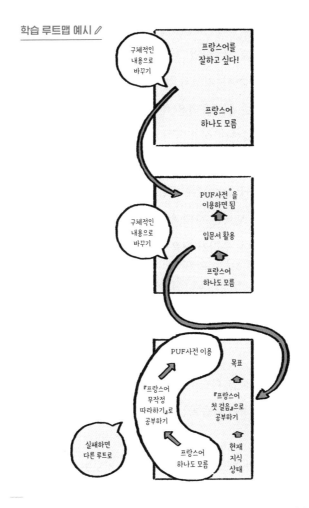

학습 루트맵 예시

• 'Presses Universitaires de France'의 약자. 프랑스 대학교 출판국의 사전을 말한다.

지식 지도를 끊임없이 갱신한다

학습 루트맵은 학습 진행 상황을 한눈에 파악하고 설계하기 위한 방법이다.

독학은 무엇을 배울지, 어떻게 배울지 누군가가 명령하거나 지정하지 않는다. 어느 길을 걸을지, 어떻게 나아갈지도 스스로 결정해야 한다. 반면 지도를 받는 학습자는 지금 배우고 있는 한 가지에만 집중하면 된다. 지도자가 가리키는 대로 제 발등만 보면서 지금 어디에 있는지, 어느 곳을 보는지 혹은 어디로 향하는지조차 가늠하지 못하는 경우가 많다.

덧붙이자면 학습은 당초에 마음먹은 대로 흘러가지 않는다. 학습계획은 대부분 변경이 불가피한데, 이유는 크게 2가지다.

첫째, 우리가 학습을 이어가려는 '지형'을 제대로 파악하지 못한 채 계획할 수밖에 없기 때문이다. 대상에 대한 지식이 없어 배움을 시작하는 우리로서는 많은 것을 모르는 상태에서 계획하기 때문에 준비 부족이나 결함이 당연히 생긴다. 우리가 처음에 그리는 지도는 너무나도 불완전하다.

둘째, 우리가 배우는 이유는 다른 누구도 아닌 우리 자신이 배움을 통해 달라지기 때문이다. 배움은 결국 자신을 바꾸는 일이다. 새로운 경험 하나를 쌓고 아주 조금이라도 지식을 획득하면 인간은 어떤 식으로든 변화한다. 학습자가 변화하면 학습 대상도 이전과 같은 모습으로는 나타나지 않을 것이다. 말하자면 학습자는 지형을 변동시키면서 나아가게 된다.

독학자에게는 자기만의 지도가 필요하지만, 그 지도는 끊임없이 수정되어야 한다. 무엇을 따라가고 있는지, 지금 무엇에 몰두하고 있는지 반복적으로 재정립하지 않으면 길을 잘못 들게 된다.

학습 루트맵은 이 요구에 부응하기 위해 계획하면서 행동하고, 행동하면서 계획을 바꾸는 처리 결정 계획표*라는 방법을 바탕으로, 조건부 분기(특정 조건을 만족시켰을 때만 흐름이 변하는 명령을 뜻하는 컴퓨터 용어-옮긴이) 등을 간략하게 만든 것이다.

학습자가 세운 계획은 어쩔 수 없이 변경을 수반하지만, 다행히 학습에서는 어떤 경우에도 입구와 출구가 있다. 몇 년에 걸친 대대적인 학습이건, 수 분 만에 끝나는 최소의 학습이건 시작과 끝이 있으며, 처음 상태와 달성해야 할 목표가 있다. 학습 루트맵은 학습의 입구와 출구에서 시작해 그사이를 이어주는 단계를 고려하면서 진행 과정을 인식하고 제어하는 방법이다.

• 처리 결정 계획표(PDPC, Process Decision Program Chart)는 교섭 상대나 경쟁 상대 등 문제 해결자의 의도대로 제어하지 못하는 요소를 포함한 문제 해결 과정을 그래프 형태로 수시로 시각화하는 것으로, 계획을 수정하거나 요소마다 적절한 판단을 내리는 방법이다. 항공역학자이자 시스템공학자인 곤도 지로가 1968년에 고안했다.

3장

작은 시도로 의욕의 선순환을 일으킨다

공부를 하다 보면 좀처럼 의욕이 생기지 않을 때도 있다. 스스로 공부를 하겠다고 결심한 독학이라도 해도 마찬가지다. 명심할 것은 의욕으로 행동을 만들어내는 게 아니라 행동하다 보면 의욕이 생긴다는 점이다. 자동차의 속도를 높이다 보면 속도계가 높아지는 것과 같은 원리다.

그렇다고 해서 무작정 공부하라는 것이 아니라 '제대로' 하는 것이 포인트다. 목표에 정확하게 맞춰 공부를 하고, 그래서 좋은 결과를 얻는다면 의지는 저절로 따라온다.

당연한 말 같은가? 하지만 목표에 잘못 접근한 채 공부하는 사람이 많다. 특히 학부모가 자녀를 공부시키려고 할 때 의지부터 파고들기 때문에 실패하게 된다. 독학도 마찬가지다. 의욕은 '행동 → 좋은 결과 → 의욕 → 행동 → 좋은 결과…'와 같은 선순환에서 생겨난다. 그렇다면 어떻게 해야 의욕의 선순환을 제대로 일으킬 수 있을까?

공부 방식은 3부에서 상세히 다루기로 하고, 우선 일반적으로 적용할 수 있는 내용을 보자. 가장 먼저 알아둘 것은 스몰 스텝*으로 진행해야 한다는 점이다. 자꾸 막혀서 의욕이 꺾이는 건 대체로 목표 설정이 너무 크기 때문이다.

장대한 목표는 달성하기까지 시간도 걸리고, 그만큼 좌절할 위험도 크다. 목표를 이루기 위한 루트를 잘게 쪼개서 바로 실현할 수 있는 작은 목표를 여러 개 만든 다음 차례차례 이뤄나가는 성공 경험은 의욕을 높여주는 계기가 된다.

그렇다고 반드시 목표를 하나하나 세세하게 짜야 하는 것은 아니다. 세세한 목표 설정이 번거롭게 느껴진다면 제일 작은 첫걸음만이라도 일단 시도해보자. '한 권만 읽어라', '앞으로 두 시간 동안 공부해라' 같이 크게 어렵지 않은 목표라고 할지라도 익숙해지기 전에는 불 위를 걷는 것이나 마찬가지로 고행이다. 그러니 '세 줄 읽기', '책상 앞에 1분 동안 붙어 있기' 정도의 가벼운 목표를 달성하는 것부터 시작해보자.

너무 쉬운 목표로 보일지도 모른다. 누구나 300쪽짜리 책 한 권을 100으로 나누면 세 쪽이 된다는 것 정도는 알고 있다. 하지만 우리의 기분을 관장하는 뇌의 영역(정확히는 시스템1)은 사실 계산에 약하기 때문에 대략적인 눈대중에 반응한다. 우리의 감정은 조삼모사**의 원숭이를 비웃

---

* 스몰 스텝 원리는 심리학자 스키너의 연구진이 개발한 프로그램 학습 원리 중 하나다. 학습을 이어가기 위해서는 실수할 확률을 줄이고 정답률을 높이자는 생각에 기초해 학습 내용을 바로 습득할 수 있는 작은 단위로 쪼갠다. 이로써 올바른 행동을 하기 쉽고 성공 체험도 쌓기 쉽다.

** 송나라에 저공이라는 인물이 있었는데, 기르던 원숭이들에게 먹이로 줄 도토리를 조달하기 벅찼다. "아침에 세 개, 저녁에 네 개를 주겠다"고 했더니 원숭이들이 반발하여 "그럼 아침에 네 개, 저녁에 세 개를 주겠다"라고 했더니 원숭이들이 좋아했다는 내용이다. 이 고사성어의 출전인 『열자』 황제 편에서는 이를 두고 '성인이 자기 지혜로 어리석은 중생을 농락하는 모습은 저공이 자기 지혜로 원숭이 무리를 우롱하는 것과 같다'며 성인의 정치에 대해 비판한다.

을 만큼 완전하지 않다. '겉모습에 대한 선입견을 버려라'라고 굳이 말해 주어야 할 정도로 대략적으로 보고 반응하는 것이다. 그러니 겉으로 보고 느끼는 장벽을 낮추는 것이 생각보다 도움이 된다. 무작정 시작하지 않으면 아무 일도 일어나지 않는다.

그렇다고 높은 목표가 필요하지 않다는 것은 아니다. 애초에 무얼 위해 공부하기 시작했는지 생각하면 의욕에 다시 불이 붙기도 하고, 딴 길로 새거나 세세히 들여다보지 않고 건너뛰는 걸 어느 정도는 막아준다. 그리고 '왜 배우기 시작했는지' 몇 번이고 시작점으로 돌아가 다시 짚어보면 목표도 점점 커지고 그에 따라 자신도 성장할 수 있다(공부법 1: 학습 동기부여맵, 38쪽).

내일이, 거창하게 말하면 미래가 오늘과 다르다고 생각하지 말자. 오늘부터 일주일 동안 혹은 한 달 동안, 오늘과 완전히 똑같은 시간에 똑같은 일을 하면서 게으름을 피우도록 일과를 짜면 어떻게 될까? '오늘 하루야 괜찮겠지'라고 게으름을 피운 사람은 내일도 같은 변명을 늘어놓으며 게으름을 피운다. 반대로 오늘 배우면 내일도, 그다음 날도 배운다. 우리의 하루는 그렇게 미래로 이어진다.

공부법 4 100분의 1 플래닝

작은 단위로 쪼개 현실감을 부여한다

❶ 달성하고 싶은 목표를 수치로 변환한다.

· 분량을 계산할 수 있다면 가상의 수치를 정해본다.
· 실현하고 싶은 목표가 추상적이라면 특정 서적과 관련짓는다.

실현하고 싶은 목표에 관한 입문서나 참고서를 검색한다(공부법 26, 204쪽). 교재가 결정되면 총 페이지 수를 수치 목표로 사용할 수 있다. 그 외에도 분량을 가늠할 수 있다면 어떤 교재든 상관없다.

❷ 달성하고 싶은 목표 수치의 100분의 1에 해당하는 작은 목표를 설정하고 바로 실행한다.

기출문제 1,000개 풀기가 목표라면 지금 10문제를 푼다. 일주일을 5일 + 예비 1일 + 휴일 1일로 나눈다면 1,000문제 ÷ 10문제 ÷ 5일 = 20주 = 5개월이다. 이 속도로 학습을 계속한다고 가정하면 목표 달성에 최소한 5개월이 필요하다는 것을 알 수 있다.

❸ 그래도 힘들다면 당장 눈에 보이는 하나만 한다.

100분의 1도 너무 많다 싶으면 1,000분의 1로, 그래도 버겁다면 10,000분의 1로 분량을 줄인다.

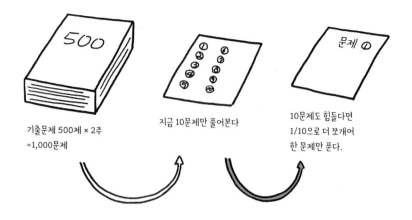

기출문제 500제 × 2주
=1,000문제

지금 10문제만 풀어본다

10문제도 힘들다면
1/10으로 더 쪼개어
한 문제만 푼다.

꿈에 무게를 부여하자

인간의 꿈에는 무게가 없다. 그래서 꿈이 여러 개여도 꾸는 만큼 감당할 수 있을 것만 같다. 이성적으로는 이런 허무맹랑한 일은 일어나지 않을 거라는 걸 알면서도 원하는 대로 몇 가지나 되는 꿈을 움켜쥔 채 어느 것 하나 시도하지 않으면서 시간을 허비하고 후회한다.

공중에 떠 있는 꿈을 지면으로 끌어내리기 위해서는 우선 그 무게(비용)를 알아야 한다. 정확한 견적은 대부분 손에 잡히지 않고 필요도 없다. 지금까지 제로였거나 무한대였던 실현까지의 거리에 비한다면 부정확하더라도 측정할 수 있는 것만으로도 이점은 크다.

여기서 꿈에 계수관리* 이론을 도입해보려 한다. 예를 들면, '물리학에 관한 지식을 얻는다'라는 야망은 그냥 내버려두면 어떤 행동으로도

---

* 계수를 이용한 경영관리법(management by business computing)을 뜻한다. 계수에는 가치나 판매고 등의 회계 수치와 생산량, 재고량 등의 물량 수치, 관청이나 각종 단체, 연구소 등에 의한 통계수치 등이 있다.

이어지지 않는다. 무엇을 얼마나 시도해야 하는지 도무지 감이 잡히지 않기 때문이다.

방법 하나를 말해보자면, 무언가를 배우기로 결심했다면 학습 내용과 관련된 책을 한 권 찾아내는 것이다. 책의 수는 유한하다. 한 권을 선택하면 물리적이며 구체적인 계수, 즉 쪽수가 드러난다.

책을 찾지 못하겠다면? 하고 싶은 공부가 어떤 책과 연관되는지 모르겠다면? 이런 경우 다른 유사한 방법을 쓸 수 있다. 그 분야에서 자신이 어느 정도 위치까지 가고 싶은지 생각해보자. 일등이 되고 싶다면 할 말은 없다. 해당 분야에 얼마나 많은 인원이 참여하고 있는지 알면 순위라는 계수가 시야에 들어온다. 수치화·계수화할 수 있다면 이제 일수로 나누면 된다. 기한을 정하면 하루 혹은 한 번에 학습해야 할 분량이 구체화된다.

아니면 하루에 학습 가능한 양으로 나눌 수도 있다. 그런 다음 실현까지의 기간을 상정해보는 것이다. 그리 정확하지 않더라도 전체 양을 100분의 1이나 1,000분의 1으로 세분화하는 것만으로도 까마득히 먼 곳에 있는 듯 보였던 원대한 목표는 손이 닿을 듯한 작은 목표가 된다.

세계 제일이라는 목표가 너무 대담하고 뜬구름 잡는 것 같은가? 그럼 100등 이내라면 어떨까? 조금 더 양보해 1,000등 이내라면? 분야를 잘 선택하면 가능할지도 모른다는 생각도 든다. 이렇게 꿈은 조금씩 현실감을 갖기 시작한다.

중요한 것은 100분의 1이나 100배라는 배율이 아니다. 이렇게 하면서 지금까지 '가능' 아니면 '불가능'으로 나뉘었던 꿈은 계획 가능한, 어떤 중량을 지닌 형태가 된다. 중요한 것은, 현실에 하루 혹은 한 번으로 학습할 수 있는 양은 아주 적더라도 그것이 커다란 목표까지 막힘없이 이어져 있다는 것이다. 이렇게 취급 가능한 양으로 연결함으로써 헛된 야망이나 야심을 현실이라는 지면에 착지시킬 수 있게 된다.

'무작정 열심히' 반복하기는 힘들다

인간은 결심을 굳히거나 이대로는 실패할 수밖에 없다는 걸 인식하고 반성하면, 고양된 기분을 유지한 채 일에 착수하게 된다. 그러나 무작정 열심히 한다는 것은 기분이 고양된 동안에만 가능한지라 오래 지속하기는 힘들다. 이것은 몸을 공중으로 띄우기 위해 점프하는 행위와 비슷해서 여러 번은 불가능하다. 같은 자리에서 계속 뛸 바에야 앞으로 나아가자. 현실감 있게 전진하기 위해서라도, 아주 작게라도 꿈과 행동을 구체적으로 이어줘야 한다.

꿈에 줄을 매달아 땅과 이어주는 일에는 또 하나의 의미가 있다. 허공에 떠 있기만 하던 야망이나 야심은 바람이 방향(자신을 둘러싼 상황)을 바꾸기만 해도 날아가기 쉽다. 가능한지 불가능한지조차 애매한 상태에 머물러 있다가는 상황의 역풍을 받아낼 재간이 없다. 반면, 유한의 계수를 토대로 현실과 이어진 꿈은 역풍에도 날아가지 않고 버틴다. 계수화는 야망이나 야심을 보호하기 위한 작업이기도 하다.

- 제일 먼저 학습해야 할 과제를 수치화한 다음, 100분의 1로 나누어 구체적으로 적어보자. 너무 크다면 10분의 1씩 쪼개기를 반복하자.
- 오래전부터 이루고 싶었던 꿈이나 목표에 대해서도 100분의 1 플래닝을 활용해보자.

짧은 맛보기로 압박감을 날린다

❶ 타이머를 2분으로 세팅한다.

❷ 시작 버튼을 누르고 바로 작업을 시작한다.

❸ 도중이라도 타이머가 울리는 순간 작업을 멈춘다.

멈추었다면 다음 항목 중 하나를 2초 안에 결정하자.

- 제한 시간 없이 같은 작업을 계속할 것인가?
- 2분을 더 세팅해 다른 작업으로 옮길 것인가?
- 작업을 멈추고 휴식 시간을 가질 것인가?

왜 시작은 어려울까?

'2분 지속하기'는 단순하고 쉬워 보이지만 효과는 절대적이다. '시작하는 힘'은 성취를 위해 가장 필요하고 결정적 영향을 미친다. 당연하게도 마감 시간 훨씬 전에 빨리 착수하면 남보다 먼저 성과를 얻을 수밖에 없다.

'시작하기'는 상상 이상으로 다양한 힘을 발휘한다. 우선 일에 대한 평가를 교정하는 효과가 있다. 착수하기 전에는 일에 대한 평가가 너무 높거나 낮을 확률이 크다. 과한 평가는 과제를 지나치게 심각하게 인식하게 할 우려가 있다. 사람은 문제를 해결할 수 있다는 신념이 있기에 문제에 접근할 동기를 얻는다. 도저히 감당하지 못하겠다 싶으면 우리의

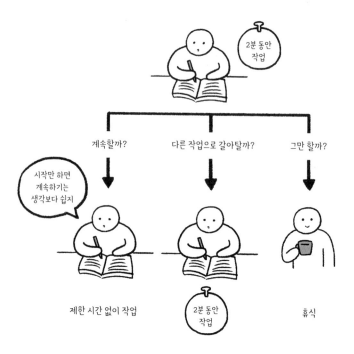

의욕은 꺾여버리고, 착수하는 데 시간이 걸릴 수밖에 없다.

유감스럽게도 이 '미루기'로 시간을 허비하면서 과대한 평가를 수정할 기회는 날아간다. 더군다나 사람의 공포나 불안은, 일단 회피하면 오히려 증폭되는 성질이 있다. 문제 해결을 미루고 도망친 대가로, 더 큰 두려움을 느끼게 된다. 이렇게 미루기와 두려움은 서로 강력하게 접착되면서 악순환을 일으킨다. 더 유감스러운 것은, 과제의 마감이 정해져 있다면 뒤처진 진도를 따라잡아야 하기 때문에 그나마도 부담스러웠던 목표가 더욱 버거워진다는 것이다. 가령 처음에는 석 달이라는 여유가 있었는데도 미루기로 인해 두 달 만에 마무리 지어야 한다면, 일정을 훨씬 빡빡하게 조여야 하므로 강한 압박감에 짓눌린다.

과소평가했을 때도 문제점이 있다. 마음만 먹으면 당장 할 수 있다고 우습게 여겨 한동안 방치하다가 마감 직전에 당황한 적은 없는가? 과대평가하건 과소평가하건 문제 해결 과정에서 똑같이 미루기가 발생하면 결과는 같을 수밖에 없다.

헤밍웨이도 이용한 오브시안키나 효과

어떤 경우건 과제를 하기로 한 이상, 조금씩이라도 하는 것 외에는 방법이 없다. 조금이라도 끄적거려 보면 그 과정에서 적지 않은 깨달음을 얻을 수 있다. 우선 시작하면 그전에는 파악할 수 없었던 소요 시간을 정확하게 가늠할 수 있고, 그 과제의 의미가 무엇인지도 점차 파악할 수 있게 된다. 해결 불가능하게 느껴졌던 과제도 일단 해보면 어떻게 나눠서 진행해야 할지 알게 된다. 이 과정을 반복하기만 해도 단순 접촉 효과˙가 나타나 '나는 못 해'라는 마음을 내려놓을 수 있다.

여기서 언급한 '조금씩이라도 당장 하기'를 방법화한 것이 바로 '2분 지속하기'다. 눈 깜짝할 사이에 지나는 2분이라는 시간으로 제한을 두면, 아무리 어려운 일이나 대규모의 안건이라고 해도 살짝 맛보기가 가능하다. 이 짧은 맛보기 시간은 우리를 압박감에서 벗어나게 해주고 시작을 수월하게 만든다.

착수하기가 발휘하는 또 하나의 힘은 '미착수'에서 '미완성'으로 상태를 바꿔준다는 것이다. 아무것도 없는 상태에서 시작하기도 어렵지만,

---

˙ 단순 접촉 효과(mere exposure effect), 단순 노출 효과라고도 말한다. 자주 접촉함으로써 호감을 높이는 일이다. 이 현상을 실험으로 검증한 사회심리학자 로버트 자이언스의 이름을 따서 '자이언스 효과'라고도 한다.

일단 시작한 일을 도중에 내던져버리기도 어렵다. 완성한다고 해도 아무런 보상이 없는 경우조차 미완성으로 중단한 작업을 다시 시작하게 하는 효과를, 발견자 마리아 오브시안키나의 이름을 따서 오브시안키나 효과Ovsiankina effect**라고 한다.

대중심리학 문헌에서는 '미완으로 중단한 일을 완성한 것보다 잘 기억하는 현상'인 자이가르닉 효과Zeigarnik Effect***와 이 효과를 자주 혼동하지만, 오브시안키나는 자이가르닉의 동료이기도 했던 러시아의 심리학자다.

헤밍웨이가 글을 쓰는 도중에 그만두곤 했던 것처럼 작가들 중에는 습관적으로 애매한 지점에서 그날의 집필을 중단했다가 다음 날 일을 서두르는 이들도 있는데, 이 역시 오브시안키나 효과를 이용한 것이라고 할 수 있다.

** 마리아 오브시안키나(Maria Ovsiankina, 1898~1993): 시베리아의 치타에서 태어났으며 러시아혁명 이후 가족과 함께 베를린으로 이주했다. 베를린대학교 심리학연구소에서 커트 르윈의 지도를 받았다. 이곳에서 후일 '오브시안키나 효과'라고 불리게 되는 작업의 중단이 미치는 효과를 연구했다. 기센대학교에서 학위를 취득한 후 1931년 미국으로 이주했다. 저명한 신경과 의사 및 심리학자를 배출한 우스타주립병원에서 근무했으며, 오브시안키나 효과를 응용해 통합실조증 환자를 돌봤다.

*** 블루마 자이가르닉(Bluma Zeigarnik, 1901~1988): 리투아니아에서 러시아어를 사용하는 유대인 가정에서 태어났다. 러시아에서 처음으로 대학에 진학한 여성 중 한 명으로, 베를린대학교에서는 커트 르윈의 지도하에 오브시안키나, 타마라 뎀보와 연구팀을 꾸렸다. 이곳에서 중단한 작업이 기억에 미치는 영향(자이가르닉 효과)을 연구했다. 1927년 베를린대학교에서 학위를 취득한 후 1931년 모스크바로 이주해 고차신경 활동 연구소에서 근무했으며, 비고츠키의 조수로도 일했고, 르윈에게 비고츠키를 소개했다. 제2차 세계대전에서 소비에트연방이 조국 리투아니아를 침공하면서 남편이 스파이 용의로 체포되었고 이후 반유대주의가 고조되며 그녀도 직장을 잃었지만, 1957년에 연구소 실장으로 복귀했다. 모스크바대학교 심리학과 창설자 중 한 명이다.

4장

행동을 점검하여
시간을 확보한다

아무리 유복한 환경에서 태어났어도 배움에 뜻이 없다면 공부하지 않는다. 반면 같은 유복한 환경이어도 필사적으로 공부하는 사람도 있다. 배우지 않으면, 바뀌지 않으면, 실제로는 현상 유지조차 어렵다는 진리를 알고 있기 때문이다.

누구에게나 하루는 24시간 주어진다. 늘릴 수도, 묶어놓을 수도, 나중에 사용하기 위해 덜어놓을 수도 없다. 그저 분배해서 활용할 뿐이다. 무언가에 시간을 분배하는 일은 그 시간에 할 수 있었을 다른 무언가를 포기한다는 뜻이다. 이런 강한 제약 때문에 시간을 관리하는 방법에는 거의 이견이 없다. 추려보면 다음 3가지로 집약된다.

① 얼마나 어떻게 시간을 쓰는지 실태 파악하기
② 할 일과 하지 않을 일을 정리해서 우선순위가 낮은 일은 하지 않고, 불필요한 일을 줄이기

③ 우선순위를 붙여서 해야 할 일에 시간을 집중 투자하기

하지만 이렇게 시간 배분을 최적화했다 해도 실행 단계에서 고꾸라지는 경우도 있다. 좀처럼 계획을 세우지 않는 나쁜 습관, 즉 미루기*의 문제다. 시간 관리의 실효성을 위해 한 가지 더 덧붙이려고 한다.

④ 시작하기(미루기를 퇴치하기)

여기까지의 항목에선 효율성에 대한 평가는 들어 있지 않다. '어떻게 해야 하는가how to do?'보다 '무엇을 해야 하는가what to do?'가 근본적이며 효과가 크고 우선순위가 높기 때문이다.

---

* 영어 Procrastination을 줄여 PCN 증후군이라고도 한다.

자기 행동을 한눈에 파악한다

❶ 일정이 기록된 다이어리를 준비한다.

하루 24시간 일주일 분의 내용을 한 장에 기록할 수 있는 버티컬 다이어리를 추천한다.

❷ 실제로 일주일 동안 행동 내용을 기록한다.

나중에 한꺼번에 정리하려고 하면 기록하는 작업 자체를 잊어버리기 쉽다. 행동을 시작했다 끝내면 바로 기록할 수 있도록 표를 휴대하는 등 기록할 준비를 해두면 좋다.

❸ 예정과 실제 기록을 비교한다.

계획하는 사람은 많지만 기록하는 사람은 적다

행동 기록표는 이름 그대로 자신의 행동을 기록하는 방법이다. 어째서 뻔한 자기 행동을 굳이 기록해야 할까. 우리는 생각보다 자기 행동에 대해 잘 알지 못하기 때문이다.

인간은 눈에 띄는 일에 집중하느라 일상적인 사소한 일은 무의식적으로 처리하기 때문에 자신의 행동을 거의 기억하지 못한다. 시험 삼아 일주일 전의 행동 기록을 오로지 자신의 기억에만 의존해 적어보자. 깜짝 놀랄 정도로 그동안 무엇을 했는지 전혀 떠오르지 않을 것이다. 우리는 대부분 무엇에 얼마만큼의 시간을 소비하는지 모르는 채 그저 바쁘다

예정과 실제 기록 비교 ✎

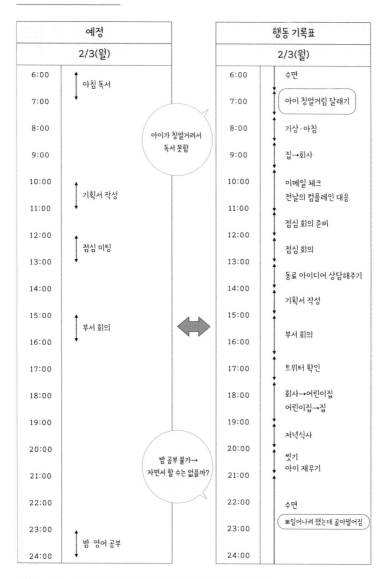

예정	행동 기록표
2/3(월)	2/3(월)

예정 2/3(월)

시간	
6:00	아침 독서
7:00	
8:00	
9:00	
10:00	기획서 작성
11:00	
12:00	점심 미팅
13:00	
14:00	
15:00	부서 회의
16:00	
17:00	
18:00	
19:00	
20:00	
21:00	
22:00	
23:00	밤 영어 공부
24:00	

아이가 칭얼거려서 독서 못함

밤 공부 불가→ 자면서 할 수는 없을까?

행동 기록표 2/3(월)

시간	
6:00	수면
7:00	아이 칭얼거림 달래기
8:00	기상·아침
9:00	집→회사
10:00	이메일 체크 / 전날의 컴플레인 대응
11:00	점심 회의 준비
12:00	점심 회의
13:00	동료 아이디어 상담해주기
14:00	기획서 작성
15:00	부서 회의
16:00	
17:00	트위터 확인
18:00	회사→어린이집 / 어린이집→집
19:00	저녁식사
20:00	씻기 / 아이 재우기
21:00	
22:00	수면
23:00	※일어나려 했는데 곯아떨어짐
24:00	

예정과 실제 행동을 비교하면서 내가 세운 일정이 얼마나 두루뭉술했는지 깨닫는다.

고, 시간이 부족하다고 초조해하다가 눈 깜짝할 사이에 하루를 보낸다.

계획하는 사람은 많으나 실태를 기록하는 사람은 적다. 바꾸어 말하면, 대부분 '무엇을 해야 하는지'에만 집중해서 계획을 세우고 스케줄을 잡는다. 그리고 실패한 현실에 좌절한다. 다이어트에 실패하는 사람이 자신의 정확한 몸무게나 언제 무엇을 먹었는지 파악하지 못하듯, 시간 관리에 실패하는 사람은 자신이 어떻게 시간을 사용하는지 파악하지 못한다. 무엇에 어느 정도 시간을 소비하고 있는지 알아야 현실적인 플래닝과 스케줄링이 가능하다. 이상만 추구하는 '의무' 모드에서 현실에 뿌리를 내린 '존재' 모드로 시간 관리법을 바꿔야 한다.

기록하기에 발전한다

행동 기록표의 효과는 시간 관리를 실행할 수 있도록 시간 자원을 진단하는 것에 그치지 않는다. 행동 기록표는 원래 행동요법으로 개발된 셀프 모니터링[5]이라는 방법 중 하나다. 셀프 모니터링에서는 자신의 행동이나 인지·감정을 스스로 기록하는 과정을 통해 조심해야 할 행동·인지를 줄이거나, 습관처럼 길들이고 싶은 행동을 늘릴 수 있다. 즉 자신의 행동을 기록하는 것 자체가 행동을 개선하는 효과를 지니고 있다. 셀프 모니터링이 효과를 보이는 메커니즘의 예를 몇 가지 들어보자.

· 현실에서의 행동을 인지하면, '이렇게 하고 싶다'는 이상과 인지 사이의 갭, 즉 인지적 불협화음이 일어나 행동에 변화를 주려는 동기가 생긴다.

· 기록하기 위해 자기 행동 중 한 가지를 집중적으로 의식해볼 수 있다. 이를 통해 무의식적으로 습관화·자동화된 행동이나 징후와 계기도 자각할 수

있어, 문제 행동의 계기를 억제하고 우량 행동의 기회를 늘린다.

· 자기 행동 전반을 기록으로 남겨 가시화함으로써 행동의 패턴이나 시간 사용법을 돌아보고 반성할 수 있다. 이것은 자기 행동이나 자화상에 대한 비뚤어진 시각을 교정하는 효과가 있다. 자기 행동이나 인식은 극단적인 것에 편향되기 쉽다. '나는 아무것도 완수하지 못했어', '시간이 정말 부족해' 혹은 '공부 외에는 아무것도 하지 못했어' 등과 같이 생각하는 것이다. 하지만 실상을 기록해보면 이런 인식이 모두 사실이 아님을 확인할 수 있다.

· 셀프 모니터링의 결과가 기록으로 남으면, 행동 개선이나 이를 위한 자기 감시가 어디까지 가능한지, 제대로 이어지고 있는지에 대해 본인은 물론 제3자도 확인할 수 있다. 누군가에게 보여줄 일은 없겠지만, 보일 수 있다는 것만으로도 행동 기록을 중단하지 않고 질 좋은 기록을 남길 수 있다.

셀프 모니터링은 '타깃이 되는 행동·인지·감정 등이 발생한 것을 스스로 깨닫기', '행동을 통계적인 데이터로 기록하기', '자기 모니터링 데이터를 스스로 조사하기'의 세 단계로 구성된다. 기록 대상은 외부로 나타나는 행동(흡연, 욕설, 무엇을 얼마나 먹었는가 혹은 조리 시간은 얼마나 걸렸는가 등)부터 외부로 드러나지 않는 내면적인 것(감정, 사고, 공복감 등이나 지속시간과 강도, 회수 등)까지 다방면으로 적용할 수 있다.

모든 행동을 모니터링한다

행동 기록표와 셀프 모니터링의 차이는 목표 행동 카운팅이나 다이어트 기록처럼 식사 내용 같은 표적 행동만을 기록하는 것이 아니라 24시간 동안 일어난 모든 행동을 대상으로 삼는다는 점이다.

목표 행동 카운팅은 특정 행동을 늘리거나 줄이게 해준다. 즉 바람직한 행동을 카운팅하면 그 행동을 늘리게 되고, 부적절한 행동을 카운팅하면 그 행동을 줄이게 된다. 여기서 행동 기록표는 기록을 곱씹으면서 부적절한 행동은 줄이고 부족한 행동을 늘리도록 자연스럽게 스스로 동기부여를 하게 만든다. 또 행동과 함께 컨디션이나 기분 등을 기록함으로써 기분이나 의지에 가벼운 피드백을 주고 변동을 억제한다.

행동 기록표는 체온과 달리, 의지나 감정의 항상성을 유지하는 기능이 없는 인간이라는 생물이 도입할 수 있는 안전장치이자 외부장치 중 하나다. 하지만 행동 기록표에는 결점도 있다. 그때그때 무엇을 하고 있는지 기록하기가 상당히 귀찮다. 그다지 어려운 작업은 아니지만 무심코 지나치기 쉬워 기록에 구멍이 생기면 행동 기록을 이어갈 동기가 급속도로 떨어지고, 결국에는 기록하는 일 자체가 실패로 돌아가고 만다. 이를 방지하기 위해서는 습관 레버리지(공부법 10, 92쪽) 등의 지속화 방법을 행동 기록에 응용하거나 단순한 기능의 시간 관리 어플리케이션[6]으로 기록 작업을 할 수 있다.

또 한 가지 대책은 '귀찮음'을 역이용하는 것이다. 가령 미리 계획을 세워놓고 수정하는 형태로 행동을 기록한다. 행동 하나하나를 완료한 뒤 적어야 하는 행동 기록에 비해 행동 계획은 한꺼번에 적을 수 있다. 이것만으로도 수고로움을 일부 줄일 수 있다. 더 좋은 점은 계획대로 행동할수록 기록하는 번거로움도 줄어든다는 사실이다. 즉 계획을 준수하면 인센티브가 주어진다. 이 경우 행동 계획은 독학자의 행동이 자기만의 편견대로 흘러가지 않도록 인도하는 역할을 한다. 절대로 어긋나서는 안 되는 열차의 선로 같은 강제력은 없더라도 되도록 그 위로 지나가고 싶은 포장도로쯤은 되어줄 수 있다.

공부법 7 회색 시간 지우기

죽은 시간 살리는 연금술

❶ 24시간 동안의 행동을 적을 수 있는 표를 준비하고 시간마다 행동을 적는다.

실제로 일주일 분량을 기록한다. 행동 기록표(공부법 6, 69쪽)를 만들어두었다면 그대로 활용해도 좋다.

❷ 매시간 자유도를 평가한다.

완전히 자유롭게 쓸 수 있는 시간을 '흰색 시간', 행동이 완전히 구속된 시간을 '검은색 시간'이라 하자. 또 일부 행동은 제한적이지만, 자유로이 쓸 수 있는 시간은 '회색 시간'이다. 우리의 하루 24시간 중 대부분은 회색 시간이다.

❸ 회색 시간을 학습에 사용할 수 있도록 사전 준비를 한다.

자주 발생하는 상황 중 회색 시간을 학습에 쓰기 위해 사전 준비 사항을 정리한 것이 76쪽의 시간자유도 측정표. 근무 시간 같이 의식이나 주의력을 100% 집중해야 하는 때라도 완전히 쓸 수 없는 시간은 아니다. 그런 시간을 뒤에서 설명할 '인큐베이션'에 활용하면 된다.

❹ ❸의 사전 준비 항목을 스케줄에 집어넣는다.

❶에서 작성한 시간 지우기용 표에서, 학습에 활용할 회색 시간에 표시하고 사전 준비를 위한 시간도 확보한다.

시간 지우기용 표 ✎

%는 76쪽에 있는
측정표에 맞추기

시간	2/3(월) 상황 · 행동	시간자유도	활용 방안 모색
6:00	수면	1%	
7:00	아이 칭얼거림 달래기		
8:00	기상 · 아침	30%	음성교재를 틀어놓고 준비
9:00	집→회사	20%	음성교재를 이어폰으로 듣기
10:00	이메일 체크 전날의 컴플레인 대응	1%	수면 중이건 회사에 있건 가능한 일은 있다
11:00	점심 회의 준비	1%	
12:00	점심 회의	1%	
13:00	동료 아이디어 상담해주기	1%	
14:00	기획서 작성	1%	
15:00	부서 회의	1%	휴일의 '흰색 시간'을 이 준비에 활용하기 → 매일의 '회색 시간'이 흰색에 가까워짐
16:00	트윗 확인	1%	
17:00	회사→어린이집 어린이집→집		
18:00	저녁식사	50%	전철 안에서 암기 앱을 이용해 외우기
19:00	씻기 아이 재우기		
20:00		1%	
21:00	수면	100% ※남편이 담당하는 날	교재 필사
22:00	※일어나려 했는데 곯아떨어짐	50%	아이를 재우면서 이불 안에서 스마트폰으로 독서
23:00			
24:00		10%	오늘 배운 것을 되짚으면서 잠들기

⌐ 행동기록표 ¬

시간자유도 측정표 ✎

시간자유도 (회색 시간 농도)	상황	학습화를 위한 사전 준비	가능한 활동	생각	듣기	보기/읽기	쓰기	소리내기
1%	근무 중 수업 중	이해하기 어려운 것에 대해 생각해놓기	인큐베이션	×	×	×	×	×
10%	휴식 중 취침 전	학습하기	오늘 배운 내용 상기하기, 반추하기	○	×	×	×	×
20%	만원 전철 안 산책 중 조깅 중	음성 교재 준비하기 재생장치 들고 다니기	음성 교재 듣기 오디오북 듣기	○	○	×	×	×
30%	집에서 작업	교재·음성교재 준비 재생장치 들고 다니기	음독 섀도잉	○	○	×	×	○
50%	전철에서 서 있기 외출한 곳에서 앉지 못함	책을 들고 다니기 플래시카드를 만들어 휴대하기	독서 플래시카드	○	○	○	△	×
80%	카페 쉬는 시간	교재·필기도구 휴대	필사 문제 풀이	○	○	○	○	×
100%	자택 내방		모든 활동	○	○	○	○	○

활용도를 높여 시간의 질을 상승시킨다

누구에게나 하루는 24시간 주어지며 늘릴 수 없다. 그러나 하루를 구성하는 각각의 시간은 질적으로 균등하지 않다. 자유로이 쓸 수 있는 시간과 행동에 제약이 따르는 시간의 질은 제각각이다. 다행히 시간이 제한되어 있어도 그 안에서 가능한 일을 확장해서 시간의 질을 높일 수 있다.

자유도가 낮은 시간의 활용도를 높이기 위해 자유도가 높은 시간 일부를 사전 준비 시간으로 사용하는 방법이 있다. 이렇게 하면 하루 전체의 시간 활용도를 높일 수 있다. 이 방법은 누구에게나 평등하게 주어진 시간에 대처하는 거의 유일하고 효과적인 투자법이자 현실적인 시간 증식법이다.

회색 시간 지우기는 '음악 들으며 공부하기' 같이 오래전부터 존재했던 '하면서 공부법'을 시스템화한 것으로, 그 핵심이 되는 아이디어[7]로는 ①학습 시간의 질을 행동의 자유도로 정의하기, ②행동의 자유도와 오감을 활용한 학습법을 표로 정리하기, ③자유도가 낮은 시간의 질을 높이기 위해 자유도가 높은 시간의 일부를 투입하기 등이 있다.

수학자 푸앵카레의 아이디어 발상법

회색 시간 지우기 아이디어를 더욱 확장한 사례로는 프랑스의 수학자 앙리 푸앵카레*가 제시한 '인큐베이션'이 있다. 푸앵카레는 자신의 경험을 통해 새로운 발상이 탄생하는 조건을 제시했다. 아이디어가 필요할 때 충분히 고찰한 후 관계없는 다른 작업을 하거나 휴식을 취하다 보면 갑자기 아이디어가 번뜩인다는 것이다. 이를 적용하면 일하는 도중이나 도저히 빼낼 여지가 없을 것 같은 시간도 학습에 활용할 수 있다.

• 앙리 푸앵카레(Henri Poincare, 1854~1912): 프랑스의 수학자이자 물리학자. 다섯 살에 호흡기 질환인 디프테리아에 걸려 바깥 놀이를 금지당한 것을 계기로 독서에 빠져들었다. 수학자로서 미분방정식론을 이용해 푸크스 미분방정식을 발견했다. 이 발견을 돌아보며 새로운 발상이 탄생하는 조건을 인큐베이션이라 재인식했다. 천문학에서도 삼체문제를 연구했으며, 『천체역학의 새로운 방법』과 『천체역학 강의』를 간행해 역학계의 이론을 창조했다. 만년에는 위상 수학(Topology)의 단초가 되는 연구를 했다. 『과학과 가설』 등 과학 관련 에세이도 집필해 인기를 얻었으며 과학론에서는 어느 쪽 입장에 서는가가 아니라 어느 쪽을 선택하는 것이 '편리한가'라는 문제만 존재한다는 규약주의의 입장을 취했다.

공부를 하는 데 과연 별난 아이디어까지 고안할 필요가 있을지 의문이 들 수도 있지만, 인큐베이션은 다양하게 활용할 수 있다. 공부를 하다가 잘 이해되지 않는 부분이 있거나 문제를 풀지 못하겠는 경우에도 적용할 수 있다. 모르는 부분이나 문제를 깊게 고민한 다음 다른 작업이나 휴식에 돌입하는 순간 '아, 이런 뜻이었구나!' 하고 갑자기 이해한 경험을 해본 적이 있을 것이다. 심지어 시험장에서는 머리를 쥐어짜도 못 풀던 문제의 답이 시험이 끝나고 긴장이 풀리자 갑자기 떠오를 때도 있다.

푸앵카레는 인큐베이션을 통해 아이디어가 탄생하는 이유를, 쉬지 않고 활동하는 무의식이 그 뒤의 과정을 이어 담당하기 때문이라고 생각했다. 현대적인 관점에서 보자면 다른 작업을 함으로써, 문제와 직접 관련 없는 정보에도 활성화 확산**이 생기는 것, 문제와 관련 없는 랜덤 자극에 노출되는 것, 기존의 고착된 관점에서 이탈하는 것 등이 요인임을 알 수 있다.[8]

정리하자면, 당장 이해가 안 가거나 안 풀리는 문제를 미리 곰곰이 생각해두면 학습 시간을 확보할 수 없는 때에도 이해하고자 하는 뇌의 활동은 지속된다. 말하자면 학습의 '보온조리'***라고 할 수 있는데, 이것이야말로 거의 검은색에 가까운 시간을 학습 시간으로 바꾸는 가장 좋은 전략이다.

** 장기 기억에 묶인 정보는 사용 빈도가 높을수록, 최근에 사용되었을수록 꺼내기 쉬운데, 이를 활성화라고 한다. 특정 정보가 활성화되면 그 정보와 관련된 정보도 활성화된다. 가령 '비'라는 정보가 처리되면 이와 관련된 비구름, 물에 관한 정보도 활성화되고 쉽게 떠올라 연상되기도 쉽다. 이렇게 활성화는 장기 기억 네트워크를 타고 퍼지는데, 이 현상을 '활성화 확산'이라고 한다.
*** 냄비를 일단 달군 후 불에서 내려 예열로 조리하는 것. 냄비를 단열성 높은 소재로 감싸거나 보온성이 높은 전용 조리 냄비를 쓴다.

시간 투자의 효율을 극대화하는 법

물론 모든 회색 시간을 학습에 적용하는 것은 도움이 되지도 않고 불가능하다. 회색 시간의 질을 높이고 학습에 이용할 수 있으려면 준비 시간이라는 대가가 필요하기 때문이다. 게다가 이 준비 시간에 자유도가 높은 소중한 흰색 시간을 대신 내주어야 한다.

이를 보완하기 위해 간단하게 학습화할 수 있는 회색 시간(학습화를 위한 대가가 낮은 것), 그리고 가장 정리되고 긴 회색 시간(학습화할 수 있는 시간이 큰 것)부터 손을 대면 효과적이다. 가령 출퇴근 시간을 학습에 활용하는 음성 교재는 한번 구입해두면 더 이상 준비 시간이 걸리지 않는다. 즉 학습화를 위한 대가가 낮다고 할 수 있다. 게다가 교재를 마칠 때까지 날마다 쓸 수 있다. 이 음성 교재를 듣는 출퇴근 시간은 하루에 한 번씩 꼭 찾아오므로 정리된 시간이다. 즉 학습화할 수 있는 시간이 크다. 결과적으로 출퇴근 시간이라는 회색 시간을 학습화하면 학습화하는 대가가 낮고 학습화할 수 있는 회색 시간이 크기 때문에 보상이 큰 시간 투자가 된다. 이렇게 더 적은 시간 투자로 더 많은 시간을 학습화할 수 있는 것부터 순서대로 착수하면 시간 투자의 효율은 극대화된다.

그러나 거듭 말하지만 하루는 누구에게나 24시간만 주어지므로, 시간을 학습화하는 데 필요한 밑천과 같은 흰색 시간은 줄어든다는 점을 잊지 말자. 회색 시간을 지나치게 흰색화해서 정작 중요한 학습에 쓸 시간을 조달하지 못한다면 주객이 전도된 격이나 다름없다.

공부법 8 포모도로 테크닉

짧은 고강도 집중으로 효율을 유지한다

❶ 타이머를 25분 간격으로 세팅해놓고 작업을 시작한다.

포모도로 테크닉에서 기본 단위가 되는 1포모도로는 '25분 작업 + 5분 휴식'으로 구성된다. 시간이 오래 걸릴 것 같은 작업은 25분 안에 완료할 수 있도록 미리 세분화해둔다. 만일 전화나 급한 용무가 생긴다면 그 시점에 중단하고 처음부터 다시 시작한다.

❷ 5분간 휴식을 취하는 시간에는 작업과 관계없는 일을 하면서 뇌의 긴장을 푼다.

이메일 체크나 SNS 확인, 전화 응대 등도 피해야 한다.

❸ 네 번 반복한 다음 30분 동안 휴식한다.

지적 생산성을 높인다

포모도로 테크닉은 단시간에 집중하는 작업을 반복함으로써 하루 중 집중력이 높은 상태를 늘리고 지적 생산성을 높이는 방법이다. 스스로 시간 배분을 정할 수 있는 직종에 종사하는 사람에게도 도움이 되지만, 혼자 공부하는 사람이 학습 시간을 관리하기에도 유용한 방법이다.

포모도로 테크닉은 1992년에 소프트웨어 개발자이자 경영인인 프란체스코 시릴로가 개발했다.[9] 포모도로Pomodoro란 이탈리아어로 '토마토'를 의미하는데, 시릴로가 학생 시절에 애용하던 키친 타이머가 토마토

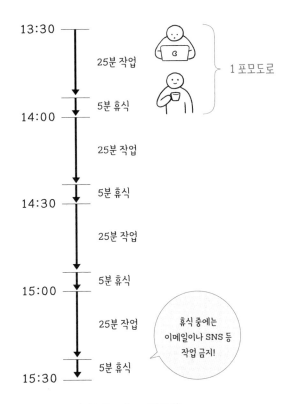

13:30

25분 작업

5분 휴식
} 1포모도로

14:00

25분 작업

5분 휴식

14:30

25분 작업

5분 휴식

15:00

25분 작업

휴식 중에는
이메일이나 SNS 등
작업 금지!

5분 휴식

15:30

4 포모도로(두 시간) 종료 후 30분 휴식

모양이었던 것에서 유래한다. 키친 타이머라는 생활감 넘치는 아날로그 장치가 상징하듯, 방법이라기에는 무척 단순하고 간단하다. 큰 과제를 잘게 쪼개어 그중 하나에 짧게(25분) 집중하고 간간이 휴식을 끼워 넣으면 된다.

말하자면 짧게 고강도로 집중해 지적 작업을 반복해서 가능한 높은 평균 효율을 유지하는 것이다. 이런 종류의 타이머는 스마트폰의 앱으로도 수없이 많지만, 시릴로는 여전히 토마토 모양의 키친 타이머를 사용한다. 타이머를 25분으로 세팅하는 것은 지금부터 작업에 온 신경을 집중하겠다고 스스로 주문을 거는 일종의 루틴인 것이다.

낮은 강도로 무한반복해서 정착시킨다

그 외에도 단시간 고도의 집중을 반복하는 방법에는 GtG greasing the groove가 있다. 구소련 특수부대 스페츠나츠의 교관 출신 헬스 트레이너 파벨 차졸린은 저서 『파워 투 더 피플!』에서, 운동 부하가 낮아도 같은 훈련을 반복함으로써 효과가 높아지는 현상을 헤브의 법칙*과 '홈에 기름칠하기 greasing the groove'라는 비유로 설명했다.

'홈에 기름칠하기'란 유연하게 움직이게 만든다는 뜻인데, 같은 동작을 단시간에 여러 차례 반복함으로써 동작이 부드러워지도록 하는 게 이 방법의 핵심이다. '유연하게 움직인다'는 것은 훈련 자체뿐 아니라 훈련에 들어가기 위한 도움닫기 단계까지 포함한다. 단시간에 빈도를 높임으로써 빠르게 익숙해지도록 하기 위함이다.

훈련에서는 다음과 같이 적용한다.

· 어디에서나 할 수 있으며 여러 차례 반복할 수 있는 동작을 선택한다.

---

* 도널드 헤브(Donald Hebb)가 제창한 뇌 시냅스의 가능성에 대한 법칙. 헤브는 학습이나 기억이 발생하기 위해서는 뉴런끼리 만나는 시냅스에서 연합강도가 높아져야 한다고 생각했으며, 양쪽의 뉴런이 동시에 활성화한 경우 연합강도가 강화되고 시냅스 사이의 전달 효과가 커진다고 보았다.

· 할 수 있는 한계의 절반 정도로 횟수를 설정한다. 가령 팔굽혀펴기가 10회까지 가능하다면 5회로 설정한다.

· 타이머를 세팅하고(한 시간 간격 등) 타이머가 울릴 때마다 정해놓은 횟수만큼만 훈련한다.

· 부담을 줄이기 위해 처음에는 손에 꼽을 만큼만 하다가 점차 횟수를 늘려간다.

한계의 절반이라면 지쳐 쓰러질 정도로 힘든 트레이닝은 아니지만, 단시간에 같은 동작을 반복함으로써 가능한 횟수가 저절로 늘어나는 효과가 있다. 학습에서도 이와 같은 방식으로 접근할 수 있다. 자신 없는 과목이나 작업이 있다면 한 시간마다 아주 일부분만 시도하기를 여러 차례 반복해보자. 이를테면 영어 단어 2개 외우기, 한 문제 풀기 등 작은 목표를 반복해보는 것이다. 맨 처음에는 10분마다 하다가 점차 시간 간격을 늘이는 것도 좋다. 좀처럼 손대기 힘들었던 과제, 결국 나중으로 미루고 마는 작업 등에 이 방법을 사용한다면 빠르게 해결하는 습관을 들일 수 있다.

5장

지속하는 힘으로 중급의 벽을 넘어선다

공부를 하고 싶고, 목표도 분명하고, 노력할 마음이 있는데도 자꾸 포기하게 되는 경우가 많다. 앞서 말한 것처럼 우선 시작하고, '계속하는 것'이 중요하다. 지속하지 못하고 '포기하고, 시작하기'를 반복하면 영원히 같은 수준에 머무를 수밖에 없다. 다이어트를 떠올려보면 이해하기 쉽다. 그렇다면 성장으로까지 이어지도록 지속하는 방법에는 무엇이 있을까?

끝까지 지속하지 못하고, 좌절하는 사람들, 즉 대부분의 사람이 떠올리는 성장 곡선은 오른쪽으로 올라가는 직선이다. 하지만 그건 현실과 다르다. 처음에는 노력이나 학습 시간에 비례해서 직선 궤도로 성장하는 것 같지만, 결국 속도는 느려지고 성장 곡선은 완만해진다. 나쁘게 말하자면 용두사미로 끝나는 것이다. 이게 바로 어학 공부에서 흔히 발생하는 '중급의 벽'이다.

사람은 자신이 지금 어느 단계에 있는지가 아니라, 자신이 정한 기준

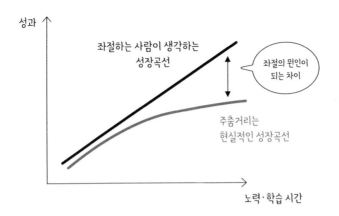

성과

좌절하는 사람이 생각하는
성장곡선

좌절의 원인이
되는 차이

주춤거리는
현실적인 성장곡선

노력·학습 시간

보다 실력이 늘었는가 줄었는가에 일희일비하는 생물이다. 직선 성장을 기준으로 삼으니 성장이 둔화하면 마치 악화나 손실인 것처럼 느낀다. 실제로는 조금씩 올라가고 있는데도 말이다.

학습의 가성비만 따진다면, 공부를 했는데도 좀처럼 실력이 늘지 않는 시기가 오면 패닉에 빠지게 된다. 공부에도 초심자의 운 같은 게 있어서, 처음 시작했을 때 방식이 우연히 잘 맞아서 신기하게 쑥쑥 실력이 느는 경우가 있다. 무엇보다 아직 아무것도 모르고 할 줄 아는 것도 없으니 아주 작은 성장에도 과하게 기뻐하고 공부가 점점 재미있어진다. 이로 인해 동기부여와 노력이 선순환에 들어서기도 하고 스스로가 똑똑하게 느껴지기도 한다.

하지만 이런 사람은 조만간 고꾸라진다. 초심자 운은 초심자가 도달할 수 있는 곳까지만 허락된다. 성장은 점점 느려지고 계속 노력하는 것 같은데도 발전이 없어진다. 그렇다면 '중급의 벽'은 어떻게 해야 넘어설 수 있을까?

방법은 하나, 지속하는 것뿐이다. 특별한 이유가 없는 한, 공부 방식이나 학습 시간도 바꾸지 않는 게 좋다. 마음만 급해서 공부 시간을 늘려도 일시적이라면 모를까 오래가기 힘들다. 공부 방식을 바꿔 또 초심자의 운 효과를 얻게 되면, 매번 학습법을 요리조리 바꾸고 싶은 유혹을 떨쳐 버리지 못하게 될 수 있기에 근본적인 해결책이 아니다.

그렇다고 중급의 벽에 맞닥뜨려 발길을 되돌리고 마침표를 찍는 게 나쁜 것만은 아니다. 무엇이건 마찬가지지만 배움을 이어간다는 건 그것에 쏟아붓는 시간만큼 다른 무언가를 꾸준히 포기하는 일이다. 독학을 포기한다고 해도 그것은 자신에게 더 중요한 무엇인가가 있었다는 뜻이다.

배움은 자신이 얼마나 바보 같은지 깨닫는 일이며, 익숙해질 수 없다. 결국 오래 배움을 이어간다는 건 그만큼 오랫동안 자신의 무지에 직면하는 일이고, 배움을 더 깊이 정진한다는 건 그만큼 깊이 자신의 부족함을 발견하는 일이다. 중급의 벽을 넘어서서 나아가는 사람은 대부분 쏟아붓는 노력에 부합하는 것을 얻지 못하거나, 더 편하고 득이 되는 선택지가 있다고 해도 더 깊은 배움을 포기하지 못하는 바보라고 할 수 있다. 가령 재능의 한계가 보이거나 슬럼프에 빠지고, 풋내기가 성큼성큼 자기를 앞질러 간다 해도, 병이나 사고 따위로 그때까지 얻은 많은 것을 잃어도, 배움을 멈추지 못하니까 이어가는 것이다. 가성비를 따져도 답을 내지 못하니 바보이고, 줄기차게 바보임을 자각할 수밖에 없으니 스스로 바보라 할 것이다. 하지만 그런 바보만이 중급의 벽을 초월해 길을 개척하는 사람이 될 수 있다.

공부법 9 역설 플래닝

작심삼일을 재능으로 살린다

❶ 실현하고 싶은 것을 목표로 잡는다.

실현하기 어려울 것 같은 '다소 무리한 목표'가 이상적이다.

❷ 무리한 목표의 최소 단위를 생각하고 끝에 '~하지 않는다'고 덧붙인다.

❸ 역설적 목표를 실패한다.

매일 확실하게 실패할 수 있게 되면 역설적 목표를 조금 상세하게 정해
도 좋다. 즉 '매일 한 글자도 적지 않는다'라는 목표가 있다면 '매일 10자
이상은 적지 않는다'로 수정한다.

실패 회피에서 악순환은 시작된다

이 방법은 지금까지 몇 차례 실패하면서 스스로 계획을 이행할 여력이
없다고 포기해버린 사람을 위한 것이다. 한 철학 유튜버의 SNS 게시물
에서 힌트를 얻었는데, 그는 '계획 실패'를 오히려 긍정적으로 받아들이
는 방법을 제안했다. 독서 계획이건 공부 계획이건 매번 실행에 실패하
는 사람에게는 부질없는 일이다. 실패가 반복될수록 '나는 쓸모없다'는
생각에 휩싸일 뿐이다. 하지만 실패의 결과가 오히려 작은 성취가 되는
역설적 목표를 세워보면 어떨까? 이를테면 '단 1초라도 공부하지 않기',
'책이라면 절대 한 글자도 보지 않기' 같이 반드시 실패할 수밖에 없는
계획을 세우고, 실패의 결과가 본래 내가 해야만 했던 공부나 과제의 수

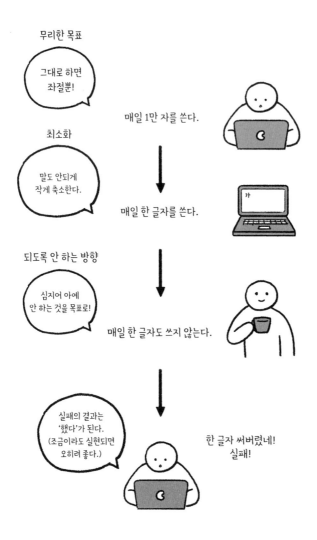

행이 되게 하는 것이다.

말하자면 '계획 실패'라는 재능을 긍정적으로 활용하는 것인데, 실패했을 때 본래 의도했던 목표가 달성되도록 실천 계획을 설계하는 게 핵심이다.

인간은 하늘이 내린 사악한 생물이다. '하라'고 명령하면 의지를 잃고 '하지 말라'고 금지하면 오히려 하고 싶어진다. 인간은 원래 역설적인 존재이며 역설 플래닝 역시 악질적인 농담처럼 느껴지지만, 인간의 이 사악한 본성을 이용한 것이다.

이 방법은 이론적으로도 근거가 있다. 멘탈리서치인스티튜트MRI* 소속 단기요법가들이 정신과 의사 밀턴 에릭슨**의 임상 실험에서 배우고 방법화한 임상 처방 접근이 그것이다.

임상 처방은 해결을 위한 노력이 오히려 문제를 확대하는 경우에 쓰이는 역설적 개입의 대표적 방법이다. 이는 문제(증상)를 일부러 발생시키도록 지시하는(처방하는) 방법으로, 예를 들면 손가락의 떨림이 멈추지 않는 사람에게 "좀 더 손을 흔들어보세요" 하고 권하는 경우다. 이 방법은 불면증이나 발기부전 치료처럼 자연스럽게 해야 하는 일을 의식해서 하려고 노력하는 과정에서 증상이 오히려 악화한 경우에 유효하다고

---

* 인류학자 그레고리 베이트슨이 주최한 커뮤니케이션 연구 프로젝트는 논문 〈조현병 이론을 위한 연구(Toward a Theory of Schizophrenia)〉로 완성되었다. 이 연구 그룹의 멤버 세 명이 차후에 MRI(Mental Research Institute)를 창설했고, 이곳이 시스템론적 가족요법과 단기요법의 근원지가 되었다.

** 밀턴 에릭슨(Milton H. Erickson, 1901~1980): 20세기 최고의 최면치료사로 알려진 정신과 의사다. 미국 임상 최면학회의 창시자이자 초대 회장을 역임했다. 소아마비로 인한 전신마비 등 중증의 신체적 장애와 씨름하면서 최면, 정신요법을 거의 독학으로 학습했고 환자의 특성에 맞춘 독창적인 치료법을 개발했다.

알려졌다.***

그렇다면 계획 실패라는 문제에 역설적으로 접근하는 방식은 진짜 효과가 있을까. 그렇다면 어떤 악순환이 계획 실패를 유지하게 만드는 것일까.

앞서 언급한 것처럼 이 방법을 적용하는 대상은 단순한 계획 실패가 아니라 더 심각해진 상황, 즉 계획 실패를 여러 번 거듭한 끝에 계획을 세우는 일이 무의미한 지경에 이른 '심화한 계획 실패'다. 이것은 얼핏 손 떨림 치료로 오히려 증상이 심각해지는 악순환과는 달라 보이지만, 둘 다 같은 구조를 가지고 있다.

손 떨림 증상의 악순환은 문제를 해결하려는 적극적 노력이 근육을 긴장시켜 더욱 격하게 떨림을 유발하는 형태의 악순환이다. 이에 반해 심화한 계획 실패의 악순환은 실패를 회피하고자 해결 계획을 다시 세우는 소극적 노력이 오히려 문제를 유지하고 재생산하는 형태다. 이것이 악순환인 이유는 실패를 회피하는 것만으로는 계획의 필요성 자체가 사라지지 않기에, 소극적 노력을 무한 반복해야 하기 때문이다.

악순환이 이어지는 이상, 악순환을 구성하는 요소 역시 되풀이된다. 계획 무산에 의한 자기혐오는 계획 세우기가 필요한 줄 알면서도 회피하면서 악화한다. 자기혐오가 높으면 당연히 동기부여나 행동 자체가 감소하고 계획을 세울 기회는 사라진다. 독학의 경우, 학습 계획을 지키기도, 세우기도 불가능하며 결국 독학을 못하겠다는 결론에 내리게 된다.

*** 특정 불면증은 잠들고자 하는 다양한 의식적 노력이 각성도를 높여서 오히려 잠들지 못하는 악순환에 의해 유지되고 악화한다.

실패를 아주 조금이라도 긍정적으로 바꾼다

악순환에 역설적으로 대처하는 것은 상대의 힘을 이용해 바로 그 상대를 패대기치는 유술 경기처럼, 문제를 지속하는 힘을 역이용해 문제를 해결하고자 하는 것이다. 역설 플래닝에서는 계획이나 행동을 회피하는 것이 아니라, 아주 미흡하더라도 실패를 실행으로 연결해 악순환의 고리에서 벗어나도록 틈을 만들어낸다.

'계획을 지키지 못했다 → 결과는 실패'가 아니라, '계획을 지키지 못했다 → 조금만 해본다 → 해보면 조금은 가능하다'는 극히 미세한 변화를 만든다. 눈에 띄지 않는 아주 작은 변화일지도 모른다. 그러나 악순환에는 고리를 돌 때마다 작은 변화가 증폭하는 기능이 있다. 이것이 악순환을 지속시키는 것이지만, 그런 자가 증폭을 좋은 쪽으로 이용해 작은 변화를 조금씩 키우는 게 역설 플래닝의 목표다. 다시 말해, 역설 플래닝은 실패를 부정적인 것에서 조금이라도 긍정적인 것으로 바꾸어, 악순환의 폐단을 좋은 방향으로 인도하는 방법이다.

공부법 10 습관 레버리지

일상에서 습관이 자라게 한다

❶ 레버리지가 될 습관을 선택한다.

이미 습관으로 자리 잡은 행동을 하나 고른다. 스마트폰 보기 등 빈도가 잦은 습관이 레버리지, 즉 새로운 습관을 들이기 위한 지렛대로 삼기에 가장 좋다. 식사처럼 일정한 시간대에 반복하는 일을 선택해도 좋다.

❷ 레버리지가 될 습관의 직전이나 직후에 새로운 습관을 만든다.

선택한 습관의 직전이나 직후에 습관으로 길들이고 싶은 행동을 한다. 간단하면서도 바로 시작할 수 있고, 가능하면 단시간(처음에는 1분 미만)에 끝나는 것이 좋다. 영어 단어 1개나 짧은 예문을 암기하기, 당일 학습할 내용 확인, 실력이 부족한 과목의 단순 접촉(공부법 5: '2분 지속하기'의 단순 접촉 효과 참고) 등이다. 습관 만들기가 주된 목적이므로 완전히 외우지 못해도 정해놓은 시간이 지나면 끝낸다. 욕심을 부려 너무 과중한 행동을 하면 각 습관이 순조롭게 이어질 수 없다. 시작하기 귀찮아질 것 같으면 분량을 줄이거나, 관련 있지만 좀 더 쉬운 행동으로 바꾼다.

❸ ❷를 반복하면서 조금씩 무게감 있는 습관으로 바꾼다.

일주일 후에는 양을 늘린다. 처음에는 1분이었다면, 이후 5분, 10분까지 유지한다. 영어 단어 1개에서 2개로, 짧은 예문 한 문장에서 두 문장으로 점진적으로 늘려가면 된다. 혹은 새로 습관화한 행동을 발판으로 다른 행동을 추가해 습관화해도 좋다.

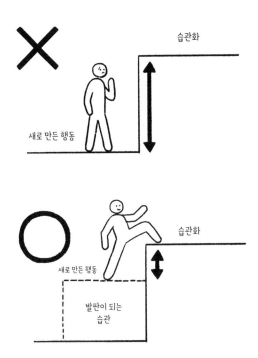

습관화

새로 만든 행동

습관화

새로 만든 행동

발판이 되는
습관

유익한 습관과 일과를 세트로 묶는다

배움은 장기적으로 멀리 보아야 하며, 습관화하지 않는다면 성공할 수도, 목표를 달성할 수 없다. 러닝 로그(공부법 12, 104쪽)나 태스크 관리 등 지속적인 학습을 지탱해주는 다양한 방법 역시 습관적으로 해야 한다. 이런 방법은 당연히 멈추면 효과를 얻지 못한다. 결국 '습관화'라는 문제로 돌아가게 된다.

그러나 우리는 아무 습관도 없는 백지 상태가 아니다. 사람들은 대부분 거의 같은 시간에 일어나고 익숙한 메뉴로 식사를 하며 비슷한 시간에 잠자리에 든다. 밖으로 나가면 대부분은 자주 가던 곳으로 발걸음을 옮기고, 처음 가는 곳이라도 도중까지는 익숙한 길로 간다. 일상생활 대부분은 반복을 통해 성립한다. 너무도 당연해서 의식하지 못하는 많은 습관이 우리를 지켜주는 것이다. 습관은 태어나면서부터 갖고 있었던 것은 아니다. 성장하면서 교육과 학습을 통해 획득한 것이다.

이미 바람직한 생활 습관을 지니고 있다면 운이 좋은 사람이다. 그것들을 자원으로 활용하고 유익한 습관을 생활 속에 들여놓기가 그만큼 쉽기 때문이다. 그럼 불규칙한 생활에 길든 사람은 어떻게 해야 할까? 올바른 생활 습관이라는 문화 자본을 갖지 않았다는 핸디캡에 괴로워하는 수밖에 없을까?

그렇지는 않다. 우리가 살아 숨 쉬는 존재인 이상, 생명 유지를 위해 반복적으로 해야 하는 최소한의 행동이 반드시 있다. 그것을 지렛대로 사용하면 된다. 앞서 식사를 예로 들었던 이유가 바로 여기에 있다.

기존에 학습이나 그 밖의 습관을 갖고 있는 사람은 그것을 지렛대로 활용하면 된다. 지렛대, 즉 '레버리지'라는 이름대로 이 방법은 이미 습관을 가진 사람에게 훨씬 큰 효과를 안겨준다. 하지만 미리 습관을 갖지 못했다 하더라도, 아주 적은 습관 자원을 반복적으로 쓰면서 조금씩이나마 새로운 습관을 쌓으면 된다.

습관 레버리지는 이미 확립된 습관을 발판으로 새로운 습관을 형성하는 방법으로, 심리학자 데이비드 프리맥*이 제창한 프리맥의 원리[11]를 기초로 한다. 버튼이나 바를 누르면 먹이나 물이 나오는 장치를 설치하

---

* 데이비드 프리맥(David Premack, 1925~2015): 위대한 업적 3가지를 남긴 심리학자. 첫 번째는 프리맥의 원리로 발생 확률이 높은 행동을 강화물로 사용하여 발생 확률이 적은 행동을 촉진하는 방법이며 상대적 가치 이론이라고도 불린다. 두 번째는 침팬지에게 플라스틱 기호를 판에 붙이는 방식으로 언어를 가르치는 데 성공한 것이고, 세 번째는 발달심리학에서 마음 이론이라 불리는 연구 패러다임을 창출한 것이다.

면, 비둘기나 쥐가 버튼이나 바를 누르는 행동이 늘어난다. 이를 '누르는 행동이 강화'되었다고 하며, 먹이나 물 같은 보상은 행동 강화를 자극하는 '강화물'이라고 한다.

강화는 어떤 의미에서는 자연스러운 현상이며 먹이나 물처럼 생물에게 이익을 주어야 강화물로 적합하다고 여겨졌다. 그러다가 1950년대에 이르러 빛 등의 중립적인 자극도 경우에 따라서는 강화물이 된다는 사실을 발견했다.

이런 발견을 토대로 프리맥은 무엇이 강화물이 되는지는 자극의 성질에 의해 미리 결정되는 게 아니라고 생각했다. 프리맥은 강화를 주는 것도 받는 것도 다 특정 행동이며, 어떤 행동이 다른 행동을 강화하는지는 행동의 출현 빈도에 따라 상대적으로 정해지는 것이라 여겼다. '강화의 상대성 원리'라는 명칭은 여기에서 유래되었다.

프리맥의 원리에서는 출현 빈도가 훨씬 높은 행동이 낮은 행동을 강화한다고 주장한다. 예를 들면 목마른 동물이 물을 마시는 행동은, 버튼이나 바를 누르는 행동보다 발생하기 쉽다. 그러므로 버튼이나 바를 눌러 물이 나와서 마실 수 있게 되면(행위 직후에 물을 마시도록 하면) 선행하는 버튼이나 바를 누르는 행동이 증가한다. 행동이 강화되는 것이다.

프리맥의 원리는 응용할 범위가 넓다는 점에 이점이 있다. 기존의 강화 원리에서는 특정 행동을 늘리기 위해 보상이 되는 강화물을 발견하는 게 필수였다. 하지만 프리맥의 원리에 따르면 관찰을 통해 빈번히 일어나는 행동을 발견하기만 하면 그것을 연결함으로써 표적 행동을 늘릴 수 있다. 또 기존에 자주 발생한 행동을 연결하면 되므로 보상이 되는 강화물을 군이 따로 준비하지 않아도 된다.

좋은 습관도 나쁜 습관도 자원이 된다

❶ 목표 행동과 경쟁 행동을 고른다.

늘리고 싶거나 줄이고 싶은 행동이나 습관을 '목표 행동'으로 선택한다. 목표 행동을 늘리거나 줄이는 데 방해가 되는 행동을 '경쟁 행동'으로 선택한다.

전문서를 읽고 싶었는데 어느새 SNS 화면을 들여다보고 있는 경우 '전문서 읽기'가 목표 행동이다. 이는 앞으로 늘리고 싶은 행동임으로 '부족 행동'에 해당한다. 이에 대한 경쟁 행동인 '어느새 SNS를 들여다보는 일'은 과잉 행동에 해당한다.

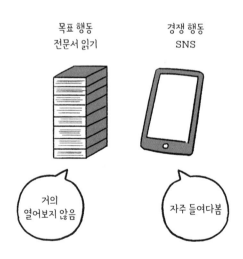

❷ 4가지 기준으로 표를 만들어 목표 행동과 경쟁 행동을 평가한다.

여기서 4가지 기준은 '계기가 많고 적음', '장벽의 높고 낮음', '경쟁 상대의 유무', '보상 혹은 벌의 속도'다. 부족 행동을 이 4가지 기준에 맞춰 평가하면 다음과 같다.

· 행동의 계기가 없거나 적다.

· 행동하는 데 장벽이 높다.

· 경쟁 행동에 패배한다.

· 성과가 당장 보이지 않는다(보상이 바로 주어지지 않는다).

과잉 행동은 다음 4가지 기준으로 평가할 수 있다.

· 행동의 계기가 있거나 많다.

· 행동의 장벽이 낮다.

· 경쟁 행동이 없거나 약하다.

· 효과나 즐거움이 바로 나타난다(보상이 즉각 주어진다).

대부분 이 기준 중 하나 이상에 들어맞는다.

이 4가지 기준에 맞추어 목표 행동과 경쟁 행동의 특징을 98쪽의 표처럼 정리한다.

	행동 (과잉/부족)	계기의 많고 적음	장벽의 높고 낮음	라이벌의 유무	보상/벌의 속도
경쟁 행동					
목표 행동					
개선된 목표 행동					

❸ 경쟁 행동의 이유를 목표 행동의 개선에 이용한다.

목표 행동과 경쟁 행동은, 한쪽이 부족 행동이라면 다른 한쪽은 과잉 행동 관계에 놓여 있다. 경쟁 행동은 바로 자신이 행하는 행동이다. 과잉이건 부족이건 형식적으로 주어지기보다는 자신의 성격이나 상황에 부합하는 행동이다. 즉 목표 행동을 늘리거나 줄이기 위해 경쟁 행동의 특징을 흉내 내면 자신의 성격이나 상황에 부합하는 개선책을 찾을 가능성이 높아진다.

앞서 말한 예시에 따르면 지금 목표는 부족 행동인 '전문서 읽기'를 늘리는 일이다. 이를 위해 과잉 행동인 '자꾸 SNS를 들여다봄'에 대해, 다음 표와 같이 4가지 기준에 따라 적어보자.

예를 들어 '경쟁 상대의 유무'라는 기준에 대해서는 다음과 같이 표를 채웠다.

· 과잉 행동에서는 '스마트폰으로 SNS 하기'보다 강력한 경쟁 행동이 없었다.
· 스마트폰으로 전문서 읽기를 하면 적어도 그동안에는 SNS를 안 봐도 될 텐데? 아니면 집에 있거나 외출했을 때처럼 스마트폰 자체를 꺼내지 않고 멀리할까?

· 실제로 일 때문에 외부에 있을 때는 전자책이나 스캔한 책을 스마트폰으로 읽는다. 집에서는 스마트폰의 알림 기능을 해제하고 시야에서 벗어난 곳에 둔다.

전문서 읽는 시간을 늘리는 방법 ✎

	행동 (과잉/부족)	계기의 많고 적음	장벽의 높고 낮음	경쟁 상대의 유무	보상/벌의 속도
경쟁 행동	SNS (과잉)	[(많다) 보통 적다] '읽지 않음' 표시 등	[높다 보통 (낮다)] 스마트폰으로 바로 가능	[(많다) 보통 적다] 빈 시간에 자유롭게 할 수 있음	[(빠름) 보통 지연] 팔로워의 반응이 즉각적임
목표 행동	전문서적 읽기 (부족)	[많다 보통 (적다)] 내 의지만 있으면 됨	[(높다) 보통 낮다] 무거움 + 이해하기 어려움	[(많다) 보통 적다] 스마트폰으로 SNS나 동영상 보기	[빠름 보통 (지연)] 돌아오는 게 있어도 당장은 아님
개선된 목표 행동	전문서적 읽기 (개선)	[많다 (보통) 적다] 매일 같은 시간에 리마인드 하기, 독서 모임 날짜 정하기	[높다 (보통) 낮다] 여전히 어렵지만, 잘 모르겠는 부분은 독서 모임에서 논의 가능	[많다 보통 (적다)] 방해 요소가 적은 전철 안에서 읽기 스마트폰은 집어 넣기	[빠름 (보통) 지연] 독서 모임에서 이야기 할 수 있다는 보상이 있으며 미리 읽고 가지 않으면 수치이자 죄악

(경쟁 행동 집어넣기) → (경쟁 행동 멀리하기)

(알림 활성화) (환경 바꾸기) (타인의 피드백)

행동분석학을 응용해본다

인간은 구제불능의 생물이다. 해야 하는 일이 있음에도 안 해도 그만인 일에 시간을 낭비하고, 삼가야 할 일이라는 걸 알면서도 멈추지 못한다. 강한 의지와 굳은 결심만으로 이 문제가 해결될까? 아니다. 마음을 조절하려는 노력은 대부분 그저 마음에 책임을 전가하는 것으로 끝난다.

행동 디자인 시트는 우리가 이미 행하고 있는, 과하거나(과잉 행동) 좀처럼 진전되지 않거나 시작하지 못하는 행동(부족 행동)을 교재로 삼아, 거기에서 얻은 지혜로 부족 행동을 증가·정착시키고, 과잉 행동을 억제하는 방법이다. 이 방법을 활용하면 이미 실행하고 있는 행동과 환경을 스스로 분석함으로써 자신에게 맞는 방법을 끌어내기 쉽다. 이 방법의 핵심은 자신의 과잉 행동이나 부족 행동을 4가지 기준으로 분석하고 부족 또는 과잉 행동을 개선하는 것이다.

4가지 기준은 행동 디자인 시트의 이론적 배경인 행동분석학*에서 힌트를 얻었다. 행동분석학에서는 각 행동이 늘어나거나 줄어드는 상황을 분석해 상황을 다시 설계함으로써 행동의 발생이나 증감을 제어하고자 한다. 행동 디자인 시트는 행동 분석 중에서도 가장 간단한 '삼항 수반성'의 구조를 채택했다. 삼항 수반성에서는 타깃이 되는 행동의 직전 상황(선행조건)과 행동 직후에 발생하는 상황(결과)에 주목한다. '선행 조건 Antecedent – 행동Behavior – 후속 결과Consequence'의 영어 머리글자를 따서 '삼항 수반성에 관한 ABC 분석'이라고 부르기도 한다.

---

* 스키너가 신행동주의 심리학을 개혁해 새로이 일으킨 급진적 행동주의에 기반한 심리학. 마음이나 내면을 알리는 것이 아니라, 관찰 가능한 행동과 환경의 관계를 분석하고 제어하는 방법을 연구했다. 그의 연구는 언어를 사용하지 못하는 포유류나 동물 행동에도 활용할 수 있다는 점이 특징이다.

버튼을 누르는 행동(목표 행동)과 물을 마실 수 있는(결과) 장치(개발자의 이름을 따서 '스키너 상자'라고 부른다)를 설치했다고 해보자. 행동 직후에 얻게 된 물(물을 마신다는 행동)에 의해 '비둘기의 버튼 누르기'라는 행동이 증가한다고 알려진 실험이다. 행동을 좌우하는 요인이 행동 직후에 발생하는 상황(결과)이라는 점이 중요하다. 그런데 우리는 사건의 관련성을 고려할 때 '스위치를 눌러야 불빛이 들어온다'는 식으로 파악하기 쉽다. 즉 '원인→결과'라는 구조로 생각하는 데 익숙하기에 상황을 바꾸려면 시간상으로 선행하는 표적(목표 행동)에만 집중해야 한다.

그러나 행동분석학에서는 목표 행동 직후에 생기는 상황을 가장 중요하게 본다. 목표 행동을 증가시키는 결과(직후의 상황)를 강화물, 반대로 목표 행동을 감소시키는 결과(직후의 상황)를 혐오적 자극이라고 한다.

어떤 상황이든 강화물 또는 혐오적 자극이 될 수 있다. 학습 후에 느끼는 '깨달았다', '재미있다'는 감정도 강화물이라 할 수 있고(내재적 강화), 남과 겨루어 인정받고 싶다는 사회적인 반응도 강화물이라 할 만하다. 물론 학습 내용과 관계없는 사탕 먹기, 산책을 좋아한다면 산책하기도 강화물이 될 수 있다. 학습에 강화물이 포함되어 있으면 따로 준비할 필요는 없으나 행동이 너무 적다면 인위적으로 준비해야 할 수도 있다. 강화물의 등장으로 목표 행동이 증가하는 것을 '강화되었다'고 하며, 혐오자극의 등장으로 목표 행동이 감소하는 것을 '처벌되었다'고 한다. 따라서 이 행동 분석에서 가장 중요한 기본 원리를 '강화/처벌의 원리'라고 한다. 강화/처벌의 원리를 행동 디자인 시트의 4가지 기준에 적용하면 '보상의 속도'에 해당한다. 알려진 바에 의하면, 행동을 강화하는 강화물과 처벌을 일으키는 혐오적 자극은 행동 직후에 나타나야 한다.

행동을 바꾸기 위한 6가지 접근법

삼항 수반성의 또 하나의 요소를 생각해보자. 행동에 선행하는 상황(선행조건)은 어떻게 작용할까.

앞에서 예로 든 비둘기와 물 공급 장치(스키너 상자)에 다음 요소를 하나 더 추가해보자. 붉은 전등이 켜진 후에만 '버튼 쪼기→ 물 공급'이라는 장치가 작동하게 하는 것이다. 이렇게 함으로써 '붉은 전등이 켜졌을 때만 버튼을 쪼기'라는 행동을 추가할 수 있다. 선행조건을 조금씩 바꾸어가면서 훈련을 반복한다면 가령 피카소의 그림을 보여주었을 때만 버튼을 쪼도록 비둘기를 조련할 수도 있다.

행동분석학에서는 이 선행조건(선행인자)을 바꿈으로써 행동을 바꾸는 선행인자 제어antecedent control procedure에 대한 개발도 다수 진행 중이다. 선행인자 제어는 크게 다음 6가지 방식으로 접근한다.

① 바람직한 행동으로 이어지는 선행조건이나 계기를 제시한다.
② 바람직한 행동을 위한 조작을 확립한다. 여기에는 강화물의 효과를 높이기 위한 것, 예를 들어 물을 강화물로 사용한다면 사전에 물을 주지 않는 방법 등이 있다.
③ 바람직한 행동의 반응 노력을 줄인다.
④ 바람직하지 않은 행동으로 이어지는 선행조건이나 계기를 제거한다.
⑤ 바람직하지 않은 행동을 위한 확립 조건을 제거한다.
⑥ 바람직하지 않은 행동의 반응 노력을 늘린다.

여기서 ①과 ④는, 행동 디자인 시트의 4가지 기준 중에서 '행동 계기의 많고 적음'과 관련 있다. 늘리고 싶은 행동의 계기를 제시하거나 줄이고 싶은 행동의 계기를 제거하는 게 이에 해당한다. ③과 ⑥은 행동 디자인 시트에서 '장벽의 높고 낮음'과 관련 있다.

여기에서 말하는 반응 노력response effort은 행동(반응)에 필요한 수고와 노력, 시간을 뜻한다. 기능적으로 가치가 같은 복수의 행동이 함께 수반되는 경우, 반응 노력이 큰 행동보다 작은 행동이 발생하기 쉽다고 한다. 다시 말해 같은 결과를 불러오는 행동이 복수라면, 당장 할 수 있는 행동이나 취하기 쉬운 행동이 발생하기 쉽다. 이를 이용해서 늘리고 싶은 행동에 바로 착수할 수 있도록 환경을 정비하거나, 줄이고 싶은 행동을 시작하기 어렵게 장애 요인을 추가한다.

마지막으로, 행동 디자인 시트에서 '경쟁 상대 유무'는 행동분석학에서 말하는 경쟁 반응competing response과 관련 있다. 경쟁 반응은 목표 행동과 동시에 취하기 어려운 행동을 말한다. 몸에 익은 행동에 대한 경쟁 반응이 쉽게 일어나도록 지시하거나 강화함으로써 버릇을 제거하는 접근 방식을 경쟁 반응 훈련competing response training이라고 한다. 경쟁 반응은 현재 발생하고 있는 문제 행동을 줄이는 데도 이용할 수 있다. 예를 들어 수다를 멈추지 못하는 자녀에게 "엄마한테 뽀뽀해줄래?"라고 말하는 것이다. 말하기와 입맞춤은 동시에 할 수 없으니까.

공부법 12 러닝 로그

공부 진전 상황과 현재 위치를 파악한다

❶ 러닝 로그를 준비한다.

노트나 메모 앱 등 기록할 수 있다면 무엇이든 괜찮다. 다만 앞으로 몇 년 동안은 기록해야 하므로 특정 환경에 영향을 받지 않는 것이 좋다.

❷ 첫 번째 장에 학습 목표를 적는다.

무엇을 얼마나 공부할 계획인지 러닝 로그의 제일 첫 장에 기록해둔다. 목표가 여러 개라도 러닝 로그에는 분류하지 않는 게 좋다. 종이 노트를 사용하는 경우 첫 페이지는 목표 기재용으로 비워두어서 나중에 목표를 추가할 수 있게 한다.

❸ 기록 방식을 정한다.

어떤 교재로 학습했는지 기록하려면 '도서명과 페이지 수 기록하기'와 같이 일정한 규칙을 미리 정해둔다. 학습 목표가 여러 개라면 기록하기 번거롭지 않도록 자신만의 기호를 정해두는 것도 좋다. 가령 논리학과 아랍어를 배우고 있다면, 논리학Logic과 관련된 활동에는 '#L'을, 아랍어 Arabic와 관련된 활동에는 '#A'라고 표기해보면 어떨까.

❹ 학습한 후에는 바로 기록한다.

나중에 적겠다고 미루면 정확하지 않고, 잊어버릴 수도 한다. 기록용 메모지나 다이어리, 필기구 등을 늘 소지해서 학습 활동을 마친 직후에 적는다.

❺ 정기적으로 러닝 로그를 점검한다.

하루를 마감하거나 한 주, 한 달을 마무리할 때마다 기록한 내용을 다시 읽어본다. 가장 최근의 기록에서도, 수개월 혹은 수년 전의 오래된 기록에서도 놀랄 만큼 많은 것을 발견하고 학습 열의도 차오를 것이다.

책 한 권을 가시화하기 ✎

1부. 변화를 가로막는 세 가지 미신							
1장. 특별한 사람 vs 특별한 장소 : 인플루언서 미신	1	2	3	4	5	6	7	8
2장. 행동은 바이러스처럼 전염되지 않는다 : 바이럴리티 미신	1	2	3	4	5	6	7	
3장. 위대한 혁신이 실패하는 이유 : 고착성 미신	1	2	3	4				
2부. 변화를 일으키는 자의 각본: 전염 인프라 설계하기								
4장. 변화는 어떻게 일어나는가 : 복잡한 전염의 발견	1	2	3	4				
5장. 밈, 봇, 정치적 변화 : 복잡한 전염의 작용	1	2	3	4				
6장. 전염 인프라 : 넓은 가교의 중요성	1	2	3	4				
7장. 우리와 같은 사람들, 우리와 다른 사람들 : 관련성 원리	1	2	3	4	5			

※『변화는 어떻게 일어나는가』(웅진지식하우스, 2021)

책 한 권을 읽을 때는 차례에서 장과 소제목을 따로 뽑아 위와 같이 칸을 만들어두고 다 읽은 후에는 색칠하는 방식으로 가시화할 수 있다.

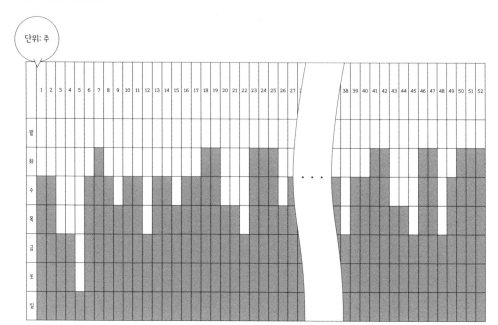

가로 52칸, 세로 7칸짜리 네모를 색으로 채워가면서 1년 분을 간단하게 가시화할 수 있다. 가로 한 칸당 세로 일곱 칸짜리 한 줄이 한 주를 나타내며, 일주일 중며칠 학습했는지(러닝 로그에 기록이 있는 날인지) 색칠만 하면 된다. 이것으로 1년분의 기록을 한눈에 파악할 수 있다. 엑셀같은 프로그램을 사용하면 작게 압축되므로 수년 분을 한눈에 보도록 만들 수도 있다.

독학이라는 항해를 기록한다

독학에서는 학습 진도를 지켜보며 넘어지면 격려해주고, 게으름을 피우면 꾸짖어주는 사람이 없다. 스스로 자신의 배움이 어디까지 왔는지 인식하고 격려와 채찍질을 해야 한다.

러닝 로그는 독학이라는 항해를 위한 항해일지다. 날마다 느끼고 생각한 것을 기록하는 일기와는 다르다. 항해일지는 '오늘은 어느 방향으로, 얼마나 나아갔는가'를 중심에 둔 객관적인 기록이다. 이 기록이 쌓이면 현재 위치를 산출할 수 있다. 러닝 로그는 학습을 완료한 책이나 논문의 제목, 그날그날의 시작 페이지와 종료 페이지, 당일 진도 등으로 구성된다. 페이지 수처럼 계측할 수 없는 것이라면 시간으로 계산해도 좋다. 오늘 집중한 시간을 어제까지의 누적 시간에 더해서 '지금까지의 누적 시간'을 갱신해나간다. 누적된 기록은, 혼자 배움의 길을 걷고 있는 사람이 자신의 현재 위치를 파악하는 소중한 이정표가 된다.

러닝 로그는 페이스메이커이기도 하다. 진행 상황을 기록하다 보면, 주기적으로 찾아오는 굴곡이 오히려 정상임을 알게 된다. 그날의 컨디션에 예민하게 반응하거나 억지로 무시하려고 애쓸 필요도 없어진다. 지나온 궤적은 조금씩 솟아나는 자신감과 자부심이 되어 앞으로 나아가는 원동력이 된다.

크고 작은 계획에 실패하는 이유는 자신이 처한 상황을 파악하지 않고 희망만으로 스케줄을 세우기 때문이다. 인간으로서 원하는 만큼 빨리, 오래 달리기는 불가능할지도 모른다. 그러나 꾸준히 걷다 보면 어떻게든 되지 않겠는가. 걸어온 발자취는 쉬지 않고 걷는 자에게 힘을 북돋울 것이다.

기록을 이어가는 독학자에게 하나 더 희망적인 소식이 있다. 셀프 모니터링 연구(공부법 6, 행동 기록표 참고)는 자신의 행동을 기록하면 기록 대상이 된 행동이 점차 증가한다고 가르쳐준다. 결국 늘리고 싶은 행동을 기록하기만 하면 되는 것이다. '기록하는 자는 성장한다.' 이 한 문장만을 기억하자.

목표 실현과 직접 관련된 행동이 너무 적어서 기록할 것이 없거나 기록할 기회가 적으면 기록하는 일 자체의 동기가 떨어져 학습을 지속하는 데 방해가 된다. 기록은 자신에게 책임을 지우기 위해서라기보다 의욕을 이끌어내고 컨디션을 향상시키기 위해 필요한 것이다. 자기 자신에게 박한 점수를 줘봐야 패배감에 젖은 자기만족 외에 얻을 수 있는 효과는 없다.

기록의 허들을 극한까지 낮춘다

처음에는 허들(반응을 일으키는 데 필요한 에너지)을 낮추어 보다 작은 행동을 일으키도록 한다. 예를 들어 '한 시간 미만의 아랍어 학습'을 측정에서 제외하기보다는 '10분 공부했다', '교과서를 한 페이지 반 읽었다' 같이 작은 단위까지 측정하는 게 낫다. 기록을 지속하면 행동도 늘어나므로(사소한 증가라도 그것을 자각하는 것이 중요하다) 학습 진도가 궤도에 오른 후에 허들을 높여도 늦지 않다.

목표 실현과 직접 관련된 행동이 기대만큼 늘어나지 않는다면 간접적으로 관련된 행동까지 기록해보자. 이를테면 아랍어를 배우고 사람은 '아랍어 교재를 읽었다', '아랍어 단어를 외웠다'라는 내용을 기록하고자 할 것이다. 하지만 그게 어려워서 교재를 펼치는 일조차 미루어버리는 사람이라면 어떻게 해야 할까? 간접적인 행동, 가령 '아랍어 교재를 서점에서 발견했다', '인터넷에서 아랍어 교재 리뷰를 읽었다'와 같이 공부와는 직접적인 관계가 없더라도 우선 기록한다. 셀프 모니터링 효과로 간접적인 행동이 늘어나면 어렵게 느껴졌던 아랍어 교재 읽기, 아랍어 단어를 외우기와 같은 직접 행동도 발생하기 쉬워진다.

스스로 당근과 채찍을 주기보다, 계획대로 하지 못했다고 부끄러운 마음에 사로잡히기보다 오늘 배운 것을 그저 담담히 기록할 것. 날마다 조금이라도 얼마나 나아갔는지 항해일지(로그)를 적을 것. 그렇게 기록을 통해 자신의 현재 위치를 파악하다 보면 혼자 공부하는 일도 외롭지만은 않을 것이다.

6장

공부 환경을 조성한다

인간은 사회적 동물이다. 지식과 인정, 의지 모두 사회적인 것에 좌우된다. 남의 시선을 의식하는 생물이라는 뜻이다. 행동요법에는 '퍼블릭 포스팅'이라는 방법이 있다. 현상을 그래프로 표기하거나 목표 등을 벽 같은 곳에 붙여놓는 것으로, 누군가의 시선에 닿을지도 모른다는 가능성만으로도 노트에 적는 것보다 효과가 커진다. 꼭 오프라인에서의 관계가 아니더라도, 인터넷이라면 누구와도 연결될 수 있다. 스스로 세운 계획을 완료했다고 알릴 수도 있고, 성취한 일 혹은 게으름 피운 일을 SNS에 게시할 수도 있다.

인간은 생각보다 연약한 존재다. 아무도 보지 않으면 손을 놓기 쉽다. 나만 의지박약에 참을성이 없는 소심쟁이라고 생각하기 쉽다. 하지만 의지력이 강한 사람 대부분은 외부에 기댈 만한 시스템을 갖고 있다. 차이는 여기에서 발생한다.

이를테면 인간관계도 의지를 유지하기 위한 외부장치가 될 수 있다.

함께 공부하는 것이 가장 좋은데, 그게 아니더라도 일주일에 한 번 누군가를 만나 자신이 실행하려는 계획을 적어 건네기만 해도 효과가 있다. 혼자 공부하다 보면 한없이 독선적이 되기 쉽다. 어설픈 지식에 꽂혀 어이없이 함정에 빠지는 경우가 많은데, 가끔 만나서 의논할 상대만 있어도 이를 방지할 수 있다.

매번 누군가를 직접 만나는 것이 어렵다면, 배운 내용을 블로그에 올리는 방법도 좋다. 꾸준히 올리다 보면 댓글이 달릴 수도 있고, 누군가가 읽을지도 모른다는 가능성만으로도 배움의 질이 달라진다.

우리가 지금 배우는 지식을 만들어낸 사람들도 과거에는 서로 느슨하게 연결된 독학자들이었다. 지식이건 사람이건 모두 홀로서기에는 약하다. 독학은 그런 지식과 선구자들을 이어준다.

타인에게서 얻는 동기부여

❶ 약속 편지 건네기

다음 주까지 해야 할 사항을 종이에 적어서 자주 만나는 사람(가족, 동료, 친구 등)에게 건넨다. SNS에 올리는 것도 좋다. 편지를 받은 사람이 감시하거나 명령할 필요는 없다. "나, 다음 주까지 OO할 거야" 하는 구두 약속만으로도 강력한 동기부여가 된다.

❷ 행동 계약으로 제약하기

의지가 약해질 것 같으면 마지막 수단으로 한 사람에게 리워드 키퍼(상벌 관리인)가 되어달라고 부탁해보자. 113쪽의 표는 행동 계약의 예시다. 매주 한 번, 행동의 성과물을 리워드 키퍼에게 제시하는데, 달성률이 목표의 90% 미만에 그치는 경우 리워드 키퍼는 계약에 따라 예외 없이 패널티를 부여한다.

행동 계약서 ✎

> 과제별 소요시간(예정)에 대응하는 포인트

> 제출한 과제에 대해서는 달성 포인트를 얻을 수 있음

다음 과제	성과물	시간 (예정)	할당 포인트	달성 포인트
서론 제3절 쓰기	4쪽 분량의 원고	8시간	8	4
실험장치 표 그리기	장치 표	1시간	1	1
데이터 분석하기	그래프 2개	2시간	2	2
다음 주 계획 세우기	다음 주 계획표	30분	0.5	0.5
합계		11시간 30분	11.5	7.5
목표 달성 기준	달성 포인트 합계 ÷ 할당 포인트 합계가 90% 이상이면 목표 달성			
목표 달성한 경우 보수	특별히 없음			
목표 달성하지 못한 경우 벌칙	'새로운 사랑의 열매'에 10,000원 기부하기			
	이상에 대해 계약한다.			
	20XX년 O월 OO일, 홍길동			

> 목표는 4쪽인데 2쪽만 썼으므로 달성 포인트는 절반

> 조금 비싼 점심을 먹는 등 자신을 위한 보상을 설정해도 좋다.

> 정체 모를 단체에 기부 (대개는 받기 싫은 벌칙 게임)

인간은 환경과 상황의 산물

인간은 의지의 산물이라기보다 자신을 둘러싸고 있는 환경과 상황의 산물이다. 아무리 선량한 마음을 갖고 절대 아무에게도 상처 주기 싫어도 환경과 상황이 생각과는 반대의 결과를 만들어내기도 한다.

인간의 의지는 약하다. 인간은 체온 항상성은 갖고 있으나 의지를 이어가는 항상성은 겸비하지 못했다. 우리의 일상적 판단 대부분을 담당하는 시스템1(동물로서 느끼는 직감)은 사전에 주도면밀하게 짜놓은 계획

보다 현실적인 자극에 좌우된다. 우리 선조가 진화한 환경에서는 예전부터 쌓인 문제보다 발등에 떨어진 불부터 꺼야 살아남을 수 있었기 때문이다. 그러나 이성이란 과거의 철학자들이 염원했듯 우리 개개인의 정신에 깃든 것이 아니라 오히려 외부에 사회라는 네트워크 형태로 존재한다. 그리고 이것은 우리의 약점이 아니라 주어진 특성에 불과하다.

이런 인간의 한계를 정면으로 돌파해 위기를 극복한 인물로 호메로스가 쓴 『오디세이아』의 주인공 오디세우스가 있다. 그는 파국적인 결말로 이어질 뻔한 의식의 변화를 물리적 속박으로 극복했다.* 반면 우리는 저마다의 경험을 통해 우리가 사회적 동물임을 뼈저리게 느낀다. 다양한 사회적 규제가 이미 행동이나 사고, 판단 등에 영향을 미치고 제약한다는 사실을 절실히 깨닫는다. 그 때문에 배움을 중단하거나 포기할 수밖에 없었던 경험을 가진 사람도 있을 것이다.

그렇다면 독학을 위해 이 사실을 인정하고, 우리가 사회적인 '오디세우스의 밧줄'을 설계할 차례다. 이 밧줄은 변덕이 심한 인간의 의지에서 '외장형 이성'이 된다. 별것 아닌 것처럼 보이지만 여기에서 소개한 게이트 키퍼 또한 외장형 이성이 될 수 있다.

배움을 지속하는 데 도움이 되는 사회적 속박은 대부분 사소하다. 자신의 독학을 응원해주거나 인정해주는 사람이 있다면, 그 사람에게 한

---

* 『오디세이아』는 『일리아스』와 더불어 고대 그리스의 장편 서사시로 전승된 호메로스의 작품이다. 트로이 전쟁의 영웅 오디세우스가 승리 후에 고국으로 개선하는 도중에 일어난 10년간의 해상 표류기를 담았다. 오디세우스는 노랫소리로 사람을 유혹하고 홀리는 세이렌이 있는 섬에 가까워지자, 키르케의 충고대로 부하들의 귀를 밀랍으로 막고 이들에게 자신의 손과 발을 돛대 기둥에 묶게 했다. 노랫소리에 빠져버린 오디세우스는 밧줄을 풀고 자신을 세이렌에게 데려가라고 외쳤으나, 부하들은 그 말을 듣지 않았고 일행은 무사히 세이렌의 섬을 빠져나갈 수 있었다.

주의 간단한 학습 일정을 적어 건네는 것만으로 족하다. 이 작업만으로도 밧줄의 의지 이상으로 강력하고 단단한 울타리를 칠 수 있다. 그런 존재가 곁에 없다면 SNS에 자신이 하려는 일을 순서대로 공개하면 된다. 만난 적도 없는 수많은 사람이 게으름에서 벗어나게 도와줄 것이다.

어느 쪽이건 상대방은 나를 감시하거나 상벌을 주지 않아도 된다. 단지 타인에게 노출되었다는 사실 자체가 무수한 사회적 속박이 되어, 초심에서 벗어나지 않도록 스스로 정해놓은 배움 속으로 다시 돌려보내준다.

- 날마다 만나는 사람에게 약속 편지를 주고 싶다고 해보자.
- 약속 편지의 내용을 SNS에 업로드해보자.

공부법 14 사숙

누구라도 배움의 스승으로 삼는 법

❶ 스승으로 모시고 싶은 인물의 후보를 고른다.

나와는 너무 멀리 떨어져 있어 만날 수 없는 인물이나 이미 이 세상에 없는 인물도 스승으로 삼을 수 있다. 동경하는 작가나 역사적 인물을 선택하는 경우가 많은데, 소설에 등장하는 가공의 인물도 좋다.

❷ ❶에서 선택한 인물에 관한 정보를 모은다.

동서고금을 막론하고 어떤 위대한 사람이라도 사숙으로 소환할 수 있지만, 그전에 인물에 대해 상세히 파악하는 것이 중요하다. 그가 자신의 물음에 어떻게 대답할지, 또 곤란한 상황에 맞닥뜨렸을 때 어떻게 행동할지 구체적으로 그려볼 수 있도록 선정한 인물에 관해 최대한 많은 정보를 모으자. 만일 그 인물이 적은 글들이 전집 형태로 정리되어 있다면 금상첨화다. 전집은 해당 인물의 과거 연구를 집대성해 편찬하는 경우가 많아, 인물의 연보, 또는 연구에 대한 안내가 부록 또는 별첨된 경우도 많으므로 정보를 얻기 쉽다. 그런데 정보를 모은 다음에야 스승으로 맞지 않음을 깨닫는 경우도 있다. 이때는 ❶로 돌아가 스승으로 삼고 싶은 인물을 다시 고르면 된다.

	인물에 관해	작품에 관해
본인이 직접 쓴	자전	작품, 전집, 출판물(서지)
다른 사람이 쓴	연보, 전기, 작가론	작품론(연구서지)

❸ 가끔은 스승에게 질문을 던진다.

이따금 '스승님이라면 어떻게 했을까?' 질문하며 독학의 지침으로 삼는다. 질문을 던지고 이 인물이라면 어떻게 대답할까, 또 어떻게 행동할까 상상하기를 반복해보자. 질문이 쌓이고 인연을 오래 유지할수록 그 스승은, 어려운 상황에 처하거나 넘어질 위기에서 조언을 해주고 길을 알려줄 것이다.

마법 같은 주문, '이 사람이라면 어떻게 할까?'

사숙私淑이라는 말에서 사私는 '사사롭다', 숙淑은 '선하게 하다'라는 뜻이다. 직접 가르침을 얻을 수는 없지만 상대를 내밀하게 존경하고 모방하여 배우는 것을 의미한다. 또 가르침을 받은 적은 없으나 존경하는 사람을 은밀하게 스승이라 높이는 것이다. 사숙은 대의어인 친자親炙(스승과 가까이하며 감화를 받음)와 함께 『맹자』에서 처음으로 등장하는 표현인데, 동서고금을 막론하고 여러 곳에서 찾아볼 수 있다.

14세기 이탈리아의 시인이자 인문학자인 프란체스코 페트라르카는 『나의 비밀Secretum Meum』에서 아우구스티누스를 정신적 은사로 삼고 상상으로 대화를 시도하며 사랑과 명성으로 괴로워하는 자신을 가차 없이 채찍질했다. 또 단테의 『신곡』에서 단테의 지옥 여행을 인도하는 자는 시인의 아버지라고도 불린 고대 로마의 최고 시인 베르길리우스다.

반대로 영화감독 빌리 와일더는 스승 에른스트 루비치의 집에 얹혀살면서 그의 임종까지 지켰고, 그의 사후에는 '루비치라면 어떻게 할까?'라는 문장을 액자에 넣어 사무실에 걸어놓고 자문자답하며 창작의 원천으로 삼았다. 이 경우는 친자에서 사숙으로 넘어간 것이다. 죽음 이후에도 '가상의 스승'으로 삼는다고 하면, 소크라테스를 주인공으로 하는 플라톤의 『대화편』역시 이 반열에 집어넣을 수 있다.

가르치는 존재 없이 스스로 배우는 학문을 독학이라고 한다면, 스승을 둔다는 것은 언어도단이 아닐까? 하지만 독학은 고립되어 하는 공부가 아니다. 자립이란 누구에게도 의존하지 않는 것이 아니라 가능한 많은 사람에게 넓고 얕게 의존하는 것이다. 마찬가지로 홀로 자신의 배움의 길을 걸어가는 사람 역시 누구에게도 사사받지 않는 것이 아니라 스승을 몇 명이고 둘 수 있다. 사숙은 이를 위한 가장 좋은 방법이다.

한편 직접 만나 서로 의좋게 지내는 사이도 아닌데, 어째서 굳이 가상의 스승을 두려는 것일까? 스승이란 뛰어난 실재하는 인격 이상의 존재며, 배움을 추구하는 사람이 언젠가 도달하고 싶은 미래에 실존 인물을 투영해 만들어낸 환영이다.

스승 역시 배움의 길을 걷는 일개 구도자로 자신의 불완전한 인격과 학식에 괴로워하며 볼품없이 나뒹굴지만, 그나마 몇 가지 면에서는 나은 사람이 되려고 발버둥 치는 모습을 끊임없이 드러내는 존재다.

우리를 가르치고 인도하는 것은 그 인물 자체가 아니라, 스승으로 존재하기 위해 노력하는 모습이다. 결국 우리가 진정으로 배우고자 하는 인물은, 현실의 스승조차 이르지 못한 경지에 존재한다. 달을 가리키는데 손가락을 쳐다보는 우를 범해서는 안 된다. 스승이라는 '손가락'이 아니라 스승이 바라보는 곳을 보자. 사숙은 '스승이 언제 어떤 상황에서 무슨 말을 했는가?'라는 사실을 수집하는 데 그치지 않는다. 가상의 스승이라는 인격 모델을 만들어 '이 사람이라면 이런 상황에서 어떻게 할까(행동)? 무슨 생각을 할까(사고)?'라는 자문자답을 반복하는 것이 핵심이다.

가상의 스승으로 삼은 인물의 언행을 저작물이나 전기를 통해 아는 것과 '이럴 때 어떻게 할까, 무슨 생각을 할까' 하고 질문을 던져 이해하는 것은, 사숙의 2개의 톱니바퀴이며 닭과 달걀 같은 관계다. 실제 언행을 알수록 가상의 스승은 그만큼 정교하고 생명력 넘치는 존재가 되어 '이 사람이라면 어떻게 할까?' 하는 질문에 쉽게 답을 얻는다. 또 '이 사람이라면 어떻게 할까, 무엇을 생각할까?'라는 상상을 통해 말과 행동을 시뮬레이션함으로써 우리는 그 사람이 남긴 서적이나 전기적 사실의 의미와 그 내면에 깃든 가능성에 한 걸음 더 가까이 다가갈 수 있다.

함께 읽는 지적 공동체를 만든다

❶ 주최자가 회독할 도서를 선택한다. 의향을 묻고 참가자를 모은다.

회독會讀은 책 한 권을 여러 사람이 읽는 일이다. 먼저 무엇을 읽을지 정한 후에 사람을 모아도 되고, 모인 사람들끼리 읽을 책을 정해도 된다.

❷ 참가자는 약속된 날까지 회독할 책을 읽는다.

주최자는 날짜와 시간, 장소를 정한다.

❸ 한자리에 모여 각자가 읽은 내용을 공유한다.

모임 전에 읽는 내용을 요약해놓거나 의문점 등을 메모해두면 좋다.

포기를 막아주는 함께 읽기

독학을 위한 학습서나 독서법 관련 책 중에도 여럿이 모여 읽기에 대해 다룬 내용은 많지 않다. 그러나 앞서 말했듯 독학은 고독한 공부가 아니다. 독학을 하는 사람은 스스로 배울 환경을 스스로 설계한다. 여러 사람이 모여 책을 읽고 그 내용을 연구하고 토론하는 회독은 혼자서는 끝까지 읽지 못하는 책을 읽도록 하는 방법이다. 또한 독서를 마친 후에 배움을 심화시킬 수 있는 지적 공동체, 즉 학습 환경을 주위에 구축하는 대체 불가능한 방법이다.

사회적 관계는 사람이 사람으로 존재하기 위한 일종의 끈이다. 독학을 완수할 수 있는 사람은 적다. 하지만 우리 대부분은 학교라는 공간에서는 몇 시간이고 배움을 위해 투자한다. 다들 그렇게 하기 때문이다.

회독은 마찬가지로 책을 읽는 사람들과 함께하는 공동 행위다. 이것 만으로도 우리는 좌절이나 포기의 위험에서 어느 정도 헤어날 수 있다. 회독에서는 함께 읽는 게 무엇보다 중요하다. 다른 참가자가 읽고 있는 데 자기 혼자 읽기를 포기할 수는 없기 때문이다. 집단압력(일종의 동료 의 식 혹은 공동체 의식이라 바꾸어 말해도 좋다)이 작용해서 책이 어렵고 두껍다 는 이유로 도중에 포기하고 내던져버리는 일을 막는다.

나아가 회독은 독학이 어려운 가장 큰 이유, 즉 혼자서 이해하기 어려 운 내용이 등장할 때도 도움의 손길을 얻을 수 있다. 운 좋게도 다른 참 가자가 그 부분을 알 수도 있기 때문이다. 더 행운이 따른다면, 그 사람 이 알기 쉽게 설명까지 해줄지도 모른다. 그런 요행을 바라지는 않더라 도 모르는 구절을 인용해서 명시하고 "이 부분을 모르겠어요"라며 구체 적인 내용까지 공개하는 방법이 가장 좋다.

한편 아무리 정보를 찾아보고 연구해도 모르는 부분이라면, 다수 인 원에 지도자가 붙어 차례대로 돌아가면서 읽는 윤독輪讀*을 통해 논의한 들 결과를 도출하기 힘들 수도 있다. 그런 곳은 애초에 '애매한 부분'일 가능성이 크다. 교과서라면 오자일지도 모르고, 고전에서 유래한 말이 라면 오랜 세월 동안 논쟁이 되고 있을지도 모른다. 이 경우에도 다른 사 람도 모른다는 사실을 알게 되면 가슴을 쓸어내릴 것이다.

모르는 부분을 밝히고 공유하는 것만으로도 공부를 포기하지 않을 수

---

* 여러 사람이 같은 책 한 권을 돌려 읽는 것을 말한다. 도서 한 권을 공동으로 해석해 연구하거나 대학교 소모임, 개인 공부방 등에서 활용한다.

회독 진행 방식 🖉

이 책을 읽자

어느 쪽이
먼저여도
괜찮다.

사람을 모은다

6/30일에 하자

주최자

각자 읽어 둔다

데드 라인이 있고 참가자들이
전혀 모르는 사람이라는
사회적 압력까지
작용해 건너뛰기 어려움

공유한다

· 자신이 놓친 논점을 깨닫는다.
· 이해하기 어려운 부분에 대해
  의견을 나눌 수 있다.
· 다른 사람에게도 어려운 내용이라니
  위안이 된다.
등의 이점이 있음

있다. 혼자서 책을 읽다 보면 '머리가 나빠서, 지식이 부족해서 모르는 게 아닐까?' 하고 자신에게 책임을 떠넘기기 쉽다. 하지만 나만 모르는 게 아니라는 사실을 알게 되면 그릇된 책임 전가를 바로잡고, 대신 동기 부여가 따라붙는다. 또 상호 간의 논의는 이해와 습득을 촉진한다. 사회 생활을 누리는 생물로서, 인간은 사회적 공간에서의 활동에도 민감하게 반응한다. 따라서 논의한 내용은 함께했던 상대나 집단과 더불어 기억에 깊이 새겨질 것이다.

멤버를 모으지 못했다면

그러나 회독은 저절로 이루어지지 않는다. 각자 대상 도서를 입수할 수 있어야 하고, 평균 이상의 독해 능력, 그리고 독서에 할애할 시간을 겸비한 참가자가 일정 인원 모여야 한다. 이 조건을 충족하기는 의외로 어렵다. 회독의 일종인 윤독이 대학교 연구회 등 적은 인원의 정규 코스에서 가장 많이 활용되고, 그다음으로 대학생들의 자발적인 공부 모임에서 활발하게 운용되는 이유다. 학교에서 벗어나면 모두 일상생활 속에서 시간을 조절하고 학습에 쓸 시간도 쪼갠다. 직업과 생활 사이클이 서로 다른 사람들로 구성되면 애초에 정기적으로 모이는 일도 쉽지 않으며, 각자 독서에 할당할 수 있는 시간도 일정하지 않다. 같은 책을 읽고 싶은 사람을 주위에서 여러 명 발견하기도 쉽지는 않다.

함께 회독할 사람을 찾지 못하면 혼자서라도 시작해버리는 것도 방법이다. 혼자라면 누군가에게 맞추지 않아도 괜찮다. 시간이 남았거나 적당히 여유가 생겼을 때 마음대로 시간을 쓰면 된다. 속도를 조절할 수도 있고 사정이 생기면 잠시 중단해도 패널티가 부과되지 않는다. 재개하는 시간도 내 마음대로다. 결국 이것이 독학의 장점이자 단점이다.

요약을 전부 혼자 작성해야 하지만, 이것을 게을리하면 효과가 줄어든다. 1인 회독에서 요약은 입으로만 때울 수 없는 일이므로 항목만 적기보다는 상세하게, 즉 읽었을 때 흐름을 알 수 있도록 작성한다. 책 한권을 그저 읽기만 하는 게 아니라 타인이 읽어도 알기 쉽도록 문장화하는 작업은 무엇보다 깊게 이해하는 데 도움이 된다. 요약을 인터넷에 공개하는 것도 좋다. 누군가는 보고 있을지 모른다는 사실이 작업을 지속하도록 등 떠밀어준다. 일종의 퍼블릭 포스팅 효과다. 배움을 유지하려는 집단의 압력이 개인의 포기를 허용하지 않는다는 게 회독의 장점이다. '공개'가 압박이 되어 집단의 압력을 대신해준다는 뜻이다. 잘 알려진 책을 요약하면 누군가가 댓글을 달아주기도 한다.

같은 책을 자신과 비슷한 관점에서 읽고 있는 사람이 멀리에 있거나 외국에서 스쳐 지나갈 수도 있다. 인쇄 기술이 발전한 덕분에 같은 텍스트가 세상 곳곳에 널리 분포하기 때문이다. 인터넷은 그 사실을 이전보다 훨씬 더 피부로 느끼게 한다. 무언가를 읽기 시작할 때 도서명을 검색하면 내가 이 세계에서 고독하지 않은 존재라는 사실을 알게 된다.

- 참가자를 공개 모집하는 독서회에 참가해 회독을 체험해보자. 오늘날의 독서 모임이 바로 회독에 해당한다.
- 회독을 주최해보자. 혼자 힘으로는 완독하지 못할 것 같거나 약간의 성장을 꾀하는 책 등을 고르면 좋다. 처음에는 지인과 함께 도전하고, 익숙해지면 모르는 사람을 모집해본다.

내게 필요한 학습 자료를 확보하는 법

독학을 하는 사람에게 시간과 돈은 중요하고도 희소한 자원이다. '주경야독'이라는 말처럼 공부를 하고 싶지만 시간과 돈, 어느 하나라도 부족한 사람들은 낮에 일을 하면서 시간과 돈을 확보한다. 여기에서는 특히 학습 비용에 부담을 느끼는 사람들을 위한 도서관과 인터넷 활용법을 소개해보려고 한다.

도서관 활용법

도서관은 다음과 같은 자료와 서비스를 무료로 얻을 수 있어 독학을 하는 사람에게는 없어서는 안 될 시설이다. 베스트셀러를 읽기에는 편리한 시설이 아니지만, 직접 사기에는 부담이 되는 고가의 학술서를 읽고 대여할 수 있으며, 어떤 도서관에서 소장하지 않은 도서는 다른 도서관에서 빌릴 수 있다.

가격이나 권수 면에서 집에 구비해두기 어려운 묵직한 사전이나 web DB를 이용해 국내외 학술자료까지 확인할 수 있으며, 신문이나 잡지 등 정기간행물을 읽을 수도 있고, 컴퓨터로 인터넷을 사용할 수도 있다. 더불어 도서관 사서에게 자료의 사용법 안내를 받거나 찾아주는 서비스도 받을 수 있다. 독학자가 도서관을 이용하는 방법에 대한 상세한 내용은 2부에서 다루었다.

인터넷 활용법

우리는 과거에는 이용해본 적 없는 학습 환경 속에 산다. 인터넷이 가장 좋은 예다. 학습 자원만 보더라도 초등학교에서 고등학교까지의 각 교과 관련한 수많은 교재나 수업 동영상이 인터넷으로 제공된다. 사설 학원, 교육 관련 출판사, 교육방송사 등이 자발적으로 제공하는 것들이다. 정규 교과 외에도 다양한 분야의 지식이나 기술(악기 연주나 요리, 수선, 프로그래밍, 농업 기술에 이르기까지)에 관해 설명해주는 동영상까지 있다.

또 인터넷에는 연구논문 수준의 정보도 적지 않다. 넓은 의미에서는 학술정보를, 좁은 의미에서는 심사 통과가 필요한 학술잡지에 게재된 논문을 누구나 무료로 관람할 수 있도록 해놓았는데, 이를 오픈 엑세스 OA, Open Access라고 한다. 2018년 설문 조사[13] 결과, 세계 논문의 약 28%, 이용자가 찾는 논문의 약 47%가 오픈 엑세스 대상이었다. 새로 발표된 논문일수록 오픈 엑세스 비중이 높다는 점, 인터넷에서 검색되는 논문 대부분이 최근 발표된 점으로 보아, 이용자가 찾는 논문 중에 오픈 엑세스 비율이 높아졌다고 할 수 있다.

초·중등 교육과 학술정보의 중간에 해당하는 대학·대학원 수준의 학습자원으로는 '무크MOOC, Massive Open Online Course'라는 온라인 공개수업이 있다. 무크는 인터넷에서 누구나 무료로 수강할 수 있도록 대규모 오픈 강의인데, 세계적으로 알려진 명문대학교가 포함되어 있고, 대학 공개강좌 흐름의 선두에 선 현대 정보기술과 교육 공학의 지원을 받는 원격교육 시스템이다. 인터넷이 지니는 강점, 즉 전 세계에서 이용자가 원하는 시간에 언제든 이용할 수 있다는 점은 물론이고 수준 높은 교재와 강의, 과제를 적용할 수 있다는 점이 대학교 차원의 원격교육을 가능케 했다.

대표적인 플랫폼은 스탠퍼드대학교, 브링스턴대학교에서 참가하는 Coursera, 하버드대학교와 매사추세츠공과대학교에서 공동으로 설립한 edX, 한국판으로는 교육부와 국가평생교육진흥원에서 추진하는 K-MOOC 등이 있다.

고도의 지식·기능 습득을 목표로 하는 독학자에게 무크는 어떤 가치가 있을까. 이것은 말하자면 통학과 독학의 중간으로, 학습 자원 준비와 조정을 전문 교육기관에 맡기는 방법이다. 학습 자원(교재나 커리큘럼)을 자기 힘으로 준비해야 하는 완전 독학의 입장에서는 무크를 이용하면 부담을 대폭 줄일 수 있다. 커리큘럼 구성, 교재 선택과 편집이라는 면에서 무크는 대학교나 더욱 높은 수준의 학습 자원과 환경을 제공한다. 무크에 커리큘럼과 학습 자원을 맡기면 독학자가 해야 할 작업 중 이 책의 2부에서 다룰 '학습 자원의 선택과 조달'이라는 부분을 의존할 수 있다.

그러나 학교에서 제공하는 모든 것을 무크가 제공할 수 있는 것은 아니다. 현대 정보기술과 교육 공학에 기반해 텍스트 외에 동영상 발신 등을 조합해 제공하는 현대 무크에서도 사실 수료율은 10% 전후[14]에 불과하다.

이 사실은 학교라는 외부장치 없이 인간이 학습을 계속하는 것의 어려움과 한계를 드러냄과 동시에, 1부에서 다룬 학습 지속의 중요성을 시사한다. 적어도 학습 지속에 관해서는 학교라는 공간·제도 안에서 다른 학습자와 서로 영향을 주고받으며 배우는 효과를 무시할 수 없는 것이다. 결국 독학자는 자력으로 학습을 이어가기 위한 방법을 계속 고민해야 한다.

2부

무엇을 배울 것인가

변호사이자 미술사가인 에이미 E. 허먼은 철강 사업을 하던 헨리 프릭에 의해 설립된 뉴욕의 미술관 프릭 컬렉션에서 명화를 교재로 오랫동안 강의해왔다.[1] 수강자는 의대생, 수학 때문에 낙제 위기에 처한 브롱크스의 고등학생, FBI, 뉴욕 시경 소속 조사관 등 다양하다.

그들이 공통으로 배우는 것은 '관찰력'이다. 관찰력은 우리가 평소에 얼마나 많은 것을 놓치고 사는지, 그리고 놓치는 일 자체에 얼마나 무감각한지 깨닫는 힘이다. 그런 간과가 때로는 엄청난 위험과 손해로 이어지므로 많은 사람이 알아차리지 못하는 디테일을 잡아내고 그것들이 의미하는 바를 이해할 수 있는 힘을 기르는 것이다.

이 강연을 듣고 명화를 섬세하게 보는 경험을 통해, 의대생은 진단 능력이 향상되었고 고등학생은 수학 시험을 통과했다. 조사관은 경험에 의존해서 생기는 그릇된 판단을 바로잡고 수사 능력을 한층 높일 수 있었다.

그런데 왜 명화일까? 허먼은 이유를 이렇게 설명한다. 명화는 완성된 후 현재에 이르기까지 많은 사람이 수없이 감상하고 또 언급해온 그림이다. 물론 여기에는 미술사가를 비롯한 연구자들도 포함되어 있다. 많은 연구자가 다양한 시점에서 철저하게 연구하고 논의해온 명화는 그 내력과 주제, 방법은 물론이고 화폭에 담긴 대상에 관해서도 많은 관점과 시간, 논의와 자료를 토대로 깊은 검토 과정을 거치게 된다.

이처럼 명화에 깃든 수많은 지적 활동은 축적된 연구들로 통합되고, 명화를 보는 '인류의 시각'이라 할 만한 것을 만들어내고 있다. 미술사를 시작으로 하는 학술연구는 그런 의미에서 인류의 인식능력을 확장하는 일이기도 하다. 명화에 한해서만큼은 개개인의 관찰과 대대로 쌓아온 세밀한 관찰 및 분석을 대조해서, 소위 답을 꿰맞출 수 있는 것이다. 나의 관찰과 인류의 관찰을 비교함으로써 놓친 것들이나 예견을 알아차리고 보다 면밀하게 보는 힘을 습득할 수 있는 이유는 연구의 축적이라는 형태로 인류의 시각을 수련해온 덕택이다.

모든 지식과 학문도 마찬가지라고 할 수 있다. 지식은 많은 사람의 지적 공헌으로 만들어졌고, 그 하나하나가 인류의 인식능력을 구성한다. 새로운 지식을 생성하는 일은 인류의 인식능력을 확대하는 일이다. 개인 역시 그것에 접속함으로써 인식능력을 높일 수 있다. 뉴턴은 이를 두고 '거인의 어깨에 올라선다'고 표현했다.

인류가 거듭해온 지적 활동으로 이어지는 일을 우리는 '학습'이라고 한다. 의무교육이 제도적으로 자리 잡은 이래, 대부분의 사람이 학교에서 배운 경험이 있다. 학습의 지원 장치인 학교는 많은 것을 대신한다. 집중력을 떨어뜨리는 자극을 최대한 줄이고자 하고 다양한 과제를 끊임없이 준비해 동기부여를 유지하고자 하며, 인류가 쌓아온 지적 활동으로 추려내 요약한 것을 커리큘럼이나 교재라는 형태로 제공한다. 덕분에 학습자는 직접 지적 활동에 접근하거나 필요한 정보를 수집하기 위해 돌아다닐 필요가 없다.

그러나 이런 식으로 주어지는 교재는 여러 사람의 니즈를 공통적으로 충족할지언정, 개인의 니즈를 만족시키지는 못할지도 모른다. 어쩌면 이미 주어진 것에 만족하는 단계를 뛰어넘어 더 앞으로 나아가려고 하는지도 모른다. 이렇게 우리는 독학을 시작한다. 결국 홀로 노를 저어 지식이라는 넓은 바다로 나아가, 찾고자 하는 지식이 어디쯤 있는지 더듬어 가며 방향을 정해 전진하게 된다. 어느 분야와 주제에 관해 배울지는 물론 학습에 어떤 교재를 사용할지, 어떤 방식으로 배울지 모조리 독학자가 결정해야 할 몫이다.

자유는 동경하는 동안에는 달콤하지만, 일단 손에 넣어보면 귀찮고 버겁다. 어쨌거나 독학자 대부분은 도전하는 분야에 관한 지식이 거의 없다. 잘 알지도 못하는데 교재부터 학습 방법까지 모두 스스로 결정하라 하니, 얼이 빠질 만하다. 그렇다고 해서 도움을 요청하기 위한 스승을 두지는 않는다. 2부에서는 이런 곤란한 상황에 초점을 맞추었다. '무엇을 배울지 스스로 결정한다'라는 독학에서는 당연한 일을 수행하기 위해서는 모르는 것을 찾아내는 기술, 즉 리서치 요령과 노하우가 필요하다. 이 안에는 '나는 도대체 무엇을 알고자 하는가'에서부터 '알고 싶은 것을 발견하기 위해 어떤 자료를 어떻게 찾아내고, 또 무엇을 손에 넣을 수 있는가'에 대한 답도 포함되어 있다.

리서치 방법으로는 공공도서관에서 이용할 수 있는 레퍼런스 서비스 Reference Service(이용자가 자료나 정보를 쉽게 찾도록 도와주는 서비스-옮긴이)에 대부분 의존하고 있다. 공공도서관은 이용할 권한이 만인에게 열려 있다. 누가 이용하는지 예측하기 어려우므로 누가, 어떤 목적으로 방문하더라도 대응할 수 있도록 준비해야 한다. 이 때문에 공공도서관에는 (예산, 공간 등 현실적 제약이 따른다 해도) 원칙적으로 온갖 지식에 관한 자료를 준비한 후 어떤 목적으로든 이용할 수 있도록 자료를 찾아내 제공하는 기술이 마련되어 있어야 한다. 이것이 레퍼런스 서비스다.

많은 독학 지침서는 자료를 조사하는 방법을 알려주기보다 저자가 지적 편력으로 습득한 잡다한 지식을 학습해야 할 지식으로 제시한다. 그러나 '당신이 조사해야 할 것은 우리가 정해놓았습니다'라는 식의 레퍼런스 서비스가 있을 수 없듯, '당신이 학습해야 할 것은 우리가 정해놓았습니다'라는 독학용 도서도 있을 수 없다. 무엇을 배울지 스스로 결정하는 일이야말로 독학자의 특권이며, 독학을 돋보이게 하는 특징이다.

리서치 기술은 학문적 기술의 일부이기도 하다. 거인의 어깨 위에 서는 것이 학문이라는 지적 활동의 전제가 되기 때문이다. 연구자는 의무적으로 기존의 학문 연구에 바탕을 두고 자신의 연구 업적을 논해야 한다. 자신의 연구가 기존의 어떤 연구에 무엇을 덧붙였는지, 아니면 어느 영역을 부정하는지 연구자 스스로 증명해야 한다. 쌓아 올리건 부정하건 기존의 연구를 전제로 해야 한다. 그렇지 않으면 저마다 이룬 연구 성과는 고립되고, 학술연구는 축적되지도, 갱신되지도 못할 것이다.

모든 학술연구를 위해서는 반드시 기존 지식을 습득해야 하며, 초심자 이외에는 새삼스레 거론할 일조차 없을 만큼 모든 연구자가 습득 기술을 갖추고 있다. 리서치는 개인으로서가 아니라 인류 차원에서 얼마만큼의 지식을 내재하고 있는가를 참조하는 기술이며, 사회적 인식을 지탱하는 지적 기반이다.

공리적으로 말하자면, 천 권의 방법론들과 바꾸어서라도 리서치 기술을 습득하는 일은 분명 득이 된다. 이 기술은 자신에게 필요한 노하우를 얼마든지 긁어모을 수 있는 메타 노하우이기 때문이다.

최근 인터넷을 비롯한 정보기술의 발전과 보급 덕분에 정보를 얻기 위한 금전적, 시간적 비용은 상당히 낮아졌다. 이와 맞물려, 발신자가 되기 위한 비용을 포함하는 정보 발신 비용 역시 크게 내려갔다. 과거 정보 발신 비용은 발신되는 정보(혹은 발신자 자체)를 선별하는 필터의 의미를 담고 있었다. 누구나 정보를 내보낼 수 있는 시대란 선별당하지 않고 정보를 발신할 수 있는 시대를 말하며, 정보를 선별하는 비용은 수신자를 압박하는 일이 되었다. 따라서 리서치 기술은 입수한 정보를 검증함으로써 끝이 난다. 독학자에게 이 선별 비용은 무엇을 배울지 마음대로 정하는 자유의 대가다. 오늘날에는 정보기술의 발전과 보급으로 정보를 얻으려면 누구든 (그런 자각 없이) 독학자만큼의 능력과 기술을 갖추어야 한다.

2부에서 소개하는 내용 중 특히 서지Bibliography는 많은 사람에게 낯설 것이다. 지금까지 접해본 적도 없고 앞으로도 볼 일이 없을 듯해도 이 서지의 존재를 알아두어야 한다. 극단적으로 말하자면 서지 없이 지적 활동을 이어가는 일은 누군가가 준비한 교재를 얻는 일과 독학에 필요한 학습 자원을 찾는 일, 심지어는 독학의 성패 자체를 우연에 의존하거나 운에 맡기는 것과 같다.

물론 모두가 충분한 기회와 자원의 혜택을 누리지는 못한다. 그럼에도 지식에 대한 욕구를 포기하지 못해 배움에 뜻을 두는 사람이 있고, 그래서 독학이 필요하다. 독학자는 그저 우연을 기다리기만 해서는 안 된다. 혼자 공부하는 사람에게 서지의 역할은 바람 한 점 없거나 역풍이 불더라도 배움의 돛단배를 전진시키기 위한 노가 되고 엔진이 된다. 특정 주제나 화젯거리에 대해 완벽한 서지를 만드는 일, 수집 가능한 문헌을 모조리 모으는 일은 지력과 시간에 한계가 있는 인간이라는 생물에게는 완수하지 못할 계획이다. 그러나 앞을 내다보기 힘든 이런 일이야말로 우리의 지적 활동이 흘러갈 방향을 비추고 인도한다.

선조들이 집요하게 탐구한 지점에서 시작할 수 있기에 독학자는 학습 자원을 받기만 하는 것도 아니고 우연한 만남을 기다리는 것도 아니다. 스스로 적극적으로 찾아내 선택하는 것이다.

조사/탐구 용어 일람

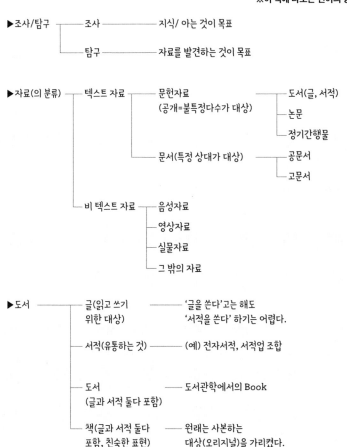

※이 책에 나오는 언어의 정의

▶조사/탐구 ─┬─ 조사 ─────── 지식/ 아는 것이 목표
　　　　　　 └─ 탐구 ─────── 자료를 발견하는 것이 목표

▶자료(의 분류) ─┬─ 텍스트 자료 ─┬─ 문헌자료 ──┬─ 도서(글, 서적)
　　　　　　　　 │　　　　　　　 │ (공개=불특정다수가 대상) ├─ 논문
　　　　　　　　 │　　　　　　　 │　　　　　　　　　　　　　 └─ 정기간행물
　　　　　　　　 │　　　　　　　 └─ 문서(특정 상대가 대상) ─┬─ 공문서
　　　　　　　　 │　　　　　　　　　　　　　　　　　　　　　 └─ 고문서
　　　　　　　　 └─ 비 텍스트 자료 ─┬─ 음성자료
　　　　　　　　　　　　　　　　　　 ├─ 영상자료
　　　　　　　　　　　　　　　　　　 ├─ 실물자료
　　　　　　　　　　　　　　　　　　 └─ 그 밖의 자료

▶도서 ─┬─ 글(읽고 쓰기 위한 대상) ─── '글을 쓴다'고는 해도 '서적을 쓴다' 하기는 어렵다.
　　　　 ├─ 서적(유통하는 것) ─── (예) 전자서적, 서적업 조합
　　　　 ├─ 도서 (글과 서적 둘다 포함) ─── 도서관학에서의 Book
　　　　 └─ 책(글과 서적 둘다 포함, 친숙한 표현) ─── 원래는 사본하는 대상(오리지널)을 가리켰다.

7장

알고 싶은 것을 찾아내는 법

공부하고 싶은 마음은 있는데 막상 무엇을 해야 할지 모르겠다는 사람이 있다. 배움의 필요성을 인식하고, 자신을 성장시키기 위해 실행해보려고 하지만, 막상 무엇을 알고자 하는지, 어떤 목표 의식을 갖고 배우려 하는지 명확한 상을 찾지 못한 것이다.

우선 '내가 알고 싶은 게 무엇인지' 찾아봐야 한다. 꼭 머리를 써서 찾을 필요는 없다. 손이나 발, 눈, 무엇이건 움직여야 한다. 약간이라도 의문이 생기면 단어나 어휘를 죽 써 내려가본다. 머릿속에서 꺼낸 것들을 보면서 이게 아니라는 생각이 들면 아니라고 적는다. 그러는 사이에 '아, 이거야' 하고, 일상에 매여 잊고 있던 호기심이 불쑥 찾아오기도 한다.

사실 곤란한 상황에 처했거나 고민거리를 안고 있어도 그것을 알고 싶다는 의지로 전환할 수 있는 사람은 많지 않다. 대부분은 지적 호기심으로 연결하지 못한다. 그곳에 알고 싶은 것이나 알아야 할 무언가가 묻혀 있으리라고는 생각하지 않기 때문이다.

물론 고민에 빠지면 생각할 여유가 없다. 고민은 '주의'라는 인지 자원을 대량으로 소비하기에 지적 활동 쪽으로 관점을 돌릴 만큼 여유가 없는 것도 당연하다. 하지만 지식을 얻는 일이나 지식 자체는 돈과 시간이 남아도는 사람에게만 허용되는 사치품이 아니다. 오히려 우리가 손에 넣을 수 있는 지식 대부분은 과거에 누군가가 어떤 문제에 관해 고민하고 연구한 끝에 얻은 성과들이다.* 지식을 만들어낸 사람들은 대부분 힘들게 공부했다. 당장에는 아무런 답도 얻지 못하는 문제에 직면했고, 부족한 무언가가 있음은 깨달아도 그것이 실제로 어떤 가치가 있는지 몰랐다. 그러니 더욱 지적인 수고를 감내했고, 결국엔 지식이 탄생한 것이다.

내가 알고 싶은 것을 떠올려보자. 그러면 어느 방면을 공부해야 할지 어느 정도의 실마리는 얻을 수 있다. 생각대로 진행해보고, 중도에 '이건 아니야'라는 깨달음을 얻자. 이런 식으로 공부를 시작하고, 다시 길을 바로잡고, 지식과 깨달음을 얻으며 나아가다 보면, 내가 진짜 하고 싶은 일, 알고 싶은 것이 무엇인지 서서히 모습을 드러내기 시작할 것이다. 이렇게 우리는 배움 속으로 뛰어들게 된다.

---

* 우리가 살아가는 세계에는, 인간의 창조물이 넘쳐난다. 건축물이나 기계처럼 눈에 보이는 사물은 물론이고, 학교 교육과 같은 제도, 이런 제도에서 받아들이게 되는 다양한 지식, 지식을 전달하는 책과 이를 생산하는 인쇄 등의 기술이 있다. 그리고 문자나 말 자체도 인간이 만들어내고 계승해온 것이며, 이 모든 것이 문제 해결의 성과다. 즉 우리는 과거에 문제를 해결해온 사람들이 만들어낸 '미래'에 살고 있다.

공부법 16 카르테·크세주

두뇌 속 지식 재고를 정리한다

❶ 배우고자 하는 분야나 과제에 관해 아무것이나 떠오르는 대로 무작위로 써 내려간다.

어떤 내용이 떠오르건 상관없다. 알고 싶은 것, 의문스러운 것, 어느 정도는 알고 있는 것, 들어본 적이 있는 이름이나 용어, 이름은 모르지만 '… 같은 느낌의 것' 등 생각나는 순서대로 적어보자. 적는 방식도 단어, 어휘, 짧은 문장, 어떻게든 상관없다. 수가 많을수록, 다채롭고 풍부할수록, 애매해서 설명하기 어려울수록 좋다. 아래는 '상대성이론'에 관해 떠오르는 내용을 무작위로 적은 것이다.

```
E=mc2
                                    시공의 뒤틀림
      시간 지연                          특수?
                   쌍둥이 역설
      일반?              광속도 불변
```

❷ 다 적었다면 읽어보면서 아는 것을 사각으로 표시한다.

더 쓸 것이 생각나지 않는다면 쓰기를 멈추고 적은 내용을 읽어본다. 배운 적이 있는 것, 들은 적이 있는 것, 어딘가에 적힌 것을 본 것 등 조금이라도 자신의 지식에 자극을 주는 내용이 있다면 사각 표시를 한다. 후반 작업 중에 새로운 항목이 떠오르거나 알게 된다면 수시로 덧붙여 쓴다.

❸ 사각으로 표시한 것 중에서 의문스러운 것, 중요할 것 같은 것을 골라 조사한다. 조사한 것은 한 번 더 사각 표시를 한다.

여기에서는 단시간에 실시할 수 있는 조사법, 이를테면 소지하고 있는 사전이나 백과사전, 인터넷 등을 통해 리서치한다고 가정한다.

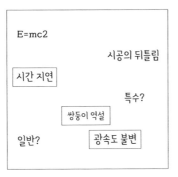
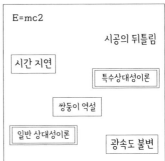

❹ 몇 가지 리서치 후 다시 전체를 읽으면서 서로 관계가 있을 것 같은 항목끼리 선으로 이어준다.

이 과정에서 사각 표시가 있고 없고는 신경 쓰지 않아도 된다. 선 긋기 도중에 리서치할 필요성을 느낀 항목은 ❸으로 돌아가 리서치하면 된다.

❺ 리서치하기와 연결고리 찾기(❸, ❹작업) 과정을 반복하면서 항목끼리 이어준 카르테(기록 내용)의 변화와 성장이 자리를 잡았다면 이번에는 좀 더 알고 싶은 것 몇 가지를 동그라미로 표시한다.

동그라미로 표시한 항목은 아직 잘 모르는(사각 표시 하지 않은) 항목부터 고르는 경우가 많은데, 사각 표시한 항목에서 몇 가지 알고 있을 법한 것을 골라도 상관없다. 알고 있다고 생각한 항목을 다시 리서치해보니 다

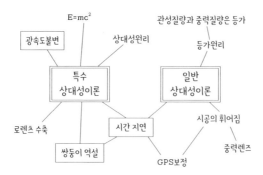

른 내용인 경우도 의외로 많다. 이미 알고 있음을 의미하는 기지旣知에서 아직 모르는 상태인 미지未知로 전락한 항목은 강렬하게 알고자 하는 의욕을 일으키고 연구나 학습 테마로 선택하기 쉽다. '알고 있다는 착각 → 대부분 모르고 있었다'라는 놀라움이 그렇게 만들어진다.

❻ 카르테를 훑어보면서 동그라미를 그린 항목 중에서 가장 알고 싶은 것을 하나 골라 한 번 더 동그라미로 표시한다. 이것은 자신이 학습, 연구할 테마가 되거나 적어도 핵심이 된다.

이 과정에서는 기록 내용 안에서 알고 싶은 다른 것과 많은 연결고리를 가진 것, 그리고 이미 알고 있는 것 중에서도 연결성을 가진 것을 고를 가능성이 크다.

❼ 카르테·크세주를 학습·연구가 진행될 때마다 고쳐간다.

학습·연구를 통해 지식이 갱신되면 카르테·크세주 역시 갱신해야 한다.

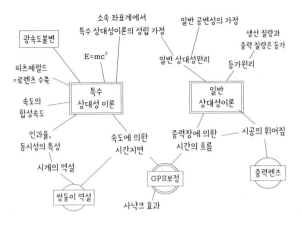

카르테·크세주의 성장은 당신의 지식 네트워크의 성장과 연동한다. 알고 싶은 주제도 카르테·크세주의 성장에 맞추어 변동할 것이다.

나는 무엇을 알고 있을까?

크세주Que sais-je는 프랑스의 사상가 미셸 몽테뉴가 쓴 『수상록』 2권 12장에 나오는 '나는 무엇을 알고 있는가?'라는 뜻의 프랑스어 표기다. 카르테·크세주Karte·Que sais-je는 '내가 무엇을 알고 있는가'에 대해 일종의 지도를 그리는 방법이다. 지식 탐구에는 플라톤이 『메논』에서 다룬 '탐구의 역설'이라는 문제가 따라다닌다.

· 당신이 무엇을 찾는지 알고 있다면 탐구할 필요가 없다.
· 당신이 무엇을 찾는지 모른다면 탐구하기가 불가능하다.
· 그러므로 당신은 탐구가 불필요하거나 불가능하거나 둘 중 하나다.

실제로 기지와 미지가 선명하게 둘로 나뉘는 것은 아니다. 우리는 찾고자 하는 것에 대해 완전한 지식을 갖추고 있지는 않지만, 찾아낸 것이 '이것이 내가 찾던 것이다'라고 알 만큼의 지식은 갖춘 경우가 많다.

한편으로 우리는 무엇을 모르는지조차 모르거나, 무엇을 모르는지는 알지만 무엇을 찾아야 하는지 모르는 등 무지로 인해 지식을 추구하지 못하는(즉 무엇을 찾고 있는지 모르니 찾을 수 없다) 사태에 자주 이르기도 한다. 카르테·크세주는 이미 알고 있는 지식을 끄집어내 조합함으로써 미지로 향하는 거점을 만들어내기 위한 도구다.

문화 인류학자 가와키타 지로*는 『속 발상법續 發想法』[2] 1장에서, 탐구해야 할 것이 명확해진 다음에 행하는 '탐색'과 달리 무엇을 찾을지 불분명한 채 진행하는 과정을 탐검探檢이라는 이름으로 설명한다.[3] 그는 인류학자 우메사오 다다오 연구진과 함께, 발을 들여놓지 않은 미개척지를 조사하는 '탐검 연구'에 관한 권위자로 통했다. 여기에서 말하는 탐검은 추상화된 개념이며 탐색보다 넓은 의미를 지니고 있다. 그 확장을 이해하기 위해 가와키타가 행한 탐검의 네 분류를 따라가보자.

---

* 가와키타 지로(川喜多 二郎, 1920년~2009년): 지리학자이자 문화 인류학자다. 중학생 때 선배 이마니시 긴지(생태학자, 문화 인류학자)의 영향을 받아 등산에 빠졌다. 다이삼고등학교 재학 시절에는 산악부 활동에 열중했고 교토제국대학교 시절에는 이마니시 긴지, 우메사오 다다오와 함께 탐험대를 결성해 캐롤라인제도, 싱안링산맥을 탐험했다. 대학교에서는 지리학과에 소속해 생태학적인 인문지리학에 몰두했고 오사카 시립대학교에서 조교수로 재직 중에는 네팔에 관해 연구했다. 풍부한 야외조사 경험을 바탕으로 정보 정리와 발상을 위한 수법으로 KJ법을 개발했다. 일본을 대표하는 지적생산 기술로 기획 등에서도 널리 응용되는 등 KJ법에 대해 기술한 저서 『발상법(發想法)』은 베스트셀러가 되었다.

미지로 향하는 4단계

가와키타는 탐검을 우선 내부 탐검과 외부 탐검으로 나눈 후 내성內省(자기성찰)과 기억, 간접 정보 탐검, 직접 정보 탐검으로 세분화했다. 그리고 탐검은 대체로 '내성→떠올림→간접 정보 탐검→직접 정보 탐검' 순으로 진행된다.

내부 탐검은 외부 탐검보다 앞서 행해진다. 외부 탐검에 돌입하는 탐검자는 그 미로의 땅에서 '무엇을 발견할지'는 모르지만 '무엇인가 발견하겠지'라고 기대한다. 즉 무언가를 발견할 것이라는 희망을 품은 채 분야를 선택한다. 그러나 탐검의 맨 첫 단계에서는 '어디를 찾아야 할지' 모를 뿐 아니라 애초에 무엇을, 왜 찾는지조차 불투명하다.

가와키타는 생각을 생각이라 하기 전 단계까지도 시야에 담아두고 탐검에 관해 고민했다. 이런 생각 아닌 생각이 시작되는 시점에 내부 탐검의 전반부를 차지하는 내성이 진행된다. 답답하다고 표현할 수밖에 없는 막연한 우려나 걱정이 아무것도 모르는 상태에서 인간을 '탐구하는 일'로 내몬다. 자신이 무엇에 위화감을 느끼는지조차 잘 모르지만, 무시할 수는 없다. 오히려 신경 쓰여서 아무 일도 손에 잡히지 않는 정체불명의 무언가가 탐검의 시발점이다. 탐검은 밖으로 나가기 훨씬 전부터 머릿속에서 우려나 걱정의 정체를 붙잡으려는 시점에 출발한다.

내성은 이 답답함의 정체를 조금이라도 해소하기 위해 마음을 어루만지는 과정이다. '왜 이런 답답함이 신경 쓰이는 걸까?', '언제 어디에서 어떤 일이 있었기에 이 답답함이 발현되는가?'와 같은 종잡을 수 없는 위화감이나 생각을 모으는 사이에 답답함에 대한 윤곽이 서서히 형태를 드러낸다. 여기까지 오면 '이 답답함은 그날의 그 일과 비슷한 게 아닐까?', '어딘가에서 읽은(들은) 그것과 관련 있을지도?' 하고 사고회로를 돌리는 단계로 이동한다.

내성이 내면의 상태를 발견하는 작업이라 한다면 다음 단계는 기억에 호소하는 작업이다. 이도 저도 아닌 상태와 자신의 기억 저장고를 뒤집는 작업이 바로 '떠올림'이다. 기억에서 끄집어내는 것들은 언젠가 집어넣은 외부의 것이므로 떠올림은 기억을 매개로 다음 단계인 외부 탐검으로 이동한다.

외부 탐검은 우리가 일상적으로 사용하는 온갖 탐검에 가깝다. 우선 실제로 탐검을 향해 나갈 분야를 정하기 위해, 그리고 필요한 준비를 계획하기 위해 예비조사가 필요하다. 이것이 간접정보 탐검이다. 간접정보 탐검에서는 '가치 있는 게 어디에 있을까?' 또는 정보원으로서의 인간을 대상으로 한다면 '누가 알고 있을까?'를 알기 위해 과하게 특정하지 않으면서 다양한 분야를 돌아보게 된다. 드디어 무엇을 발견하는가는 여전히 확실하지 않지만 '저곳에서는 무언가가 발견될 것'이라는 전망이 서는 단계에 이른다.

이렇게 선택한 분야로 나아가 가치 있는 정보와 만나기를 기대하며 진행되는 과정이 직접정보 탐검이다. 간접·직접정보 탐검 모두 무엇을 찾아야 할지 명확하지는 않다. 목표가 명확하지 않은 이상 어떤 방식이나 접근이 쓸모 있는지도 확실하지 않다. 그러므로 여전히 명확하지는 않지만 모든 것이 찾고자 하는 무언가와 관련이 있을지도 모른다는 생각으로 모든 가능성을 열어두고, 직접 관계가 없거나 간접적으로는 관계가 있을 법한 것도 만날 준비를 해야 한다. 변수나 우연이야말로 탐검에서는 주요한 실마리가 되기 때문이다.

답답함에 철저하게 맞서라

가와키타의 탐검에 관한 검토를 거쳐 다시 '탐구의 역설'로 돌아가보자. 우리는 무언가를 모르기에 배우려 한다. 그러나 배우려는 것을 모르기에 독학자의 학습은 난관에 부딪힌다. 배움에 필요한 교재나 학습 자원에는 어떤 것이 있는지, 어느 책이 제대로 만들어졌는지, 버려야 할(오류가 있는,편향된) 교재·학습 자원인지, 해당 분야에 관해 잘 모르기 때문에 판단이 제대로 서지 않는 경우가 허다하다. 게다가 혼자 공부하다 보면 무지로 인해 발생하는 곤란에 도움을 주는 유식한 조력자를 얻을 수 있다고 장담하기도 어렵다. 오히려 얻지 못하는 경우가 대부분일 것이다.

그러나 가와키타가 말하는 탐검은 인간이 탐구의 역설에서 멈추는 걸 경계한다. 찾고자 하는 것이 무언지도 모르는 무지를 안은 채, 무엇을 해야 좋을지 감이 잡히지 않을수록 머릿속에서건 현실에서건 무엇이든 좋으니 무작정 도전해보아야 한다고 말한다. 답답함과 철저하게 맞서 머릿속의 잡다한 기억을 끄집어내어 조금이라도 관계가 있을 것 같은 분야에 적극적으로 도전하고 다음에 찾아올 변수나 우연을 기다리는 것이다. 그러기 위해 우선 머릿속에 있는 내용을 적어가며 지식을 정리하자.

자문자답으로 배우는 고대 변론술의 지혜

❶ 모르는 내용 혹은 알고 싶은 내용에 관해 다음 질문을 던지며 자문자
답해본다.

· 종류 (____는 어디에 속하는가?)

· 차별성 (____는 같은 그룹 안에서 어떻게 다른가?)

· 구성요소 (____을 구성하는 요소를 열거하면?)

· 정의 (____이란 무엇인가?)

· 어원 (____의 어원은?)

· 상반 (____의 반대는?)

· 원인·유래 (____을 발생시키는(시킨) 것은?)

· 결과·파생 (____으로부터 발생하는(발생한) 것은?)

❷ 혼자 힘으로 답할 수 있는 질문에는 답하고 리서치가 필요하면 나중에
따로 리서치한다.

	라미의 토포스(질문)	대답
종류	심리학은 어디에 속하는가?	→ 사회과학, 인간 과학의 일종
차별성	심리학은 같은 그룹(사회과학) 안에서 어떻게 다른가?	→ 주된 연구방법이 실험인 대표적인 실험사회과학이다. → 대표적인 이론사회과학인 경제학과는 그 점이 다르다.

구성요소	심리학을 구성하는 부분을 열거하면?	→ 인지심리학, 사회심리학, 발달심리학, 이상심리학 등
정의	심리학이란 무엇인가?	→ 심리를 연구하는 학문
어원	심리학의 어원은?	→ psychology(=psyche, 마음, 정신) + Logos(학)
상반	심리학의 반대는?	→ (물심 이원론에서) 물리학 → (마이크로 매크로의 관계에서) 사회학
원인 · 유래	심리학을 발생시킨 것은?	→ 예로부터 정신에 관한 고찰(철학, 의학) + 생리학의 실험수단
결과 · 파생	심리학에서 발생한 것은?	→ 행동경제학, 실험철학 등

모든 지식은 질문에서 시작된다

우리의 배움과 지식은 질문을 던지는 데서 시작된다. 홀로 품고 있던 막연한 의문, 아직 의문이라는 단계에조차 이르지 못한 위화감에 일부라도 형태를 부여하고 배움의 길을 가려는 사람이라면 질문을 하고 스스로 답을 찾아야 한다.

질문은 이미 보유한 지식에서 한 걸음 더 나아가고자 하는 시점에 탄생한다. 아무것도 모르면 질문을 던지기 위한 밑거름이 없다. 그렇다고 이미 아는 것에서만 멈춘다면 다음 배움으로 넘어갈 질문을 얻지 못한다.

인간은 지와 무지(미지)의 경계에서 의문을 얻는다. 고대에서 변론술을 훈련하는 과정 중에는 주제에 관해 일련의 질문을 던지고 스스로 답을 찾는 방법이 있었다. 이 일련의 질문은 앞으로 논하려는 논의의 재료를 넣어 정리하는 '틀'의 구실을 한다. 고대 변론술에서는 이 틀을 '토포스topos'라 일컬었다.

고대 그리스어로 장소를 뜻하는 τόπος(토포스)는 영어 topic(제목, 논제)의 어원인데, 시대가 바뀌면서 토포스를 채워주는 기본적인 내용까지도 토포스라고 부르게 되었다.[4] 보편적인 문구를 영어로 common place*라고 하는 것도 이와 관련이 있다. 토포스에서 할 수 있는 질문은 누가(무엇이), 누구를(무엇을), 어디에서, 누구의(무엇의) 조력으로, 왜, 어떻게, 언제** 등 시간과 공간에 존재하는 구체적인 사건이나 정보를 다루는데 어울리는 것들이다.

이에 반해 추상적인 과제를 다루기에 적합한 것은 프랑스의 수학자 베르나르 라미***가 제창한 '라미의 토포스'[5]다. 이 책에서는 앞으로 배우려는 분야나 주제를 명확하게 하기 위해 라미의 토포스를 이용하고자 한다. 이것은 심리학이라는 거대한 분야에 사용할 수도 있고, 더욱 세밀하게 파고들어 특정 주제에도 적용할 수 있다. 가령 임상심리학에 라미의 토포스를 적용하면 종류(어디에 속하는가→ 응용심리학의 일종이다), 차별성(같은 그룹 안에서 어떻게 다른가→ 목적: 인간의 적응에 기여하는 점이, 다른 응용사회학과 다르다), 구성요소(구성하는 요소를 열거하면→ 임상심리학에

---

* 직접적으로는 근대 초기에 활발히 출간되었던 'Loci Communes'라는 타이틀의 출판물에서 유래한다. 'Loci'는 라틴어로 '장소'를, 'Communes'는 '공통'을 의미하며 직역하면 '공통된 장소'가 되지만, 신학, 의학, 법학(대학 상급학부) 등의 전문직 종사자를 위해 필요한 사항을 정리한 안내서. 그중 루터의 동료였던 필리프 멜란히톤이 쓴 'Loci Communes'는 신학 부문에서 가장 성공한 책으로 프로테스탄트의 초기 체계적 신학서이기도 했다. 한국에서는 『신학총론』이라는 이름으로 출간되었다.

** 5W1H(언제, 어디에서, 누가, 무엇을, 왜, 어떻게)라는 질문 세트는 영어권에서 종종 '키플링의 법칙(the Kipling Method)'이라 불린다. 이는 『정글북』 등으로 알려진 영국 작가 러디어드 키플링이 쓴 『왜? 라고 묻는 딸을 위해 쓴 키플링의 바로 그 이야기들(Just So Stories)』에 나오는 시에서 유래한다.

*** 베르나르 라미(Bernard Lamy, 1640~1715): 프랑스의 성직자이자 자연 철학자, 수학자. 젊은 시절 가톨릭 수도원인 오라토리오회에 들어가 성직자의 직위를 얻었다. 자연 철학자 · 수학자로서 힘의 합성 평행사변형에 관해 최초로 저술한 학자이며, 정역학에서는 라미의 정리로 유명하다.

는 심리테스트나 심리요법, 카운슬링 등이 있다), 정의(무엇인가→ 개인의 적응에 시사와 권고를 부여하는 응용심리학의 일부다), 어원[어원은→ 임상을 나타내는 clinical은 라틴어 clinicus, 그리스어 klinikos(병)상에서 왔으며, 원래는 고대 그리스어인 kline(침상)이다], 상반(반대는→ 반대 개념을 찾기는 어렵다. 일부 심리요법에 대한 반대로서 약물요법 등이 있다), 원인·유래(무엇에서 발생했는가 → 정신측정법, 정신분석), 결과·파생(무엇을 발생시켰는가→ 카운슬링, 대인 지원 기술 등)으로 정리된다.

특정 사안에 대해 알고 싶다면 한 번에 끝낼 수 있는 질문은 그 본질을 추구하는 '~란 무엇인가?'다. 그러나 이 질문은 궁극의 질문이라 말하기도 어렵다. 사실 대상에 관해 여러 측면을 알고 그 모든 생각을 짜 맞추지 않으면 이 질문에 답하기는 어렵기 때문이다. 그런 의미에서도 궁극의 질문, 최후의 의문인 것이다.

우리가 지금 잘 모르는 사안에 도전하기 위해 제일 먼저 물어야 할 것은, 그 대상의 다양한 측면을 알기 위한 질문들이다. 라미의 토포스는 그런 질문의 묶음이다.

공부법 18 십진분류 트래버스

지식에 다각적으로 접근한다

❶ 주제나 토픽 하나를 정한다.

한 단어로 집약하는 게 나중에 검색하기 수월하다.

❷ 주제·토픽을 십진분류법의 각 항목에 대조해 검색한다.

처음에는 다음과 같이 최상위 항목을 이용해서 큰 갈래에서 접근해보

자. 예를 들어 자전거를 조사한다면 자전거&정치학, 자전거&경제학 등

분류에 적용할 수 있는 단어들을 뽑아서 검색 엔진이나 국립중앙도서관

데이터베이스의 검색에 이용해본다.

한국십진분류법(KDC) 예시 ✎

000 총류	100 철학	200 종교
010 도서관, 서지학	110 형이상학	210 비교종교
020 문헌정보학	120 인식론, 인과론, 인간학	220 불교
030 백과사전	130 철학의 체계	230 기독교
040 강연집, 수필집, 연설문집	140 경학	240 도교
050 일반 연속간행물	150 아시아철학, 사상	250 천도교
060 일반학회, 단체, 협회, 기관	160 서양철학	260 신도
070 신문, 언론, 저널리즘	170 논리학	270 바라문교, 인도교
080 일반전집, 총서	180 심리학	280 회교(이슬람교)
090 향토자료	190 윤리학, 도덕철학	290 기타 제종교

300 사회과학	400 자연과학	500 기술과학
310 통계학	410 수학	510 의학
320 경제학	420 물리학	520 농업, 농학
330 사회학, 사회문제	430 화학	530 공학, 공학일반
340 정치학	440 천문학	540 건축공학
350 행정학	450 지학	550 기계공학
360 법학	460 광물학	560 전기공학, 전자공학
370 교육학	470 생명과학	570 화학공학
380 풍속, 민속학	480 식물학	580 제조업
390 국방, 군사학	490 동물학	590 가정학 및 가정생활

600 예술	700 언어	800 문학
610 건축술	710 한국어	810 한국문학
620 조각	720 중국어	820 중국문학
630 공예, 장식미술	730 일본어	830 일본문학
640 서예	740 영어	840 영미문학
650 회화, 도화	750 독일어	850 독일문학
660 사진술	760 프랑스어	860 프랑스문학
670 음악	770 스페인어	870 스페인문학
680 연극	780 이탈리아어	880 이탈리아문학
690 오락, 운동	790 기타제어	890 기타 제문학

900 역사

910 아시아(아세아)
920 유럽(구라파)
930 아프리카
940 북아메리카(북미)
950 남아메리카(남미)
960 오세아니아(대양주)
970 양극지방
980 지리
990 전기

관심을 횡단한다

십진분류 트래버스는 하나의 주제를 복수의 시점·분야에서 관찰하면서 다각적으로 다루기 위해 도서관 분류를 이용하는 방법이다.

리서치에 서툰 사람은 찾고자 하는 정보가 (도서관이든 서점이든) 한 권의 책으로 정리되어 어딘가의 책꽂이에 꽂혀있으리라 짐작하기 쉽다. 하지만 이는 지나치게 낙관적인 생각이다. 문제는 이렇게 낙관적으로 생각하다가 조사가 순조롭게 진행되지 못하면 '여기(도서관이나 서점)에는 내가 찾는 정보가 없구나' 하고 바로 포기한다는 것이다. 하지만 오로지 자신만을 위한 책은 없어도 조사하는 방법은 많이 있다.

출입에 제한이 없는 도서관 대부분에서는 십진분류법이라는 분류 시스템을 사용해 서적을 분류하고 배치한다. 이 분류법에 따라 같은 주제를 다룬 도서가 모여 있다. 앞서 말했듯 공공도서관의 사명은 모든 사람을 수용하는 데 있으므로 사용자가 어떤 정보를 얻고자 방문할지 예측하지 못한다. 이 때문에 누가 어떤 정보 니즈를 가지고 방문해도 대응할수 있도록 전방위적으로 자료를 수집한다. 이 전방위적으로 모인 모든 분야의 자료를 정리하기 위한 분류 시스템 중 하나가 미국의 사서이자 근대 도서관계의 지도자 멜빌 듀이가 만든 듀이십진분류법DDC이다(한국십진분류법은 이를 토대로 국내실정에 맞게 수정한 것이다). 이런 분류법이 존재하는 덕분에 도서관에서는 어떤 서적에건 분류 코드를 부여하고, 응당 있어야 할 자리에 안착시킬 수 있다.

그러나 이 분류는 지금 내게 필요한 특수한 정보만을 알려주지는 못한다. 게다가 지금은 다양한 루트를 통해 우리가 모르는 정보를 입수할수 있는 환경이다. 이는 우리가 독학을 시작하고, 아직 모르는 지식이나 도서를 찾아 나서기로 계획하는 계기가 된다.

알고 싶다는 의지(지적 호기심)나 직면한 해결 과제, 우리가 품고 있는 관심이 반드시 기존의 분류나 추천 시스템에 맞추어 탄생하는 것도 아니다. 개개인의 특정 정보 니즈는 도서관 분류 중 어느 한곳에 대응하는 것이 아니라 오히려 복수의 분류를 횡단하며 관통한다. 이 사실을 깨닫는다면 도서관 분류는 찾으려는 것을 가로막는 장벽이 아니라 스스로 눈치채지 못했던 지적 호기심을 다양한 각도로 빛을 비추어 문제 해결책을 넓혀주는 통로가 된다.

십진분류 트래버스는 이렇듯 효과적으로 리서치에 접근하는 방법이다. 트래버스traverse는 다양한 의미로 사용되는 언어지만, 원래 뜻은 '가로

지르기, 횡단하기'다. 등산에서는 지그재그 길이나 바위산에서 등산 루트가 보이지 않는 경우 옆으로 이동하는 것을 의미하고, 측량 분야에서는 다각측량을 뜻한다. 즉 십진분류 트래버스는 도서관에서 분야를 초월해 책장 사이를 오가기 위한 방법이자, 도서관 분류를 응용한 지적 다각측량법이기도 하다.

목적에 맞춰 여러 책을 읽는 법

미국의 철학자이자 교육사상가인 모티머 J. 애들러는 『교사 없는 독서법』에서 기초적인 읽기로 시작해 신토피컬 리딩(통합적 읽기)에 이르는 독서법을 소개했다.

이 독서법은 원래 『서양세계의 위대한 책들Great Books of Western World』이라는 전집을 출간하기 위해 애들러가 고안하고 구성한 '신토피콘Syntopicon'이라는 특수한 색인에서 유래한다. 신토피콘이란 syn(함께)과 topic(토픽, 논제)을 합성한 신조어로, 각 토픽 단위로 전집을 자유로이 오갈 수 있도록 한다. 예를 들면 '사랑'이라는 테마·토픽에 대해 플라톤, 또는 마르크스는 뭐라 정의했는지 시대를 관통해 참조할 수 있어 독자는 이들 고전을 자유로이 이용하며 사색에 빠져들 수 있다. 이것이 신토피콘을 만든 애들러의 목적이다.

애들러는 신토피콘의 접근 방식을 이 전집뿐만 아니라 모든 도서와 자료에까지 확장했다. 이처럼 여러 책을 목적에 맞춰 읽는 방식을 통해 독자는 원하는 테마·토픽을 가지고 여러 도서를 읽고 대조함으로써 자기 나름의 사고를 완성해간다.

십진분류 트래버스는 이 신토피컬 리딩의 입문에 해당한다. 우선 자

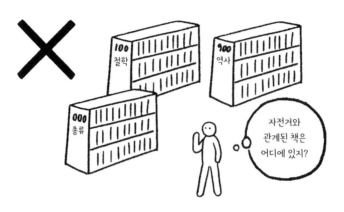

신의 공부 주제가 한 권의 책이나 분류로 어떻게든 될 것이라는 기대를 버려야 한다. 오히려 자신을 돕는 정보는 다양하게 분류된 여러 책 속에 흩어져 있다는 사실을 알아야 한다. 그리고 도서관 전체를 횡단하며 마치 한 권인 양 읽어야 한다. 도서관에 가지 않을 때도 머릿속으로 하나의 문제를 다양한 분야나 단면으로 들여다보는 습관을 들여야 한다. 이런 기술이나 습관이 독학자를 얼마나 구원할지 헤아리기도 벅차다.

자신의 문제는 한 권으로는, 하나의 분류 방식으로는 해결되지 않는다. 자신만을 위해 쓰인 서적은 존재하지 않기 때문이다. 그러나 자신만의 책은 사실, 도서관 여기저기에 흩어져 존재하기도 한다. 도서관의 책장 사이를 오가면서 파편들을 주워 담고 끼워 맞추는 작업은 글을 읽는 독자의 몫이다. 십진분류 트래버스는 이런 방식의 책 읽기를 통해 독학자를 돕는 방법이다.

8장

지식에 접근하는 단계를 설정한다

머릿속에 떠오르는 대로 검색하면 왜 쓸데없는 사이트만 뜨는 걸까?

제대로 된 지식을 습득해서 발신하기보다는 보통 사람이 흔히 검색하는 단어가 검색에 걸리도록 사이트를 만들기 때문이다. 이렇게 하면 간단하고 비용도 적게 드는 데다, 따라 하기도 쉬워서 같은 형태의 사이트가 우후죽순으로 생겨난다. 반면에 유용한 지식을 발신할 수 있는 사람은 많지 않다. 계란으로 바위를 치는 형국이기에 검색으로 내게 필요한 것을 얻기 위해서는 지금까지와는 다른 방식으로 접근해야 한다. 여기에서는 그 토대가 되는 '지혜를 탐구하는 방식'에 대해 말해보고자 한다.

수사법 중에 '제유법synecdoche'이라는 것이 있다. 이것은 상위개념을 하위개념으로, 또는 하위개념을 상위개념으로 바꾸어 말하는 것이다. 예를 들어 일본에서 꽃구경을 간다고 하면 일반적인 꽃이 아니라 벚꽃을 감상하는 것을 말한다. 꽃이라는 상위개념에서 벚꽃이라는 하위개념으로 바꾸어 말하는 것이다.

그렇다면 제유와 탐구는 무슨 관계가 있을까? 인간의 지식은 계층적으로 조직되는 경우가 많다. 상위개념과 하위개념 사이를 오가는 일은 지식의 계층 관계를 왔다 갔다 하는 셈이 된다. 도서관에서 고지혈증에 관한 책을 찾아본다고 해보자. 그런데 고지혈증이라 검색해봤자 나오는 건 의료관계자를 위한 전문서적뿐일 가능성이 크다. 게다가 작은 도서관에는 그런 전문서까지 두지 않기 때문에 찾지 못하는 경우도 있다. 이럴 땐 어떻게 해야 할까?

먼저 고지혈증은 어디에 속하는지 생각해보자. 그러면 고지혈증에서 한 단계 위의 상위개념으로 이동할 수 있다. 'OO증'이라는 표현에서 이것이 병의 일종이라는 것을 알 수 있다. 고지혈증은 내분비대사질환의 일종이다. 그런데 그게 뭔지 모르는 한 '내분비대사질환'이라는 키워드로 찾아도 알아듣지도 못할 자료만 나온다. 내가 아는 수준까지 상위개념으로 이동하는 편이 본인한테 맞는 자료를 찾기 쉽다.

단순히 질병이라고 하면 너무 포괄적이라는 생각이 들 수도 있다. 하지만 상위개념으로 이동해서 찾고자 하는 내용이 상식에 가까워질수록 자료가 커버하는 범위가 넓어지기에 짧고 단순하게 입력하는 게 가장 좋다. 질병이라는 키워드로 발견한 책에 고지혈증에 관한 내용은 거의 없을 수도 있다. 그렇지만 자신이 아는 상위개념까지 가면 훨씬 쉽고 간단한 정보를 찾을 수 있고, 자신의 수준에 맞는 자료를 찾을 수 있다. 그리고 쉬운 자료에서 얻은 지식이나 용어를 토대로 더 자세하게 적힌 전문자료에 접근할 수 있다. 자세한 자료를 읽게 되면 자신을 거기까지 이끌어준 자료에서 오류나 부족함을 발견하기도 하고, 좀 더 알아야겠다는 의지가 생기기도 한다.

훨씬 넓은 범위를 다루는 자료는 그만큼 전문적이지도 않고 상세하지도 않다. 게다가 새로운 지식이 개괄적인 자료로 정리될 때까지는 시간이 오래 걸린다. 그러는 사이에 새로운 발견이 나오고, 과거에는 옳았던 지식이 그릇된 것으로 드러날 수도 있다. 지식이 업데이트되는 성질을 지닌 이상 피해갈 수 없는 일이다. 이것을 몸소 깨닫는다면, 이제는 볼 필요가 없어진 자료에 대해서도 경외심을 느낄 것이다.

떠오르는 대로 검색하기를 멈춘다

❶ 사전을 펼쳐 검색에 사용하는 단어나 표현(검색 용어)을 수집한다.

처음 찾는 주제라면 여러 종류의 사전을 비교해보고 유의어나 관련어 등을 살펴보며 검색 용어를 수집한다. 불완전한 표현이나 철자를 체크해 검색에 쓰는 용어를 수집하는 것이다. 예를 들어 '스트레칭'을 검색하면 '스트레칭하는 법', '스트레칭 체조' 등이 나올 수 있다.

❷ 수집한 검색 용어를 이용해 검색해본다.

구글 등 검색엔진에 수집한 검색 용어를 입력해 검색한다. 용어마다 검색 결과를 모아 자신의 목적에 맞는지 확인한다. 같은 내용이라도 전문적인 표현이 나오기도 하고 입문자가 쓴 블로그만 나오는 일반적·통속적인 표현도 있기 때문이다. 구글 등의 검색엔진에 ❶에서 수집한 검색 용어 '스트레칭', '스트레칭 체조'를 입력해 검색해보자. '스트레칭'이 더 일반적이지만, '스트레칭 체조'를 검색했을 때 더 세부적인 정보를 발견할 확률이 높다.

❸ 연관 용어를 수집한다.

목적과 일치하는 검색 결과에서 검색에 사용한 용어와 함께 등장하는 용어를 따로 정리해두면 검색 결과를 좁힐 수 있다. 스트레칭과 함께 사용되는 용어로 '스태틱(정적)'이나 '다이내믹(동적)' 등이 있음을 알 수 있다.

'스트레칭'의 연관 용어

- · 스태틱(static, 정적)

- · 다이내믹(dynamic, 동적)

❹ 예외 용어를 지정한다.

목적과 맞지 않았던 검색 결과에 자주 등장하는 표현을 예외 용어로 따로 모아두어도 검색 결과를 좁히는 데 효과적이다. 특히 찾는 목적과 다른 분야에서 빈출하는 표현을 특정할 수 있으면 검색 결과를 최적화하기에 유리하다. 가령 검색 결과에 '해시 함수'가 '스트레칭'과 함께 나올수 있는데, 이 둘은 패스워드와 관련된 컴퓨터 용어일 뿐 애초에 찾고자 했던 근육 스트레칭과는 연관이 없다. 이럴 때는 해시 함수와 패스워드를 예외 용어로 모아둔다.

'스트레칭'의 예외 용어

- · 해시 함수

- · 패스워드

검색 결과는 오염되어 있다

인터넷과 검색엔진의 보급으로 찾기 방식이 달라진 것은 분명하다. 과거에는 '정보검색사'라 불리는 전문가의 일이었던 정보 검색은 거의 모든 사람이 소유하고 들고 다니기까지 하는 스마트폰으로 실행할 수 있게 되었다. 그러나 가능해졌다는 말이 곧 누구나 검색에 능통함을 의미하지는 않는다. 검색엔진에 찾는 것, 발견하고 싶은 것을 언어로 바꾸어 입력하는 작업 자체는 그다지 어렵지 않다. 많은 사람이 쓰는 방법은 그만큼 대책을 세우기도 쉽다.

언제부터인가 욕망을 그대로 검색어로 검색엔진에 입력·검색해도 상위에는 사기성이나 광고성 사이트만 뜨는 상황이 낯설지 않아졌다. 이렇게 '오염'된 검색 결과를 멀리하려면 본인이 알고 싶은 정보가 오가는 입소문이 퍼지는 SNS만 파고들거나 인플루언서가 흘리는 정보 조각에 의존하는 수밖에 없는 것일까.

그러나 검색엔진이 완전히 쓸모없는 것은 아니다. 검색엔진은 사실 무언가를 찾기 위한 도구가 아니라 인터넷에 떠도는 정보를 거르는 필터에 지나지 않는다. 무작정 떠오르는 검색어만 가지고는 유용한 정보를 여과하는 데 한계가 생겼을 뿐이다.

그렇다면 어떻게 유용한 검색어를 늘리고 필터를 써야 할까. '검색어 훈련'은 이를 위한 접근 방식이다. 검색엔진을 통한 리서치의 성패는 어떤 검색어를 선택하느냐에 달렸다. 플라톤이 『메논』에서 언급한 탐구의 역설은 여기에서도 등장한다. 찾고자 하는 것을 모르면 찾아내지 못한다. 찾는 것이 무엇인지 알고 있다면 애초에 찾을 필요가 없다. 찾고 싶은 것이 무엇인지 딱 찾아낼 수 있는 검색어를 처음부터 알고 있다면 이야기는 간단하다. 그 검색어를 입력하면 된다.

그러나 우리가 리서치를 할 때 어떤 키워드를 입력해야 하는지 정답을 미리 알고 있는 경우는 흔치 않다. 오히려 떠오른 검색어가 부적절한 탓에 정보를 찾지 못한다는 반성 자체를 하기 어렵다. 우리 대부분은 이미 알고 있다고 착각해서 검색어를 입력했다가 기대하는 결과를 얻지 못해 조사할 의지를 잃는다. 그러나 뛰어난 검색자는 한두 번의 검색으로 포기하지 않는다. 입력한 검색어로 기대에 부응하는 결과가 나오지 않으면 검색어를 바꾸어(혹은 다른 검색어를 추가해) 여러 차례 도전할 것이다. 이처럼 시행착오를 겪으며, 검색 결과를 비교하면서 목적에 들어맞는 검색어를 발견해가는 것이다.

검색하기 전에 사전을 펼쳐라

하나의 목표를 위해 여러 검색어가 떠오르려면 예비지식이 많아야 유리하다. 잘 알고 있는 분야라면 입문자가 쓰지 않는 전문용어를 이용해 불필요한 체험담이나 일기, 사기 사이트를 검색 결과에서 제외할 수 있을 것이다. 그러나 우리는 모든 분야에 정통할 수 없다. 잘 알지 못하기 때문에 무엇을 조사해야 할지 모르고, 우선 인터넷으로 검색해보자고 마음먹는 것이다. 잘 아는 분야라면 처음부터 전문 도구나 문헌을 뒤질 수도 있으니까 말이다.

다행히 쏟아지는 전문서에 파묻혀 헤매지도 않고 사기 사이트에 유혹당하지 않을 적당한 해결책이 존재한다. 백과사전은 우리 목적에 걸맞게 인터넷 검색과 전문 문헌의 중간에 위치한다. 전문 문헌만큼 자세하지 않지만, 집필자는 대체로 전문가이며 게다가 (모든 것이 실린 것은 아니지만) 적어도 모든 분야를 커버하고자 한다. 훨씬 좋은 검색어를 찾아내기 위해서는 백과사전의 보편적인 사용법인 '차례를 펼쳐 찾고 해설을 읽는 것'뿐 아니라 거꾸로 찾기 방식으로 '전문 검색 등에서 해설을 발견해 관련된 표제어를 찾는 것'도 도움이 된다(공부법 23: 백과사전, 186쪽).

공부법 20 제유 탐색

지식의 바다를 건너는 항해술

제유 탐색은 계층적으로 조직된 정보를 찾기 위한 기본적인 접근법으로, 포괄 관계에 기반한 비유다. 상위개념을 하위개념으로, 하위개념을 상위개념으로 바꾸어 말하는 표현법이다. 간략하게 말하자면 같은 종류의 사물 중에서 어느 한 부분을 예로 들어 전체를 나타내는 방법이다.

❶ 알고 싶은 항목에 대해 'OO은 무엇의 일종인가?', 'OO은 어디에 속하는가?'라는 식으로 질문을 만들고 답한다.

> Q: 헤밍웨이는 무엇의 일종인가?
> A: 헤밍웨이는 미국 문학가(중 일부)이다.

❷ ❶에서 얻은 답에 'OO은 무엇의 일종인가?', 'OO은 어디에 속하는가?'로 꼬리물기식 자문자답을 반복한다.

> Q: 미국문학가는 어디에 속하는가?
> A: 미국문학가는 영미문학가(의 일부)다.
> Q: 영미문학가는 어디에 속하는가?
> A: 영미문학가는 문학가(의 일부)다.
> Q: 문학가는 어디에 속하는가?
> A: 문학가는 사람(의 일부)이다.

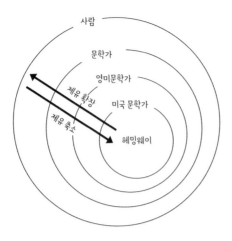

❸ 얻어낸 상위개념을 이용해 검색한다.

'헤밍웨이→ 미국 문학가→ 영미문학가→ 문학가→ 사람'이라는 상위
개념의 계열이 정해졌다.

　여기에서는 개요를 알기 위해 백과사전을 찾도록 하자. 결과물로 얻
은 개념 중에서 헤밍웨이를 선택한 다음 백과사전이라는 키워드와 조합
해 문헌을 찾을 수 있도록 데이터베이스에서 검색해본다(공부법 26: 서적
탐색, 204쪽).

　이 방식으로『헤밍웨이 대사전』과 같은 전문백과사전을 발견할 수 있
다. 마찬가지로 미국문학가와 백과사전을 조합하면『아메리카문학작가
작품 사전』같은 한 단계 위의 상위개념에 대응한 백과사전을 발견할 수
있다. 다음은 같은 방법을 반복해 찾아낸 백과사전이며, 괄호 안의 단어
가 상위개념 계열에서 추출한 키워드다.

(헤밍웨이)『헤밍웨이 대사전ヘミングウェイ大事典』

(미국문학가)『아메리카문학작가 작품 사전アメリカ文学作家作品事典』

(영미문학가)『신초사 세계문학 사전新潮社世界文学辞典』

(문학가)『슈에이사 세계문학 대사전集英社世界文学大事典』

(사람)「케임브리지 세계인명사전」

아래로 내려갈수록 상위개념에 대응한 것이며 훨씬 넓은 영역을 포괄하기 때문에, 헤밍웨이에 관한 기술은 훨씬 짧고 간결해진다. 즉, 간단한 개요만 알고 싶다면 상위개념에 가까운 자료(「케임브리지 세계인명사전」)를 보고, 헤밍웨이와 연관된 특정 주제에 관해 자세히 알고 싶다면 하위개념에 가까운『헤밍웨이 대사전』을 보면 된다.

선조들의 지혜가 남긴 분류 시스템

제유 탐색은 찾고자 하는 것의 상위개념을 사용해 검색하는 방법이다. 지식 분류하기나 그에 따른 조사 도구는 훨씬 넓은 개념(상위개념)이 훨씬 좁은 개념(하위개념)을 감싸듯 계층적으로 정리되고 조직화된다. 그러므로 지식의 분류나 조사 도구를 제대로 활용하기 위해서는 포괄 관계를 드나들 수 있는 제유 탐색이 필수다. 검색엔진 등을 통한 전문적인 검색이 보급되기 이전에는 제유 탐색(이런 명칭이 있지는 않으나)이 주된 접근 방식이었다.

다루는 지식이나 정보가 늘면 그것들을 찾아내 이용하기 위해 일정한 규칙대로 정리할 필요가 있다. 당시에는 외형적인(작성일순과 같은) 정리 방식으로도 충분했지만, 다루는 자료의 양이 증대해 종류와 내용이 다양화하면서 지식·정보의 내용에 기초한 정리가 요구되었다. 그 방법의 하나는 비슷한 종류끼리 정리해 분류하기다. 지식·정보가 더욱 늘어나고 다양해지면서 사람이 한 번에 관망할 수 있는 한계를 넘어 분류 수가 증가하면 서로 비슷한 분류항목끼리 묶어서 '분류 속 분류'를 만들 필요성이 생긴다. 도서관처럼 지식 전체를 다루려면 분류 속 분류는 여러 겹으로 둘러쳐질 수밖에 없다. 마트료시카 인형처럼 중첩된(계층적으로 구성된) 분류 시스템을 자유자재로 이동할 수 있어야 한다. 선조들이 이어온 험난한 학습 과정을 거치지 않고도 지식이나 정보를 정리하고 분류할 능력을 갖기 위해서 말이다.

지식 능력과 시간이 유한한 인간이 모든 분야에 정통하기란 불가능하다. 그러나 몇 세대에 걸쳐 많은 선조가 구축하고 갱신해온 분류 시스템이라는 인지적 환경 덕분에 우리는 잘 알지 못하는 분야의 내용이라도 필요한 지식에 접근할 수 있다.

분류 시스템은 필요에 따라 우리의 지적 능력을 확장하는 외부장치 Scaffold다. 온갖 지적 도구를 활용할 수 있으려면 약간의 훈련이 필요하듯, 분류 시스템도 예외는 아니다. 제유 탐색은 계층적으로 구성된 분류 시스템을 제대로 쓰기 위한 최소한의 사고력과 요령을 획득하게 된다.

공부법 21 문헌 파헤치기

거인의 어깨 위에 올라서라

❶ 기점이 되는 문헌(참고문헌이 있는 것)을 정한다.

우선 하나, 기점이 되는 문헌을 찾는다. 단 참고문헌 리스트가 있어야 한다. 참고문헌을 명시하지 않은 문헌의 경우는 다음에 설명할 3가지 방법 중 '저자명 파헤치기'만 가능하다.

❷ 기점이 되는 문헌의 참고문헌을 나침반 삼아 그다음 문헌을 찾는다.

기점이 될 만한 문헌을 찾았다면 다음 3가지 '파헤치기'를 이용해 그다음 문헌을 찾는다.

참고문헌 파헤치기

현재 보유 중인 문헌을 인용하거나 참고문헌 리스트에 실린 문헌을 입수한다. 학술문헌 대부분에는 참고문헌 리스트가 붙어 있다. 참고문헌 리스트에는 해당 문헌이 인용하거나 참고한 문헌 일람이 정리되어 있으며, 그 문헌 중 하나에 저자명, 논문명이나 서명, 논문이라면 게재지나 게재서, 발행 연도 등이 명시되어 있다. 이것만으로도 데이터베이스 등에서 소재를 확인하기 쉽다. 가장 초보적인 '파헤치기' 방식이다.

이 방법의 최대 결점은 지금 보유한 문헌의 저자가 읽을 수 있었던 오래된 문헌만 확인할 수 있다는 점이다. 연구의 세계는 진일보한다. 이 문헌 이후에 발표된 문헌에는 훨씬 새로운 지견이나 참고문헌 리스트가 실려 있을 것이다. 새로운 문헌을 손에 넣기 위해서는 다른 방법을 쓸 수도 있다.

피인용 문헌 파헤치기

피인용과 피참고 관계를 살펴, 지금 수중에 있는 문헌보다 나중에 쓰인 새로운 문헌을 입수한다.

인용하거나 참고할 문헌은 기존에 발표된 것이어야 한다. 즉 인용·참고되는 쪽의 문헌은 시기적으로 인용하는 쪽의 문헌보다 늘 선행한다. 이 인용·참고의 관계를 거꾸로 되짚어감으로써 훨씬 새로운 문헌을 찾을 수 있다고 생각한 사람이 있다. 인용 색인CI, Citation Index*을 개발한 유진 가필드 박사**다.

인용·참고의 관계를 거슬러 오른다고 말하기는 쉽지만, 실행하려면 방대한 수의 논문을 읽고 참고 문헌란에 표시된 논문을 일일이 모아야 한다. 이 데이터를 정리해서 논문마다 참고 문헌란에 등장하는 논문인지 확인하는 리스트를 만든다. 완성하면 특정 문헌을 인용한 더욱 획기적인 논문 리스트가 된다. 이 리스트를 활용하면 특정 논문을 기반으로

- 어떤 판례가 그후 판례에 의해 추가 인용, 동의, 파기되었는지 검색할 수 있는 셰퍼드 사이테이션 (Shepard's Citation)에서 힌트를 얻어, 학술논문 인용, 피인용을 재수집하여 보다 새로운 문헌을 찾을 수 있는 인용 색인 시스템을 고안했고 1955년 〈사이언스〉지에 논문 〈과학을 위한 인용 색인〉을 발표했다. 유전생물학자인 조슈아 레더버그(Joshua Lederberg)의 조언을 바탕으로 과학진흥재단의 조성 기금을 얻어 유전자 인용 색인(Genetic Citation Index)을 완성했다. 1960년 과학 분야 전반을 다룬 '과학논문인용 색인(Science Citation Index)'을 사업화했다.

- 유진 가필드(Eugene Eli Garfield, 1925~2017): 화학으로 학사 학위를 취득했으나 자연과학의 길로 나아가지 못하고 택시회사에서 일하면서 도서관 및 정보과학 석사 학위를 받았다. 폭발적으로 증가하는 과학정보를 정리하여 제공하기를 평생 업으로 삼았다. 분야 횡단적이기 때문에 보조금을 얻지 못했고 자신이 발명한 인용 색인을 상업적으로 이용하기 위해 과학정보연구소(ISI)를 설립했다. 임팩트 팩터를 개발하는 등 계량 서지학(bibliometrics)과 과학 계량학(Scientmetrics)의 창시자로 이 분야 발전에 기여했다.

한 새로운 논문을 찾을 수 있는 것이다.

과거에는 인용 색인이 종이로 제공되었는데(자연과학 분야는 Science CI, 인문예술 분야는 Arts & Humanitics CI, 사회과학 분야는 Social Sciences CI 등), 현재는 통신회사인 톰슨 로이터스 사가 제공하는 사이트 Web of Science를 통해 유료로 이용할 수 있다. 무료로 제공하는 Google Scholar로도 피인용·피참고 문헌을 볼 수 있다.

저자명 파헤치기
문헌의 저자명을 토대로 그 저자가 쓴 다른 문헌을 찾는다.

피인용·피참고 관계가 데이터베이스에 기록되지 않은 문헌 중에서 더 새로운 것을 찾으려면 다음의 고전적인 방식이 도움이 된다. 지금 보유 중인 문헌의 저자명으로 검색해서 같은 저자의 새로운 문헌을 입수하는 방식이다.

전문화된 현재 학계에서 연구자는 같거나 적어도 관련된 특정 주제를 연구하고 있을 가능성이 크다. 그러니 같은 저자의 훨씬 새로운 문헌에는 새로운 지견과 함께 업데이트된 참고문헌이 실렸을 확률이 높다.

저자명 파헤치기는 참고문헌이 실리지 않은 문헌을 기점으로 사용할 수도 있다. 이 경우 찾는 것은 새로운 문헌뿐만이 아니다. 훨씬 전문적이거나 참고문헌을 거론한 문헌을 이 방법으로 발견할 수 있다면, 참고문헌 파헤치기나 피인용 문헌 파헤치기에 이용할 수 있다.

❸ ❷의 작업을 반복하면서 문헌을 계속 찾는다.
이렇게 입수한 문헌을 새로운 기점이 되는 문헌으로 두고 ❷의 3가지 방법을 반복하면서 계속 문헌을 찾는다. 기점이 되는 문헌만 찾아내면 앞의 3가지 방법을 이용해 그 문헌보다 이전에 쓰인 문헌은 물론 나중에 쓰인 문헌까지 수집할 수 있다.

지식은 서로 연결되어 있다

인간의 삶이란 서로 분리되어서는 온전히 살아갈 수 없듯, 지식 또한 다른 지식과 관계를 단절하고 고립해버리면 가치를 잃는다. 하나의 연구는 이전에 행해진 연구를 전제하거나 배경으로 행해지며, 동시에 미래 연구의 기초와 전제가 된다. 연구자가 특정 현상이나 문제를 연구 대상이나 주제로 선택하는 이유는 여태껏 해온 연구로 추정했을 때 그것을 연구할 의의가 있기 때문이다. 또 연구자가 직접 가설을 세우고 연구법을 고안했다 하더라도 그때까지 중첩되어온 연구와 지견을 바탕에 깔고 있다.

기존에 선조들이 수많은 주제에 관심을 가진 덕분에 우리는 아무것도 없는 상태에서 지적 활동을 시작하지 않아도 된다. 100년 전, 아니, 불과 몇 년 전 사람들이 기대하지도 못했을, 아주 진전된 지점에서부터 우리는 시작할 수 있다. 그런 선배 연구가들의 지적 공헌에 접근할 수만 있다면 말이다.

선조들은 이를 두고 '거인의 어깨에 올라선다'라고 표현했다.* 문헌 파헤치기는 거인의 어깨 위에 오르기 위한 기본적인 기술이다. 여기에서 말하는 거인은 정상에 우뚝 선 위대한 현자나 지식만을 의미하지 않는다. 오히려 위인이나 위업을 정상의 위치까지 밀어 올린 산 전체를, 즉 무수한 공헌을 이룬 인류의 지적 유산 전체를 의미한다고 봐야 한다.

지식과 그것을 생산하는 지적 활동이 서로 다른 지식·지적 활동에 의존하고 지지를 주고받는 현실은 모든 학술연구 분야에서 당연한 전제조건이다. 그러므로 연구자가 새로운 연구 결과를 발표할 때는 선행하는 연구와 의존관계를 명시해야 한다. 이 명시로 인해 새로운 연구는 인류의 지식 전체에 흡수되고, 인류의 지식 안에서 이 새로운 연구가 어디에 위치하는지 보여준다. 즉 인류의 지혜에 새로 참여하는 새로운 학술연구는 스스로 주소를 표시하도록 요구받는 것이다. 문헌 파헤치기는 이런 주소 표시의 도움을 받아 상호의존 관계를 파헤치면서 문헌을 수집하는 방법이다.

참고문헌의 쓸모

인류의 지식은 학술연구만으로 구성되는 것이 아니며, 우리가 보유하고 참고하는 문헌 역시 논문이나 학술서로만 존재하는 것은 아니다. 그런

---

* 뉴턴이 1676년에 물리학자인 로버트 후크(Robert Hooke)에게 보낸 편지에 등장한 내용으로 유명한데, 처음 이 표현을 쓴 사람은 프랑스 철학자로 12세기 샤르트르학파인 베르나르(Bernard de Chartes)라고 한다. 문헌상 출처는 12세기 르네상스기의 인문주의자인 솔즈베리의 요한(John of Salisbury)이 저서 『메타로지콘』에서 베르나르의 말을 재인용하면서 다음과 같이 기술한 부분이다. "우리는 거인의 어깨 위에 오르는 소인 같은 존재라고 샤르트르의 베르나르는 자주 말했다. 우리가 그들보다 잘, 멀리까지 볼 수 있는 이유는 우리의 시력이 뛰어나서가 아니라, 다른 뛰어난 신체적 특징이 있어서도 아니고, 그저 그들의 거대함이 우리를 들어 올려주고 있어서라고 말이다."

경우에는 문헌 파헤치기라는 방법을 쓸 수 없을까? 다행스럽게도 양질의 일반 서적은 그 서적이 전제하고 의존하는 문헌을 참고문헌 리스트나 주석의 형태로 싣는 경우가 많다.

요즘은 학술 분야 외의 일반 도서에도 인용을 통해 참고 출처를 명시하는 일이 저작권이나 관례에 의해 규정돼 있으며, 어느 정도 의무화되어 있다. 베끼거나 도용했다는 사실이 드러나면 문제가 되고 출판물도 회수당하는 사례가 그런 규칙의 존재를 널리 일깨운다. 그러나 한편으로는 참고문헌을 명시하기 꺼리는 풍조 역시 남아 있다. 번역서 등에는 아마도 할애된 쪽수가 한정적이라 원서에는 밝혔던 상세한 문헌 리스트나 문헌 주석이 싹둑 잘려나가는 경우도 있다.

이런 참상에 대해 당장 우리가 할 수 있는 일은, 참고문헌을 실은 일반 도서를 지지하고 구매해 참고문헌을 명시하는 서적이 늘어나도록 하는 일이다. 이런 방침은 독학을 하는 사람에게 즉각적으로 다른 이익도 안겨준다. 좋은 서적을 손쉽게 선별할 수 있는 지침이 되기 때문이다.

자세한 문헌 주석을 덧붙이는 일은 도서의 질을 높이고 수명을 몇 배나 늘려준다고 생각한다. 지적으로 수없이 공헌한 선조들이 그 서적의 가치를 지탱해주는 지원군이 되어주기 때문이다. 결론적으로, 그 서적역시 앞선 문헌을 참조함으로써 '거인의 어깨'에 오르는 것이다.

배움의 과정을 기록한다

❶ 알고 싶은 것(주제)을 표의 왼쪽 공란에 적는다.

❷ 주제와 관련된 다음 3가지 질문에 답하면서 표를 채운다.

· 기지(旣知): 무엇을 이미 알고 있는가?

· 욕지(欲知): 알고 싶은 것, 발견하고 싶은 것은 무엇인가?

· 조사법: 어떻게 알고자 하는가(어디에서 찾을 예정인가? 무엇을 조사할 계획인가?)

❸ 조사를 통해 알아낸 사실을 표에 기입한다.

❷에서 적은 기지, 욕지, 조사법을 토대로 조사 및 학습한 후 다음 항목에 해당하는 내용을 표에 적는다. 이 안에는 조사 결과를 기록하면서 조사 방법을 반성하는 과정이 들어 있다.

· 득지(得知): 조사·학습으로 배운 것이나 알아낸 것

· 미지(未知): 조사·학습했으나 모르는 것

· 조사법: 실제로 어떤 조사법을 이용했는지(어디를 찾았나? 무엇을 조사했나?) 반성함

· 활용: 조사·학습한 것은 무엇에 도움이 되는가

❹ 새로 조사한 내용을 다음 줄에 반복해 채워 넣는다.

❸에서의 조사 결과와 반성을 반영해 새로 알고 싶은 주제를 재설정하고, 그다음 리서치를 시작한다. 새로운 주제는 '미지'에서 몰랐던 것이나 '활용'에서 알았으나 도움이 되지 않았던 것을 고른다. 이렇게 새로운 주제에 관해 다시 ❶로 돌아가 조사와 표를 계속 채워 나간다. ❶~❹의 작업을 반복하면서 조사를 이어가고 과정도 기록한다.

이처럼 조사 과정에서 알고 싶은 것(주제)은 이동하고 때로는 처음 주제로 돌아온다. 이렇듯 나선형으로 조사는 이어지고 조사자의 지식도 조금씩 쌓여간다.

	1 기지	2 욕지	3 조사법	4 득지	5 미지	6 조사법	7 활용
주제	조사 전에 알고 있는 것	조사 전에 알고 싶은 것	어떤 방식으로 조사할 것인가	조사해서 알아낸 것	조사했으나 모르는 것	실제 이용한 조사법과 반성	무엇에 도움이 되나

'헤밍웨이에 관한 조사'의 리서치 로그 예

주제	조사 전			조사 후			
	1 기지	2 욕지	3 조사법	4 득지	5 미지	6 조사법	7 활용
	조사 전에 알고 있는 것	조사 전에 알고 싶은 것	어떤 방식으로 조사할 것인가	조사해서 알아낸 것	조사했으나 모르는 것	실제 이용한 조사법과 반성	무엇에 도움이 되나
헤밍웨이를 조사해 리포트 쓰기	영미문학 개론 리포트 과제	헤밍웨이에 관해 어떻게 조사해야 하지?	담당 교수에게 조언을 구함	'대학교 연구 기요(紀要)를 조사하라'는 교수의 지시	연구기요가 뭐야?	교수에게 직접 연구 기요에 대해 물어보아야 했다.	이것만으로는 도움이 되지 않음, 연구 기요를 조사할 것
연구 기요란 무엇인가?	'대학교 연구 기요'를 조사하라는 지시	연구 기요란?	구글로 검색	대학(단기대학 포함) 등의 교육기관이나 각종 연구소, 박물관 등에서 정기적으로 발행하는 학술잡지	어디에서 읽을 수 있나?	위키피디아 기사에 '기요'를 검색해 발견	이것만으로는 도움이 되지 않는다. 연구 기요를 어디에서 읽을 수 있는지 알아야 함
연구 기요는 어디에서 읽는가?	연구 기요= 대학 등이 발행하는 학술잡지	연구 기요 입수 방법	위키피디아 기사에서 '기요' 안에 있는 '기요 입수' 항목 읽기	보통 시판되지 않고 발행원과 관련된 도서관, 연구자에게 배포되고 국립국회 도서관 등에 납본됨	관련 도서관은 어디?	위키피디아 기사의 '기요' 안에 있는 '기요 입수' 항목	이것만으로는 도움이 안 됨. 어느 도서관?
대학 도서관에서 연구 기요를 읽을 수 있는가?	연구 기요는 관련된 도서관에 있는 듯	우리 대학 도서관은 관련 도서관인가?	도서관 레퍼런스 카운터에서 물어보기	주요 최근 기요는 기요 코너에 있음. 오래된 것은 서고에.	리포트에 쓸 만한 내용이 있을지?	도서관 레퍼런스 카운터에 문의	이것만으로는 도움이 안 됨, 쓸 만한지 알아야 함
연구 기요 안에서 어떻게 쓸만한 내용을 찾는가?	연구 기요는 우리 도서관에도 있음 (기요코너, 서고)	기요 내용을 어떻게 찾지?	위와 같음 (카운터에 같이 물어봄)	논문 검색하기, 학교 내에 소장하지 않은 기요에 실린 경우 다른 도서관에서 대여하기	리포트에 쓸 만한 내용이 있을지?	도서관 레퍼런스 카운터에 문의	이것만으로는 도움이 안 됨. 쓸 만한지 검색 필요
헤밍웨이의 무엇에 관해 어떻게 조사해야 하나?	연구 기요에 게재된 논문 검색 방법과 입수 방법	헤밍웨이에 관한 리포트를 쓰는 데 도움이 될 만한 정보는?	위와 같음 (카운터에 같이 물어봄)	문학고전이나 전문사전(헤밍웨이 사전이라는 게 있나 봄)으로 우선 개요를 파악한 후 연구논문 찾으면 됨	조사했다 치고, 어떻게 리포트로 옮기나?	도서관 레퍼런스 카운터에 문의	조사법에 대해 레퍼런스 카운터에 문의하는 게 유용함을 알았다.
문학 리포트는 어떤 식으로 쓰는가?	주제에 관해 조사하는 방법과 레퍼런스 카운터를 이용할 수 있음	헤밍웨이에 관한 리포트 작성법	위와 같음 (카운터에 같이 물어봄)	문학연구 입문서를 소개받음	(당장 급한 의문은 해결했음)	도서관 레퍼런스 카운터에 문의	리포트 작성법 전반에 대해 레퍼런스 카운터에 문의하니 도움이 되었다.

'헤밍웨이에 관해 조사해 리포트 쓰기'라는 추상적인 과제가 주어진 대학생(조사자)은, 조사에 관해서도 초심자였기에 어디에서부터 손을 대야 할지 몰라 담당 교수에게 질문하러 갔다. 인터넷에서 베끼는 걸 질색하는 교수는 그저 '대학교 연구 기요를 조사해 쓰도록'이라고만 설명했다.

도저히 이것만으로는 알 길이 없어 조사자는 인터넷에서 연구 기요에 관해 조사했다.

위키피디아의 '발행원과 관련된 도서관'이라는 내용을 보고 조사자는 대학교 도서관을 방문해 레퍼런스 카운터에 문의한다. 도서 간 레퍼런스 카운터에 도착해서부터는(3 조사법에서 '위와 같음'이 이어지는 부분), 알아낸 내용을 기본으로 질문을 반복하고 있으므로 주제의 네 번째 항목을 기재했다.

리서치의 핵심 과정

① 알고 있는 것을 모두 적기

조사는 자신이 모르는 것이나 상황에 도전하는 행위다. 모르는 것이나 상황은 당연히 처음에는 소재나 윤곽이 분명하게 드러나지 않는다(공부법 16: 카르테·크세주, 138쪽). 그러나 모르는 내용을 한정해두지 않으면 어디에서부터 손을 대야 할지 몰라 찾을 길이 없다.

조사를 시작하는 시점에서 우리가 할 수 있는 유일한 일은, '현시점에서 알고 있는 것'을 가능한 한 명확히 확인하고, 이를 반사하듯 '모르는 것'을 드러내는 것이다. 지금의 자신에게 기지인 내용을 적다 보면 무엇이 미지인가, 어떻게 하면 그 구멍을 메울 수 있을까, 알고 싶은 것은 구체적으로 무엇인가, 무엇을 공부해야 하는가가 조금씩 윤곽을 드러낸다.

리서치 로그는 '기지: 나는 무엇을 알고 있는가?'를 가능한 한 자세하게 적을수록 '욕지: 알고 싶은 것, 찾고자 하는 것은 무엇인가?' 혹은 '조사법: 어떻게 알고자 하는가(어디를 찾을 예정인가? 무엇을 조사할 계획인가?)'가 점차 명확해진다. 조사가 진행될수록 리서치 로그는 갱신되고 '욕지'의 일부는 '득지: 조사, 학습으로 알아낸 것'으로 이동한다. 남은 것은 '미지: 조사, 학습하면서 몰랐던 것'에 남겨진다. 그뿐 아니라 직접 알아봄으로써 지금까지 시야에 들어오지 않았던(욕지에서조차 알아채지 못했던) 것이 '미지'에 쌓여간다. 무언가를 안다는 것은 알고 있는 것만이 아니라 알고 싶은 것, 그리고 모르는 것까지 포함하는 것이다. 이렇게 조사로 알고 있는 것과 모르는 것을 갱신하기에 인간의 지知를 위한 조사는 전진할 수 있다.

② 모르는 것을 질문으로 변환하기

의문은 조사나 배움, 지식의 시작이다. 의문을 품지 않으면 지식은 자신을 무시하고 지나친다. 그런데 지식이 없으면 의문은 형태를 갖추지 못하고 무너진다.

의문은 이미 알고 있는 지점에서 외부로 한 걸음 내딛는 곳에 생긴다. 한마디로, 인간은 지와 무지(미지)의 경계에서 질문한다. 질문과 답을 축적하면서 지식을 확장해간다(공부법 17, 라미의 토포스, 146쪽).

러닝 로그(공부법 12, 104쪽)가 학습량의 가시화를 통해 학습의 습관화를 추구하는 데 반해, 리서치 로그는 조사/학습의 내용에 주목해 기지와 미지를 연결하는 과정을 가시화하는 것으로, 하나의 질문으로부터 다음 질문으로 건너가기 위한 기법이다.

조사 전에 알아보겠다 마음먹은 내용과 조사 후에 실제로 행한 내용을 기록하고 반성하는 반복 동작에는 조사 경험을 자신의 언어로 바꾸어 축적하려는 목적도 있다.

③ 조사 과정을 기록하기

기록하는 이유는 무엇보다 인간의 기억이 늘 부정확하기 때문이다. 그런데 어째서인지 기억력이 나쁜 사람일수록 기록하지 않는다.

도서관에서 도서명이나 저자명, 십진분류법에 기초한 청구기호 등을 정확히 모르면 당장 도서 찾기에 어려움을 겪는다. 그러나 기록하기는 그 이상의 의미를 지닌다. 앞에서 언급한 러닝 로그와 같이 기록하는 작업(셀프 모니터링) 자체가 메타 인지 능력을 높이고 기능 자체를 서서히 향상시킨다.

리서치 로그는 조사 과정에서 무엇이 제대로 흘러가는가, 어디에서 실수했는가, 어느 방법이 먼 길로 돌아가는 길이며, 무엇이 불필요했는지 고스란히 남는 생생한 기록이다. 다시 읽어보면 어떻게 해야 했는지 반성하게 되므로 확실하게 자신의 리서치 기술을 성장시킨다.

④ 끈질기게 반복하기

리서치가 차례차례 진행됨에 따라 ①~③은 반복된다. 이렇게 리서치 로그 작성표는 하위로 확장되어간다. 하나의 사실을 분명하게 하기 위해서는 많은 조사가 필요하다. 한 가지를 조사하기 위해 대부분의 경우 수많은 다른 리서치가 필요하다. 리서치를 위한 리서치, 리서치를 위한 리서치를 위한 리서치…. 이런 식으로 자료 찾기는 마트료시카 인형처럼 되고 만다. 사전에 알고 있는 지식이 적을수록 마트료시카는 무거워진다(겹겹이 늘어난다). 조사의 마트료시카에 대항하기 위해서는 우리도 집요해질 수밖에 없다. 조사하고, 조사하고, 또 조사하는 것이다. 그러니 자신이 어디에 있는지 놓쳐버리지 않도록 기록(로그)해두어야 한다.

무지를 마주하는 경험

조사할 때마다 모르는 것이 늘어가는 경험이 달콤하게 느껴지지는 않는다. 내가 얼마나 무식한 인간인지 수시로 공격받는 셈이니 말이다. 그러나 무언가를 안다는 체험은 그 무지의 언덕을 넘어서야 가능하다.

'나의 무지와 마주하기'는 통증을 동반하는 경험이다. 무언가를 아는 일은 아주 사소하다 해도 자신을 바꾸어주며, 동시에 불안정하게도 만든다.

그렇지만 이 책이 지적 성장을 목표로 하는 이상, 꼭 해야 할 말이 있다. 무지에 대항하는 일은 위험하고 치명적일 수조차 있다. 무엇을 안다는 것은 '할 수 있다, 없다'의 문제가 아니라 불가피의 영역이다. 배우고 알아가는 일에서 도망치려는 사람은, 지적 활동의 결과로 알 수 있었을 일을 결국에는 가장 힘든 형태로 깨닫게 된다.

　　좋은 소식도 있다. 무언가를 제대로 알고 있는 사람(앎이 무엇을 의미하는지 아는 사람)은 이런 아픔을 수없이 겪고 있다. 그러므로 그들은 타인의 무지를, 무지로 인한 실패나 방황을 비웃지 않는다. 성실하게 무지에 끊임없이 도전하면, 이윽고 자신의 무지를 비웃는 사람은 멀어지고 도와주는 사람, 지혜로운 사람을 만나게 될 것이다.

9장

지식의 문을 두드린다

어떤 분야에 대한 책을 읽겠다고 생각하면, 우선 그 분야에서 대표적으로 유명한 책이나 고전을 떠올리게 된다. 하지만 여기에는 함정이 있다는 걸 명심해야 한다. 우선 명저와 유서 깊은 고전은 우리를 위해 쓰인 책이 아니라는 점이다.[*]

명저로 알려지면서 한 시대를 풍미한 고전은 우리 손에 도착할 때까지 이미 몇 세대를 거쳐왔다. 그것을 쓴 사람은 당시의 지식이나 문제의식을 전제로 글을 쓴다. 그런 전제를 공유하지 못한 우리에게는 당연히 고전이 어렵게 느껴질 수밖에 없다. 명저나 고전으로 알려진 책들은 원래 혼자 읽기에 만만한 책이 아니다. 원래는 그것이 쓰인 배경이나 그 책

---

[*] 모든 고전이 읽기 어려운 이유는 자신을 위해 쓰인 것이 아니기 때문이다. 플라톤은 나에 대해 아무것도 모른다. 데카르트는 나를 독자로 상정하지 않았다. 고전을 읽는 일은 내 앞으로 부치지 않은 편지를 몰래 읽는 것과 같다. 그들이 쓴 기록은 내가 모르는 것을 전제로 했으며, 내가 공유하지 않는 문헌(콘텍스트)에 기반한다. 그러니 읽기 어렵다. 그러나 고전을 읽음으로 얻는 보상 역시 같은 데 존재한다.

이 전제로 하는 지식이나 그 작품에 조예가 깊은 사람과 함께 읽어야 한다. 하지만 독학을 하는 우리들에게는 도서 형태로 나온 해설서나 주석서가 그 전문가들을 대신해 도움을 줄 수 있다.

고전이란 단순히 오래된 책을 말하는 것도 아니고, 시대를 초월한 진리 따위를 간직한 책을 말하는 것도 아니다. 고전이란 나중에 많은 주석서가 나온 서적을 말한다. 그 책이 나온 후 여러 사람이 관심을 가지고 해석에 도전하면서 자신이 어떻게 읽었는지, 어떻게 읽어야 한다고 생각하는지를 다른 서적으로 기록해 남길 정도의 책이어야 한다. 원전의 단어나 문장의 뜻을 쉽게 풀이한 '주석서'라는 이름을 걸지 않은 책까지 포함해 무수한 주석서를 낳고 쌓게 한 서적이야말로 고전이라 인정받을 만하다. 말하자면 고전에 담긴 사상은 원전에 덧붙여 기록하면서 쌓아온, 읽기 방식조차 다른 텍스트(주석서)로 남아 있기 때문에 풍부해지고 빛을 발하는 것이다. 이렇게 무수히 읽히면서 그때마다 새로운 호흡들이 스며들었기에 그 고전들은 현재까지도 명맥을 유지한다고 할 수 있다. 아무도 읽지 않게 된 서적은 아무도 눈길을 주지 않고 자연스레 잊히기 쉽다.

그럼 고전 대신 어떤 책을 읽으면 좋을까? 교재가 충분히 있는 분야라면 교재 중 최신 서적을 읽으면 된다. 대학교에서 채택하는 수준의 교재는 학술적으로도 신뢰할 수 있는 입문서이고 색인이나 용어집도 충실해서 간편한 전문사전으로 활용할 수 있다. 특정 토픽에 관해 더 알고 싶다면 교재 안에 들어 있는 독서 안내나 문헌 리스트를 찾아보면 된다.

고전이 아니라 교재를 읽으라고 말하는 또 한 가지 이유는, 교재에서는 그 후 전개를 따라가기 때문이다. 구체적으로 말하면, 소쉬르나 촘스키가 아니라 프롬킨의 언어학 교재 최신판을, 피아제나 비고츠키가 아니라 최신 발달심리학 교재를 읽는 것이다.

고전적인 업적이 위대한 이유는 그 후에 많은 연구자가 참가하는 연구 과제를 안겨주었고, 덕분에 후에 많은 연구가 탄생했기 때문이다. 즉 그 후에도 많은 지적 도전과 성과가 이어진 것이다. 고전만 읽고 그 후를 무시하는 태도는 나중에 고전의 어느 부분이 수정되었고, 어떤 판단 착오를 발견해 극복했는가를 아예 모르는 채 끝나는 것과 같다. 고전의 위대함이란 그런 후속 작업까지 포괄하는 것이다.

혹시 알고 싶거나 배우고 싶은 분야에 관한 교재가 없다면, 직접 만드는 수밖에 없다. 앞서 말했듯 내게 필요한 정보만 한 권에 정리되어 있는 경우는 드물지만, 도서관 여기저기에 분산되어 존재한다. 잘 만들어진 교재는 그 분야의 일류 연구자가 이류, 삼류의 것을 포함해서 방대한 연구 자료를 읽고 알기 쉽게 정리한 것이다. 즉 교재에 실린 정보는 기존에 다른 형태로 발표된 내용이다. 교재를 읽는 것은 그것들을 정리한 방대한 시간과 엄청난 능력을 빌리는 일이다. 교재가 아직 존재하지 않는 분야나 토픽에 관해서는 어차피 직접 문헌을 찾아 모아서 정리하는 수밖에 없다.

너무 어렵게 생각하지 않아도 된다. 남들한테 보여줄 만한 책을 만들라는 게 아니다. 자신이 할 수 있는 한에서 조사하고 정리해보라는 것이다. 이는 독학을 이어가면서 초심자를 졸업하고 어느 정도 수준에 도달하면 피할 수 없는 과정이다. 그 단계에 오르면 세상에 넘쳐나는 초심자용 입문서 정도로는 알고 싶은 걸 얻을 수 없다. 무엇보다 발로 뛰어다니면서 문헌을 찾아 모으다 보면, 세상에 존재하는 교재가 얼마나 능력과 노력과 고민을 탈탈 털어 탄생한 것인지 실감하고, 또 감탄할 것이다.

운에 맡기지 않고 책을 고르는 방법

만약 누군가의 제자라면 스승에 해당하는 사람이 자신에게 교재를 줄 것이다. 자신의 니즈와 학습과제를 이해하고 꼭 맞는 교재를 선택할 수 있는 사람만 있는 것은 아니니 이 방식에는 이점이 있다.

문제는 인간관계와 마찬가지로 서로의 궁합에는 운이 따른다는 점, 그 불이익을 일방적으로 학습자가 떠안아야 한다는 점이다. 스스로 교재를 선택한 적이 없으면 달리 비교 대상이 없으므로 참고서가 자신에게 맞지 않는다고 생각하기보다 '이 참고서로 성적이 오르지 않는 건 머리가 나빠서야' 하고 자괴감에 빠지기 쉽다.

실질적으로 사람들은 참고서뿐 아니라 스스로 책을 찾거나 선택하지 않는다. 서점이나 서평을 보다가 눈에 띈, 신뢰할 만한 가치가 있는 선택자의 추천으로, 지금 읽고 있는 책에 등장한, 식의 우연에 의존한다. 생각해보면 사람과의 만남도 운에 좌우되기 때문에 많은 사람은 그 이상의 것을 바라지도 않는다. 그러나 도서 선택권은 본인에게 있다. 책에는 분류 시스템이 있고 서지가 있으며 문헌 사이에서 참조 관계를 명시하는 규칙이 있고, 다양한 검색 통로가 있다. 선배 독학자들이 만들어놓은 이런 지적 유산이 있기에 우리는 필요와 과제에 걸맞게 무엇을 읽을지 정할 수 있다. 그리고 이 선택권이야말로 무엇을 배울지 스스로 정하는, 진정한 의미의 독학을 가능하게 한다. 9장에서는 그런 서적(넓은 의미에서는 문헌)을 찾아 고르기 위해 기본적으로 필요한 도구와 그 사용법을 설명한다. 소개하는 도구는 다음 5가지다.

· 백과사전: 조사 도구의 제일 첫 번째 선택지

- 서지: 조사 달인의 '어깨'에 올라타는 도구
- 교재: 입문 + 백과사전 + 서지를 합친 all in one
- 서적: 인간의 망각을 막아주는 독학의 단짝
- 잡지기사(논문): 지의 최전선으로 향하는 문

이 책에서는 선조들의 지적 활동과 그 결과물인 지식과 만나기 위해 행하는 우리 자신의 지적 활동을 총칭해 '조사', 그를 위해 자료를 찾는 지적 활동을 '탐구'라 칭한다. 이 2가지는 행위로서는 종종 겹치기도 하지만 조사의 경우에는 지식, 탐구의 경우에는 자료를 목표로 한다는 점에서 구별된다. 9장에서 언급하는 기본적인 도구는 문헌 중심이다. 인간이 문자를 발명한 이래 많은 지적 활동은 문장어를 매개로 계승되었다. 그런 의미에서 문자야말로 리서치를 시작하는 데 필수적인 도구라 할 수 있다.

백과사전이나 교재의 존재를 모르는 사람은 없겠지만, 독학에서 이것들이 얼마나 중요한지는 잘 모르는 것 같다. 서지에 관해서는 서지학이나 도서관학에서 다루지만, 다른 독서법이나 지적 생산기법에서는 거의 거론되지 않는다. 이것들은 우리의 상상을 뛰어넘을 만큼 다양하고 많은 문헌과 지식이 이 세상에 존재한다는 것, 그리고 그것들에 다가가기 위한 길 역시 이미 존재한다는 것을 일깨우고, 독학자들이 자신만의 지식 지도를 그리도록 재촉한다. 물론 그 지도는 독학자가 스스로 선택해 나아가야만 그릴 수 있다.

조사 루트맵 🖉

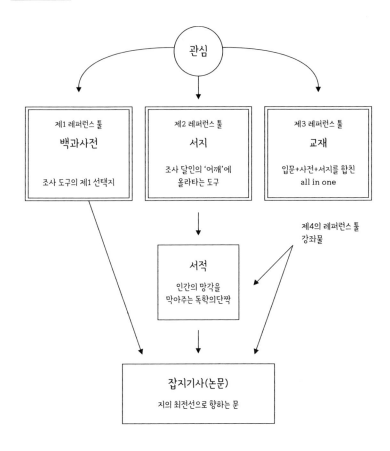

가능성을 여는 지식의 보고

백과사전은 망망한 지식의 바다에서 막대한 수의 전문가라는 필터에 의해 걸러지고 충분한 시간을 들여 추출된 정제물, 즉 지식의 소금이다. 최신 견해를 요구하기에는 적합하지 않지만, 그 분야에서 결코 논외로 할 수 없는 기초를 다듬어놓은 지식 하나하나에 직접 도달할 수 있는 검색 기능까지 갖추었다. 따라서 백과사전은 독학자가 가장 먼저 펼쳐보아야 할 레퍼런스라고 할 수 있다.

❶ 백과사전 고르기

처음으로 백과사전을 접하는 초심자는 도서관에 비치된 참고도서 코너를 이용하면 도움이 된다. 분야별로 백과사전의 종류가 다양함을 체감할 수 있기 때문이다. 인터넷으로도 위키피디아뿐 아니라 여러 백과사전과 어학사전을 확인할 수 있다.

❷ 백과사전으로 조사한다.

백과사전은 레퍼런스 툴, 즉 탐구형 도구 중에서 가장 친숙하다. 아주 간단한 내용도 백과사전만 뒤지면 해결된다. 까다로운 내용이라도 처음 한 걸음을 내딛는 데 도움이 많이 된다. 몇십 권에 달하는 백과사전은 요즘 가정에서 갈 곳을 잃었는지, 중고 마켓에서 비교적 저렴한 가격으로 입수할 수 있다. 그러나 검색의 용이성과 보관 장소의 문제를 고려한다면 우선 인터넷 백과사전을 활용하는 것이 좋다.

❸ 조사한 내용을 정리한다.

여러 백과사전과 전문사전으로 검색한 결과물은 복사해서 양이 적은 것부터 많은 것순으로 정리한다. 정보 검색의 기본은 바로 '거칠게 시작해서 치밀하게 파헤치기'다. 여러 권의 사전을 뒤진다는 전제하에, 어떤 사전부터 보아야 할지는 이 원리에 따라 짧은 내용부터 긴 내용순으로 찾는 것이 기본이다.

백과사전은 모험에서 가장 먼저 들러야 할 마을이다

백과사전은 탐구를 위해 제일 먼저 펼쳐보아야 할 서적이며, 그런 의미에서 첫 번째 레퍼런스 툴임을 인정해야 한다. 그 이유는, 거의 모든 분야에 대해 각각의 전문가들이 할당된 자잘한 분량 안에 상당히 섬세하게 설명을 담아놓았기 때문이다.

전문적인 지식이 필요한 경우 자신이 알고 싶은 사항이 도대체 어느 분야에 속하는지 모르면 어느 전문서, 어떤 전문가를 찾아야 할지 방황하게 된다. 일반인을 위한 백과사전은 '이것은 어느 전문분야에서 다루는 사항이지?' 하고 고민할 필요 없이 우선 펼쳐보면 된다. 또 백과사전에 기술된 내용은 책 한 권에 비교하면 훨씬 짧다. 그래서 본격적인 탐색을 시작하기 전 예비조사에 활용하기 좋다. 나중에 더욱 양이 많거나 훨씬 전문적인 문헌을 만난다 해도 미리 개요를 알아두면 이해력이 크고 깊어진다. 무엇보다 관련된 전문용어나 고유명사(인물, 문헌 이름) 등을 알아두면 그 후에 검색이 순조로워진다. 그러니 시작하는 단계에서 (과도한 기대는 품지 말고) 일반 백과사전을 펼쳐보라. 일반 백과사전은 어떤 의미에서는 작은 공공도서관이다. 전문도서관이나 전문사전과 달리 무엇이 필요한지 사전에 정해놓기 어려우므로 제한적인 공간이나 예산 안에서 가능한 한 전 분야를 아우른 것이다.

그 결과, 상당히 광범위한 분야를 커버하게 되는데, 개인의 특수한 니즈에서 본다면 항목이 누락되었거나 수록되어 있어도 해설이 부족하기 마련이다. 도서관으로 말하자면, 책은 많은데 읽고 싶은 책은 없다, 백과사전이라면 다양한 분야의 항목은 있는데 알고 싶은 내용은 적혀 있지 않거나, 반대로 아는 내용밖에 없다며 실망한 사람도 적지 않을 것이다. 조사를 모험에 비유한다면, 일반 백과사전은 처음에 들러야 할 마을이다. 잘만 하면 그곳에서 최소한의 장비와 가이드라인을 손에 넣을 수 있지만, 여정은 아직 시작 단계다. 그곳에서 모든 수수께끼가 풀린다면 애초에 탐구할 만한 가치가 있었던 것이 아니라 자신의 무지로 인한 문제에 지나지 않았다고 볼 수 있다.

우리는 '알아야 할 것'의 대부분을 모른다

백과사전의 가치는 다른 데 있다. 자신이 알고 싶은 내용은 백과사전에 적혀 있지 않다. 대신 알고 있어야 할 내용이 적혀 있다.

일반인을 위한 백과사전은 누구든 페이지만 열면 조사할 수 있는 책이다. 그곳에 쓰여 있는 지식은 원칙적으로 누구나 접근할 수 있는 지식이라 간주할 수 있다. 백과사전에 실린 내용은 지금은 알지 못해도 의지만 있으면 알 수 있는 지식, 다시 말해 가능성으로서의 지식이다.

따라서 글을 쓰는 사람은 백과사전에 실렸을 만한 내용을 기본으로 그 이상, 그 외의 것을 쓰는 데 집중할 수 있다. 이를 읽는 사람의 입장에서 보면 백과사전에 실렸을 만한 내용은 이미 알고 있거나 마음만 먹으면 바로 확인할 수 있고 어느 쪽도 아니라면 개인이 쓴 정상적인 문헌을 읽을 수 없다는 뜻이다.

그러나 실제로 백과사전의 내용을 누구나 알고 있다면 이 세상에서 학습이나 교육은 사라졌을 것이다. 알고 있어야 할 것을 모두 알 만큼 박학다식한 사람은 없다. 현실에서 우리는 알아야 할 것의 대부분을 모른다. 가능성으로서의 지식은 늘 누구에게나 현재 소유한 지식보다 훨씬 위에 머무른다. 그런 이유로 백과사전은 존재한다.

백과사전의 내용에 대해서는 누구나 (가능성으로서는) 알고 있다. 그러므로 백과사전에 있는 지식을 기본으로 우리는 가르침을 주고받으며 아이디어를 나눌 수 있다. 그 결과 늘어난 지식에 대해 글을 쓰는 것도 가능하다. 이런 의미에서 백과사전은 우리 지식의 생산과 유통을 든든하게 지지하는 사회적 기반이다.

영국에 관해 알고 있어도 영국을 찾아보는 이유

실용적인 관점에서 말하자면, 사전이나 백과사전이 힘을 발휘하는 때는 모르는 사항을 찾아볼 때가 아니라 이미 알고 있거나 안다고 착각하는 사항을 찾아볼 때일 것이다. 이미 알고 있거나 안다고 착각하는 사항에 관해서는 많은 사람이 굳이 찾아보려 하지 않는다. 아무리 그것이 조사의 주제와 밀접하게 관련되어 있다 해도 말이다.

구체적인 예를 들어보자. 나는 영국의 주택정책 변화를 조사할 때 배경지식으로 당연히 알고 있어야 하는 영국 근현대의 정치사에 관한 지식이 거의 없어서 악전고투한 적이 있다. 영국에서 보통 선거권이 확대된 게 몇 년이었는지도 모를 정도였다. 노동당의 등장도, 노동자들의 요구가 언제부터 정책에 반영되었는지도 모르면서 주택정책이 어떻게 바뀌었는지 고민할 판이었다.

전적으로 변명이지만, 조사 주제를 세분화하는 일(이것은 조사에 꼭 필요한 과정이다)에만 신경이 쏠려서 그것과는 반대 방향의 행위에 시간과 의식을 할애하지 않은 탓이다. 즉 어리석게도 탐색의 범위를 넓혀서 배경이 되는 것에 주의를 기울이는 일을 잊어버렸다. 무지한 데다 좁은 시야까지 장착했으니, 도저히 눈 뜨고 봐주기 힘든 상황이었다.

완전히 길을 잘못 들었다 싶어 영국 정치사 문헌을 모으기 시작했더니, 실제 알아야 할 기본적인 내용은 백과사전의 '영국' 항목 안에 거의 모두 적혀 있었다. '가능성으로서의 지식'으로서 상식적 지식을 제공하는 백과사전의 역할을 놓고 본다면 당연하다. 그러나 그때는 너무 당연해서 미처 생각하지 못했다.

영국이라는 국가의 존재를 모르는 사람은 없을 것이다. 그러나 영국에 관해 상식(어떤 측면을 알려고 하든 배경지식이 되는)을 모두가 알고 있다고 단정 지을 수는 없다. 그래서 더욱, 리서치의 첫 단계에서 펼쳐보아야 할 첫 번째 레퍼런스 툴이 바로 백과사전이다.

백과사전 활용하기

전문사전

백과사전에는 일반인을 위해 쉽게 쓰인 백과사전General Encyclopedia 외에 전문사전Special Encyclopedia이 있다. 영어권 지역에서는 대학생이 되면 브리태니커, 아메리카나 같은 일반인용 백과사전이 아니라 새 출발하는 학자로서 각 분야의 전문사전을 쓰도록 권한다. 영어권에서는 전문사전의 종류도 많고 양과 질 모두 충실해서 일반인용 백과사전과 분업이 성립되어 있기 때문이다. 이 때문에 브리태니커나 아메리카나와 같은 일반인용 백과사전의 각 항목은 평이한 문체로 기술되는 경우가 많다.

전문용어사전은 전문용어를 정의해주지만, 전문백과사전은 해당 분야의 기본사항에 대한 개요를 설명한다. 양쪽 사전의 구별이 꼭 맞아떨어지지는 않아서, 사전dictionary이라는 이름이 붙었지만 실질적으로는 백과사전encyclopedia의 성격을 띠는 것도 적지 않다. 예를 들면『이스턴 성경사전Easton's Bible Dictionary』은 성경에 관한 전문백과사전으로, 많은 표제어에 자세한 해설이 붙어 있다. 또 19세기부터 이어진 음악과 음악가에 관한 연표 형식의 전문백과사전 제목도『뉴그로브 음악·음악가 사전The New Grove Dictionary of Music and Musicians』이다.

백과사전과 유사한 참고 도구

백과사전이나 전문사전과 비슷한* 서적으로 핸드북이나 컴패니언이 있다. 핸드북handbook은 손에 쥐기 쉬운 책이라는 의미를 지니며, 편람便覽에 해당한다. 내용 면에서는 일반인을 위한 계몽적 성격의 노하우 책이라 불리는 것부터 전문 연구자용 데이터 북에 이르기까지 폭넓게 핸드북이라는 제목이 붙는다. 개중에는 여러 차례 개정을 하면서 권수가 늘어나 손에 쥐기 쉽다는 목적을 상실한 책도 있다. 특정 분야에 관해 알아두어

---

* 백과사전이라는 뜻의 Encyclopedia라는 단어는 아마도 1500년 전후에 코이네 그리스어인 ἐγκυκλοπαιδεία를 본뜬 조어라 추측한다. 같은 시기에 다양하고 많은 참고도서(흔히 레퍼런스 북이라 함)가 만들어졌는데, 이것들은 Encyclopedia 외에 Dictionarium(사전), Theatrum(극장), Thesaurus(보석), Systema(체계) 혹은 Sylva(숲)와 같은 제명이 붙었다. 가령 플랑드르 지역의 지리학자 아브라함 오르텔리우스가 펴낸 근대적 세계지도는 Theatrum Orbis Terrarum(지구의 극장)이라는 제목이었다.

야 할 지식을 참조하기 쉽도록 일정한 체계에 맞추어 정리한 책이라 할
수 있다.

학술연구에서 새로운 주제에 관한 연구가 왕성해지면 우선 대표적 논
문을 모은 논문집이 편집되지만, 연구의 한 분야로 인정받을 만큼 성장
하면 그 분야의 서브 토픽마다 연구자에게 개요를 적게 해서 정리한 핸
드북이 출판되기도 한다. 연구 분야가 더욱 무르익어 여러 대학에서 이
수 과목으로 적용되면 교재나 전문사전에 실리게 되는데, 아직 그 경지
에 이르지 않은 신진 분야를 조사하기 위해서도 이런 종류의 핸드북은
유용하다. 컴패니언companion은 '동행'이라는 뜻처럼 휴대하기 좋은 책으
로, 특정 주제에 관한 여러 기본적인 지식을 요약해놓았다. 사전 형식
으로 편집되는 경우가 많지만, 소항목 사전부터 대항목 사전, 복수의 장
으로 구성되는 개설서의 체제를 갖추었다. 가령 『프린스턴 수학 안내서
Princeton Companion to Mathematics』는 수학의 개념과 분야, 정리와 문제, 수학자
등의 차례에, 각 항목에 대해 간결하게 해설하는 소항목을 나열한 방식
이다. 『옥스퍼드 철학 컴패니언The Oxford Companion to Philosophy』을 비롯한 옥
스퍼드 출판사의 컴패니언은 알파벳순으로 소항목을 나열한 전문백과
사전이다.

공부법 24 서지

지식으로 향하는 항해 지도

❶ 백과사전을 이용해 예비조사를 한다.

알고 싶은 주제에 관해 백과사전류를 조사해 개요나 해당 분야를 파악한다(공부법 23: 백과사전, 186쪽).

❷ 검색 도구로 서지를 이용한다.

한차례 조사를 마친 후 더 알아야 할 내용이 있으면(대부분 백과사전만으로는 불충분한 내용이 많다) 알고 싶은 주제와 관련된 문헌을 개별적으로 살펴보게 된다. 가장 효율적인 탐색법은 자신보다 유능한 탐색자가 이미 이루어낸 성과를 따라가는 일이다. 이 성과를 따라가기에 가장 효율적인 방법이 서지를 이용한 탐색이다. 서지는 그 길을 먼저 간 현자들이 철저하게 탐색한 성과물이며, 특정 분야나 주제에 관해 수집한 문헌 리스트 혹은 리스트에 실린 문헌 각각에 해설을 덧붙인 구성이다.

❸ 어느 서지를 찾아야 할지 모른다면 '서지의 서지'를 이용한다.

서지는 특정 분야에 국한된 검색 도구로 유용하지만, 세상에 널리 알려졌다고 하기는 어려운 존재다. 이 존재만 알면 자료 탐구에 절대적인 편의를 안겨주기 때문에 선조들은 철저하게 서지 자체에 관해서도 조사·수집해 그 성과를 정리해놓았다. 즉 서지만 모은 서지를 만들어놓은 것이다.

서지는 항해 지도와 같다

서지는 문헌을 찾기 위한 참조용 도구다. 백과사전이 알고 싶은 것을 찾는 도구라면 서지는 알고 싶은 것이 어디에 있는지, 어느 문헌에 적혀 있는지 찾는 도구라고 할 수 있다. 백과사전은 학문 분야가 성숙한 다음에야 만들어지는 경우가 많지만 서지는 꼭 그렇지만은 않다.

서지는 사전보다도 알려지지 않은 레퍼런스 툴이다. 세상에 넘쳐나는 모든 추천서 리스트에 책을 찾기 위한 책은 등장하지 않는다. 대부분의 독서론에서는 서지의 존재조차 언급하지 않는다. 온갖 서적은 서로 연결되어 있다는데, 많은 서평이 하나의 책만 칭찬한다.

서지를 모르는 독서가는 항해 지도를 들지 않은 뱃사람과 같다. 물론 배에 오를 수는 있겠지만, 그가 나아가는 뱃길은 육지에서 떨어지지 않은 연안에 머문다. 자신이 이미 잘 알고 있는 육지에서 그다지 벗어나지 않은 곳까지만 나아가는 것이다.

서지는 특정 주제는 물론 특정 분야나 인물에 관해 세상에 존재하는 문헌을 모조리 모으고자 힘쓴 리스트다. 인간사에 본디 완전함이란 없다. 모든 문헌을 모으기는 사실상 불가능하다. 온갖 서지에는 실었어야 할 여러 문헌이 빠져 있다. 그런 의미에서 모든 서지는 미완성이다. 또한 절대로 완성하지 못한다는 운명을 받아들이지 않으면 어떤 작은 서지도 탄생하지 못한다. 그런데도 서지는 일반적으로 조사하는 수준으로는 도달하지 못할 곳까지 인간을 이끈다. 혹은 문헌이라는 대해의 광활함과 깊이, 그것을 만들어낸 지적 활동의 넓이를 눈앞에 펼쳐놓는다.

우리가 정보 탐구를 위해 선조들의 힘을 빌리기 어려운 이유는 능력이 부족해서만이 아니라, 자신이 얼마나 모르는지, 얼마나 찾아내지 못하는지를 통감할 기회가 없기 때문이다. 자력으로는 도저히 닿을 수 없었던 문헌을 다수 장착한 서지의 존재를 아는 일, 그렇게 자신이 가보지 못한 미지와 무지의 망망대해가 얼마나 넓은지 아는 일은, 독선에 빠지기 쉬운 독학자를 건져 올리고 지적 시야를 넓혀준다.

관심이나 지적 호기심, 정보에 대한 니즈를 문헌 리스트에 자력으로 바꾸어 넣을 수 있다면 그 사람은 이미 독학자라고 해도 좋다. '자력으로는 이해하지 못하는 부분까지 도달한 시점에 그 어려움을 이해하기 위해서는 어떤 책을 읽어야 할까?'라는 질문으로 변환해 앞으로 나아갈 수 있기 때문이다.

미지의 분야에 도전할 때 어떤 책을 읽어야 할까

그러나 이 작업은 상상 이상으로 어렵다. 특히 미지의 분야에 도전할 때 정보에 대한 니즈는 두더지 잡기 게임기 속 두더지처럼 불쑥불쑥 튀어나온다. 그 분야에 해박하지 않기에 '무엇을 읽어야 좋은가' 답하기도 어렵다. 길을 잃었는데 지도 읽는 법도 모르는 상태다. 서지를 제대로 활용하면 이런 상황에서 벗어날 수 있다. 과장을 좀 보태서, 어떤 책을 읽어야 할지 알려주는 도구는 인간을 즉시 독학자로 바꾸는 마법의 지팡이다. 독학자가 대단한 사실을 알고 있는 것은 아니지만, '무엇을 어떻게 하면 조금이라도 아는 쪽으로 접근할 수 있을까'라는 물음에는 어떻게든 답할 수 있다. 이렇게 천천히라도 지식과 이해를 넓혀갈 수 있다.

서적이건 지식이건 홀로서기로는 존재할 수 없다. 개개의 서적과 지식은 다른 서적 및 지식과 맞물리면서 서로 전제가 되기도 하고 참조도 하면서 끈을 놓지 않는다. 참조 관계가 반드시 명시되어 있는 것은 아니지만 그중 어느 하나에라도 도달한다면, 아무리 가느다랗다 하더라도 이어져 있는 줄기를 더듬더듬 짚어가면서 언젠가는 만나야 할 문헌이나 지식에 가 닿을 것이다.

물론 자신이 필요로 하는 문헌은 여전히 존재하지 않을지도 모른다. 어느 정도 탐색하고 방황한 끝에 그 사실을 확신했다면 아직 아무도 모르는, 적어도 아무도 남겨놓지 않은 지식을 이제 자신이 남길 차례다.

서지 활용하기

서지의 서지

서지들을 모은 서지의 효시는 16세기 스위스의 박물학자 콘라드 게스너가 편찬한 『도서총람Bibliotheca Universalis』으로 여러 나라의 도서 및 목록을 번역한 것이다. 이외에도 『동물지Historiae animalium』와 『식물지Historia plantarum』 등의 저서를 남겼다. 식물 이름의 고전어와 당시 언어를 비교하다가 문헌학과 언어학에 조예가 깊어져 『그리스·라틴어사전Graeco-Latinum』, 『도서총람』을 편찬하기에 이르렀다. 현재도 사용되는 국제판 '서지의 서지'로는 저자의 이름으로 더 많이 불리는 『세계 참고 문헌 목록A World Bibliography of Bibliographies』이 있다. 저자 베스터만은 대영박물관 도서실을 내 집처럼 드나들며 지식을 구축한 독학자였다.

국립중앙도서관을 서지 혹은 서지의 서지로 활용하기

국립중앙도서관은 납본제도에 따라 한국에서 출판된 모든 출판물을 수집·보존하는 법정납본 도서관이다. 납본은 저작권을 보호하기 위해 출간한 책을 기관에 제출하는 제도로, 우리나라는 국립중앙도서관에 2부를 납본한다. 국립중앙도서관 사이트(https://www.nl.go.kr)에서는 디지털 콘텐츠를 검색할 수 있고 그 일람을 얻을 수도 있다. 적합한 키워드나 분류 코드를 입력하면 전문가가 만든 서지에는 못 미친다 해도 자료 탐구를 시작하기 위한 발판으로는 쓸만하게 만들 수 있을 것이다. 국립중앙도서관이 소장한 출판물들의 서지를 찾을 수도 있다. 즉 온라인 서비스를 서지의 서지로 이용할 수 있다.

세계 온라인 목록 이용하기

자신의 관심이나 지적 활동이 모국어 문헌 안에 머무를 이유는 없다. 다행히 인터넷을 매개로 온 세상의 온라인 도서 목록을 활용할 수 있다. 흔히 알려진 서비스로는 Online Computer Library Center(OCLC)*에 참가하는 71,000건 이상의 도서관 장서를 목록화한 WorldCat이 있다. 또 하나, KVK(Karlsruher Virtueller Katalog)는 편리함 때문에 소개하고 싶다. 원래는 독일어권(독일, 오스트리아, 스위스)의 도서관 목록 횡단 검색이었으나, 현재는 WorldCat이나 유럽 각국의 도서관검색, abebooks나 ZVAB 등의 온라인 고서점 검색, Google Books나 Internet Archive 등 전자책 등을 한 번에 검색할 수 있도록 기능이 확장되었다.

---

* 전 세계 정보에 접근을 촉진하고 코스트를 낮추기 위해 비영리·회원제로 운영되는 컴퓨터 라이브러리 서비스 겸 연구조직이다. 세계 각지 도서관에서 참여하고 있어 2010년 기준으로 세계 171개국과 지역에 있는 7만 개 이상의 도서관이 참여하고 있다.

공부법 25 교재

한 권으로 전체상을 손에 넣는다

교재는 입문서와 백과사전, 서지를 한데 모은 제3의 레퍼런트 툴이다.

여기에서 말하는 교재는 초등학교부터 고등학교까지 수업시간에 사용되는 수업용 교과서를 말하는 것이 아니라, 단 한 권으로 학습에 필요한 소재(교재)를 완비한 서적을 뜻한다.

자신이 다루는 주제에 관해 거듭 조사할 필요가 있는 경우나 그 분야를 본격적으로 학습하려는 경우에는 해당하는 교재를 손이 자주 가는 곳에 준비해두기 바란다.

❶ 이용 가능한 교재를 찾는다.

백과사전, 서지를 이용해 예비조사하고 조사하고 싶은 것이 어떤 분야에 속하는지 알아둔다. 예비조사로 해당 분야를 파악했다면 교재를 찾으러 가자. 교재는 도서관에서는 참고도서 코너가 아니라 일반도서 공간의 각 분야의 책꽂이에 전문서나 일반서와 섞여 진열되어 있다. 그러므로 아무런 지식 없이 교재를 발견하기는 하늘의 별 따기다. 대표적인 교재 리스트나 각 출판사에서 만드는 교재 시리즈를 파악해두고 자신이 필요로 하는 분야에서 해당하는 책이 있는지 찾으면 된다.

❷ 교재를 이용해 조사한다.

조사할 때 중요한 점이 2가지 있다. 하나는, 취급 설명서를 확인하고 숙지할 것. 교재는 대부분 도입 부분에 그 의도를 내비치고 구성과 다루는 내용, 해당 교재만의 특징 등을 설명한다. 우선 이것을 확인한다.

또 하나는, 교재의 자체적인 특징을 활용할 것. 다양한 지식과 정보를 담아놓은 방대한 교재일수록 각 장의 처음이나 마지막에 해당 장에 배우는 내용이나 새로운 용어, 개념을 정리해놓거나 장 말미에 확인 문제 등의 학습자가 지식을 확인할 수 있는 장치를 마련해둔다. 이것들을 이용하면 개요만 단시간에 압축할 수도 있다.

독학자의 최강 무기, 교재

특정 사항을 알고자 한 권만 선택해야 할 때는 교재를 선별해야 한다. 통상 초등학교부터 고등학교까지 수업에서 사용하는 책도 교재라고 하지만, 그것은 정확히 말하면 수업서다. 수업 중에 사용되기를 전제로 했으니 교사가 이것저것 보완하지 않으면 완성하지 못하는 서적이다.

독학자의 무기로써 여기에서 언급하는 교재(텍스트북)의 콘셉트는 스콜라학파를 비판하며 등장한 페트루스 라무스의 교육 개혁이 발단이다. 단순화해서 대비적으로 논하자면, 유럽 중세를 석권한 스콜라학파에서 학술정보를 축적하고 유통(말하자면 교육)을 담당한 것은 주석Commentary 이라는 형태였다. 오리지널 고전에 대한 주석 위에 한 번 더 주석을 겹쳐 얹는 형식으로 스콜라 학문은 전개되었다. 한편 라무스의 개혁 이후 프로테스탄트를 중심으로 세력을 키운 새로운 학문의 그릇이 교재였다. 이는 알아야 할 내용이나 읽어야 할 자료 등을 주제별로 정리해 다른 문헌, 예를 들면 원전 텍스트나 그 주석을 참조하지 않아도 학습 교재로 완결된 도서다. 현대에도 전문분야로 확립된 분야에는 대부분 이런 교재가 존재한다. 이런 종류의 교재는 학회 설립이나 학술잡지 발간에 이어

전문분야 확립의 지표다.

전문분야의 재생산이라는 관점에서 생각할 때 교재의 중요성을 잘 알수 있다. 교재에 기재된 내용은 해당 분야에서 공유되어야 할 지적 자산이며 지적 활동의 전제가 된다. 즉 그 분야에 속한 사람이라면 누구나 익혀 알고 있어야 하며, 특정 분야의 학자라면 무엇을 주제로 연구하건 간에 당연히 전제로 해야 할 최소한의 공유 지식을 전승하는 것이 교재다. 뒤집어보면, 어떤 연구의 성과가 교재에 실린다는 것은 그 연구 성과가 해당 전문분야 안에서 공유지식의 단계에 이르렀음을 의미한다.

텍스트 북 살펴보기
영어권 대학교 교재의 번역판[*]

서양세계에서 학술언어는 라틴어, 프랑스어, 독일어를 거쳐 영어로 옮겨왔다. 오늘날 학술연구에 쓰이는 언어 대부분은 영어다. 그 때문에 영어로 쓰인 대학교 교재는 학술정보의 갱신을 반영하는 발신자 입장에서나 학술정보에 접근하는 수신자 입장에서 유리한 위치에 있다.

실제로 적지 않는 국가에서 고등교육에 쓰이는 교재는 모국어가 아니라 영어로 표기되어 있다. 어차피 학술논문을 읽고 쓰기 위해 영어가 필요하다면 학술 세계에 발을 들여놓은 시점에서부터 영어로 배우는 게 유리하다. 이런 이유에서 영어로 쓰인 대학교 교재는 영어권 외에서도 널리 사용되며 학술정보 입문의 세계적 표준이 되고 있다.

---

[*] 영어 교과서를 총망라해 찾을 수 있는 검색 수단으로 Open Syllabus Explore가 있다. 이는 미국을 중심으로 영국, 캐나다, 오스트레일리아, 뉴질랜드 등의 대학에서 인터넷으로 공개하는 수업 개요를 수집한 것으로, 2020년 4월 기준으로 600만 건 이상의 수업 개요가 수집되어 있다. Open Syllabus Expolore는 이것을 검색할 수 있는 구조로, 이를 이용하면 가령 가장 많이 쓰는 미분적분학 교재는 James Stewart의 Calculus이며, 2위는 역시 Stewart의 Essential Calculus이라는 사실 등을 알 수 있다.

주요 분야의 대표적 교재 ✏

분야	교재명
미분적분	『미분적분학』 제임스 스튜어트 저
선형대수	『Introduction to Linear Algebra』 by Gilbert Strang
물리학	『일반물리학』 데이비드 할리데이 저 『파인만의 물리학 강의』 로버트 B. 레이턴 등저 『Electricity and Magnetism』 by Edward Purcell 『Classical Mechanics』 by Herbert Goldstein 『Classical Electrodynamics』 by John David Jackson 『현대물리역학(現代の量子力学)』 J.J. 사쿠라이 등저 『The Theory of Relativity』 by Christian Moller 『Gravitation』 by Charles Misner, Kip Thorne, John Wheller
화학	『General Chemistry』 by James Brady, Gerard Humiston 『Physical Chemistry』 by Donald A. McQuarrie, John Simson 『Inorganic Chemistry』 by Weller, Rourke, Armstrong 『맥머리의 유기화학』 존 맥머리 저
생물학	『캠벨 생명과학』, 제인 리스 등저 『Molecular Biology of the Cell』 by Bruce Albert 『Voet 생화학의 기초』 양철학 등저 『생태학』 강혜순 등저
의학	『머크매뉴얼』(미국 제약회사 머크사의 의학 매뉴얼) 『Textbook of Medical Physiology』 by Arthur Guyton 『Robbins Basic Pathology』 by Vinay Kumar 『해리슨 내과학』 유진 브라운발트 외 공저 『Kandel 신경과학의 원리』, Kandel 저 『Kaplan & Sadock's Comprehensive Textbook of Psychiatry』 by Virginia A.Sadock
자연인류학	『인류의 기원과 진화』 로저 르윈 저
문화인류학	『Cultural Anthropology』 by Emily Schults
심리학	『앳킨슨과 힐가드의 심리학』 Susan Nolen-Hoeksema 등저

사회심리학	『인간, 사회적 동물』 엘리엇 애런슨 저
언어학	『현대 영어학 개론』 Victoria Fromkin 저
경제학	『크루그먼의 미시경제학』 『크루그먼의 거시경제학』 폴 크루그먼 등저
미크로 경제학	『Microeconomic Analysis』 by Varian
매크로 경제학	『Romer 거시경제학』 David Romer 저
경제사	『자본주의 어디서 와서 어디로 가는가』 로버트 L. 하일브로너 등저
사회학	『사회학』 앤서니 기든스 저

※ 국내 출간된 책과 일서는 한글, 그 외는 원어로 표기했다.

나에게 맞는 활용법

백과사전 대용으로 교재를 활용하기

교재에는 색인이 완비되어 있다. 또 많은 교재에는 중요한 전문용어를 따로 정리해서 짧은 해설까지 붙인 용어집이 있다. 우선 차례를 보면서 말미에 색인(인덱스)이 있는지, 또 교재에 등장하는 전문용어를 짧게 해설한 용어집Glossary이 있는지 확인한다. 이것들이 완비되어 있다면 이 교재를 전문사전으로 이용해도 된다.

교재를 입문서로 활용하기

대학교 수준의 교재는 쪽수가 상당히 많고 담긴 정보도 입문서나 일반인용 개념서보다 전문적이며 정확하고 자세하다. 끝까지 읽기에는 입문서나 개념서보다 시간이 걸리기 때문에 이 역시 뼈를 깎는 인고의 과정을 겪어야 한다. 그러나 주어진 분량이 충분해서 이해에 필요한 예비지식이나 아주 쉬운 도해도 넉넉히 담겨 있다. 아무것도 모르는 초보 학습자가 혼자서도 읽고 이해할 수 있도록 대부분 친절하게 설명해놓았다. 따라서 어설픈 일반서보다 훨씬 알기 쉽게 쓰인 입문서로 이용할 수 있다.

이런 두꺼운 교재의 구성이나 편집은 독학자에게 도움이 된다. 각 장 도입부나 마지막에 그 장에서 배우는 내용을 요약해 덧붙이거나, 새로 등장한 용어와 개념을 정리해놓았기 때문이다. 또 말미에 학습자가 지식을 확인할 수 있도록 확인 문제 등도 제공한다. 이것들을 이용하면 교재 전체의 개요만 단시간에 마스터할 수도 있다.

교재를 서지로 활용하기

교재 한 권은 수백, 수천에 이르는 전문연구를 기반으로 쓰였다. 교재의 기술 각각에 연구논문이나 전문서를 참조한 주석이나 참조문헌을 정리한 문헌 리스트가 붙어 있는 것으로 확인할 수 있다. 이 문헌 주석이나 문헌 리스트야말로 독학자가 교재 다음으로 학습해야 할 것을 알려주는 가치 있는 학습 자원이다.

앞서 설명했듯 특정 연구가 교재에 실렸다는 것은 해당 분야에 지적 공유재산으로 널리 인정받았음을 의미한다. 따라서 교재가 참조하는 논문이나 전문서는 해당 분야를 배우는 사람이라면 반드시 알아두어야 할 기본 문헌이다. 게다가 교재는 그 문헌들의 가치나 의의, 문헌을 이해하기 위한 기초지식이나 주변 정보까지 해설해준다. 교재를 제공하는 문헌의 링크집은 해당 분야의 지적 공유재산으로 접근하는 문이라 할 수 있다. 초급자도 서지로 이용할 수 있고 문헌 평가나 개요를 알 수 있는 해제 서지를 입수한 것과 마찬가지다.

공부법 26 서적 탐색

필요한 책과 만나는 기술

여러 종류의 학습 동영상이 쏟아지고, 무크를 비롯한 원격교육을 이용할 수 있게 되어도 서적을 찾아 읽는 행위는 독학자로서 절대로 소홀히 하면 안 된다. 독학은 누군가가 자신을 위해 준비해준 교재라는 포장도로 위를 그저 달리기만 해서는 마칠 수 없으며, 오히려 그곳에서 벗어나 스스로 길을 찾아 나서는 데서 본격적으로 시작되기 때문이다.

앞서 소개한 레퍼런스 툴은 방대한 지식으로 안내하는 출입문이었다. 백과사전을 뒤지고 교재를 읽고, 그래도 의문은 해소하지 못했거나 지적 호기심을 충족하지 못했다면 더욱 필요한 문헌을 스스로 찾게 된다.

서적 탐색의 흐름 ✎

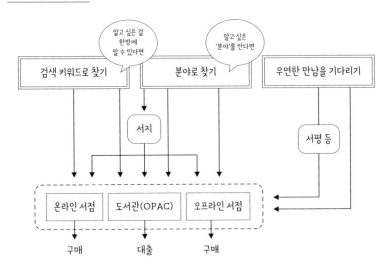

❶ 검색 키워드로 찾기

온라인 서점

가장 편리하고 빠른 방법은 관심(알고 싶은 것, 의문스러운 것)을 그대로 키워드로 바꾸어 온라인 서점에서 검색해보는 것이다. 언제 어디서든 스마트폰으로 검색부터 구매까지 한 번에 마칠 수 있다.

　온라인 서점에서는 검색 키워드를 제목이나 내용 정보와 매칭해 상품 구매율 등의 정보를 주고, 여러 서적을 제목과 형태로 표시해준다. 그중 한 권을 클릭하면 내용 소개와 함께 독자 서평이 나오고, 그 서적과 함께 구매되는 서적들도 나온다. 그 자리에서 해당 서적을 구매할 수도 있고, 다음 날이나 그날 안에 받아볼 수도 있다. 내용 소개나 리뷰를 읽고 '뭔가 특별하다'고 느낀다면 관련 도서들도 살펴볼 수 있다.

도서관 자료 검색(OPAC)

자신이 알고 싶은 것이나 의문스러운 것을 키워드로 전환할 수 있으면 도서관의 자료검색(OPAC*)을 이용해 검색할 수도 있다. 키워드와 도서명, 건명이 매칭된 서적 리스트가 표시되고 검색 결과 리스트에는 도서명과 저자명 외에 십진분류법에 기반한 분류 코드와 저자명 등을 조합한 '청구 기호'가 표시된다. 여기에서 확인하는 분류 코드는 알고 싶은 것이나 의문스러운 것이 지식 분류 중에서 어디에 속하는지 알려준다.

　많은 도서관에서 인터넷으로 OPAC를 공개하고 있으므로 어디서든

---

* 　정확하게는 Online Public Access Catalog다. 공공 이용에 수반되는 온라인 장서 목록을 이렇게 부른다. 많은 도서관에서 OPAC를 공개하고 있으며, 인터넷을 매개로 세계의 도서관 장서 목록을 검색할 수 있다.

도서관 장서를 검색할 수 있다. 이 도서관에 찾는 책이 소장되어 있는지는 물론, 현재 대여 중인지, 대여가 가능한지 여부도 알 수 있으며, 온라인으로 대출 예약도 할 수 있다. 또 그 책이 열람 가능한 서가에 있는지, 서고에 있는지도 알 수 있다.

도서관으로 가기 전에 OPAC를 이용해 미리 조사해두면 효율적이다. 자주 이용하는 도서관에서 원하는 책을 소장하고 있다면, 그리고 대여 금지나 대여 중이 아니라면 도서관에 가서 빌려올 수 있다. 자주 이용하는 도서관에 소장 도서가 없더라도 근처 도서관에 재고가 있다면 도서관끼리 절차를 밟아 다른 도서관에서 빌릴 수도 있다.

❷ 분야로 찾기

오프라인 서점과 도서관

관심사(알고 싶은 것, 의문스러운 것)에 관해 이미 몇 가지 지식이 있거나 사전 조사를 거쳐 찾아보아야 할 분야에 대한 검토까지 마쳤다면 찾으려는 수단의 범위는 훨씬 확장된다. 조사할 분야에 대한 목표가 분명하다면 대형서점의 해당 분야의 책장이나 해당 분야를 전문으로 하는 고서점 책장, 도서관의 열람 가능한 서가에서 해당 청구기호가 붙은 책장으로 직접 발걸음을 옮겨 책을 찾을 수도 있다.

책장에 가득 찬 책등의 제목을 읽으면서 서성이는 행위를 브라우징이라고 한다. 이 전통적인 방법을 우습게 보면 안 된다. 자신의 키보다 훨씬 높은 곳까지 빽빽하게 들어찬, 어느 분야엔가 속해 있을 서적 무리와 대치하는 일은 여전히 특별한 지적 경험이다. 혼자 생각한 검색 키워드만으로는 만나지 못했을 서적, 미처 알아채지 못했던 아이디어, 시야에 들어오지 못할 세계가 브라우징에 의해 활짝 열린다. 이 책장에 모인 일군의 서적을 '서가'라고 한다. 특정 주제나 토픽에 관해 생각하고 사람이 인지하는 현상에 관해 알고자 할 때 우리가 마주해야 할 것은 가타부타 적혀 있는 책 한 권이 아니라 이 서가여야 한다. 서적 무리가 지켜보는 가운데, 서가에서 한 권의 서적을 뽑아 들고 펼친다. 서가를 다시 둘러보다 다른 책 한 권을 손에 든다. 그리고 반복되는 동작들. 어떤 지식이건 다른 지식과 동떨어져 성립하지 못하듯, 서적 역시 그 배후에 많은 다른 서적을 저장하고 있다. 서가와 대치하는 일은 이를 체험하는 일이다.

서지

그러나 특정 주제나 토픽에 관한 도서 중 실제로 책장에 모일 수 있는 책들은 아주 일부에 지나지 않는다. 서적의 바다는 광활하고 지식을 향한 인간의 욕구 역시 끝을 모른다. 특정 주제나 토픽에 관한 모든 문헌을 모으려는 욕구는 서지(공부법 24: 서지, 312쪽)에서 결실을 맺본다. 만약 찾는 분야나 주제에 서지가 이미 존재한다면 최고의 행운이다. 서지는 도서를 포함한 문헌의 존재를 알려주고 그 제목이나 저자명, 때로는 각 문헌의 개요나 서평까지 알려준다. 서지 덕분에 여기까지 알게 된다면 그 후에는 온라인 스토어에서건 도서관에서건 서점에서건 책과 만날 기회와 검색 수단은 무궁무진해진다.

❸ 우연한 만남을 기다리기

마지막으로, 본인의 관심에서 출발하는 게 아닌, 책과 만나는 다른 방법을 설명하고자 한다. 사람들은 대부분 거의 우연히 책과 만난다. 누군가가 소개해서, 또는 서평에 이끌려 특정 도서의 존재를 아는 경우가 많다. 아니면 서점이나 도서관에서 우연히 눈길이 닿은, 예정에도 없었고, 기대하지도 않던 한 권을 만나기도 할 것이다. 한정된 지식이나 관심으로는 만날 일이 없는 책과 만날 수 있다는 것은 이런 관심 밖의 자극과 우연 덕분이다. 여기서 추천할 만한 방법은 도서관의 반납 코너다. 이곳의 책들은 적어도 누군가가 빌렸던 책이다. 소위 베스트셀러는 다음에 빌리고 싶은 사람이 이미 예약해놓아서 반납 도서 자리에 놓일 틈이 없다. 반납 코너는 어떤 의미에서 도서관 이용자들이 선택한 셀렉션 코너이자 살아 있는 도서관의 축소판이기도 하다.

레퍼런스 카운터에 문의하기

탐색에 등장하는 거의 모든 자원을 포괄하는, 서적 탐색의 킬러 콘텐츠를 소개하겠다. 바로 도서관의 레퍼런스 카운터다. 여기에는 조사 전문가가 상주한다. 지금까지 소개한 수법·도구를 당연히 알고 있고 더욱 다양한 지식과 기술을 동원해 지적 호기심에 답해주며 자료로써 문제 해결을 도와준다. 가이드나 멘토를 찾기 어려운 독학자에게 레퍼런스 카운터는 구하기 어려운 지적 지원자로서 빼놓을 수 없는 존재다.

도서를 발견하기는 했는데 너무 어렵다면 그 도서를 들고 레퍼런스 카운터로 가보자. 어디까지 조사했는지, 어떤 문제에 직면했는지 누군가에게 설명하는 과정 자체가 조사 기술을 발전시킨다. 이에 더해, 사서의 도움을 얻어 탐색해나간다면 자신의 지적 능력을 한층 높일 수 있을 것이다.

책이 우리에게 약속해주는 것

인터넷 보급과 함께 우리의 조사내용, 읽는 행위를 둘러싼 환경, 상황은 크게 달라졌으나 서적은 지금도 (상징적인 의미도 강하기는 하지만) 지적 활동의 중심에 있다. 서적은 원래 새로 탄생한 지식을 공표하기 위한 가장 우선적인 수단은 아니다. 지식의 갱신이 서적에 반영되기까지는 상당한 시간이 걸린다. 속보성이나 갱신성은 책이 내세울 만한 부분이 못 된다. 그 가치는 오히려 불변성과 축적성에 있다.

우리의 지식은 갱신되지만, 한번 간행된 서적에 쓰인 내용은 아무리 시간이 흘러도 바뀌지 않는다. 오늘날처럼 세계가 저만치 앞서간다 해도 한 번 모습을 드러낸 서적은 변화하지 못하고 본래의 내용대로 머무른다. 서적이 지닌 이런 특성 덕에 지리적으로도 시간적으로도 먼 곳에 있는 사람들이 기본적으로는 같은 서적을 구해 읽을 수 있다.

다른 시대와 공간에 있는 각양각색의 사람들이 저마다의 방식으로 같은 책을 읽을 가능성, 내가 읽고 있는 책과 같은 책을 어느 누군가가 읽었을지도 모른다는 가능성, 시간과 공간을 초월해 성립할 수 있는 느리고 담백한 공공성을 '독서 영역'이라고 한다.

정치학자 베네딕트 앤더슨을 비롯한 여러 논객이 지적한 바에 따르면, 철학자 헤겔이 근대인의 아침 기도와 같다고 말한 신문 강독은 같은 국민에게 거의 동일한 정보가 거의 동시에 읽히고 소비된다는 사실에 기반을 두며, 게다가 그것을 독자가 자각하게 된다. 이를 통해 국민을 단일 공동체로 간주하는 국민 의식 형성에 관계한다고 본다. 과거에는 그날 신문에서 보도한 중대 사건은 상대도 알고 있었으므로 화두로 삼아도 지장이 없었다. 오히려 모르는 쪽이 '오늘 아침에는 늦잠을 자서 신문을 못 읽었습니다' 등의 변명으로 민망함을 넘길 정도였으니까 말이다.

이에 반해 서적에 관한 한 그렇게까지 농밀하고 같은 주파수를 주고 받는 관계는 발생하지 않는다. 각지의 신문에서 발신하는 정보는 대동 소이하지만, 서적이 보유하는 정보는 각기 다르며 극소수의 베스트셀러 를 제외하면 같은 책을 손에 쥐는 사람끼리 서로 만날 일이 없을 정도로 흩어져 있다. 같은 책을 읽는 사람은 멀리에 있다. 대부분 직접 보지 못 하지만, 책 한 권이 자신의 손에 도착했다는 사실이 이를 암시한다. '다 른 사람이 모르는 사이에 먼저 아는 것'이 정보의 요건인 데 반해, '다른 사람이 아는 것을 나도 알 수 있는 것', '내가 아는 것을 다른 누군가도 알 가능성이 있는 것'이야말로 서적이 지닌 지적 약속이다.

책은 기다릴 줄 안다

같은 책이라고 해도 독자가 다르면 당연히 읽는 방식도 다르다. 그러나 시간의 격차를 넘어 같은 책을 읽을 수 있는 상황이야말로 다른 독자의 가능성을 열어주고 축적을 가능하게 한다.

우리는 이처럼 책 한 권에 다양한 독자가 쌓이고 읽기 방식이 축적되 어 또 다른 책을 낳는 서적에 경외심을 담아 '고전'이라고 부른다. 고전 은 그저 오랜 시간을 버텨오기만 한 것도, 내용이 뛰어나기만 한 것도 아 니다. 이는 다음과 같은 생각을 하게 한다.

인간이 잊어버린 것 혹은 잊고 싶은 것을 기억 속에 저장해 두었다가, 필요하다면 그 기억을 불러일으켜 현재와 다른 세상을 보여주는 것을 인문지식의 임무라 한다면, 서적은 다양한 문서와 함께 오랫동안 인문 지식의 대상이나 소재였을 뿐 아니라 줄곧 끈끈한 우정을 유지해왔다.

그래서 인문지식의 성과 역시 서적이라는 형태로 기록되어온 것이다.

변화가 빠른 분야에서 최신 정보를 숨차게 따라가다 보면 자연스레 책으로부터 멀어진다. 같은 집단 안에서 인정을 받고 출판되기까지의 시간 차이를 기다리지 못하고 논문조차 느리다고 느끼다가 결국 다른 수단에 의존하게 된다. 신문물에 대한 열광에 빠져들수록 책을 불필요한 존재라 여길 것이다. 그러나 과거는 두 번 다시 눈길도 주지 않을 폐기물이 아니라 우리의 현재를 지탱하는 대지다. 성급함 때문에 정신없이 방황하는 자신을 깨달은 순간, 자신이 어디로 향하고 있는지조차 가늠하지 못할 때, 책은 느리지만 변함없는 모습으로 다시 현재라는 땅 위에 설 수 있게 해준다. 인간이라는 존재는 한편으로 미래를 꿈꾸면서도, 대부분 과거를 버리지 못한 채 살아간다. 그런 우리 곁에서 책은 언제나 바뀌어서는 안 될 인간의 내면을 조용히 지켜봐준다.

책이 세상에 존재하는 이유

책에 관한 가장 아름다운 이야기*를 쓴 작가 레이 브래드버리**는 한 단편소설에 등장하는 인물의 대사를 통해 사랑을 정의했다. 앞서 말한, 인

---

* 레이 브래드버리의 저서 『화씨 451』. 브래드버리 역시 도서관에서 책을 읽으며 성장한 독학자임을 독자들이 안다면, 이 스토리는 한층 빛을 발할 것이다. 책 읽기가 금지된 디스토피아를 구상한 자는 많다. 세계를 생각대로 조종할 수 있다고 믿는 어리석은 자들에게 책은 제일 먼저 박멸해야 할 귀찮은 물건이기 때문이다. 그러나 그런 절망적인 세계 안에서 어떻게 책이 명맥을 이어가도록 하는지도 생각한 자는 많지 않다.

** 레이 브래드버리(Ray Bradbury, 1920~2012): 미국의 소설가. 에드거 앨런 포(Edgar Allan Poe)의 뜻과 정신을 물려받은 환상문학의 일인자라 불렸다. 11세부터 작품을 쓰기 시작하면서 고향의 카네기 도서관에서 하버트 조지 웰스, 쥘 베른, 포 등의 작품에 빠져 지냈다고 한다. 대공황으로 대학교에 진학하지 못했으나, 고등학교를 졸업하고도 일주일에 사흘은 도서관에 다녔으며 이를 10년간 이어갔다. 『화씨 451』은 UCLA 내의 파웰도서관 자습실에서 타자기를 대여해 쓴 작품이다.

문지식이 담당해야 할 '인간이 잊어버린 것 혹은 잊고 싶은 것을 기억 속에 저장해 두었다가, 필요하다면 그 기억을 불러일으켜 현재와 다른 세상을 보여줄' 임무는 사실 이 사랑의 정의에서 착안했다. 또 이 정의는 책이 세상에 존재하는 이유, 지금 우리가 책을 필요로 하는 이유를 일깨운다. 서적은 한 번 이 세상에 모습을 드러내면 바뀌지 않는다는 특성으로 우리가 잊어버린 것, 나날이 잊어가는 것, 잔혹한 이 세계에서 살아남기 위해 어쩔 수 없이 내버려 두고 가야 했던 것들의 단편을 보존하고 있기 때문이다. 언젠가 필요해지면, 믿었던 것이 등을 돌리면, 달콤한 꿈에서 깨어나 나를 되찾는다면, 한 번 포기한 가능성에 다시 도전하려면, 서적은 기억해둔 것을 넌지시 건네줄 것이다.

"여러분이 말한 것이나 여러분이 행한 일을 나는 보물처럼 소중하게 간직하겠습니다. 가족이 잊어버린 모든 것, 그런데도 신경이 쓰이는 마음 한편에 남아 있는 모든 것, 그것이 나입니다. (중략) 나는 여러분이 잊어버린 것을 기억하게 합니다. 사랑이란 무엇인가? 그 논의는 앞으로 천년, 만년 이어지겠지요. 아마도 사랑이란 우리를 자기 자신으로 돌이켜주는 누군가의 힘이 아닐까, 하는 깨달음을 얻는 날이 올지도 모릅니다. 우리를 지켜주고 기억해주는 사람, 바라고 꿈꾸면서도 용기가 없어 이루지 못한 모습, 지금의 자신보다 조금은 나아진 그 모습으로 우리를 되돌려주는 사람, 그런 사람이야말로 '사랑'이 아닐까, 그렇게 깨닫는 순간이 있을지도 모릅니다."[6]

공부법 27 잡지기사 리서치
지식의 최선전을 살핀다

꾸준한 독학을 통해 성장하면 자신의 의문이나 호기심은 분명 어떤 책을 읽어도 해소되지 않는 단계에 도달할 것이다. 드디어 논문을 읽을 때가 온 것이다. 논문이 전달하는 지식은 서적보다 새롭고 자세하고 드넓다. 논문은 지식을 생산하는 사람들이 직접 보내는 '산지 직송 택배'이기 때문이다. 새롭고 아직 서적으로 만들어지지 않은 지식, 특정 분야에 속한 사람에게만 필요해 서적으로 출간되지 못하는 지식, 혹은 드문 지견을 손에 넣기 위해서는 논문을 읽을 수밖에 없다.

논문을 찾아 입수하기까지 루트는 복잡하다. 몇 가지 루트와 그때 써먹을 수 있는 도구를 소개한다.

❶ 검색 키워드로 찾기

가장 편리하면서 빠른 방법은, 서적과 같은 관심사(알고 싶은 것, 의문이 생기는 것)를 키워드로 바꾸어 각종 데이터베이스에 입력해 검색하는 것이다. 데이터베이스는 검색 조건과 일치하는 잡지기사나 논문 리스트를 출력해준다. 학술논문이라면 데이터베이스 검색 결과에서 논문 자체를 뽑아낼 수도 있는 경우도 많다. 이제는 인터넷으로 어디서든 즉각 논문을 불러들여 읽을 수 있는 환경이 되었다.

❷ 분야별로 찾기

데이터베이스 검색은 편리하고 속도도 빠르지만 익숙하지 않은 분야라면 적절한 검색 키워드를 스스로 생각해내지 못할지도 모른다. 또 그 분야의 지식이 부족하면 검색해서 발견한 논문이 찾고자 했던 것인지 판단하기 어렵다.

이럴 때는 전문사전(공부법 23: 백과사전, 186쪽)이나 교재(공부법 25: 교재, 198쪽)로 해당 분야에 관한 개요를 파악한 후에 논문을 검색하면, 멀

잡지기사 리서치 방법 ✎

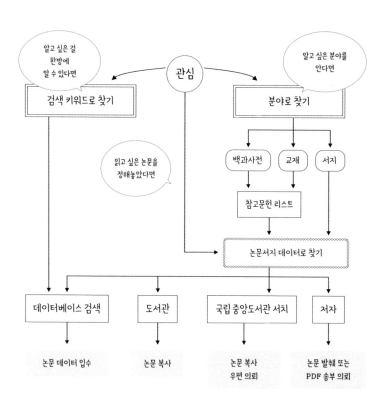

리 돌아가는 것 같지만 효율이 훨씬 좋다. 전문사전이나 교재 자체가 각 토픽에 관해 우선 읽어야 할 대표적인 문헌을 소개한다. 무턱대고 데이터베이스에 의지하다가 방대한 리스트에 매몰되기보다는 이렇게 알아낸 대표적인 문헌을 먼저 읽고, 그곳에서 가지를 뻗는 방식으로 논문을 모으는(공부법 21, 문헌 파헤치기, 167쪽) 편이 뇌를 덜 피로하게 한다. 논문의 서지 데이터란 저자명, 발표연도, 논문 제목, 게재지(학술잡지) 이름, 게재 번호, 게재 쪽수 등 논문을 특정하기 위한 것으로, 학술서나 논문의 참고문헌에도 기재되는 내용이다. 이것을 활용하면 특정 논문을 검색할 수도 있고 도서관에서 게재 잡지를 찾기도 쉽다.

특정 분야의 서지 데이터를 모은 것 역시 서지라 한다(공부법 24: 서지, 193쪽). 서지는 모든 분야나 토픽에 관해 존재하는 것은 아니지만, 발견할 수 있으면 논문 조사 효율이 현저하게 개선되고 속도도 빨라질 것이다.

❸ 논문서지 데이터로 찾기

데이터베이스 검색
조사 과정의 이전 단계에서 입수한 논문 제목이나 저자명 등을 알고 있다면 가장 간편하면서 빠른 것은 역시 각종 논문 데이터베이스를 검색하는 일이다. 이것으로 대부분 완전한 서지 데이터는 물론 논문까지 입수할 수 있을 것이다.

도서관
논문을 도서관에서 찾으려면 도서관 자료검색OPAC을 이용한다. 논문서지 데이터 중 게재지(학술잡지) 이름과 게재 번호를 입력해 자신이 이용

학술잡지(논문) 리서치 도구 ✎

도구명	개요	유료/무료
Google Scholar	구글에서 제공하는 무료 검색 서비스. 논문, 학술지, 출판물에 대한 검색이 가능하고 피인용수와 피인용 논문을 조사할 수도 있다. 일부는 링크로 직접 논문을 입수할 수도 있고, 요약을 읽을 수 있는 온라인 엑세스를 제공하는 기업의 해당 페이지에 방문할 수 있다.	무료
국립중앙도서관	web DB 검색을 통해 국내외 DB 소장 여부 확인, 일부 DB는 외부에서 이용 가능하다. 대한민국 신문 아카이브, 해외 한국 관련 기록물, 국립중앙도서관 소장 디지털화 자료 중 일부를 콘텐츠화해서 제공한다.	무료
DBLP	컴퓨터 과학에 관한 서지학 웹사이트. 컴퓨터 과학에 관한 주요잡지 기사, 공식 회의자료 등을 검색할 수 있다.	무료
PubMed	생명과학이나 생물의학에 관한 참고문헌이나 요약을 게재하는 MEDLINE등에 접속할 수 있는 무료 검색엔진. 미국 국립위생연구소의 미국 국립 의학도서관에서 운영한다.	검색 무료 일반문헌은 전문열람 무료
MathSciNet	미국 수학회(AMS)가 제공하는 세계 수학 문헌·수학 논문을 수용하는 포괄적인 서지 및 리뷰 데이터베이스.	유료
zbMATH	유럽 수학회(EMS)가 제공하는 세계 수학 문헌·논문 등에 관한 데이터베이스	검색 결과 중 상위 3건 무료관람 가능
ADS (천체 물리 데이터 시스템)	NASA가 개발한 천체물리학과 관련된 논문 데이터베이스	무료
Web of Science	과학기술 분야(1900~), 사회과학분야(1900~) 및 인문과학 분야(1975~)의 주요 학술잡지에 게재된 문헌의 서지·인용문헌 정보, 1990년 이후 세계 주요 회의, 심포지엄, 세미나 등에서 발행된 회의록 정보수록. 인용문헌으로 피인용 문헌을 조사할 수도 있다.	유료
ScienceDirect	Elsevier Science사에서 제공하는 과학논문 콜렉션(전자저널)	유료
ProQuest Central	인문과학, 사회과학, 자연과학 등의 복수 데이터베이스를 통합한 종합 데이터베이스. 초록·색인 등의 문헌정보를 이용할 수 있다.	유료

하는 도서관이 그 게재지의 번호를 소장하고 있는지 알아보면 된다. 주의해야 할 점은, 도서관 자료검색으로는 개개의 논문 자체를 찾기는 힘들다는 점이다. 그러므로 도서관에서 논문을 입수하기 위해서는 미리 논문서지 데이터를 입수해두거나 도서관에서 쓸 수 있는 데이터베이스 등으로 먼저 찾아두어야 한다. 게재지(학술잡지)를 도서관에서 소장하고 있다면 복사 서비스를 이용해 논문 사본을 들고 나갈 수 있다. 해당 도서관에서 소장하지 않더라도 레퍼런스 카운터에 문의하면 논문을 소장하고 있는 근처 도서관을 검색해주거나 대여를 도와줄 것이다.

국립중앙도서관에서 검색하기

가까운 도서관에서 찾고 싶은 논문이나 기사를 수록한 게재지(학술잡지)를 소장하고 있지 않다면 어떻게 할까? 마지막 수단은 국립중앙도서관이다. 국립중앙도서관의 우편복사 서비스는 논문이나 기사의 사본을 우편으로 발송해준다. 논문을 검색해서 사본 우편 서비스를 신청하는 단계까지 모두 인터넷으로 가능하다. 인터넷이나 데이터베이스로 입수하기 어려운 오래된 문헌이라면 포기하기 전에 국립중앙도서관에서 검색해볼 만하다.

저자에게 의뢰하기

각종 데이터베이스나 국립중앙도서관, 그밖에 온갖 수단으로도 입수하지 못한 경우에는 또 어떻게 해야 할까?

학술논문의 경우 최후의 수단은 논문을 작성한 본인, 즉 저자에게 직접 연락해 논문의 PDF 파일을 보내달라고 부탁하는 것이다. 연구자 대부분은 이메일 주소 등 연락 수단을 공개한다. Research Gate* 등의 서비스를 이용해 논문 저자에게 연락하거나 특정 논문을 요청할 수도 있다.

알고 싶은 부분에 관해 이 세상에서 가장 잘 알고 있으며 연구의 최전선을 돌파한 당사자에게 연락을 취하기가 조금 겁날지도 모른다. 그러나 나날이 어마어마하게 발표되는 연구논문 속에서 이 논문에까지 다다르게 된 이유와 자신의 지적 관심부터 탐색 배경까지 설명할 수 있다면 (그리고 권리상의 문제가 허락한다면**) 적지 않은 연구자가 그 지적 활동과 열의에 응답해줄 것이다. 연구는 그 성과를 발표하는 데서 끝나는 것이 아니라 다른 지적 활동을 자극함으로써 비로소 완성되는 것이다.

논문은 지식을 희석하기 전의 원액이다. 혹은 지식 생산자가 직접 붙이는 산지 직송 택배라고도 할 수 있다. 그런 이유로 과거에는 특수한 루트를 통해서만 논문을 손에 넣을 수 있었다. 예를 들면 대학교 등의 연구기관에 속해 있거나 전문도서관의 서고에서 학술잡지의 해당 호를 찾아 본인이 알아서 복사해야 했다. 인터넷이 보급한 오늘날에는 우리를 지적 생산자와 이어주는 다양한 구조가 정비되어 있다. 원하기만 한다면 논문을 통해 인류의 지식 확대의 최전선에 선 지식 생산자로부터 직접 최신의 지견을 얻을 수 있다.

잡지는 모든 서적의 상류에 해당한다

논문은 학술잡지에 발표되는데, 그 밖에도 독학자에게 유익한 잡지가

---

* Research Gate를 통해 원저 논문의 공유나 질문·회답, 협력자 모집 등이 가능한 과학자·연구자용 SNS다. 연구자는 이곳에서 자신의 논문을 공개하거나 리퀘스트에 응해 공개할 수 있다.
** 학술출판사와의 계약으로 학술지에 게재된 논문은 논문 작성자 본인도 공개에 제약을 받는 경우가 있다.

있다. 각 분야의 전문잡지(문예잡지, 비즈니스지, 과학잡지, 기술계통 전문지 등), 경우에 따라서는 관공서에서 간행하는 관공서지나 지역 내에서 발행되는 지역정보지와 타운지, 때로는 종합잡지나 주간지에 실린 기사가 필요할지도 모른다.

책의 제일 마지막에 '출처는 OO의 잡지다'라고 쓰여 있는 것을 본 적이 있는가? 지식이나 정보 유통의 관점에서 본다면 거의 모든 서적은 중고다. 지금과 같은 출판 구조가 완성된 이후의 서적은 학술지를 포함한 잡지 등 다른 모체에 이미 한 번 기재된 것을 바탕으로 만들어지는 경우가 적지 않다. 지식이나 정보 유통의 측면에서 잡지는 서적의 상류에 위치한다. 그러므로 잡지기사는 다음과 같은 이점을 안고 있다.

① 잡지기사의 내용은 서적보다 최신이다.

잡지에 실린 내용이 나중에 책으로 나온다(대부분 그렇다). 책을 만드는 데는 잡지보다 시간이 오래 걸리므로 잡지에 실린 후에 책으로 만들 때까지 시간 차가 훨씬 벌어진다. 자료 조사가 목적이라면 대개는 가능한 새로운 정보를 얻고 싶어 한다. 새로운 주제나 토픽에 관해 조사하려는 경우 그 주제에 관한 책이 아직 세상에 나오지 않은 경우도 많다. 그럴 때조차 잡지 기사에서는 종종 발견된다.

② 잡지기사는 책보다 다채롭다.

잡지에 실린 모든 기사가 책으로 출간되는 것은 아니다. 이것은 한편으로는 서적의 이점이기도 하다. 선택받은 것만이 서적이 된다는 인식 때문이다. 그러나 꼭 내용이 질을 보증하지는 않는다. 상업적으로 이익이 나는지가 책으로 나오느냐에 중요한 요소일 것이다. 결국 너무 마이너해서 독자층을 널리 확보하지 못하는 주제는 서적에서 제외된다.

우리가 무언가 조사하려 할 때 그 주제나 토픽이 대중적이지만은 않을 수도 있다. 누구나 알고 있는 사실을 조사하면 가치는 떨어지므로 주제는 오히려 비주류일 가능성이 크다. 이 역시 서적뿐 아니라 잡지기사(논문)에 시선을 주어야 하는 이유다.

③ 잡지기사는 책보다 자세하다.

전문잡지나 학술잡지 등 많은 독자를 상대로 하지 않는 잡지의 경우 그 분야에 속하는 사람이라면 당연히 알아야 할 입문 지식에 지면을 할애할 필요가 없다. 오히려 특정 사항으로 좁혀 깊이 연구한 내용을 담는 경우가 많다. 학술논문은 그 최적의 예다.

모든 내용을 망라한 서적은 이런 기사를 요약해, 상세 내용은 생략하고 정리한 것이 많다. 책으로 대략적으로 개괄된 지식을 습득한 후에 더욱 깊이 파고들고 싶다면 이런 학술잡지나 전문잡지의 기사를 살펴야 할 필요가 생긴다.

④ 잡지기사는 책보다 짧다.

잡지기사는 책보다 새롭고 다채로우며 자세하다고 말했다. 한 가지 더 큰 특징은 대부분 책 한 권보다 짧다는 점이다. 누구나 짧은 내용을 짧은 시간에 읽을 수 있다. 즉 같은 시간을 할애해서 책 한 권 읽을 시간으로 잡지 기사 여러 편을 읽을 수 있다. 조사의 관점에서 말하자면 많이 읽을 수 있다는 것은 많은 정보원에 접근할 수 있다는 뜻이다. 게다가 그 정보원 하나하나는 서적보다 새롭고, 다채로우며, 자세하다.

지식의 생애주기

지식이 어디에서 탄생했으며 어떻게 유통되는지 학술정보를 중심으로 정리해보려 한다. 여기에서 학술정보를 지식의 생산과 생애주기에 대한 탐구의 중심에 두는 이유는 유통과 축적이라는 측면에서 볼 때 가장 체계가 잡혀 있기 때문이다.

지식의 생산과 유통에서 학술연구가 우위에 있는 이유는 학술연구의 집단성과 계속성 그리고 그것들을 지탱하는 공개성 때문이다. 세계적으로 손꼽히는 천재부터 흔하디 흔한 범재에 이르기까지 많은 수의 다양한 연구자가 학술연구라는 지적 활동에 지금까지 참여해왔다. 그리고 이들 연구자에게 인센티브를 부여해 아직 아무도 모르는 새로운 지식을 생성해 공표하도록 재촉하고 심지어 개개의 지적 노력을 충돌해 더욱 몰두하도록 하는 구조가 학술연구에는 정착되어 있다. 오직 공개적으로 드러난 성과만이 업적이 되는 학술연구의 세계에서는 지적 활동의 결과가 사내 기밀인 양 은밀하게 보관되는 일도, 종교적 권위를 지닌 계시인 양 무비판적으로 수용되는 일도 없다.

논문 등에 발표되는 새로운 지식과 견해에는 반드시 연구자가 어떤 과정을 거쳐 그곳까지 이르렀는지(연구 방법), 지금까지의 견해와 어느 부분이 다른지(선행 연구의 참조를 수반하는 연구의 의의) 등이 명시된다. 이것들이 새로운 지식과 함께 공개됨으로써 발표 결과에 대해 비판과 검증의 기회가 열린다. 대면 방식부터 지역이나 시대를 초월해 행하는 방식까지 다양한 단계로 서로 조사함으로써 지식의 질이 담보된다. 같은 분야에 속한 전 세계 전문 연구자들이 비판과 검증을 교환하는 터널을 통과해 널리 참조되는 지식은 그 분야의 공유재산으로, 다음 세대 학술 연구의 초석이며 전제가 된다. 이렇게 켜켜이 쌓아 올린 앞선 연구자들의 수고가 인류의 지식을 확장하고 기지와 미지가 접속하는 지식의 최전선을 넓혀온 것이다.

이런 학술정보의 생산과 유통에 관해 간략하게 정리하면 아래와 같다.

· 기존보다 새로운 견해가 어디에 있는지 보이고, 그 새로운 견해들을 어떤 방식으로 찾을지 이해할 수 있다.

· 훨씬 쉬운 설명이나 개괄적인 설명이 어디에 있는지, 어떻게 찾아야 탐구할 수 있는지 알게 된다.

· 신뢰도가 높거나 낮은 정보가 어떤 것인지 판단할 만한 근거를 얻는다.

짧게 말하자면 학술정보 유통이라는 흐름의 상류로 갈수록 새로운 지견을 만날 수 있을 것이며, 몇 갈래 흐름이 모이는 지점을 발견한다면 많은 지견을 정리한 것을 한눈에 볼 수 있을 것이다.

분야에 따라 다른 점도 많지만, 매우 광범위하게 그러모으면 연구를 통해 탄생한 지식, 즉 학술정보는 선별되면서 다음과 같은 순서로 유통한다.

학술연구 → 학회 발표/논문 게재 → 총설 논문 → 논문집 → 교재·전문사전

이런 간단한 흐름도에서 다음과 같은 내용을 알 수 있다.

· 교재나 백과사전에 실리기까지 새로운 연구가 발표되고 상당한 시간이 걸린다. 따라서 교재나 백과사전에 실린 연구는 새롭지 않다. 하지만 그만큼 선별된 정보만 올라온다.

· 가능한 한 빨리 학술연구의 성과를 알고 싶다면 정식 논문으로 발표되기 전에 많이 하는 학술 발표나 프리프린트preprint(출판 전 논문) 서버 공개에 관심을 갖는 게 좋다.

학술연구 → 학회 발표/논문 게재

학술연구는 학회에서 발표되거나 학술잡지에 논문으로 발표된다. 학술 정보를 발표하기 위해서는 사전에 어떤 방식으로든 검증을 거쳐야 한다. 즉 모든 연구가 발표되는 것은 아니다.

논문의 경우, 많은 학술지는 동료평가peer review라는 사전 검열을 진행한다. 투고한 논문에 대해 같은 분야에서 연구하는 연구자가 읽고 심사한다. 평가 결과 그대로 게재 가능한지, 수정 후 게재해도 되는지, 수정 후 재심사를 하는지, 게재 불가한지 등의 결과가 내려진다.

동료평가에서 통과할 수 있는 확률은 학술지에 따라 다르다. 많은 사람이 주목하는 유명한 학술지일수록 응모 수가 많아서 통과할 확률이 낮다. 반면 학회 발표는 일반적으로 학술지 투고보다 사전 체크가 느슨하고 논문에 비해 발표 기회를 얻기 쉽다. 그래서 우선 연구 결과를 학회에 발표한 다음에 추가연구 등을 덧붙여 논문의 형태로 완성해 학술잡지에 투고하는 경우도 많다.

학회 발표에서는 학회 참가자가 청중이므로 같은 분야의 연구자로부터 (때로 엄격하게) 직접 피드백을 받는다는 점은 학회 발표의 이점이다.

이 피드백을 토대로 연구에서의 단점이나 빠트린 부분 등이 분명해지면 연구를 개선할 수 있다.

각 학회에서 발표할 때 프리프린트 등에 요지를 정리해놓는 경우가 많다. 학회 발표 후 논문 투고라는 과정을 생각하면, 그 분야의 가장 최신 연구는 학회 발표를 정리해놓은 프리프린트 등을 보면 알수 있다.

동료평가 등 시간이 걸리는 단계를 거쳐야 하므로 논문을 투고한 후 학술잡지에 실제로 실리기까지는 적지 않은 시간이 걸린다. 이 세상에 존재하지 않는 지식을 추구하는 학술연구 세계에서는 같은 연구라도 먼저 발표한 자가 인정받는다. 그렇기에 논문 투고 후 게재까지의 시간차는 무시하지 못할 문제다. 그래서 동료평가 결과를 기다리는 논문은 미리 발표해두기도 한다. 프리프린트 서버*란 원래 이런 동료평가를 기다리는 동안 논문을 인터넷으로 공개하기 위한 사이트다.

진보하는 속도가 빠른 분야에서는 1년 이상 걸리기도 하는 동표 평가 후의 결과 발표를 기다리지 않고 프리프린트 서버에 공표한 논문에 곧바로 다음 논문을 게재하는 등 실질적으로 프리프린트 서버가 학술정보 교환의 주요 장이 될 때가 있다. 예를 들면, 컴퓨터 사이언스 등 논문의 당락이 동료평가에 의한 품질 보증보다는 프로그램을 실행해서 독자가 실제로 확인할 수 있는가로 결정되는 경우에는 이런 일이 빈번하다.

---

* 프리프린트 서버는 동료평가가 붙은 학술잡지에 게재될 예정의 논문 원고를 원고가 완성되자마자 가장 먼저 공개하기 위해 쓰이는 서버다. 학술잡지에 투고한 논문이 동료평가를 거쳐 출판되기까지 수개월에서 1년 이상 걸리기에, 빠른 정보교환을 위해 인터넷 보급과 함께 과학 분야의 연구자를 중심으로 투고논문을 사전에 공개하기 위해 이용이 확산되었다. 프리프린트 서버의 효시로 가장 유명한 arXiv(아카이브)가 있다.

- 학술잡지에 논문을 싣는 일이 학술연구 공표의 중요한 기회다(연구자의 업적 중 주요 부분을 차지한다).
- 학술잡지에 실린 논문은 일정한 심사를 거치며, 상대적으로 신뢰성이 높다.
- 학회 발표는 논문 게재보다 심사에 통과하기 쉽다. 그래서 논문 투고보다 먼저 진행되는 경우가 많고, 빠른 단계에서 연구의 존재를 알 수 있다 (그러나 신뢰성은 논문에 비해 떨어진다).
- 프리프린트 서버는 논문 발표부터 게재까지 걸리는 시간을 피하기 위한 시스템이다. 상시 투고가 가능하므로 가장 빠르게 연구를 발표할 수 있다. 학술연구를 리서치하는 사람도 최신 성과를 접할 수 있다.

학회 발표/논문 게재 → 총설 논문 → 논문집

해당 분야의 연구가 무르익지 않아서 교재로 만들어지지 않았는데 새로운 정보를 알고 싶다면 직접 논문을 찾아 읽어야 한다.

그러나 논문의 수는 방대하다. 그 분야에 정통하지 않으면 어떤 논문이 중요한지 판단하기도 어렵다. 탐구 요령 중 하나는 알고 싶은 것을 이미 찾고 있는 다른 사람을 발견하는 일이다. 논문의 경우에는 총설 논문이나 논문집이 사람을 대신한다. 새로운 연구 주제나 토픽에 대해 다수의 연구자가 집중하기 시작하고 이에 대한 논문이 쌓이면 우선 총설 논문이 나온다. 이는 해당 연구 주제나 토픽에 관해 기존에 어떤 연구가 발표되었는가를 정리한 논문이다.

총설 논문의 존재를 알고 그것을 발견할 수 있다면, 지금까지 연구의 흐름과 주요하면서도 주목해야 할 논문이나 연구자, 향후 과제(아직 밝혀내지 못한 사실이나 유망할 듯한 주제) 등이 정리되어 있어 그 분야에 새로 뛰어드는 사람으로서는 상당한 도움이 된다. 총설 논문을 찾으려면 찾고 싶은 주제와 함께 리뷰, 총설, 동향, 전개, 회고, 전망, 연구 과제, 메타 분석, 영어로 'literature review', 'review article' 등의 키워드를 추가해 데이터베이스를 검색한다.

유료 사이트인 Web of Science[7]나 무료 사이트인 PubMed[8]로는 문서 타입을 지정할 수 있다. Web of Science라면 'REVIEW', PubMed라면 'Customize…' 안의 'Review', 'Scientific Integrity Review', 'Systematic Reviews'를 체크하면 된다. 새로운 연구 주제나 토픽이 더 많은 연구자를 끌어들이고 하나의 분야로서 인정받기까지 성장하면 이번에는 해당 주제나 토픽에 관한 주요 논문을 정리한 논문집이 서적으로 출간된다. 알고 싶은 주제에 관한 논문집이 발행되어 있다면 꼭 입수하기 바란다. 논문집의 도입부나 각 부와 장의 첫 부분에 실린 서문에는 해당 분야의 연구 흐름을 해설해놓으며, 그 이후부터 서문에서 소개한 주요 논문을 수록한다.

- 낯선 분야의 문헌을 찾으려면 논문집이나 총설 논문을 찾아야 한다.
- 총설 논문에서 다루는 연구는 논문집보다 새롭고 좁다.
- 논문집이 편찬되기까지는 상당한 시간이 걸리므로 논문집에서 새로운 연구를 찾기란 불가능하며, 오히려 그 분야의 대표 논문을 소화하기에 편리하다.

논문집 → 교재/전문사전

특정 연구 분야가 더욱 성숙하고 대학교에서 그 분야의 강좌가 개설되거나 전문 학회가 탄생한 후에는 그 분야의 교재가 만들어진다. 이 단계까지 오면 그 주제를 연구하는 게 하나의 전문분야로서 확립되었다고 인정받는다.

교재는 해당 분야의 지적 공유자산을 다음 세대에 계승하고 그 분야를 재생산하기 위한 수단이다. 그 분야의 연구자라면 당연히 알아야 할 지식이 초보 학습자도 알 수 있도록 해설되어 있고, 더욱 자세하게 알고 싶으면 어떤 문헌을 읽어야 할지도 알려주고 있다(공부법 25: 교재, 198쪽).

교재가 존재할 만큼 확립된 분야라면 교재는 그 분야에 숟가락을 얹기 위해 가장 먼저 올라타야 할 교통수단이다. 각 분야에는 증쇄를 거듭하는 대표 교재라 할 만한 것이 존재한다. 신판에는 더욱 새롭고 중요한 연구를 싣는다. 교재를 판매하기 위해 세부 내용을 개정해서 새로 학생이나 대학교 도서관의 구매 욕구를 자극한다. 책을 선배에서 물려받고 끝내지 않기 위해서다. 그러나 변경한 부분은 생각보다 적다. 신판이 나오면 영어권 대학 도서관에서 구판이 대량으로 방출되므로 해외 온라인 고서점에서 가격이 내려간다.

한편 전문사전 만들기는 교재보다 시간과 수고가 들기에 교재처럼 정기적으로 개정판이 나오기를 기대할 수 없다. 기존의 전문사전에 실린 정보는 이런 이유에서 퇴물로 전락하기 쉽다. 그러나 사전事典의 첫 항목은 전문서보다 짧고 개요를 알기 좋다. 또 전문사전의 각 항목에는 문헌이 붙어 있다. 항목마다 선택된 대표 문헌이 올라 있어 이 또한 편리하다.

- 전문사전은 학술정보의 정보원 중 가장 하류에 위치한다. 따라서 정보의 신선도는 가장 낮으나, 시간이 흐르면서 여과된 표준적이고 대표적인 해설이나 참고문헌을 알 수 있다.
- 교재는 전문분야가 확립되었는지를 가리는 지표다. 교재가 존재하는 분야는 연구가 무르익었음을 의미하고 중쇄를 거듭한 교재를 쫓아가다 보면 그 전문분야의 추이도 가능할 수 있다.

10장

모아둔 자료를 정리하는 법

'이것만 읽으면 교양이 착 달라붙는다'라는 궁극의 책이 있을까? 교양이 있다는 말은 분야에 상관없이 무엇이건 안다는 게 아니다. 무지의 아픔을 맛본 자만이 본인이 아무것도 모른다는 사실을 알게 되기 때문이다. 통증에서 벗어나려는 건 자연스러운 반응이고, 그것이 지식 욕구, 말하자면 무언가를 배우는 계기가 되기도 한다. 그러나 이것은 무식한 건 싫다는 부정적인 동기부여에서 시작된 의도이므로, 무언가를 배운다 해도 아직 모르는 다른 것이 거슬린다. 모르는 것은 다방면에 산처럼 쌓여 있다. 결국 어느 것에도 녹아들지 못하고 맴돌기만 하다가 거의 한 발짝도 다가가지 못했음을 깨달으며 덧없이 흐른 세월만 탓하게 될 것이다.

애초에 모든 것을 아는 게 불가능하지만, 필요해졌을 때 필요한 지식이나 정보를 최대한 빠르게 모으려고 준비하는 건 불가능할 것도 없다. 완전 미지의 주제에 관해 빠르게 수십에서 수백 가지 문헌을 살펴보고 자기 나름대로 정리할 수 있는 정도면 된다. 인터넷을 이용할 수 있다면 우선 백과사전, 책, 논문을 검색해서 3가지 표를 만들어보자. 차례 매트릭스와 인용 매트릭스, 요소 매트릭스 이렇게 세 종류다. 어느 것부터 만들어도 상관없지만, 차례 매트릭스부터 순서대로 작성하면 편하다.

차례 매트릭스는 탐구한 모든 문헌의 차례를 모은 표다. 책이라면 인터넷에 검색하면 차례가 나오니 복사해서 붙이기만 하면 된다.

차례를 먼저 눈에 익혀두면 그 분야에서 자주 나오는 키워드나 주제를 알 수 있다. 같은 내용을 적은 책이 눈에 띈다거나 어떤 책이 그런 식으로 되새김질을 했는지 보일 것이다. '굳이 표로 만들지 않아도 문헌을 많이 읽으면 되는 것 아닌가?'라고 물을지 모르겠다. 하지만 이건 효율과 끈기의 문제다. 차례를 복사해서 붙이기만 하면 100권쯤은 아무것도 아니지만, 손에 집히는 대로 읽는 방식으로는 습관이 들지 않은 상태에서는 겨우 몇 권 읽고 나가떨어질 것이다. 몇 십, 몇 백 권에 달하는 문헌을 다루려면 어차피 문헌 리스트라는 외부기억장치가 필요하다. 게다가 어설플 때는 초반부터 나쁜 문헌을 골라버려서 헤매기도 쉽다. 그런데 차례만이라도 처음에 망라해두면 아무리 중간에 방황해도 다른 문헌을 볼 수 있으니 빨리 돌아갈 수 있다.

두 번째, 인용 매트릭스란 각 문헌에서 다른 문헌을 참조하거나 언급하는 부분을 뽑아 정리한 표다. 여러 문헌이 한결같이 언급하는 문헌은 그 분야에서 기본적으로 알아야 할 문헌이거나 그에 가깝다. 이 필수문헌을 출발점으로 문헌 파헤치기(공부법 21, 167쪽)를 활용하면 하나의 문헌을 공통으로 다루는 복수의 문헌을 포획할 수 있게 된다. 가장 빠른 길은 아는 사람에게 묻거나 그 분야의 교재를 읽는 것이지만, 교재가 없는 분야도 많고 어떤 사람이 알고 있을지 판단하기 어렵다.

마지막으로, 요소 매트릭스란 차례 매트릭스로 분야나 토픽에서 자주 나오는 키워드를 파악했고, 인용 매트릭스로는 문헌이 눈덩이처럼 굴러들어와 문헌 개개의 평가나 관계까지 파악되었을 때, 특히 눈에 띄는 주제나 개념에 관해 각 문헌에서 뭐라고 설명했는지 추려서 역시 표로 정리하는 것이다. 이렇게 하면 특정 주제나 개념에 관해서 여러 문헌에서 어떻게 다루고 있는지 한눈에 볼 수 있다. 남의 것을 그대로 옮겨온 것은 아닌지 빨리 추려내는 방법은 다수의 의견을 몇 번이건 대조해보는 것이다. 이렇게 하면 누군가의 것도 아닌 자신만의 시각과 사고로 단서를 얻을 수 있다. 그렇게 자기 생각까지 표에 담아서 여러 관점에서 검토하면 좋다. 비판과 검토를 반복하면서 조금씩 생각을 성장시키는 것이다.

점에서 선으로 선에서 면으로

눈에 들어온 한 권, 가령 누군가가 추천한 책만 읽는 식의 고립된 독서를 '점의 독서'라고 한다. 지식이 그렇듯, 온갖 서적이나 문헌 또한 홀로 서기를 통해서는 존재하지 못한다. 한 권의 책, 하나의 문헌은 다른 많은 문헌과 직·간접적으로 연결되어 서로 참조하고 영향을 주고받는다. 그런 연결을 따라가는 독서를 '선의 독서'라고 한다. 또한 문헌끼리 연결을 기다리지 않고, 혹은 연결을 거스르며 문헌과 문헌을 대조하고 비틀어가면서 저자도 예기치 못한 선(연결)을 여러 곳에 창출하고 딿아가는 독서를 '면의 독서'라 한다.

서평이나 독서 안내, 홍보나 입소문을 통해 가 닿는 한 권이라는 단위는 서적 유통의 단위지, 인간의 지적 활동의 단위가 아니다. 무언가를 알고 싶을 때 이것만 있다면 충분하다는 식의 딱 들어맞는 한 권이 존재하기란 하늘의 별 따기다.

세상에는 한 권만으로는 설명이 모자란 불완전한 책이 수십 권, 수백 권 있으며, 그렇기에 우리에게는 읽기 이상의 행위가 요구된다. 그것은 '대조', '비교', '연결' 그리고 '아직 문헌이 존재하지 않는 영역'으로 들어가기다. 10장에서 소개하는 세 종류의 매트릭스는 이를 위한 통로다.

차례 매트릭스는 다루는 모든 문헌을 한눈에 볼 수 있도록 하며, 문헌들의 어느 곳에든 랜덤으로 접근하도록, 즉 여러 문헌을 한 권으로 압축한 서적처럼 다루도록 돕는다. 이렇게 하면 여러 문헌을 종단·횡단으로, 혹은 영역을 교차하며 읽을 준비가 된다.

인용 매트릭스는 문자 그대로 문헌 사이의 인용·참조 관계를 따라가는 것, 인용·참조 관계로부터 각 문헌의 가치나 위치를 부각하는 것이 목적이다. 독학자를 점의 독서에서 벗어나게 해 선의 독서, 면의 독서로 인도하는 것이다. 요소 매트릭스는 여러 문헌을 다양한 각도에서 관통하며 읽기 위한 도구다. 이 지점에서 면의 독서가 전개된다.

여러 자료의 구성을 한눈에 파악하는 법

❶ 독학할 주제별로 매트릭스(표)를 만든다.

작업이 늘어날수록 기록하는 양이 늘어 칸이 많이 필요하므로 수기 대신 엑셀 같은 표 계산 소프트웨어 등을 이용하는 게 낫다.

❷ 문헌 제목, 저자 등을 표 왼쪽 칸에 입력한다.

주제에 관한 문헌(도서, 논문 등)을 표 왼쪽에 적어나간다.

❸ 차례에서 표제어를 뽑아 칸마다 입력한다.

도서일 경우에는 차례에서, 논문일 경우에는 본문에서 각 파트의 표제어를 뽑아 표 안에 적는다. 하나의 문헌당 한 행을 사용하며 그 구성을 복사한다.

이 작업은 능동적으로 차례·표제어를 읽도록 하며, 독해를 위한 배경

정보를 머릿속에 넣는 동시에 다루는 전체 문헌의 내용을 한 장에 집약하는 외부기억(장치)을 준비하는 것이다. 모든 문헌에 대한 작업이 완료되면 모은 문헌의 구성을 한눈에 볼 수 있는 기초가 완성된다.

❹ 필요하다면 각 장의 요점을 추가로 적는다.

차례나 표제어만으로 내용 이해가 불충분하거나 애초에 차례·표제어가 빠져 있다면 문헌에서 각 장의 내용을 뽑아 개요를 채운다. 처음부터 자세하게 입력할 필요는 없다. '어디에 무슨 내용이 적혀 있는가'를 한눈에 파악할 수 있으면 되므로, 초기 단계에서는 무엇을 적어놓았는지 알려주는 키워드를 입력하기만 해도 충분하다.

빠진 부분이 채워지고 어느 문헌에 대해서도 '어디에 무엇이 적혔는지' 한눈에 파악이 된다면 필요한 최소한의 작업은 끝이다. 이대로 다음 단계로 넘어가도 좋고 찜찜한 부분이 있으면 본문에서 내용을 찾아 자세하게 채워도 된다.

차례·개요

	제1장	제2장	제3장	제4장	제5장	제6장
문헌 A						
문헌 B						
문헌 C						
문헌 D						
문헌 E						

❺ 같거나 비슷한 내용을 표시하거나 묶어 선으로 연결한다.

어디에 무엇이 있는지 파악이 가능한 상태에서 이 단계로 진행할 수 있다. 표(매트릭스) 안에서 같거나 비슷한 항목·내용이 있으면 같은 색으로 표시하거나 동그라미로 두르기, 선으로 연결하기 등으로 연관성을 표시한다. 보통 ❹의 요점 채우기와 ❺의 유사한 내용끼리 묶기를 오가면서 작업한다. 요점 채우기가 충실하면 여태까지 두루뭉술한 표제어에서는 보이지 않던 관련성이 발견되기도 한다. 또 유사성이 있는 것끼리 연결하면 각 개소를 비교하며 읽게 되어 대충 읽기만 해서는 눈치채지 못할 유사점과 차이점이 눈에 띄고 훨씬 자세하게 읽어야 할 곳이나 주제에 집중하게 된다. 이런 식으로 작업하다 보면 여러 문헌 사이를 자유자재로 오가며 읽고 있다는 것을 깨닫게 될 것이다. 여기까지 오면 모아놓은 모든 문헌의 전체 구성을 한눈에 파악할 수 있다. 각 문헌을 따로따로 읽는 게 아니라 하나의 정리된 덩어리로 읽을 준비가 된 것이다.

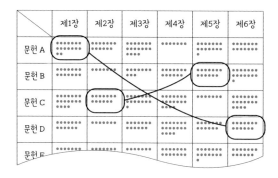

❻ 문헌을 횡단으로 읽으면서 눈에 띈 점을 뽑아 정리한다.

다수의 문헌에서 공통으로 등장하는 주제를 발견한다면, 혹은 비교해야
할 차이를 보았다면 그것들을 항목으로 나눈다. 그리고 한 항목에 1열씩
표에 추가해 각 문헌에서 어떻게 설명하는지 추가로 적는다. 가장 왼쪽
란의 문헌명 바로 옆에 새로운 열을 삽입하면 된다. 추가 기록을 위한 정
보나 참조해야 할 부분이나, 적어도 그에 대한 힌트는 대체로 차례 매트
릭스에 들어 있어야 한다.

		제1장	제2장	제3장	제4장	제5장	제6장
문헌 A							
문헌 B							
문헌 C							
문헌 D							
문헌 E							

여러 책을 한꺼번에 파악한다

차례 매트릭스는 여러 책에서 추출한 차례를 정리하면서 각 도서의 내
용과 구성을 한눈에 파악할 수 있도록 한 것이다.

　뒤에서 설명할 요소 매트릭스(공부법 30, 247쪽)의 근간은 주디스 개러
드 박사가 저서 『쉬운 건강 과학 문헌 리뷰Health Sciences Literature Review Made
Easy』에서 제안한 매트릭스 방식을 토대로 했으며, 문헌을 읽지 않고도
(문헌을 입수하지 못해도) 기계적으로 작성할 수 있도록 고안한 간단한 방

법이다.

차례는 책과 같은 문서에 들어 있는 장이나 절의 표제어를 정리한 다음, 어느 페이지부터 그 장이나 절이 시작되는지 표시한 것이다.[*] 따라서 그 도서가 어떤 화제를 어떤 순서로 다루고 있는지, 개요와 구성을 간단하게 보여준다. 만약 우리가 개요를 스스로 정리하려면 당연히 내용을 다 읽어야 하겠지만, 차례는 내용을 잘 아는 저자나 편집자가 만들어 제공하는 것이다. 이렇게 제대로 만들어진 차례를 이용하면 통독하기도 전에 서적의 개요와 구성을 파악할 수 있다. 차례 매트릭스는 이를 보다 조직적으로 여러 권의 도서에 적용하는 방법이다.

요즘에는 책을 소유하지 않아도 서적 데이터베이스 등을 이용해 차례를 볼 수 있다. 도서를 읽기는커녕 손에 넣기도 전에 차례 매트릭스를 만들기 시작할 수 있는 것이다. 여러 도서의 개요를 망라해서, 그것을 마치 한 권의 도서처럼 다룰 수도 있다. 차례를 보고 필요한 정보가 적힌 페이지를 찾아보듯이, 차례 매트릭스를 이용해 여러 도서에서 필요한 정보를 쉽게 찾아볼 수 있다. 한 권씩 읽는 독서의 한계에서 벗어나 '면의 독서'로 옮기는 준비 과정이다.

또한 차례 매트릭스를 이용하면 특정 분야 도서들에서 공통으로 등장하는 주제가 무엇인지, 일부 도서에만 등장하는 주제는 또 무엇인지 알

---

* 그리스의 철학자이자 역사가인 크세노폰이 지은 『아게실라오스(Agesilaos)』에 따르면, 차례를 발명한 사람은 정치변론술의 창시자로 유명한 시칠리아인 코락스(Korax)라 한다. 그러나 프리우스의 『박물지(Naturalis Historia)』, 이시도르의 『어원론』을 제외하면 고대부터 중세 초기 서적에는 차례가 없었다. 12세기에 들어서면서 기독교회 규율을 망라한 『모순되는 교회법 조문들과의 조화(Concordia discordantium canonum)』나 널리 신학 교재로 쓰인 『명제집(Libri Quatuor Sententiarum)』 같은, 두껍고 내용 검색이 필요한 서적에는 차례가 붙었으며, 1250년대에는 상업적으로 만들어진 사본에 차례를 붙이는 게 기본이었다.

수 있다. 이런 특징 때문에 차례 매트릭스는 문헌 조사의 초기 단계에서부터 쓰는 것이 좋다.

책과 책 사이를 연결하는 통로

차례 매트릭스 자체는 차례·표제 데이터를 집어넣기만 하면 되기 때문에 기계적으로 작성할 수 있다. 하지만 사고를 거치지 않고 기계적으로 쓰기만 하면 기억에 남기가 어렵다. 이런 결점을 보완하기 위해 차례 매트릭스에 기록한 정보를 다시 읽으면서 다듬어보는 것이 좋다. 비슷한 내용의 항목이나 그 밖에 관련성이 있을 법한 항목을 찾아내 선으로 이어주는 것이다. 선으로 연결하기 위해서는 차례 매트릭스에 모인 정보를 이해하고 대조하며 비교하는 과정이 필요하다.

이런 작업을 통해 우리는 차례 매트릭스를 자기 것으로 소화할 수 있다. 정보를 처리하면서 차례 내용의 이해도가 깊어지고, 불명확한 부분이나 더욱 이해가 필요한 곳도 짚어내게 된다. 유사한 내용끼리 연결해놓은 매트릭스를 옆에 두고 문헌을 읽다 보면 '이 주제에 관해 다른 문헌은 어떻게 설명하지?' 혹은 '다른 문헌에서 좀 더 쉽게 설명하지 않았을까?'라는 생각이 들 수 있다. 그 순간 어떤 문헌의 어느 부분을 참조하면 좋을지 바로 자신이 만든 매트릭스가 가르쳐준다.

이처럼 문헌들 사이에 앞으로 몇 번이고 드나들 수 있는 여러 줄기의 '연락통로'가 설치되는 셈이다. 이 연락통로는 우리 뇌의 시냅스*가 그러

---

* 신경 돌기 말단이 다른 신경 세포와 접합하는 부위를 말한다. 이곳에서 한 신경 세포에 있는 흥분이 다른 신경 세포에 전달된다.

하듯, 쓰면 쓸수록 강화된다. 차례 매트릭스에 기록된 각 문헌을 연락통로를 오가면서 몇 번이고 읽을 것이며, 자신만의 독자적인 방식으로 서로를 이을 것이다. 이처럼 문헌들을 한꺼번에 다룰 수 있는 차례 매트릭스를 거듭 활용하자. 이것은 여러분과 여러 문헌을 융합하는 용광로 역할을 할 것이다.

공부법 29 인용 매트릭스

자료 간의 관계를 훑어본다

❶ 수집한 문헌의 제목 등을 표의 제일 윗단에 적는다.

입수한 문헌을 왼쪽부터 오른쪽으로 적어나간다. ❷의 다음 단계에서
피인용 문헌으로 적은 문헌도 입수할 수 있다면 표의 제일 위, 인용하는
문헌 칸에 추가한다.

❷ 표의 왼쪽 끝에 참고문헌 리스트를 옮겨 적는다.

표의 왼쪽 끝에는 피인용문을 나열한다. 입수한 문헌의 참고문헌란에서
모은 문헌 중 중복되는 것을 제외하고 표의 위에서 아래로 적는다.

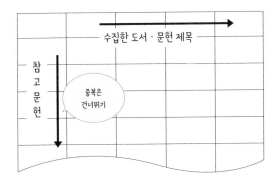

❸ 왼쪽 세로 열에 문헌이 나오는 부분을 골라 기입한다.

입수한 논문을 하나하나 읽으면서 본문 및 주석에서 참조한 다른 문헌
의 내용을 찾아 인용 매트릭스의 해당 칸에 기록한다. 입수한 논문 중 하

나를 읽으면서 그 문헌이 대응하는 세로 열을 채우고, 하나의 문헌을 마치면 다음 문헌으로 옮겨 대응하는 다른 세로 열을 채우는 방식으로 작업한다. 이 작업을 마치면 인용 매트릭스가 완성된다.

	문헌 가	문헌 나	문헌 다	문헌 라
참고문헌 A	●●●●●●●●●			
참고문헌 B	●●●●●●			
참고문헌 C	●●●●●●			
참고문헌 D	●●●●●			
참고문헌 E	●●●●●●			

> 왼쪽 단의 문헌에 인용문이 있으면 그 전체 문장을, 평가하는 내용이 있으면 그 부분을 발췌한다.

❹ 자주 언급되는 순서대로 피인용 문헌을 정렬한다.

인용 매트릭스에서 하나하나 붙은 칸들은 표 상단에 열거된 인용 문헌과 왼쪽 단에 열거된 피인용 문헌과의 참조 관계를 나타내며, 칸 안에는 참조한 내용(인용 문헌이 피인용 문헌을 어떻게 요약하고 어떤 식으로 평가하는가 등)이 적혀 있다.

다음 단계로, 채워진 칸의 수를 세어(엑셀의 COUNTA함수 등을 이용해) 수가 많은 순서대로 피인용 문헌(각 행)을 정렬하자. 이 작업을 거치면 훨씬 많이 참조된 문헌이 표의 윗부분으로 올라온다. 입수한 논문이 적으면 피인용 숫자에 차이가 별로 생기지 않을 때도 있는데(최대 인용 수 = 수집한 논문 수이므로), 그런 경우에는 언급 횟수(LENB함수를 이용해)나 언급 내용에 맞추어 피인용 문헌(각 행)을 재정렬하면 된다.

많은 순서대로 정렬

	인용된 횟수	문헌 가	문헌 나	문헌 다	문헌 라
문헌 Z	256				
문헌 H	160				
문헌 B	125				
문헌 Q	70				
문헌 D					

(문헌 Z가 문헌 가, 나, 다…에 인용된 수의 합계)

❺ 인용하는 쪽 문헌을 정렬한다.

채워진 칸의 숫자 등으로(많을수록 왼쪽) 재배열할 수도 있다.

인용·참조하는 문헌의 많고 적음이 논문의 질이나 중요도에 직접 영향을 주지는 않으나, 논문의 종류(가령 총설 논문은 여러 논문을 참조한다)를 시사하고 있을지도 모른다. 소프트웨어에 의존하기보다 직접 눈과 손을 이용해 분류·재배열해야 훨씬 많은 정보를 얻을 것이다. 예를 들면, 인용하는 쪽 문헌(각 열)을 발행 연도순으로 재배열하면 연대에 따라 참조되는 문헌이 바뀌었다거나, 반대로 시대에 상관없이 꾸준히 참조되는 문헌이 있다는 것을 깨닫기도 한다. 어느 연대까지는 참조·인용되었던 문헌이 일정 시점 이후 참조·인용되지 않게 되기도 하고, 어떤 문헌은 모든 연대에서 참조·인용되고 있다는 사실이 인용 매트릭스에 드러나는 것이다. 마찬가지로 저자별, 그룹별, 분야별로 인용하는 쪽의 문헌을 정렬하면 특정 저자나 그룹, 특정 분야의 연구만 참고·인용하는 문헌, 혹은 분야를 가리지 않고 두루두루 참고·인용하는 문헌이 보인다.

많은 순서대로 정렬 →

인용된 횟수	인용된 횟수	문헌 가	문헌 나	문헌 다	문헌 라
인용한 횟수		12	10	5	3
문헌 Z	256				
문헌 H	160				
문헌 B	125				
문헌 Q	70				
문헌 D					

(말풍선) 문헌 '가'가 문헌 Z, H, B… 중 몇 개의 문헌을 인용했는가

❻ 인용 매트릭스를 해독한다.

인용 매트릭스는 문헌 사이의 참조 관계를 내용까지 포함해 망라하는 도구다. 문헌을 조각조각으로, 혹은 단독으로 읽었을 때는 찾기 힘들었던 다음과 같은 문헌 사이의 관계도 인용 매트릭스를 통해 윤곽이 드러난다.

문헌이 어떤 평가를 받았는지 알 수 있다

왼쪽 단부터 한 행(피인용 문헌)을 골라 옆으로 읽어가다 보면 그 피인용 문헌을 참조한 여러 논문이 어떤 말을 하는지 비교할 수 있다. 여러 건의 논문이 같은 말을 하고 있다면 그 피인용 문헌에 대한 견해나 평가를 공유했다는 뜻이다. 반대로 여러 건의 논문에서 엇갈리는 의견을 펼친다면 그 피인용 문헌에 관한 견해나 평가는 논지에 따라 달라짐을 추측할 수 있다.

기본적인 문헌이 어떤 것인지 알 수 있다

인용된 횟수에 맞추어 재배치하면 자주 인용·참조되는 문헌일수록 인용 매트릭스 상단에 위치한다. 인용 매트릭스에서는 여러 건의 문헌에 어떻게 언급되는가를 정리해 읽을 수 있다. 여러 건의 문헌에서 인용·참조되고 게다가 기본 개념이나 접근법까지 언급된 문헌은 그 주제에 관해 반드시 살펴보아야 할 기본 문헌이라 생각해도 좋다.

연구·문헌의 분포도를 안다

앞서 언급한 대로 인용 매트릭스에서 몇 가지 그룹을 발견하기도 한다. 그룹별로 반드시 인용·참조하는 기본 문헌이 다를 수도 있는데, 그것이 다른 학파나 접근법에 기초하는 연구집단이 존재함을(그것들 간의 격차까지) 의미할 수도 있다.

인용 매트릭스에서 다룬 문헌들에 대해 요소 매트릭스(공부법 30, 247쪽)를 만들면 그룹 간의 차이를 알 수 있다. 가령 어떤 그룹의 문헌은 A라는 방법론을 써서 연구했는데 다른 그룹은 B라는 방법론을 썼다는 식으로. 이 과정을 통해 독학자는 요소 매트릭스 단계로 이동할 수 있다.

문헌을 하나만 읽고서는 그 가치를 알 수 없다

문헌 간의 관계를 분석하기 위해 고안한 인용 매트릭스[9]는 학술문헌을 중심으로 신뢰할 만한 문헌 대부분은 다른 문헌에 어떻게 참조·인용되었는지 명시한다(공부법 21: 문헌 파헤치기, 167쪽). 인용 매트릭스는 '다른 문헌에 참고된 것'을 다시 정리하고, 문헌 간 참고 관계를 한눈에 파악할 수 있도록 했다.

앞서 소개한 차례 매트릭스가 여러 문헌의 내용을 한 번에 훑어볼 수 있는 것이라면, 인용 매트릭스는 여러 문헌 간의 '사이와 관계'를 훑어볼 수 있는 것이라고 할 수 있다. 각각 흩어진 문헌이라기보다 문헌 간 연결, 그 네트워크가 만들어낸 문헌 공동체를 부각하는 것이다.

문헌의 가치나 의의는 그 문헌 하나만 보고 판단하기 어렵다. 다른 문헌들에서 해당 문헌을 참조하고 있는지, 어떻게 언급하고 있는지가 문헌의 가치나 의의를 판단하는 하나의 재료가 된다. 그 분야에 익숙하지 않은 문외한으로서는 각각의 문헌이 신뢰할 수 있고 중요한지, 반대로 아무도 인정하지 않는 엉터리인지 판단하기 어렵다. 이럴 때 인용 매트릭스를 이용하면 다른 문헌에 인용, 참조, 언급된 것을 모아 문헌마다 정리하게 된다. 즉 그 문헌을 참조한 문헌이 얼마나 많은지 알고, 다른 문헌에서 언급한 내용을 한꺼번에 읽을 수 있다. 이것은 생소한 분야에 도전하고, 선배 연구자들을 두지 못할 수도 있는 독학자에게 귀한 이득이다.

획기적인 연구와 파생적인 연구

학술연구의 전개를 단순화해서 그림으로 나타내면 오른쪽과 같은 모양이 된다. 때때로 드러나는 획기적 연구 후에는 수많은 파생적 연구가 탄생하고, 그 분야의 연구는 번영기에 접어든다. 그러나 결국 그 기세는 무너지고 연구도 줄어드는 쇠퇴기로 접어든다. 그 후 새로운 획기적 연구가 탄생하면 다시 번영기가 시작된다.

무엇이 획기적 연구인지 탄생 초기에는 모르는 경우도 많다. 나중에 돌아보니 그 연구를 기점으로 많은 연구가 속출하고, 그 시작이었던 연구는 역시 획기적이었다는 평을 얻는다. 문헌끼리의 참고 관계를 밝히면 이런 연구들의 관계를 확인할 수 있기 때문에 획기적 연구는 어떤 것인지, 그곳에서 생성된 파생적 연구는 무엇인지 알 수 있다. 여러 획기적 연구와 그것을 핵으로 한 연구 클러스터도 파악된다.

획기적 연구라 할지라도 나중 연구에서 오류가 지적되거나 (부분적이라 해도) 그릇되었음을 알게 되기도 한다. 방법이 조잡했거나 후발 연구만큼 세련되지 않은 것도 있다. 그러나 획기적 연구가 획기적인 이유는, 그 후 많은 연구자가 도전하고 싶은 중요한 문제를 제기했기 때문이다. 그 문제를 풀기 위해 해당 연구만으로는 부족하고, 많은 연구자에 의한 다양한 접근이 필요했기에 그 후 많은 연구가 탄생하는 것이다.

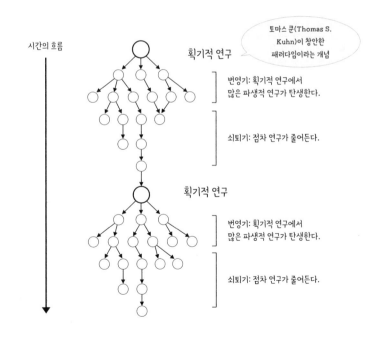

'거인의 어깨'는 그물망처럼 얽혀 있다

문헌 파헤치기(공부법 21, 167쪽)에서도 언급했듯이 학술연구에서는 인용·참고 관계를 명시해놓기 때문에 각각의 의존관계나 파생관계를 추적하는 일이 어렵지 않다. 인간의 지적 활동이나 그로 인한 문화의 산물은 독립적으로 존재할 수 없다. 선구자에게서 아무것도 얻지 않고 영향을 받지 않은 것이 없다. 우리가 공경해 마지않는 거인의 어깨는 이처럼 영향을 주고받는 네트워크로 구성된 것이다. 이런 영향 관계에 대한 정보를 수집할 수 있으면 인용 매트릭스는 학술문헌 이외의 것에도 이용할 수 있다.

여러 자료를 관통하며 읽는 기술

❶ 문헌을 수집해 연대순으로 나열한다.

❷ 매트릭스로 뽑아낼 요소를 정한다.

자신이 문헌을 조사하는 목적과 수집한 문헌을 대조해서 요소 매트릭스의 주제를 결정하게 되므로 어떤 주제로 매트릭스를 만들지는 정하기 나름이다. 그러나 다음 3가지 주제는 거의 필수적이라 요소 매트릭스의 제일 왼쪽 세 열을 차지한다.

(a) 저자, 제목, 게재지 등의 서지정보: 각 문헌에 접근 가능하도록

(b) 발행 연도 등: 연대순으로 정렬하기 위해

(c) 문헌의(연구) 목적: 목적이라 명시되거나 가설 및 연구 과제로 표시된다.

덧붙여, 다음 내용은 연구 논문을 대상으로 한 요소 매트릭스에 자주 등장한다.*

(d) 독립 변수와 종속 변수**

• 서적의 경우는 구성이나 포함되는 내용이 다양해서, 모아놓은 서적에 맞추어 독자적인 요소를 선택해야 한다. 먼저 차례 매트릭스를 만들어 공통요소를 찾아낸 후에 요소 매트릭스로 옮겨가면 효과적이다.

•• 많은 경우 연구가 해명하고자 하는 의문(연구 과제)는 끝까지 파고들다 보면 '무엇이 무엇에 영향을 미치는가'라고 표현할 수 있다. 영향을 주는 쪽 데이터를 설명 변수 또는 독립 변수라 하고 영향을 받는 쪽 데이터를 목적 변수 또는 종속 변수라고 한다.

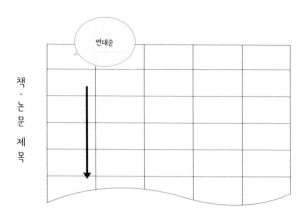

'흡연이 폐암에 미치는 영향'에 관한 연구라면 '흡연의 양(빈도)'이 독립 변수, '폐암의 발생률'이 종속 변수다.

(e) 연구 디자인(연구의 종류: 사례 보고 등의 기술적 연구인지, 관찰 연구인지, 실험 연구인지)

(f) 연구 대상(수, 단위, 속성)

(g) 데이터 세트, 데이터 소스

(h) 데이터의 수집 방법과 수집 시간

(i) 사용된 지표나 척도

(j) 통계 분석의 방법과 전제 조건

(k) 해당 연구의 저자가 기록한 의의·장점

(l) 해당 연구의 저자가 기록한 단점

(m) 인용문헌

(n) 자금 제공자

…

(z) 상기 항목에 관한 매트릭스 작성자의 판단이나 코멘트

추출하는 요소 →

	서지 정보	발행연도	목적	피험자	과제
문헌A					
문헌B					
문헌C					
문헌D					

❸ 선택한 요소를 문헌에서 뽑아내 매트릭스를 채운다.

❷의 단계에서 추출해야 할 요소와 그것을 정리하는 포맷을 정해놓았으므로 이 작업은 여러 명이 나누어 진행할 수 있다. 이 경우에는 한 사람이 하나의 문헌에 대해 모든 주제를 채우는 방식과 특정 주제에 관해 모든 문헌을 담당하는 방식이 있다.

	서지 정보	발행연도	목적	피험자	과제
문헌A					
문헌B				항목을 채운다	
문헌C					
문헌D					

❹ 완성한 요소 매트릭스를 읽으면서 느낀 점을 문장으로 기록한다.

특정 주제나 분야의 문헌을 수집해서 요소 매트릭스를 만들면 그 안의 문헌 대부분에(때로는 모든) 공통된 사항이나 특정 문헌에만 표현되는 내용 등이 나타난다. 요소 매트릭스를 작성 중에 깨달은 점이나 완성 후에 다시 읽어보면서 발견한 점 등은 새로 문장으로 적어둔다.

요소 매트릭스의 주제(항목) 열을 세로로 보면 다음과 같은 점을 알 수 있다.

- 이 주제는 누가 연구하는가? 누가 협력하는가? → 저자, 연구 협력자의 예
- 이 주제는 어디에서(어느 기관에서) 연구하는가? → 저자의 소속 기관의 예
- 이 주제의 연구에서 반드시 (또는 빈번하게) 인용되는 문헌은? → 인용문헌의 예
- 이 주제의 연구자가 자주 이용하는 데이터 세트는? → 데이터 세트의 예
- 이 주제의 연구에 비용을 투자하는 주체는? → 자금 제공자의 예

요소 매트릭스에서는 문헌을 연대순으로 정렬했다. 이로써 특정 주제나 분야의 연구에 관해 통계 이론에 쓰이는 시계열에 맞추어 추이를 파악할 수 있다.

- 이 주제의 연구에서 초기에 쓰인 연구 디자인은? (사례연구?)
- 이 주제의 연구에 RCT(Randomized Controlled Trial, 무작위대조시험)가 언제부터 쓰였나? → 모두 연구 디자인의 예를 위에서 아래로 읽으면 알 수 있음

더 나아가 표에 나타나는(실시된) 공통점뿐 아니라 드러나지 않은 공

통점, 즉 아직 이 주제의 연구에서 행해지지 않은 것, 빈약한 부분 등도 요소 매트릭스를 통해 알 수 있다. 발견된 연구의 공백 지대나 빈약한 부분은 앞으로 연구에 초점을 맞추어야 할 곳인지도 모른다.

- 이 주제의 기존 연구에서 대상자는 거의 성인 → 10대를 대상으로 한 연구는 아직 적음
- 이 주제의 기존 연구에서 A 방법, B 방법과 대조한 것은 있으나 C 방법에 대해서는 아직 존재하지 않음

여러 권의 책이나 논문을 관통해 읽는다

요소 매트릭스는 표를 이용해 복수의 문헌을 다루는 문헌 매트릭스 기법 중 하나이며 각 문헌에서 공통된 요소를 추출해 비교 대조하는 방법이다.

앞서 소개한 차례 매트릭스와 인용 매트릭스는 앞서 언급한 주디스 개러드 박사의 저서에서 소개된 매트리스 방식에서 힌트를 얻어 개발했으므로, 이 책에서는 원래의 매트릭스 방식을 요소 매트릭스라고 부르겠다.

3가지 매트릭스가 복수의 문헌을 표로 정리하고 한눈에 살피며 분석한다는 공통점을 지니지만, 차이도 있다. 우선 차례 매트릭스나 인용 매트릭스는 미리 정해놓은 요소, 즉 차례 매트릭스에서 차례의 항목이나 표제, 인용 매트릭스에서 인용출처 등을 기계적으로 뽑아내어 작성할 수 있는 데 반해, 요소 매트릭스에서는 어떤 항목을 고를지 미리 정해두지 않고 작성자가 자신의 목적과 관점에 비추어 선택해야 한다. 따라서 차례/인용 매트릭스는 문헌 탐색 초기부터 문헌 모으기와 매트릭스 작

성을 병행해야 하지만, 요소 매트릭스는 수집한 문헌 전체를 대충 훑은 후에 내용이나 경향을 파악해서 작성해야 한다. 요소 매트릭스는 수집한 문헌을 관통해서 복수의 관점에서 읽을 수 있는 환경, 즉 외부장치를 제공해준다. 하나의 문헌만 보아서는 드러나지 않는 그 분야나 주제에 공통된 배경이나 문맥도 이런 다축적인 비교를 통해 분명해진다.

또 요소 매트릭스는 현재 이루어지는 문헌 조사에 새로운 목표를 부여한다. 이 표를 만들어 내용을 채우고 스스로 생각한 여러 힌트를 따라 문헌끼리 비교하고 유사점과 차이점, 경향을 발견할 수 있다. 이렇게 수집한 문헌을 통해 어디까지 아는지, 어느 방면이 취약한지 알 수 있다. 그러면 향후 어떤 것을 찾아야 하는지, 또 어떤 단서를 잡아 문헌을 읽어야 하는지 확실해진다. 요소 매트릭스라는 표 하나로 여러 토픽으로 중첩된 제유법을 이용한 독서(153쪽)가 가능해진다. 이렇게 완성된 요소 매트릭스는 몇 번이고 재활용 가능한 지적 중간생산물이라는 것을, 시간이 흐른 뒤 요소 매트릭스를 다시 열어보았을 때 통감할 것이다.

그러므로 지금 자신이 요소 매트릭스에서 얻은 것을 기록으로 남기는 것은 의미가 있다. 나중에 자신의 내면이 얼마나 어떻게 변화했는지 확인할 수 있기 때문이다.

수많은 문헌에 매몰되지 않고 처리하기 위한 외부장치

자기 생각이라 떳떳하게 내세울 만한 근거를 만들어내려면 정보를 선택적으로 추출하고 그것들을 정합적으로 연결하고 논리적으로 관계를 부여해야 한다. 이를 위해 요소 매트릭스로 뽑아낸 다양한 내용을 재확인하고 조합해 대조하면 도움이 된다. 이런 과정을 통해 독학자의 인식은 깊어지고, 단지 바라보기만 해서는 얻지 못했을 발견을 얻을 수 있다(적어도 가능성은 커진다).

하나의 요소 매트릭스에서 몇 번이고 다른 발견을 건져내는 일, 그리고 같은 문헌들의 세트에서 다른 요소 매트릭스를 만들어내는 일은 다수의 문헌이 담고 있는 지식을 다양한 각도에서 꺼내어 처리하는 발판이 된다.

수많은 문헌을 손에 넣었다 한들, 그것들이 자신의 사고능력이 따라가지 못할 정도로 얽히고설켜 혼란을 일으키기만 한다면 오히려 그 안에 파묻혀버릴 것이다. 집중이라는 인지적 자원은 유한하다. 인간이 한 번에 의식을 나눌 수 있는 대상의 수는 생각보다 적다. 초인도 아니고 석학도 아닌 우리가 많은 문헌을 자유자재로 다루려면 지원군이 필요하다. 요소 매트릭스는 그것을 위한 외부장치를 만들어 활용하는 방법이다.

11장

정보를 검증한다

독학을 하면 상호 피드백을 주고받기 어렵기 때문에 혼자만의 생각에 빠지기 쉽다. 반대로 독학으로만 얻을 수 있는 강점은 무엇일까? 독학자는 배우는 쪽과 가르치는 쪽 모두의 역할을 해야 한다. 배우는 쪽에서 진보하면 가르치는 쪽에서도 진보한다. 이렇게 발전하기 위해 바람직한 피드백이 오고 가면 독학에서의 배움은 기하급수적으로 향상한다.

하지만 이건 독학의 가능성인 동시에 위험성이기도 하다. 배우는 쪽(가르치는 쪽)이 자칫 잘못하면 상대방도 반드시 실수하기 때문이다. 좋은 쪽으로만 발전하는 게 아니라, 나쁜 쪽으로 흐른 경우에도 그 변화는 급격해진다. 독학을 하면 외부에서 가이드나 체크를 거의 받을 수 없으니까 이상한 생각에 빠지거나 황당한 논리에 사로잡히면 아무도 못 말리고 점점 이상한 방향으로 빠져버린다. 누군가에게 가르침으로 인도받는 것보다 질이 나쁘다고도 할 수 있다. 또 실제로 누군가에게 가르침을 받는 경우에도 스승이 제자에게 미치는 영향만큼 제자가 스승에게 주는 영향도 있으니, 선한 피드백은 독학의 전매특허도 아니다.

배움은 인간에게 필연적인 것이다. 처음에 말한 것처럼, 타고난 인지적 능력만으로는 지금과 같은 거대하고 복잡한 사회를, 그것을 지탱하는 지식을 유지하지 못한다. 그러나 무엇을 어떻게 배우느냐는 독학자가 선택하는 것이다. 인생은 길지 않다. 어차피 독학을 할 거라면 제대로 된 것을 배우는 게 낫지 않을까?

어떻게 하면 황당한 논리를 구분하고 그런 길로 빠지지 않을 수 있을까? 그건 사기를 당하지 않으려면 어떻게 해야 하는지 묻는 것이나 마찬가지다. 사람들은 자신은 사기당할 리가 없다고 생각하고, 부주의해서 피해를 본다고 생각한다. 하지만 사기는 인지의 취약성을 교묘하게 파고드는 것이다. 그게 가능하므로 범죄자들이 사기를 모방하고 전승하면서 살아남는다. 이른바 적자생존이다. 인지의 취약성은 인간이 진화 과정에서 획득한 특성 그 자체이므로, 아무리 현명하거나 지식이 풍부해도 인지의 취약성을 찌르는 함정에는 누구든 걸려든다고 생각하는 게 낫다.

그렇다고 사기꾼이 이 세상을 지배한다는 말은 아니다. 앞서 인간은 실패와 극복을 반복한 역사를 통해 개인으로서는 극복하지 못할 문제를 집단·사회·문명의 차원에서 극복해왔다고 했다. 사기라는 개념을 만들어 범죄로 간주해 처벌하는 구조를 만들고, 사기 수법에 이름을 붙여 공유하고, 주의하도록 계몽할 수 있게 된 것도 그런 개인 단계를 넘어서 축적해온 극복의 예다.

사기를 박멸하지 못해도 대처법을 사회적으로 구축해온 것처럼, 인류는 황당한 지식과도 싸워왔다. 생체에서 증식하는 병원균이나 바이러스의 전략이 다양한 것처럼 인간 사회에서 증식하는 황당한 사고, 인지의 취약성을 공격하는 인지 바이러스*는 가지각색이지만, 그중에서도 큰 특징이자 공통점은 검증하기를 거부한다는 것이다. '이것을 의심하다니 천벌을 받을 거야!'와 같은 비판이 그런 예다.

또한 신념은 사실에 대한 믿음이지만, 사실과 맞지 않는 신념은 피하는 게 좋다. 사실에 기반하지 않은 신념을 받아들이면 그 신념과 일치하지 않는 다른 신념을 갖기 힘들어진다. 이게 바로 인지적 불협화음이다. 인간의 마음은 일관성을 존중한다. 신념 사이에서 정합성을 유지하려고 하면 비사실적인 신념에 의한 오염이 도미노처럼 퍼질지도 모른다. 그렇게 사실과의 부정합이 발생하면 신념과 사실을 맞추는 것 자체가 귀찮고 부담스러워지며, 사실 자체를 회피하게 된다. 이러면 더욱 검증을 거부하는 인지 바이러스에 감염되기 쉽다. 인지의 면역기능이 저하된다는 말이다.

그러면 일상에서 짜증나는 일을 잊어버리기 위한 환상 같은 걸 포기해야 할까? 신념은 사실에 관한 사고라고 했다. 반면 환상은 '이것은 거짓이다'라는 자격으로 보호받은 영역이다. 사실에 맞추지 않으면 안 되는 신념과는 별개라는 말이다. 오히려 사실이나 신념과 거리를 두는 방법을 배울 기회다. 거리 두는 방식을 배워두면 지금은 정보가 부족해서 옳고 그름을 판단하기 힘든 신념을 다룰 때도 도움이 될 것이다.

---

* 이하의 인지 바이러스에 대항하는 방책은 키스 스타노비치의 『로봇의 반란(The Robot's Rebellion)』에 나오는 '유해한 밈을 피하기' 위한 논의를 참고했다. 밈(meme)은 모방을 뜻하는 'min'에 '~소(素)'를 뜻하는 접미사 '-eme'를 붙여 줄인 말로, 진화생물학자인 리처드 도킨스가 『이기적 유전자』에서 처음으로 제시한 신조어다. 인간의 뇌에서 뇌로 복제되어가는 자기 복제자로서 상정되었고, 마찬가지로 자기 복제자인 유전자에 대한 이론(진화론)을 문화 현상에 적용하는 길을 열었다.

그렇다고 인터넷 사이트는 무조건 배제하고 책만 보라는 말은 아니다. 유감스럽게도 세상에는 부정확한 도서, 게다가 일부러 틀린 내용을 실어 퍼뜨리는 책도 존재한다. 출판 세계는 학술 분야의 커뮤니케이션과 비슷해서 일종의 성선설을 기본에 깔고 있다. '책에 쓰인 내용은 대부분 옳다'는 것을 전제로 하기에 들어본 적도 없는 저자가 쓴 책이라 해도 읽어볼까 하는 동기가 발동한다. 이렇게 새로운 것이 싹트고 서적의 숲이 살아 숨 쉬는 것이다. 이 기대에 부응하기 위해서 한 권의 책이 서점에 진열되기까지 오류나 실수를 가능한 한 제거하도록 보통 이상의 확인 작업을 거치게 되는데, 오히려 그 과정에서 거짓이나 허황된 얘기를 퍼뜨리는 상술이 개입할 수도 있다.

앞서 소개한 책을 찾는 방법이나 서지에 관한 이야기가 그래서 유익하다. 우연히 집어 든 책 한 권에 집중하는 대신, 같은 주제를 다룬 책을 여러 권 찾다 보면 책에 대한 신뢰에 기생하는 가짜 책을 가려내고 제대로 만들어진 책을 구별하는 안목을 갖추게 된다.

책 한 권이 아니라 책들의 숲을 보자. 그러면 어느 것이 기생하는 책이고 어느 것이 다른 책을 보호하고 있는지 차츰 알게 된다. 애초에 어떤 정보나 정보원이건 절대적으로 신뢰할 수 있는 건 없다. 지금 교재에 실린 지식도 미래에는 새로운 데이터나 이론이 등장하면서 전면적으로 부정되거나 부분적으로만 옳은 것이 될지도 모른다. 그런 의미에서 정도의 차이는 있다 해도 모든 지식은 잠정적이다.

그렇다면 무엇을 믿어야 할까? 지금은 옳다고 믿는 것조차 미래에는 뒤집힐지도 모른다는 가능성을 믿어야 한다. 우리가 아무것도 이해하거나 인식하지 못한다면 미래에 더욱 발전된 지식에 의해 뒤집힐 거라고 기대할 수조차 없다. 지금 있는 지식을 의심하는 일은 지식의 미래를 믿는 것이다. 그리고 그곳으로 향하는 인류의 지적 활동이 끊임없이 이어질 거라고 믿는 것이다. 우리가 지금 믿는 지식도 완벽하지 않지만, 어느 정도 믿을 만하다는 생각까지 포함해서 말이다. 현재 우리의 지식은 과거 사람들에게는 미래 지식이었고, 지적 활동의 가능성을 믿고 노력을 거듭해 그때까지의 지식을 뒤집은 끝(미래)에 탄생한 것이다.

정보의 모순을 발견하는 도구

❶ 3×3의 표를 만든다.

세로축을 '상위·동위·하위,' 가로축을 '과거·현재·미래'라고 적는다.

	과거	현재	미래
상위			
동위			
하위			

❷ 사실인지 아닌지 검증하고 싶은 사안을 골라 가운데 칸에 적는다.

아래 표는 규모가 엄청난 지진 발생 반나절 후 SNS에서 '동물원에서 사자가 도망쳤다고 합니다. 조심하세요'라는 피드를 확인했을 때 이것이 정말인지 검토한 것이다.

	과거	현재	미래
상위			
동위		동물원에서 사자가 도망쳤다?	
하위			

❸ '만일 이 사건이 사실이라면'이라는 가정하에 칸을 채워간다.

사건 전에 무슨 일이 있었을지 동위·과거 칸에 적는다. 그다음 사건 후에 어떤 일이 일어날지 동위·미래 칸에 적는다. 생각이 안 나는 칸은 비워둔다.

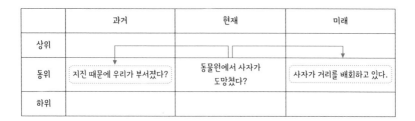

	과거	현재	미래
상위			
동위	지진 때문에 우리가 부서졌다?	동물원에서 사자가 도망쳤다?	사자가 거리를 배회하고 있다.
하위			

❹ ❸의 동위·과거, 동위·미래에 대해 '만일 이 사건이 사실이라면'이라는 가정하에 칸을 채운다.

'더욱 넓은 단위·스케일로는 무슨 일이 일어나고 있을지' 상위·과거/상위·미래의 칸에 적는다. '더욱 좁은 단위·스케일로는 무슨 일이 일어나고 있을지' 하위·과거/하위·미래의 칸에 적는다. 생각이 안 나는 칸은 비워둔다.

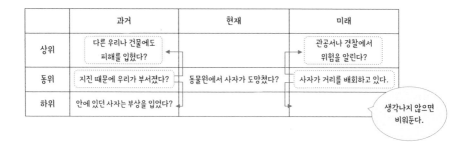

	과거	현재	미래
상위	다른 우리나 건물에도 피해를 입었다?		관공서나 경찰에서 위험을 알린다?
동위	지진 때문에 우리가 부서졌다?	동물원에서 사자가 도망쳤다?	사자가 거리를 배회하고 있다.
하위	안에 있던 사자는 부상을 입었다?		

생각나지 않으면 비워둔다.

❺ 칸끼리 정합성을 확인한다.

비어 있는 칸의 상하좌우 내용에 맞추어 추론해 각 추론 결과에 모순점이 없는지 확인한다. 상위·현재가 비어 있다면, 다음 3가지로 추론한다.

· 상위·과거의 사건이 사실이라는 가정하에 '이 사건 뒤에 무엇이 일어날까?'

· 상위·미래의 사건이 사실이라는 가정하에 '이 사건 앞에 무엇이 일어났을까?'

· 동위·현재의 사건이 사실이라는 가정하에 '보다 넓은 단위·스케일로는 무엇이 일어나고 있는가?'

정보를 입수해 사실 확인이 가능한 칸이 있다면, 추론한 칸의 내용과 일치하는지 체크한다.

	과거	현재	미래
상위	다른 우리나 건물에도 피해를 입혔다?	사자 외의 동물도 도망쳤다? →그런 소문은 SNS에 돌지 않는다	관공서나 경찰에서 위험을 알린다? →알림이 없다.
동위	지진 때문에 우리가 부서졌다?	동물원에서 사자가 도망쳤다?	사자가 거리를 배회하고 있다
하위	안에 있던 사자는 부상을 입었다?	도망친 사자는 부상을 입었다	사자는 쉬기 위해 숨어 있다

모순 있음

사실일 확률 0%

❻ ❺에서 체크한 내용을 바탕으로 조사한 사건이 사실일 확률을 0~100으로 평가한다.

거짓을 간파하는 팩트 체크법

사실에 관한 주장이나 정보는 단독으로는 그럴듯하게 보일 때가 있다. 확인하기 위한 정보가 빈약할 때는 더욱 그러해서, 우리의 지식이나 신념에 비추어 있을 법한 일은 물론 '절대로 없다고는 할 수는 없는' 정도의 일까지 어느 정도 믿어버린다. 그러나 사안은 흩어져서 발생하지 않는다. 서로 원인과 결과가 되기도 하고 더욱 큰일 중 일부로 발생하기도 한다. 모순이 있느냐 없느냐는 거짓을 꿰뚫기 위해 가장 중요하면서도 널리 쓰이는 확인 사항이다. 모순에 대한 우리의 센서는 꽤 민감하다. 상대가 하는 말이나 어조, 표정에 모순이 없는지 우리는 항상 무의식적으로 확인하면서 그렇게 말의 신용도를 측정한다. 검증하고 싶은 정보가 사실에 관한 것이라면, 시간상 전후 관계나 그 사실이 일부가 되는 큰 사안, 혹은 그 사실의 일부인 작은 사안에 대해 추론하고 대조함으로써 안개에 가려졌던 거짓을 파헤칠 만하다. 정보가 부족하다면 이것만으로 사실인지 아닌지 결정할 수는 없지만, 정보를 곧이곧대로 받아들이는 위험으로부터 거리를 두고 냉정해질 계기를 얻을 수는 있다.

창의적 문제 해결 이론에서 쓰이는 '9화면법'

타임 스케일 매트릭스는 TRIZ[*]의 사상 중 하나인 '공간과 시간과 인터 페이스에서의 사고'[**]와 이것을 도구화한 9화면법9-Window Method을 응용 해서 사실에 관한 정보를 검토하는 기법이다. TRIZ에서는 가장 강력한 기술 혁신이 현상의 모순을 발견해 해소함으로써 이루어진다고 본다. 그렇기에 모순 발견을 위해 다양한 도구를 마련하고 있으며, 9화면법은 그중 하나다.

우리의 일상적인 생각은 특정 시간과 장소, 대부분 지금 여기를 중심 으로 하는 비교적 좁은 범위에 집중하는 경향이 있으며,[***] 스케일이 다른 훨씬 거대한 상황이나 훨씬 미세한 측면을 동시에 생각하기는 쉽지 않다.

능숙한 문제해결자는 해결해야 할 문제에 집중할 뿐 아니라 고찰하는 시간이나 공간의 스케일을 스스로 바꾸고, 눈앞의 문제에 영향을 주는 제약(서로 모순되는 요구로 나타남)을 훨씬 넓은 관점에서 해석한다. 특정 시스템을 이해하기 위해서는 그 시스템을 둘러싼 상황(상위 레벨)과 시 스템 내부의 요소(하위 레벨) 양쪽에서 영향을 받을 것, 그리고 어느 단계 에든 지금까지의 경위와 앞으로 나아갈 방향, 즉 원인과 결과가 있음을

- '발명적 문제해결 이론'을 의미하는 러시아어(로마자 표기로는 Teoriya Resheniya Izobreatatelskikh Zadatch)의 앞 글자를 따서 TRIZ라 불린다. 발음은 영어 Trees와 같다. 구소련에서 특허심사관이었던 겐리후 알트슐레르는 업무상 많은 특허를 접하면서, 업종이나 기술 분야가 달라도 문제 해결에는 공통 된 요소가 있을 것이라 생각하고 협력자와 함께 250만 건의 특허를 조사했고 TRIZ의 핵심인 아이디어 나 도구를 개발했다. 페레스트로이카와 소련 붕괴 후 TRIZ는 서방국가에 전파되었고 1990년대 이후 미국을 중심으로 서방국가로 연구의 중심이 옮겨갔다.
- '공간과 시간과 인터페이스에서의 사고'에서 인터페이스란, 시스템 구성 요소 간의 연결이나 관계를 가 리키며 통상적인 의미와는 다르다.
- 이는 책의 서두에서 기술한 시스템1의 특성이다. '9화면법'은 자동적으로 작동하는 시스템1의 작용을 멈추고 시스템2로 전환하기 위해 이용할 수 있는 사고 도구 중 하나라 할 수 있다.

이해할 필요가 있기 때문이다.

9화면법은 원래 제품기획 등 넓게는 문제 해결 자원이나 제약의 검토에 쓰이지만, 타임 스케일 매트릭스에서는 거짓이나 가짜 정보의 모순을 발견하기 위해 응용한다. 거짓으로써 퍼지기 쉬운 가짜 정보는 우리가 믿기 쉬운(또 믿고 싶은) 소망이나 사고 경향을 자극하는 내용이 많다. 타임 스케일 매트릭스는 자연스러운 사고를 일단 정지시키고, 일어난 일에 영향을 미치며 시간적 전후 관계(인과 관계)와 공간적인 내·외부 관계(주변과 내부의 관계)를 빠짐없이 확인함으로써 어긋남이나 모순을 발견하는 방법이다.

공부법 32 4분할표

어처구니없는 주장의 허점을 파헤친다

❶ 검증하고 싶은 주장이나 지식을 'X이면 Y'의 형태로 만든다.

기우제의 효과를 조사하고 싶다면 '기우제를 하면(하지 않으면) 비가 내림(내리지 않음)'이라 적는다.

❷ 아래와 같이 사분할표를 만든다.

인간은 한 가지 현상에 주목하면 그 반대 현상에 주의를 기울이기 어렵다. 이것이 미신이나 편향된 결론을 이끄는 원흉이 된다.

4분할표를 만들면 'X 없음', 'Y 없음'을 생각할 수 있다. 사례나 데이터 수집은 생각이 한쪽으로 치우쳤음을 깨닫고 수정하는 계기가 된다.

	기우제를 지낸다	기우제를 지내지 않는다
비가 내림		
비가 내리지 않음		

❸ 4개의 칸을 사례나 데이터로 채운다.

특히 'X 있음'과 'Y 있음' 외의 사례가 없는지 알아보고 데이터(건수 등)를 입력한다. 기우제라는 주술이 온 세계에 만연한[12] 이유는 많은 전승이 주장하듯 기우제가 반드시 비를 내리게 하기 때문이다. 좀 더 정확하게 말하면 비가 내릴 때까지 기우제 의식이 이어지므로 '반드시 비를 내리게 한다.' 기우제라는 특별한 의식은 기억에, 그리고 기록에 남지만, 아무것도 하지 않은 날에 내린 비는 기억에도 기록에도 남기 어렵다. 너무 당연해서 굳이 지적할 거리도 못 되지만, 비는 기우제를 지내지 않아도 내린다. 일수를 계산한다면 기우제를 지내지 않아도 비가 내리는 확률이 압도적으로 많다. 기우제가 효과가 있다면 '기우제를 한다·비가 내린다', '기우제를 하지 않는다·비가 내리지 않는다'라는 조합만 성립할테지만 그런 일은 없다.

	기우제를 지낸다	기우제를 지내지 않는다
비가 내림	해가 뜬 날 실시하게 한다. (연간 수차례)	해당 지역의 연간 강우 회수와 거의 같은 일수
비가 내리지 않음	통상 일어나지 않는다. (비가 내릴 때까지 기우제가 이어지므로)	365일 동안 그 지역의 연간 강우 일수

비둘기의 미신 실험이 주는 교훈

4분할표는 심리학 박사인 토마스 길로비치가 쓴 『인간 그 속기 쉬운 동물』에서 추천하는 방법이다. 인간의 능력 중 어디까지가 타고났으며, 어디부터 경험에 의한 것인가에 관해서는 아직도 논쟁과 탐구가 이어지고 있으나, 우리가 지식이라 일컫는 대부분이 경험을 통해 배운다는 사실에는 이견이 없다.

경험을 통한 학습의 가장 기초적인 포맷은, 무언가(X)가 일어난 후에 이어서 다른 무언가(Y)가 일어나는 것을 관찰하면 X와 Y 사이에는 연관성이 있다고 생각하게 된다는 것이다. 이 관계의 학습은 곧바로 외부 작용에 응용된다. 말하기는커녕 기어 다니지도 못하는 갓난아기조차 반복적으로 일어나는 사건에서 관계를 추측하고 학습해 외부에 적용하게 된다. 예를 들면, 천장에 매달린 모빌과 갓난아기의 발을 끈으로 연결해놓으면, 아기는 발을 움직였더니 모빌이 흔들리는 모습을 관찰하게 된다. 이처럼 발의 움직임(X)과 모빌의 움직임(Y) 사이에 관계가 있음을 학습한 아기는 적극적으로 다리를 흔들어 모빌의 움직임을 즐긴다.[11]

그러나 사실은 X가 발생한 후 Y가 발생하는 모습을 관찰만 해서는 충분하지 않다. 비둘기의 미신행동에 관한 실험을 예로 들어보자.[12] 스키너 상자는 비둘기가 버튼을 누르면 먹이가 나오도록 세팅되어 있어서, 먹이가 나오면 비둘기는 더욱 버튼을 누르게 된다. 이를 '버튼 누르기'라는 행동이 '먹이'라는 자극으로 강화한다고 말한다(공부법 11: 행동 디자인 시트, 96쪽).

이 설정을 바꾸어 버튼 누르기와 상관없이 랜덤으로 먹이가 나오도록 했다고 하자. 먹이가 나오는 빈도가 그다지 낮지 않다면 비둘기가 버튼을 누른 직후에 우연히 먹이가 나올 수 있다. 물론 버튼을 눌러도 먹이가 나오지 않는 경우도 생기지만, 버튼을 누를 때마다 나오는 게 아니라 수차례 시도에 한 번이라도 먹이가 나온다면, 더디기는 하지만 버튼 누르기 행동이 강화한다. 심지어 매번 먹이가 나올 때보다 먹이가 전혀 나오지 않은 후에도 이 행동이 이어진다. 이런 현상은 당첨 기회가 확률적이라는 도박에서 좀처럼 헤어나지 못하는 이유를 설명할 수 있다.

한편 우연히 버튼을 누른 직후에 먹이가 나온 비둘기는 버튼 누르기와 먹이 사이에 아무런 관계가 없음에도 불구하고, 게다가 버튼을 눌러도 먹이가 나오지 않는 사태를 수차례 겪어도 버튼을 계속 누른다. 그러나 우리는 비둘기를 비웃지 못한다. 이는 인간이 징크스나 미신을 믿는 것을 설명하는 모델이기도 하니까.

다이어트법에도 적용할 수 있다

인간의 이러한 경향은 심리학 등에서 연구되기 전부터 선전을 도모하는
사람들 사이에서는 잘 알려지고 활용되기도 했다. 고전적이면서도 요즘
도 자주 사용하는 방법이라면 성공한 사람들의 체험담이 그 예다. 그 체
험담에서 나오는 얘기는 특별한 방법을 썼다는 것과 성공했다는 사실
뿐으로, 드물고 특이한 경우 2가지를 조합한 것이다.

다이어트에서 성공한 사람은 유감스럽게도 드물고 특이한 경우에 속
한다(대부분 실패하므로). 방대한 종류의 다이어트법 중에서 한 가지를 선
택하는 것 역시 소수이면서 특이한 경우라 할 수 있다. 새로운 다이어트
법을 권하는 책에서는 성공담을 여러 건 실어놓지만, 그 성공담이 극히
일부이고 특이한 경우라는 점, 많은 사람이 다이어트에 실패한다는 점,
그 밖에도 많은 다이어트법이 존재한다는 점에 관해서는 언급하지 않는
다. 즉 성공담은 4분할표에서 왼쪽 위의 칸에만 채워지는 내용이다.

그러나 다이어트법이건 학습법이건, 그 방법이 정말 효과가 있다고
주장하기 위해서는 4분할표의 모든 칸을 검토해야 한다. 그 방법을 적용
하는 내용 외에 완전히 같은 조건의 대조군에 관해서도 결과가 어땠는
지 조사하고 효과까지 비교해야 하는 것이다.*

---

* 교육·학습에 대해 '무엇이 효과가 있는가'를 정리한 책으로는 교육학자 존 해티가 쓴 『비주얼 러닝
(Visible Learning)』이 대표적이다.

시스템2로 돌아가자

미신에 빠지지 않으려면 'X이다 → Y이다'의 경우에만 주목하지 말고 'X이다 → Y가 아니다' 'X가 아니다 → Y이다', 'X가 아니다 → Y가 아니다'라는 다른 조합에 대해서도 발생 여부를 확인하고, 가능하면 각각의 빈도를 측정해 비교해야 한다. 이게 바로 4분할표의 네 개의 칸에서 검토하는 조합이다.

다시 비둘기의 예로 돌아가면 '버튼 누르기 → 먹이가 나온다'는 현상뿐 아니라 '버튼을 누르지 않는다 → 먹이가 나온다', '버튼을 누른다 → 먹이가 나오지 않는다', '버튼을 누르지 않는다 → 먹이가 나오지 않는다'에 관해서도 확인하고 그 빈도를 비교해보면 어떨까? 아래의 표와 같은 결과가 나오면 버튼을 누르건 누르지 않건 먹이가 나오는 것과 관련성이 없음을 알게 될 것이다.

우리 역시 직감에 의존해서는 이런 종류의 문제를 풀 수 없다. 이런 장치의 함정을 알아차리기 위해서는 그 자리에서 받은 자극에 대한 결정을 내리지 말고 치밀하게 데이터를 뽑아 비교할 필요가 있다.

	버튼을 누름	버튼을 누르지 않음
먹이가 나옴	3회	6회
먹이가 나오지 않음	11회	21회

감정이나 직감을 관장하는 시스템1은 빈도나 확률을 잘 다루지 못한다. 둔하기는 하지만 논리와 수를 다룰 줄 아는 시스템2가 나설 차례다.

그러나 시스템2를 작동시키려면, 의식적 수고 없이 재빠르게 자동으로 작동하는 시스템1의 작용을 억제할 필요가 있다. 직감만 믿고 곧장 결론으로 내달릴 것 같으면 '기다려! 이놈은 시스템1이 싫어하는 문제잖아, 4분할표가 필요해' 하고 제동을 걸어야 한다. 하지만 쉽지 않다(아마 눈물을 삼킬 만큼** 어려울 것이다). 그러나 하릴없이 버튼을 누르기만 하거나, 미신인 줄도 모른 채 그 행동을 이어가는 것보다는 나은 결과가 나온다.

이와 같은 스위치 전환이 특히 중요한 이유는, 우리가 감정과 직감만으로는 유지하기 버거운 거대한 사회를 형성한 데다, 감정 및 직감의 취약성을 익히 알고 있으며, 시스템1을 속여먹는 장치로 가득한 세상에 살고 있기 때문이다.

** 이 표현은 비트겐슈타인의 다음 표현에서 유래한다. '철학은 자제를 요구한다. 그리고 그것은 감정의 자제이며 이해의 자제가 아니다. 아마 이것이 많은 사람이 철학이 어렵다고 하는 이유일 것이다. 표현을 자제한다는 것은 때로 눈물을 삼켜야 하고 때론 화를 눌러야 하는일과 거의 같은 어려움일 수 있다.' 철학자 이다 다카시(飯田隆)가 지은 『비트겐슈타인』에도 등장하는데 이다에 의하면 이 한 구절은 '대타자본(The Big Typescript)'이라고 불리는 수기 원본에 포함된 철학에 관한 기술이며 1931년에 쓰여졌다.

공부법 33 툴민의 논증 모델

주장의 근거를 밝혀낸다

기본적인 툴민 모델

❶ 주장(Claim)을 제기한다.

들은 이야기나 읽은 문장 중에서 '주장'을 펼친 부분을 찾는다. 주장은
사실의 서술과 달리 판단을 포함한다. '~해야 한다'라는 주장이 이에 속
한다. '~이다'는 사실을 나타내지만 '~이어야 한다' 혹은 '~라 받아들여
야 한다'로 바꾸어 말해도 의미가 통한다면 주장일 가능성이 크다. 현실
에서 마주하는 대화나 문장에는 여러 개의 주장이 들어앉아 조합된 경
우가 많다. 이럴 때는 개개의 주장으로 분석하거나, 결론에 해당하는 부
분 및 가장 중요한 주장을 찾아낸다.

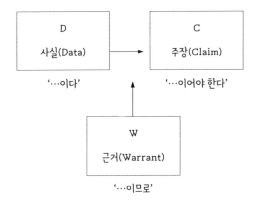

❷ 사실(Data, 증거)을 골라낸다.

사실은 주장과 반대로 판단을 포함하지 않는다. '~이다'를 '~이어야 한
다'라고 바꾸어 말해도 의미가 달라지지 않는다면 사실이 아닐(주장일)

가능성이 크다.

❸ 주장과 사실을 연결하는 근거를 덧붙인다.

주장과 사실을 연결하는 이유 붙이기는 '만일 (사실)이라면 (주장)이다'
라는 형태로 바꾸어 쓸 수 있다. 근거가 명시되지 않는 경우가 많은데,
그럴 때는 추측해야 한다.

❹ ❶~❸의 분석을 표로 정리한다.

예를 들어 레이건 대통령이 재선을 목표로 선거 활동을 하던 중(1984년),
레이건 진영에서 '레이건은 여성의 권리를 존중하는 후보자다(라고 인정
해야 한다)'라고 주장한 내용을 분석해보자. 주장, 사실, 근거의 관계를 아
래와 같은 내용으로 정리할 수 있는데, 이 표만으로는 주장이 옳은지 판
단이 서지 않는다. 여성을 중요한 자리에 앉히는 일은 정말 여성의 권리
를 존중하는 것일까? 그럴 때는 〈구체적인 툴민 모델〉로 넘어간다.

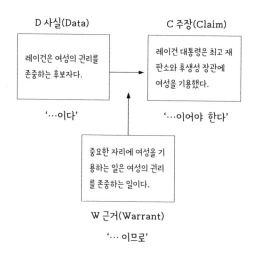

구체적인 툴민 모델

❺ 근거에 대한 지지를 생각한다.

근거가 어째서 성립하는지 뒷받침할 수 있는 근거를 생각한다. 대부분 근거는 이야기나 문장 안에 명시되지 않지만, 깊은 의심에 빠진 사람처럼 그 이유를 자문자답해보자.

❻ 주장이 성립하지 않을 조건·경우(반증)를 생각한다.

우리가 평소에 듣는 주장이 수학의 명제처럼 늘 완벽하게 성립하는 보편타당한 경우는 우선 없다. 많은 경우 주장이 성립해도 예외적으로 성립하지 않는 조건, 바꾸어 말하면 그것이 충족된다 해도 명제가 성립하지 않는 경우가 많다.

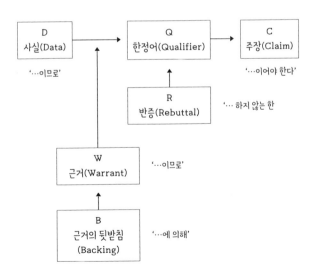

❼ 주장이 얼마나 분명한지 평가한다(한정어).

주장은 얼마만큼의 확률로 성립하는가. 거의 항상 성립하는가, 성립한다면 어느 정도인가 등을 검토해 한정어로 적는다.

❽ ❶~❼의 분석을 도식화한다.

주장, 사실, 근거, 지지, 반증, 한정어의 관계는 아래와 같이 그림으로 정리할 수 있다.

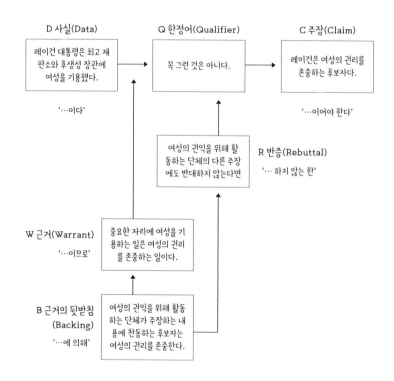

레이건 진영의 '근거의 뒷받침: 여성의 권익을 위해 활동하는 단체가 주장하는 내용에 찬동하는 후보자는 여성의 권리를 존중한다'에 대해, 여성의 권익을 위해 활동하는 단체는 이렇게 반론한다. '레이건은 우리의 활동이나 요구, 이를테면 중절에 대한 권리 승인에 대해 지속적으로 반대해오지 않았는가' 하고 말이다. 이 반증으로 레이건 진영의 당초 주장은 신빙성이 크게 떨어졌다.

툴민이 몰두한 일상에서의 이성 연구

타임 스케일 매트릭스가 일어난 일을 조사하는 기법이라면, 툴민 모델은 주장을 검토하기 위한 기법이다.

툴민 모델은 1958년에 간행된 『논변의 사용』이라는 비형식 논리에 관한 철학서에서 제시되었다. 이 책의 저자 스티븐 툴민은 철학자 비트겐슈타인에게 사사한 철학자로, 앨런 재닉과 공동으로 『비트겐슈타인과 세기말 빈』을 저술한 것으로 유명하다.

툴민은 소년 시절에 역사를 좋아하는 아버지의 영향으로 영국 철학자이자 역사가인 로빈 조지 콜링우드의 책을 즐겨 읽었다. 콜링우드는 질문과 대답의 역사적 전개를 통해 독자적으로 개발한 '문답 논리학'의 관점에서 인간의 사고를 인식하려고 한 인물이다.

툴민이 논증 모델을 고안한 동기는 이런 콜링우드의 영향 외에도 아카데미즘 세계에 발을 들여놓기 전에 물리학을 배우고 제2차 세계대전 중 레이더 기사로서 근무한 경험에서 비롯되었다.

툴민은 새로운 형식논리학을 무기로 과학철학을 구축하려 한 동료나 동시대 과학철학자의 연구에 위화감을 느꼈다. 그들은 물리학의 논리적이고 형식적인 측면에 너무 관심을 집중했으며, 과학자나 기술자들이 현장에서 문제를 다루는 실제 방식에는 관심이 없어 보였다. 툴민은 그들의 관심에서 벗어나 오히려 일상에서의 이성이나 논리의 작용을 주제로 연구했다.

이 영역에서는 동료들이 모델로 하는 윤리학이나 수학의 세계와 달리, 공통의 전제(공리)로부터 시작해 규칙에서 벗어나지 않고 추론했을 때 누구나 같은 결론에 도달한다는 보증이 없다(오히려 전제가 다르기에 우리는 논쟁하고자 한다).

더 말하자면, 실험과학이 추구하는 것처럼 거의 틀림없다고 주장할 수 있을 만큼 충분한 데이터가 마련되어 있지도 못하다. 그렇다고 해서 아무런 논지도 없이 엉터리 주장만 판치는 것도 아니다. 일상의 논쟁 중에는 제대로인 것도 있고 그렇지 않은 것도 있다. 우리는 그것을 현명하게 판단하며 가능한 한 올바른, 더 나은 논쟁을 하려고 노력한다. 이렇듯 일상에서의 이성적인 판단을 다루기 위해서는 수학이나 과학의 세계를 다루기 위해 훈련해온 연역법이나 귀납법과는 다른 방식이 필요하지 않겠는가.

불확실성 속에서도 최선의 판단을 내리는 법

툴민은 이 연구에 착수하면서 법학에서 아이디어를 얻었다. 법률을 다루는 전문가들, 예를 들면 법정에서 다투는 변호사끼리는 서로 다른 전제로 증거와 근거에 기반한 논쟁을 하며, 절대로 틀리지 않는다고 할 수 있을 만큼의 증거(데이터)를 얻지 못하더라도 어떻게든 결착이나 결정을 목표로 하고 결론을 얻지 않으면 안 된다. 우리가 일상적으로 행하는 논쟁이나 판단 역시 마찬가지다.

법정 변론이나 그 밖의 법률적 문제 해결을 위한 결론이나 판단은 수학의 명제처럼 언제 어떤 경우에든 보편타당한 것은 아니다. 어디까지나 특정의 장면·문맥에서 당사자로부터 최대한의 납득(혹은 불만의 최소화)을 끌어내고자 힘쓴다. 그러므로 법률가들은 그 시점에서 가능한 한 최선의 판단과 논쟁을 하려 한다. 그렇지 않으면 모처럼 얻어낸 합의나 판결이 나중에 문제가 되고 최악의 경우 뒤집힐지도 모르기 때문이다. 그렇게 되면 계약이나 법적 결정이 불안정해진다.

논리학의 조상이라 할 만한 철학자 아리스토텔레스는 이런 불확실성 속에서 완전하지 않을지라도 가능한 한 옳게 판단하는 지혜의 작용에 대해서도 고찰했으며 이 작용을 프로네시스, 곧 윤리에 기반한 실천적 지혜라고 했다.

법학jurisprudence은 영어로 juri(법의) + prudence(신중함, 현명), 즉 '법의 신중한 사고'를 어원으로 한다. 툴민이 관심을 기울인, 일상에서 이성이 작용하는 방식 또한 이런 실천적 지혜이며, 툴민 모델은 이런 지혜를 누구나 작동시킬 수 있도록 조직화하고 체계화하려고 했다.

3부

어떻게
배워야
하는가

학습을 고역이라 여기는 사람은 공부법을 연구할 생각은 하지 못한 채 반복 훈련과 암기만 학습이라 믿으며 되풀이한다. 그러다 시험이 끝나고 학교를 벗어나면 배운 내용 대부분을 잊어버리고 돌아보지 않는다. 이런 사람들이 "공부 따위 쓸데없어"라고 공언하며 전문지식보다 세상 돌아가는 이치를 우선시하는 것은 당연하다.

빨간색을 보여주면 '빨강'이라고 발성하도록 훈련받은 앵무새를 상상하자. 우리가 이 앵무새와 달리 '빨강'이라는 개념을 이해한다고 할 수 있다면, 앵무새와 우리는 어디가 어떻게 다른 걸까.

추론주의를 대표하는 철학자 로버트 브랜덤은, 앵무새는 빨강이라는 개념을 집어넣어 추론할 수 없다고 지적한다. 이 앵무새는 '저것은 빨갛다'와 '저것은 푸르다'가 양립하지 못한다고 판단하거나 '저것은 진한 빨강이다'에서 '저것은 빨갛다'를 이끌어내지도, 반대로 '저것은 빨갛다'가 '저것은 색이 있다'라는 의미를 내포함을 알지도 못한다.[1] 또 색에 대해 단순한 반응만 보일 수 있는 앵무새의 발화는 다른 주장의 근거로 쓰이는 일도 없다.

우리는 앵무새는 아니지만, 학교 수업이나 시험에 길든 사람 중에는 일종의 패턴 맞추기만 습득한 이도 있다. 시험문제 속에서 숨은 패턴을 찾을 수는 있어도 다른 패턴은 인지하지 못하고, 심지어 교재나 학교를 벗어난 상황에서는 배운 것을 지식으로 응용하지도 못한다.

학습과학이라는 학문은 학생이 교실에서 배운 것이 '왜 교실 밖에서는 쓸모없어지는가', '어떻게 하면 학교를 졸업한 후에도 도움이 될 수 있도록 지식을 배울 수 있는가' 하는 의문의 답을 찾아왔다. 그 결과, 오로지 정답만 외우기보다는 전문가가 대상을 연구하는 것과 유사한 학습 활동이 학습자에게 더욱 깊은 지식을 얻게 한다는 사실을 알게 되었다. 그리고 또 한 가지, 이렇게 얻은 깊은 지식은 암기된 표면적인 지식과 달리 시험이 끝난 후에도 잊어버리지 않고 보존되어 현실 세계에서 활용되기 쉽다는 사실도 밝혀졌다.[2]

예를 들면 역사를 배울 때 사건이 일어난 연도나 순서를 암기하기보다 역사가가 하듯 사료를 보면서 가설을 세워 논쟁하게 하고 타당한 추론을 세우는 편이 훨씬 깊은 지식을 얻을 수 있다.[3] 또 이렇게 하면 우리가 물고 늘어질 법한 몽상이나 빠져들기 쉬운 편견을 피하고, 설사 빠져들었다 해도 탈출하도록 돕는다. 바꾸어 말하면, 시스템1의 약점을 억제하고 시스템2를 본무대로 등장시켜 작동하게 한다. 이는 독학에 관한 이 책이 '아카데믹 스킬'이라고 불리는 기술에 페이지를 할애한 이유 중 하나이기도 하다.

그렇다고 해도 우리는 자신이 생각하는 것 이상으로 학습 방식에 대해 보수적이며 고지식하기까지 하다. 유소년기에 기계적 암기로 얻어낸 성공 체험에서 벗어나지 못해, 유의미 학습meaningful learning*으로 이동하지 못하고 주저앉는 사람이 있다.

그 이유는 단순히 기억의 정교화나 체제화라는 학습 메커니즘에 관한 지식이 결여된 것이 아니라, 지금까지의 학습 과정을 새로운 것으로 바

• 미국의 교육 심리학자 데이비드 오스벨은 교재에 포함되는 개념정보를 학습자가 자신의 인지구조에 있는 개념과 관련지을 수 있을 때 의미가 생성됨을 지적했고, 그런 학습을 기계적(통암기) 학습에 대응해 유의미 학습이라고 불렀다. 유의미 학습은 기계적 학습보다 보존되기 쉽고 배운 지식을 활용하기 쉽다.

꿀 동기나 그러기 위해 재검토하는 계기를 잃어버렸기 때문이다. 우리는 현행 교육제도를 고리타분하다고 비판하면서도 한편으로는 그 낡은 학습관을 고수하고 있다. 주입식 교육을 손가락질하면서도 지식을 뇌에 집어넣는 것이 학습이라 믿으며 의심조차 하지 않는다. 수십 년 전부터 심리학으로 알려져온 지식에 '뇌과학'이라는 리본을 달면 달려드는 한편, 기억력이나 기초학력, 발달단계라는 현대에서는 수긍하기 어려운 개념도 떨쳐버리지 못한다.

이처럼 시대에 뒤처진 학습관을 배경으로 세상에 나온 학습법 관련 도서, 독학 안내서 대부분은 '어떻게 배우는가'에 한해서도 인지과학의 전개나 상황론적 전환, 이것들을 수용한 학습과학의 발전을 거의 수용하지 않는다.

3부에서 소개하는 내용은, 이런 현실에 대한 안타까움을 바탕으로, 독학자가 학습관을 업데이트하고 인지과학이나 학습과학에 관한 몇 가지 지식에 다가가는 출입문이 될 것이다. 이들 분야에 축적된 지식은 방대하며, 그 실천은 학교 등 교육기관을 중심으로 이루어지지만, 인간의 인지 메커니즘을 이해하면 독학자의 학습에 도움이 될 것이다.

12장

우리가 책을 읽는 이유

왜 책을 읽어야 할까? 책을 한두 권 읽었다고 해서 체계적인 지식이 잡힐 리도 없고, 동영상으로 농사짓는 법을 혼자 공부한 아프리카 청년처럼 인터넷을 통해 배우는 것이 더 나은 상황도 있다.

그렇다고 독서가 필요 없다는 말은 아니다. 물고기를 낚는 방법 같은 건 동영상으로 확인해야 이해하기 쉽지만, 실타래처럼 얽힌 추상적 이야기나 이론만 파고들어 이해해야 하는 내용은 책으로 읽는 게 더 좋다. 여러 정보를 대조할 수 있고, 눈높이를 맞추면서 원하는 속도로 반복할 수 있으며, 좋아하는 순서대로 내용에 접근할 수 있기 때문이다. 이와 달리 동영상에서 보여주는 설명은 기본적으로는 정보를 발신하는 쪽의 페이스에 맞춘다.

우리가 책을 읽는 이유는 꼭 그 내용을 통째로 머릿속에 집어넣기 위한 게 아니다. 책을 쓴 저자와 그것을 읽는 우리는 직면한 문제도, 필요로 하는 정보도 다르다. 그러니 여러 방식으로 읽을 줄 알아야 한다. 독서의 자유는 다르게 말하면 책은 아무것도 해주지 않는다는 뜻이다. 책장을 넘기는 일조차 독자가 할 일이다. 책과 어떻게 관계를 맺느냐는 독자에게 달려 있다.

책을 끝까지 읽는 것이 힘들다면 사전을 떠올려보자. 사전을 한 권 통째로 읽는 데 며칠이 걸릴까? 사전을 통째로 읽어본 사람은 드물 것이다. 알고 싶은 게 실린 부분만 찾아보면 되는 형식이기 때문이다. 사전으로 그게 가능한 이유는 찾아보고 싶은 것에 바로 도달할 수 있도록 만들어놓았기 때문이다. 알고 싶은 것이 어디에 실렸는지 전부 읽지 않아도 알 수 있고, 그 항목만 읽으면 알고 싶은 걸 대략적으로는 알 수 있도록 만들어놓았다.

하지만 어떻게 해야 책을 사전처럼 읽을 수 있을까? 사전이 일반 책과 다른 점은 알고 싶은 내용이 어디에 실렸는지 알 수 있다는 점이다. 일반 책을 사전처럼 읽는 첫걸음은 그 책의 어디에 무엇이 쓰였는지 알 수 있도록 일종의 리스트를 만드는 것이다.

색인을 떠올려보면 이해하기 쉽다. 생각해보면 색인이 없는 책도 많고, 있어도 불완전해서 쓸모없는 색인도 적지 않다. 곁에 두고 반복적으로 사용할 책은 어차피 자기 힘으로 색인을 만들게 된다(공부법 41: 각독, 317쪽). 색인을 만들기 위해서는 책을 통째로, 그것도 여러 번은 읽어야 한다. 본말이 전도된 것 같은가.

내가 알고 싶은 것을 책에서 찾아내려면 먼저 의문을 품는 것에서 시작해야 한다. 의문에는 인지능력을 동원하고 동기부여를 재촉하는 효과가 있다. 의문을 품고 답을 찾으면서 읽으면 아무 생각 없이 순수하게 한 권을 끝까지 읽는 것과는 접근 방식이 다르다. 답과 관계없는 부분은 홀려보내며 읽게 되는 경향을 노린 것이다.

한 권을 다 못 읽는다는 건, 한 권을 끝까지 읽는다는 목표가 너무 버겁기 때문이다. 그렇기에 실현 가능한 작은 목표를 세우고 읽는 것이 중요하다. 단 하나의 의문을 품고 그 책에 도전한다면 적어도 하나의 답은 얻을 것이다. 그걸로 만족하지 못한다면 더 많은 질문을 만들어서 다시 책을 읽으면 된다. 같은 책을 여러 번 읽는다는 게 시간 낭비라는 생각이 들지도 모른다. 하지만 여러 번 읽는 걸 피하려는 사람은 제목만 다른 같은 책을 여러 번 읽게 된다.* 두말하면 잔소리지만, 그런 책은 대부분 써먹을 데가 없다. 다시 읽을 만한 가치가 없는 책은 처음부터 읽지 않는 게 시간이나 인생에 도움이 된다.

하나의 질문에 답하면 다음 질문이 따라온다. 좋은 책은 자신에게 발전적인 질문거리를 제공한다. 애초에 독자 입장에서도 그 질문을 알아차리고 읽을 수 있는 수준에 이르려면 깨어 있어야 한다. 가령 책에는 어딘가의 위대한 인물이 정답만 써놓았다고 믿는 독자라면 그 책이 선사하는 최고의 선물이 '결함'이라고 생각할지도 모른다. '이 책은 왜 OO에 대해서 쓰지 않은 거지?!'라면서 말이다. 사실은 그 빠진 부분이라는 느낌이야말로 독자에게 의문을 일으키고 다음 탐색으로 이끌어준다. 운 좋게 읽어야 할 시점에 책 한 권을 만나고, 그 책을 읽으면서 의문이 생긴다면, 떨쳐버리지 말고 그 의문을 따라가면 된다.

질문에 답하기 위해서는 그 책에 쓰인 것만으로는 부족할지도 모른

---

* 롤랑 바르트의 저서 『S / Z』에는 다음과 같은 문장이 있다. "재독을 가벼이 여기는 자는 여러 곳에서 같은 이야기를 읽게 된다."

다. 그 경지까지 오면 점의 독서에서 선의 독서로 넘어간 것이다. 누군가가 알려준 책을 따라가는 게 아니라 읽는 과정에서 다음에 읽어야 할 책이 결정된다.

책을 읽는 행위는 결국 읽기 방식을 바꾸어가며 반복해 읽는^{**} 것이다. 책을 읽는 방식은 한 가지가 아니다. 그것을 알기만 해도 훨씬 편하게 책을 읽을 수 있을 것이다.

** 블라디미르 나보코프의 저서 『나보코프 문학 강의』에는 다음과 같은 문장이 있다. "아주 기묘한 일이지만 인간은 책을 '읽기'는 불가능하며 단지 재독이 가능할 뿐이다. 좋은 독자, 일류 독자, 적극적이고 창조적인 독자란 재독하는 자이다."

나도 모르게 쓰고 있던 가장 빠른 독서법

빠르게 텍스트를 훑어내려 가는 방법

전독轉讀, Flipping은 가장 빠른 독서법이다. 페이지에 시선을 고정한 채 가능한 한 빠르게 페이지를 넘긴다. 종이 사전을 읽을 때처럼, 혹은 중고서점에서 책을 구매하기 전에 낙장이 있는지 검토하는 사람처럼 책장을 넘길 때는 아무 생각 없이 그저 손만 움직인다. 능숙한 사람이 읽으면 한 권에 1분도 걸리지 않는다. 원래는 두루마리로 만들어진 경전을 굴리면서 읽는 데서 나온 표현이지만, 이후 병풍 모양의 절본*을 쓰고부터는 앞뒤 표지를 양손으로 받치고 경문을 적은 두루마리를 오른쪽이나 왼쪽으로 기울이면서 본문의 종이를 한 방향으로 휘리릭 떨어트리는 방식을 뜻하게 되었다. 현대에도 일본의 선종이나 진언종 사원에서는 대반야경 600권을 전독하는 행사가 열린다.

우리가 보통 접하는 서적은 죽간에 실을 꿰어서 엮거나** 파피루스로 만든 권자본(두루마리) 형태가 아니라, 종이를 겹쳐 한쪽 끝에서 묶은 집장본 형식이다. 이를 코덱스Codex라고 한다. 코덱스는 돌돌 말거나 낱개로 떨구어도 진도가 나가지 않다 보니, 필연적으로 휘릭 넘기게 된다. 휘리릭 넘기는 만화를 플립북flip book(존 반즈 리넷이 1868년에 특허를 냄)이라고

---

* 옆으로 길게 엮은 책을 일정 간격으로 병풍처럼 접고 그 앞과 뒤에 따로 표지를 붙인 제본 방식. 오늘날의 법첩과 같은 형태를 말한다.

** 중국 서적의 원형은 죽간·목간을 꾸러미로 묶은 것이다. 한자 서(書)는 죽백(竹帛)에 적는 것이고 적(籍)은 대나무 조각을 의미하는데, 죽백(竹帛)의 죽은 댓조각, 백은 비단을 말한다. 한 행에 적은 것을 간(簡), 간을 뭉친 것을 책(冊)이라 한다.

하며 코덱스 형태의 책을 읽는 전독 방식을 '플리핑'이라고 한다.

독서의 주체는 '읽는 이'다

독서의 의례적 효과에 관심이 없는 독서가에게 전독은 고작 낙장이나 찢어진 장, 지나친 사용감을 발견하는 일 정도로밖에 활용도가 없어 보인다. 그러나 책을 재독하는 경우에는 다른 의의가 추가된다. 전독은 그 책을 만난 순간부터 곁에 두는 한 끝까지 써먹게 되는 독서 기술이며, 다른 모든 독서 기술의 근간이다. 페이지를 넘기지 않으면 코덱스는 단 한 장도 읽을 수 없기 때문이다. 일단 책을 끝까지 읽었는데 필요한 정보가 책 속에 들었음을 깨달았다고 하자. 책을 손에 집어 필요한 부분을 뽑아내려 할 때 우리는 대부분 의식하지 못하고 이 전독법을 쓴다. 두루마리 등 옛날 서적 형태와 달리 묶어 만든 책(코덱스)*은 임의의 구간을 추려내기 쉬운데, 이를 '랜덤 액세스성이 높다'고 한다. 음악이나 영상은 기본적으로 기계가 틀어놓은 대로 흐르는 시간에 맞추어 체험할 수밖에 없다. 하나의 입에서 전달되는 언어나 스토리도 마찬가지다. 직선으로 펼쳐진 언어를 따라 그것들을 투사하기 위함이므로 돌돌 말렸다가 펼치는 두루마리 책이건 낭독을 녹음한 테이프건 다르지 않다.

코덱스는 그 수준을 뛰어넘는다. 순서대로 읽을 수도 있으며 마음에 드는 곳을 내키는 대로 펼쳐 읽을 수도 있다. 이 랜덤 액세스를 가능하게 하는 코덱스의 등장은 서적에 있었던 몇 가지 혁명 중 하나다.

---

* 현존하는 가장 오래된 코덱스는 시나이 성서 사본(Codex Sinaiticus)이다. 이 사본을 분철해서 소장하는 영국, 독일, 이집트, 러시아의 기관에 의한 공동사업으로 4년에 걸쳐 현존하는 약 800쪽 분량의 디지털 사진을 한 권으로 만들어 인터넷으로 공개하고 있다.

독서의 대상은 곧 서적이라는 측면에서 랜덤 액세스를 담보하는 것이 코덱스라는 형태라고 한다면, 독서 주체는 곧 읽는 이라는 측면에서 랜덤 액세스를 가능하게 하는 것이 전독 기술이다.

아무리 세심하게 재활용할 수 있도록 도장을 찍고 태그를 붙이고 손으로 제작한 색인을 만들어 필요한 곳만 뽑아 만든 책이라 해도 때에 따라 다시 읽어야 할 필요가 생긴다. 바로 그 때문에 전독을 하게 된다. 이전에 읽었을 때는 넘겨버렸던 부분이 필요해지기도 하기 때문이다. 지금의 자신은 그 책을 읽었을 당시의 자신과 다르다. 책은 변하지 않지만, 읽는 이와 그를 둘러싼 환경은 달라진다. 그렇기에 더욱 책은 곁에 두고 반복해 읽을 가치가 있다.

눈에 들어오지도 않을 빠른 속도로 페이지를 넘기면 아무것도 얻지 못할 것 같지만 그게 사실이라면 이전에 읽은 부분을 찾아내지 못해야 한다. 지금 막 손에 든 책과 이미 읽은 책과는 전독으로 느끼는 바가 아주 조금이라도 다르다는 걸 깨달을 것이다. 그러니 처음에 손에 든 후, 그리고 어떤 형태로든 읽기를 마친 후에 거듭 전독을 해야 한다. 전독은 책과 독자의 관계가 변화했는지 가늠하는 척도이기도 하다.

전독(Flipping)과 사독(Scanning)

낙장이 있는지 확인하기 위해 전독한다고 해보자. 이때 자신의 눈은 책의 종이에 집중하고 있다. 내용 따위는 읽지도 못할 속도이지만 찾고자 하는 것이 나타나면 그것을 알아차리고 손을 멈출 것이다.

또는 "237쪽을 펼치시오"라는 교사의 목소리에 교재 페이지를 찾는다고 가정해보자. 지정된 페이지를 열기 위해 전독하는 자신의 눈은 이번에는 지면의 가장자리에 있는 페이지 번호에 집중할 것이다. 해당 페이지에 도달하면 그것을 알아차리고 역시 손을 멈추게 된다.

전독의 속도라 해서 우리의 눈이 아무것도 얻지 못하는 게 아니다. 발견하려는 것을 미리 정해두고 재빠르게 눈알을 굴려 전독으로 페이지를 넘기면서 목적한 것, 즉 낙장, 페이지 번호, 어구나 구절을 발견하기 위한 읽기를 사독Scanning이라고 한다.

전독과 사독은 의식하지 않고 날마다 쓰는 독서의 기본 기술 중 하나다. 예를 들어 페이지 안에서 해당 어구를 찾기 위해서는 사독을 색인을 이용하려면 해당 페이지를 열기 위해 전독과 사독을 함께 사용해야 한다. 또 사독은 전독과 달리 코덱스가 아니어도 쓸 수 있다. 서류를 보면서 필요한 곳을 찾을 때도 사독 기법을 쓰고 있다. 컴퓨터 모니터 속 텍스트를 스크롤하면서 무언가를 찾고자 할 때도 이 기술을 쓴다. 애초에 컴퓨터라면 검색 기능이 눈을 대신해줄 것이다. 사독은 종이 텍스트를 쓰던 시대부터 이어져온 사람의 힘을 이용한 검색 기능이다.

- 스톱워치를 준비한 후 이 책을 표지부터 마지막 페이지까지 가능한 한 빠르게 넘겨보자. 몇 초 걸리는지 측정한다.
- 한 권의 책을 읽기 전과 다 읽은 후에 전독하면서 시간을 측정하자. 독서 전후에 전독에 걸리는 시간은 어떻게 달라지는지 확인하자.

필요한 부분만 뽑아 읽는 기술

국독掏讀, Skimming은 읽어야 할 부분과 당장의 목적을 위해서는 넘어가도 되는 부분을 구분한 뒤 필요한 부분만 읽는 기술이다. 최소한의 시간으로 텍스트의 개요를 파악할 수 있다.

❶ 서론 부분, 첫 단락을 읽는다.

논문이나 학술서, 대학 교재 등 단락으로 구성된 형태가 있는 문장은 국독에 알맞다. 첫 단락에는 책의 목적, 답하려는 질문이 적혀 있다.

❷ 결론 부분, 마지막 단락을 읽는다.

마지막 단락에는 결론이 적혀 있다. 더 필요하다면, 중간 단락의 도입문장을 뽑아 읽으면 결론에 이른 저자의 사고 과정을 이해할 수 있다.

앞에서부터 읽어야 한다는 착각

국독은 텍스트 안에서 필요한 부분만 골라내어 읽는 기술이다. 속독, 즉 텍스트에서 가능한 한 빨리 정보를 뽑아내는 방법 가운데 가장 오래되고 잘 알려졌다.

스키밍Skimming이라는 단어는 원래 유지류 등의 윗부분에 뜨는 맑은 액체나 거품을 스푼 등으로 덜어낸다는 뜻인데, 발전하여 '필요한 곳만 가려서 읽는 것'을 의미하게 되었다. 독서법으로서의 스키밍은 옥스퍼드 영어사전에 의하면 1711년에 실린 가장 오래된 용례가 있다.* 그러나 그 뜻은 'reading (over) hastily' 즉 굉장히 서둘러 읽는 것(한 권을 다 읽는 것)이며, 구체적으로 어떤 방법으로 정보를 '가려내는지'에 관해서는 명확하지 않다.

국독의 의의는 '어떻게 필요한 부분을 발견하는가'라는 테크닉 자체보다 오히려 읽는 태도, 즉 '텍스트에서 필요한 곳만 (우선) 읽으면 된다'는 판단 방식에 있다. 이런 사고야말로 책은 첫 페이지부터 순서대로, 한 글자, 한 구절도 빠트리지 않고 읽어야 한다는, 책 읽기의 실재와 동떨어진 착각을 불식시키고 우리를 해방시킨 가르침이었다. 처음부터 차근차근 읽는 독서는 소설 등의 픽션에는 적당하지만, 책의 종류는 소설 외에도 많다. 특히 독학에서 동반자가 될 책 역시 한결같이 소설 이외의 책이다. 많은 서적은 사전·백과사전처럼 필요한 곳만 찾아 읽거나 모든 부분을 읽더라도 전체를 여러 번 가볍게 반복해서 읽는다. 당연한 말을 지겹게도 설명한다고 생각하는 이도 있겠으나, 우리 대부분은 읽기 방식을 누군가에게 배우지 않는다. 그래서 자신에게 당연한 읽기를 의심하고 돌아볼 기회는 적다. 보통 읽기를 어려워하는 사람일수록 딱딱하고 고정된, 그리고 어려움을 강화하는 독서관을 지니고 있는데, 이는 독서관을 수정할 기회가 적기 때문이다.

이것을 긍정적인 형태로 바꾸어 말할 수 있다. 즉 '처음부터 순서대로'라는 착각에서 벗어나기만 해도 독서는 훨씬 편하고 즐거워진다. 놀

---

* This fellow, who had excellent natural parts, but wanted a small foundation of learning, is a lively instance of those wits, who, as an ingenious author says, "will endure but one skimming.

랍게도 학술논문처럼 강하게 구조화된 텍스트조차 당연하다는 듯이 처음부터 순서대로 읽다가, 서론 중간 즈음부터 포기했다고 고백하는 사람이 있다. 그런데 논문을 읽는 게 어렵다면, 혹은 어려운 언어로 쓰인 논문이라면, 우선 필요한 부분만 골라 읽는 방법이 도움이 될 것이다. 학술논문은 단락별 쓰기Paragraph writing가 필수적일 뿐만 아니라 전체적 구성도 명확히 규칙화되어 있어서 어디에 무엇을 써야 하는지 상당히 엄밀하게 정해져 있다. 애초에 그런 규칙화가 이어진 이유는 발표되는 논문의 수가 폭발적으로 증가했고, 그로 인해 효율화에 대한 강력한 요구가 있었기 때문이다.

이를테면 읽어야 할지 건너뛰어야 할지 전체 내용을 읽지 않아도 판단해서 필요한 정보를 바로 취사선택하려면, 전체부터 세부에 이르기까지 틀에 맞추어 구성해야 한다. 여기까지 준비된 텍스트에 국독을 사용하지 않는다면 무언가 특별한 저주에 걸렸다고 생각하지 않을 수 없다.

핵심부터 밝히는 문장 구성법

오늘날 신문기사에서도 채용되며 문장의 요점이나 중요한 요소를 먼저 밝히는 문장 구성법은 문서를 통한 효율적인 소통을 꾀하기 위해 도입되었다.

그 기원은 바바라 민토가 지은 『바바라 민토, 논리의 기술』로 알려졌지만, 일설에서는 링컨 대통령 시절 육군 장관을 지낸 에드윈 스탠턴이 링컨의 서거를 전한 공보가 그 효시라고 한다.[4] 이 방법이 이윽고 저널리즘에 채용되어 실용문의 세계 전체에 퍼진 것으로 보인다. 이전의 신문에서는 문장의 구성은 물론 문체조차 소설과 구별하기 힘들었다. 그

논문 등의 구조 ✏

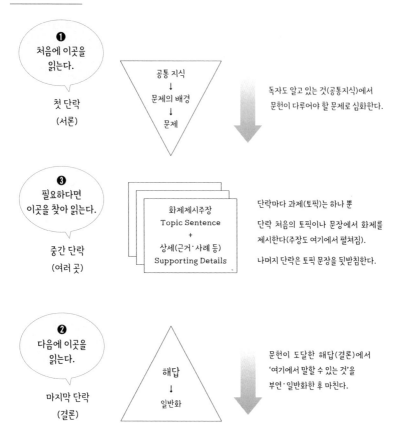

❶ 처음에 이곳을 읽는다.

첫 단락
(서론)

공통 지식
↓
문제의 배경
↓
문제

독자도 알고 있는 것(공통지식)에서
문헌이 다루어야 할 문제로 심화한다.

❸ 필요하다면 이곳을 찾아 읽는다.

중간 단락
(여러 곳)

화제제시주장
Topic Sentence
+
상세(근거·사례 등)
Supporting Details

단락마다 과제(토픽)는 하나 뿐

단락 처음의 토픽이나 문장에서 화제를
제시한다(주장도 여기에서 펼쳐짐).

나머지 단락은 토픽 문장을 뒷받침한다.

❷ 다음에 이곳을 읽는다.

마지막 단락
(결론)

해답
↓
일반화

문헌이 도달한 해답(결론)에서
'여기에서 말할 수 있는 것'을
부연·일반화한 후 마친다.

러나 보고해야 할 정보의 증대와 정보 유통을 위해 속도와 정확성이 필요해지면서 신문에 싣는 글의 문체는 문학에서 이탈했고, 주관을 배제한 객관적 보도를 자랑하게 되었으며, 고리타분한 역피라미드형 문장 구성법을 지양하기에 이른 것이다.

이렇듯 문학 외의 텍스트에 관해서는 논점 우선의 문장 구성법이 확대되었다. 읽는 사람 입장에서 보면 국독이 가능하거나 국독해야 할 문장이 더욱 세력을 넓히고 있다. 이렇듯 규칙화한 구성법에 맞춘 텍스트에서 국독은 기술이라기보다 그저 규칙을 지키는 작업에 가깝다. 글쓰기의 규칙을 아는 사람에게는 점점 쉽게 느껴져 기술이라 의식할 일조차 없어질 것이다.

한편, 규칙에 구애받지 않는 텍스트도 한동안은 사라지지 않을 것이다. 규칙이 없으면 형식적, 기계적으로 필요한 부분을 발견할 수 없으니 표현이나 내용에 더욱 집중할 필요가 생긴다. 이렇게 텍스트가 구조화에서 벗어날수록 국독은 다음 공부법에서 다룰 문독에 가까워진다.

규칙 없는 문장을 읽는 법

영어로 쓴 글에서 문학작품 외의 문서는 여러 단락을 써서 조합하는 논리 전개 방식을 따르지만, 규칙을 철저하게 따르지는 않는다. 이렇듯 형식에 의존하지 않는 문장을 잘 다루면 규칙적인 문장에서도 필요한 것을 발견하기 유용할 것이다.

저자의 입장에서 생각하기

텍스트의 개요를 파악하는 것이 목적이라면, 저자가 중요하다고 생각하는 부분이나 주장을 어떻게 다루는지 생각해보면 된다. 가장 많이 쓰이는 방식은 '반복'이다. 저자는 독자를 기본적으로 신뢰하지 않는다. 독자가 빠뜨리지 않고 읽도록 하고 싶다면 반복이 가장 우선적인 선택지가 된다. 같은 단어나 유의어, 대체어가 몇 번이고 등장한다면 그것이 바로 저자가 내세우고 싶은 주제다.

다음으로 많이 쓰이는 방식은 '눈에 띄게' 하는 것이다. 신기한 조어나 심사숙고한 에두른 표현은 적어도 저자의 중심이 그곳에 편향되어 있음을 가리킨다. 아니면 평범한 통설을 대항마로 먼저 내세우고, 그 뒤를 역접의 접속사로 받아 연결하는 등 독자를 멈추게 하는 장치가 있다면 그곳에 저자의 주장이 있을 가능성이 크다.

도입부와 말미 역시 같은 의미라고 할 수 있다. 친절한 저자라면 독자에게 헛고생을 시키지 않으려고 도입부에 앞으로 어떤 이야기를 전개할지 예고할 것이다. 아무리 고상한 글쟁이라도, 하고 싶은 말이 제대로 전달되고 있는지 불안해져서 마지막에 거듭 못박고 싶어지기도 한다.

주관·판단 사인을 알아차리기

문장을 쓰는 주체는 (현시점에서는) 인간이며, 문장에는 반드시 글을 쓰는 이의 목적이 담겨 있다. 그렇기에 객관적인 문장이라 해도 사실을 기술한 부분이 아니라 저자의 주장이 담긴 곳이 중요하다고 볼 수 있다. 즉 글 쓰는 이의 주관이 슬쩍 배어난 부분은 중요한 곳일 가능성이 있다.

'당연히 ~ 이다', '틀림없이 ~이다' 등 신념의 정도를 나타내는 표현이나 대소·장단·고저·신구·호불호·선악 등 글을 쓴 주체를 판단할 필요가 있는 표현에는 저자의 주관이나 판단이 반영되어 있다.

'저자의 입장에서 생각한다'가 저자의 의도를 파악하려는 것이라면, 이런 접근은 저자가 남긴 궤적을 추적하는 것이다.

- 이 책의 아직 읽지 않은 장을 대상으로 국독을 해보자.
- 학술논문(가장 국독하기 쉬운 종류의 문헌)과 소설(가장 국독하기 어려운 문헌)을 각각 국독해보자. 개요를 파악하는 데 어느 쪽이 쉬웠는지, 그 이유는 무엇인지, 훨씬 빨리 개요를 얻기 위해서는 어떤 노력이 필요한지 고민해보자.

책을 상대로 묻고 답한다

❶ 책이나 논문에 나오는 장들에서 제목을 골라 질문 형태로 변환한다.

가령 차례 중에 '맬서스의 덫'이라는 제목이 있는데 처음 듣는 말이라면 '맬서스의 덫이란?'이라고 질문 형태로 바꾼다.

❷ 장이나 제목 다음의 글 속에서 질문에 대한 답을 찾는다.

답과 관계가 없거나 적은 부분은 건너뛰며 읽는다.

❸ 질문에 답하고 요약을 만든다.

❶에서 만든 모든 질문에 대한 답을 발견하면 문헌 요약이 완성된다.

문독의 3가지 장점

문독問讀, Q&A Reading은 말 그대로 책을 상대로 묻고 답하는 읽기 방식이다. 문독에는 책 한 권을 그저 통으로 읽는 방식보다 몇 가지 뛰어난 점이 있다. 그래서 독학에서는 기본이 되며 중심적인 읽기 방식이다.

이 방식은 우선 **빠르다.** 문독은 스스로 만든 질문에 답만 구하면 되므로 책 한 권을 모조리 읽기보다 짧은 시간 안에 마칠 수 있다. 게다가 읽는 속도와 심도는 자유자재로 조절하면 된다. 질문의 가짓수나 밀도를 읽는 이의 목적에 맞추어 바꾸어가면서 단 하나의 질문에 답하기 위해 읽을 수도 있고, 세세한 질문을 여럿 준비해 책 속 내용을 자세히 주워 담을 수도 있다. 이런 식으로 책 한 권을 종이 한 장에 정리할 수 있으며,

논문 한 편을 가지고 한 권 분량에 달하는 논의를 할 때도 이용할 수 있다.

문독은 이해하고 기억하는 데도 도움이 된다. 질문에 답하기 위해 책에서 제공하는 지식이나 정보를 읽는 이가 적극적으로 끌어내 활용할 필요가 생기는데, 이것이 기억과 이해를 돕는다(공부법 48: PQRST법, 351쪽).

이븐 시나의 독서법

이븐 시나*는 토마스 아퀴나스나 로저 베이컨 등 유럽 학자들에게도 지대한 영향을 미쳤으며, 이슬람 세계에서는 '신의 증표'라고 칭송받은 학자다. 그는 어릴 적부터 성숙했고 여러 가지 학문적 재능을 갖추었는데, 이를 모두 거의 자력으로 습득한 독학자다. 열 살에 코란과 문학작품을 암송했고, 채소 상인에게 산술을 배운 이후 철학과 천문학, 논리학, 자연학, 형이상학, 의학을 망라했으며, 스승을 붙여주면 순식간에 그를 능가했다. 열여섯에는 이미 의사로서 사람들을 치료했던 이븐 시나는 사만 왕조의 군주인 누흐 2세의 중병을 치료해 신뢰를 얻어 왕궁도서관 출입을 허가받았으며, 열여덟 살까지 이 도서관의 모든 장서를 독파해 모든 학문에 통달했다고 한다. 이븐 시나의 애제자인 전기 작가 알 주자자니에 따르면, 그는 다음과 같은 독서법을 썼다고 한다.[5]

"이 대학자를 눈여겨봐야 할 점 중 하나는 내가 스승의 반려이자 종복

• 이븐 시나(Avicenna, 980~1037): 중앙아시아의 부하라 지역 출신으로 철학자이자 의학자이다. 18세에 형이상학을 비롯한 여러 학문에 통달했으며, 아리스토텔레스의 형이상학 연구에 몰두했다. 그가 남긴 저서 『의학정전』은 17세기 무렵부터 유럽에서 교재로 쓰였고 철학자로서도 제2의 아리스토텔레스라 인정받았으며, 윤리학과 정치학을 제외한 철학 분야를 망라한 『치유의 서』는 보편(Universals) 논쟁에 크게 영향을 미쳤다.

이었던 25년 동안 스승이 새로운 서적을 손에 들 때마다 처음부터 마지막까지 진중히 읽는 모습을 본 적이 한 번도 없다는 점이다. 스승은 어려운 구절이나 심도 깊은 문제가 나오는 부분부터 읽으면서 그 부분에 대해 저자가 어떤 이론을 펼치는지 본 것이다."

이븐 시나는 서적의 난해한 곳, 그리고 아마도 요긴한 곳을 질문 형식으로 만들어 그 질문에 답하고 저자가 무엇이라 답하는지 탐구하는 식의 읽기를 했을 것이다.

책과 독자 사이를 이어주는 다리

처음 읽으려는 문헌(서적, 논문)에 대해서 다음 3가지 질문을 만들어보자.

- 무엇(주제)에 관해 쓴 책인가?
- 주제에 관해 어떤 주장(클레임)을 펼치는가?
- 주장을 뒷받침하는 근거로 어떤 방식(접근)을 취하는가?

이 3가지 질문은 '이것은 어떤 문헌인가?'를 파악하기 위해 필요한 최소한의 정보다. 이 질문들에 답하고 문헌을 예습하기 위한 읽기를 예독豫讀(프리뷰)이라 하자.

답을 문헌 속에서 찾는 게 목적이지만 문헌 속 모든 내용을 읽을 필요는 없다. 이 정도 질문이라면 서적일 경우 서문이나 후기, 차례, 때로는 띠지에 적힌 문구에서 답을 얻을지도 모른다. 논문일 경우에는 제목이나 요약을 보면 질문에 답을 찾을 만큼의 정보는 얻을 것이다.

앞으로 읽으려고 하는 문헌이 대체로 어떤 성질의 것인지 알면 이후 문헌에 대한 자신의 마음가짐도 달라진다. 더 자세히 읽어야 하는가, 아니면 내던져두고 다음 문헌을 살펴야 하는가. 이 정도의 판단 재료는 예독으로 충분히 얻는다.

게다가 이 문헌이 어느 정도의 난이도인가, 이해에 필요한 전제 지식을 내가 갖추고 있는가, 없다면 어느 분야의 지식이 필요한가, 또 내 실력으로 읽고 이해하기까지 시간과 노력을 얼마나 투자해야 하는가 등 본격적인 독해에 들어가기 전에 필요한 준비나 견적을 확인하는 데 예독은 기본적인 판단 재료를 제공해준다.

예독이 필요한 이유는 이후의 읽기를 재독으로 이끌어주기 때문이다. 바꾸어 말하면 예독은 문헌을 자신에게 소개해주는 가교다. 단단한 우정을 맺는 단계까지 갈지 불분명하지만, 적어도 완벽한 타인은 아닌 사이가 될 것이다.

읽을 것인가, 읽지 않을 것인가

세상에는 헤아릴 수 없이 많은 문헌이 있다. 세계적으로 발표되는 논문의 수는 연간 200만 편이 넘는다. 그 모두를 읽을 수 있는 사람은 세상에 존재하지 않는다. 분야나 주제를 한정해도 문헌 수를 생각하면 힘에 겨운 일이다.

'어떻게 읽는가'보다 더욱 중요한 것은 '무엇을 읽는가'이며(이것은 2부에서 다루었다), 지금 손에 든 '이 문헌을 읽는가 마는가'를 판단하는 일이다. 읽어야 하느냐, 읽지 않아야 하느냐는, 하나의 문헌 읽기를 넘어선 의문이며, 말하자면 메타 독서적인 질문이다.

자기 안에 이런 의문을 품은 독자는 '이 문헌이 과연 내가 갖고 있는 질문에 답을 줄까?'와 같은 질문을 던짐으로써 판단 기준을 마련한다. 읽든 읽지 않든 판단하는 힘을 기르려면 앞으로 읽고자 하는 문헌에 대해 예측할 줄 알아야 한다. 이는 기술이라기보다 습관에 속한다. 논문이라면 제목을 읽고 논문에서 다루는 연구 대상과 결론, 결론에 이르는 방식을 예측한 다음, 예독을 통해 요지나 서문을 읽고 자신의 예측이 옳았는지 확인한다. 서적에 관해서도 한 권 한 권, 각 장이나 구절마다 같은 예측과 확인을 한다. 예측에서 벗어나도 전혀 당황할 필요는 없다. 꾸준히 도전하는 게 중요하다.

숙련된 독자는 이처럼 메타 레벨의 문독을 구사한다. 불필요한 것을 읽지 않는 기술은 가장 고차원적이고 효과 높은 속독법이다.

- 앞으로 읽으려는 문헌을 질문으로 바꾸어 답을 찾고 요약해보자.

공부법 37 한독

정해진 시간 안에 읽기를 끝낸다

❶ 읽을 책을 정하고 소요 시간을 미리 설정한다.

15~30분 정도로 짧게 정한다.

❷ 설정한 시간 내에 읽는다.

시간 내에 다 읽지 못해도 30분으로 정해놓았다면 제시간에 읽기를 중단한다. 읽다 만 부분이 있거나 개운하지 못해도, 적어도 그날 안에는 절대로 그 책을 펼치지 않는다. 잘 모르는 분야의 문헌은 처음 5분 정도를 '작전 타임'으로 할애해, 구성을 확인하거나 어느 부분을 어떤 순서대로 읽을지 생각한다. 이처럼 스스로 제한 시간을 정해 읽으면 어떤 점이 좋을까?

스스로 정한 시간 안에 읽는 것이 왜 좋을까

한독限讀, Timed Reading은 문헌을 스스로 정한 시간 내에 읽는 방법이다. 이를 '시간 내에 읽기가 가능한 기술'이라 생각하면 사기까지는 아니더라도 동어반복이나 다름없다고 생각할지도 모른다. '이 책을 30분 안에 읽으려면 어떻게 해야 하지?'라는 물음에 '30분 안에 읽으면 된다' 하고 답하니 말이다.

이미 눈치챘겠지만, 한독 자체에는 기술이 필요하지 않다. 오히려 훈련에 가까우며 습관화함으로써 자신의 읽기 방식과 독서 스킬을 재구성하는 것이다. 한독을 할 때는 지금까지 속독 테크닉으로 소개한 전독과 우선 한 권을 30분 동안 읽어본다.

더 읽을 부분이 남았어도
그날 안에는 절대로
책을 펼치지 않는다.

매일 스케줄에 포함시킨다.

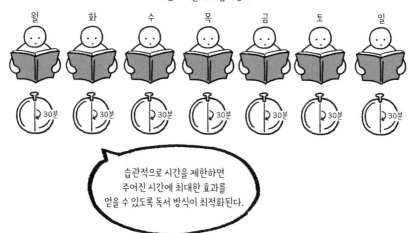

습관적으로 시간을 제한하면
주어진 시간에 최대한 효과를
얻을 수 있도록 독서 방식이 최적화된다.

문독을 적시에 구사하게 된다. 그런 의미에서 한독은 속독법의 완결판이라 할 만하다.

훈련으로써 효과를 얻기 위해서는 단연히 지속성이 필요하다. 날마다 한독 시간을 갖고 한 권 읽는 데 걸리는 시간이 처음에 정해놓은 시간과 같도록 한다. 물론 한독 시간 외에는 평소처럼 독서를 즐겨도 상관없다. 출퇴근 시간, 등하교 시간에 'OO역에서 OO역까지 한 권 읽기'라는 식으로 시작과 끝나는 시간이 외부 환경에 의해 결정되도록 스케줄을 짜는 방법이 가장 이상적이다. 한독으로 얻는 주된 효과는 다음과 같다.

· 독서 집중력이 향상된다.
· 독서 모드에서 다른 모드로 전환이 용이해진다.
· 요점 파악 방식, 탐구 방식이 개선된다.
· 독서 실효 속도를 일목요연하게 알 수 있다.
· 독서 분량과 만족도를 기록하면 날마다 독서력이 향상됨을 자각할 수 있다(속도와 내용 파악 둘 다).
· 독서 계획이 잡힌다.
· 읽지 않아도 되는 부분이나 책을 선별하게 된다.
· 읽을 수 있는 권수가 늘어난다.
· '이것은 한독 시간에 읽자' 하고 융통성을 발휘하게 된다.

책에 특성에 맞게 읽는다

당연하지만 모든 문헌이 한독에 적합한 것은 아니다.

한독과 궁합이 맞지 않는 책은 다음과 같다.

· 소설처럼 재미를 위해 읽는 책. 특히 처음부터 순서대로 읽기를 예정/기대하는 책

· 고민 없이 단시간에 읽을 수 있는 책. 10분 안에 한 권을 읽을 수 있는 책을 사람이 30분씩이나 쓸 필요는 없다.

반대로 한독하기에 적당한 책은 다음과 같다.

· 차례나 색인이 충실한 책

· 논문처럼 포맷이 정해진 것. 읽을 곳과 읽어야 할 순서를 고려해 전략을 세우기 쉬워서 한독에 적합하다.

- 이 책을 30분 안에 읽어보자. 처음에는 전략을 세우지 않고, 두 번째에는 어느 부분을 읽어야 할지 계획한 후에 시도하자.
- 일과 속에 한독할 시간을 집어넣자. 날마다 다른 문헌을 읽을 수 있도록 리스트를 작성해서 일주일 동안 지속해보자.

책과 직접 관계를 맺는 혼자 읽기

소리 없이(속으로도 읽지 않고) 문장 읽기

말하는 속도(거의 분당 300자)를 능가하는 독서 속도를 내기 위해서는 소리를 내지 않을 뿐 아니라 마음속으로도 읽지 않아야 한다.

묵독 도중 입술에 손가락을 대어보자. 입술의 움직임이나 코의 진동이 느껴질 때는 소리를 내지 않았다 해도 구음* 같은 언어 활동을 동반한 음독에 가까운 묵독은 '유사 음독'의 상태라고 간주한다. 이를 막기 위해서는 '아이우에오' 등의 뜻이 없는 음이나 혀가 반복 운동하는 '레로레로' 등을 입 안에서 반복하면 좋다.

음독만 허용되던 시대가 있었다

묵독默讀, Silent Reading은 소리를 내지 않으면서 문장을 읽고 그 의미를 파악해가는 행위·기술이다. 우리는 대부분 입말을 습득하고 이를 상당히 이해할 수 있게 된 다음에 글말을 배운다. 이 때문에 우선은 음성언어를 바탕으로 문자와 그에 대응하는 음을 발하도록 학습한다. 처음에는 스스로 문자를 음성화하고 그 소리를 들음으로써 적힌 단어의 의미를 파악할 수 있게 된다.[6)]

이윽고 문자를 실제 음성으로 변환하지 않아도 문장어에서 의미를 파

---

* 넓게는 입으로 말할 때 나오는 소리를 말하지만, 음성학에서는 보다 엄밀하게 입술이나 혀 등을 움직여 성대에서 입술 또는 콧구멍에 이르는 통로, 즉 성도(聲道)의 형태를 바꿈으로써 성대가 만들어내는 음을 가공해 정확한 음성을 만드는 것을 뜻한다.

악할 수 있게 되면 묵독이 가능하다. 그러므로 묵독에 익숙하지 않은 유아나 초등학생은 음독을 했을 때 이해도나 기억 수행도가 높다.[7]

그러나 묵독에 익숙한 성인은 반대로 묵독을 했을 때 독서 속도뿐 아니라 이해도[8]나 기억 수행도[9]가 뛰어나다. 영문에 관한 고전적 연구에서 묵독은 말하는 속도의 열 배까지 독서 속도를 높일 수 있다고 보고된 바 있다. 음독의 최대 속도를 약 300자/분이라고 하면, 원고지 300매 분량의 도서 한 권을 읽는데 6시간 40분 이상 걸리지만, 묵독할 때 약 2,000자/분의 속도로 읽을 수 있다면 같은 책을 한 시간 만에 다 읽는다는 계산이 된다. 속도나 이해도, 기억의 측면에서 우월하므로 묵독은 오늘날 책을 읽을 때 표준 방식으로 인식되고 있다. 그러나 역사적으로는 적어도 근대 시민사회가 형성된 특정 시기 이후에 퍼졌으며, 지배적 위치를 점한 새로운 독서 양식이자 습관**이었을 것이다.

오랜 세월, 책을 읽는 행위는 곧 음독을 의미했다. 독서는 혼자 책과 마주하는 것이 아니라 소리 내어 자신과 타인에게 동시에 들려주는 사회적 행위였다. 내가 무엇을 어떻게 읽고 있든 간에 귀를 기울이는 주위 사람들에게 오픈되었다. 감추고 알리지 않거나 고독의 성에 숨어 있는 듯한 읽기(묵독)에는 비난의 시선이 꽂혔다. 듣는 사람들을 내팽개칠 정도로 빠르게 읽을 수도 없었으며, 심지어 띄엄띄엄 읽거나 건너뛰기라

** 물론 묵독은 근대에 이르기까지 알려지지 않은 것은 아니다. 아우구스티누스는 『고백』에서 밀라노 사제 암브로지오(Sant' Ambrogio)가 묵독하는 것을 놀라워했다. 더욱 오래된 것으로는 플루타르코스(Plutarchos)는 알렉산드로스가 어머니 올림피아스에게 받은 편지를 묵독한 것, 또는 율리우스 카이사르는 정적 카토 옆에서 카토의 여동생에게서 받은 사랑의 글을 묵독했다고 기록되어 있다. 또 백과전서 격인 저서 『어원』을 남긴 세비야의 이시도루스는 묵독의 이점을 자각했으며 '공들이지 않고 서적을 읽고 내용을 마음에 새기며 필요하다면 기억에서 지울수도 쉬운' 방법이라고 칭찬했다.

도 하면 불성실한 행위로 인식했다. 클래식 음악 연주가들이 악곡을 독자의 해석으로 연주할 수는 있으나, 부분을 따로 떼어내어 멋대로 편집하는 것이 허용되지 않는 것처럼 말이다.

요하네스 구텐베르크[•••]가 금속활자를 개발함으로써 활판인쇄가 보급되고 발전한 이후에도 오랜 기간 서적을 사유할 수 있는 사람은 부유층에 국한되었다. 무엇보다 거의 모든 인구가 보통교육을 받아 식자율의 최저 수준을 끌어올리지 않는 한 출판 시장도 획기적인 성장을 기대하기 어려웠다. 산업혁명을 배경으로 인쇄의 기계화가 가장 빠르게 진전된 영국에서도 사태는 주춤거리기만 하고 앞으로 나아가지 못했다. 책의 가격이 비싸다는 이유로 대여 중심의 서적 유통과 독서 습관이 형성됐다. 19세기에 영국에서 쓰인 소설 중 80%는 대여용으로 쓰였다고한다. 전국에 점포를 둔 대형 자본업자는 굵직한 구매고객이었으며, 이들은 출판사와 작가들에게 막강한 영향력을 가졌다.

찰스 디킨스[••••]가 활약한 19세기 중반에조차 서적은 가정에서 빌려서 읽는 형태였으며 독서란 일가가 둘러앉아 즐기는 가족 오락이었다. 거실에 가족이 모여 라디오를 듣거나 텔레비전을 본 시대를 거친 사람

••• 요하네스 구텐베르크 (Johannes Gutenberg, 1398~1468): 활자 양산법 발명, 유성 잉크 채용, 농경용 스크루 프레스와 같은 목제 인쇄기 등 활판인쇄에 관계된 여러 기술을 고안하고 실용화에 성공했다. 직접 인쇄업·인쇄물 출판업에 뛰어들었다. 1455년에 첫 대규모 활판 인쇄본인 성서를 출판했다. 활판인쇄는 유럽에서 서적 생산에 대대적인 혁명을 일으켰고 지적 세계뿐 아니라 사회 전반에 지대한 영향을 미쳤다.

•••• 찰스 디킨스(Charles Dickens, 1812~1870): 영국의 소설가. 12세부터 마을 공장에서 일하면서 독학했고 15세에 변호사 사무소의 직원으로, 이듬해 재판소의 서기관으로 근무했으며, 이윽고 신문기자로서 의회의 기사나 풍속견문 스케치를 쓰기에 이르렀다. 단편소설로 인정을 받은 후 1836년에 단편소설집 『보스의 스케치』를 출판하면서 문단에 데뷔했다. 이후 수많은 명작을 발표했으며 서민들부터 빅토리아 여왕에 이르기까지 전 국민이 애독하는 영국의 국민 작가가 되었다.

이라면 그 광경을 그릴 수 있을 것이다. 집안의 가장이나 학교에 다니는 장남처럼 가정에서 글을 아는 구성원이 낭독을 담당했고, 글을 모르는 아이들이나 노인들을 포함해 가족 모두 귀를 기울였다.

가족이 모두 즐길 수 있는 이야기를 담고 있는 책이 낭독용으로 인기가 많았다. 알기 쉽고 기승전결이 격렬한 줄거리, 권선징악을 담은 도덕성과 뻔한 결말의 해피엔딩이 주류였다. 자본 수급을 전제로 한 서적 유통과 가격 설정 덕분에 독서를 개인의 고독한 낙으로 바꿀 만한 서적의 가격혁명은 좀처럼 일어나지 않았다. 어디를 읽는지 주위 사람에게 어쩔 수 없이 알리게 되는 음독용이므로 반사회적인 내용을 가진 서적은 읽기 어려웠다.

'나만의 독서 즐기기'라는 혁명

세속적이고 추악한 리얼리즘이나 우선 살인부터 하고 보는 추리소설(영국에서는 범죄소설이라고 불렀다)이 육성되려면 많은 사람이 서적을 개인적으로 소장하고 공동체적 유대에서 개인의 해방으로 바뀌면서 독서를 홀로 즐길 수 있는 시대를 기다려야 했다. 일본에서도 2~3세대 전까지만 해도 책으로 만들어진 이야기조차 우물가 아낙네들이 잡담하듯 집단으로 즐기는 내용이었다. 그런 서적은 한 사람이 대표로 읽었고, 주위에서 그 내용을 듣는 이들도 스토리가 무르익을수록 차츰 환성이나 탄식으로 답했다.[10] 19세기 초반 새로운 미디어였던 신문은 가장이 읽었으며, 가족이 그 내용을 듣는 형태로 '읽혔다.' 그러다 20세기에 이르러 잡지가 보급되면서 책을 읽는 사람이 퍼졌고 독서하는 대중이 출현했다.[11]

오늘날에는 소설에 등장하는 독서광이 조용한 캐릭터로 그려지듯, 독서는 혼자서 조용히 읽는 게 당연하다는 인식이 강하다. 현대에도 집단적이라 할 수 있는 서적 읽기로 독서 모임이 있지만, 그 모임에서도 읽기는 참가자 각자가 혼자 읽은 다음에 감상을 말하는 게 보편적이다.

우리는 묵독이 독서의 표준적인 가치로써 승리한 후의 세상에 살고 있다. 전독을 설명하면서 언급했듯이 엮어 만든 책(코덱스)은 연속적인 스토리로부터 랜덤 엑세스로의 해방을 의미했다. 이와 마찬가지로 혼자서 읽기를 수반하는 묵독 역시 해방적 계기를 내포했다.

음악이나 동영상을 감상할 때 우리는 지금도 연주 속도나 동영상이 내보내는 시간의 흐름에 맞추어야 한다. 하지만 혼자서 소리를 내지 않고 읽는다면 낭독이나 다른 감상자를 기다릴 필요도 없고, 음성기관의 한계(대략 분당 300자)에 따를 필요도 없다. 인간은 이렇게 주변의 누구에게도 속박되지 않고 음성기관의 제약에서도 벗어나 내키는 속도와 순서, 해석으로 스토리와 관계를 맺을 수 있게 된 것이다. 묵독이라는 이 고요한 혁명을 통해.

- 짧은 문장을 묵독해 다 읽을 때까지 시간을 측정하고 독서 속도를 계산하자. 그 후에 음독(공부법 39, 312쪽), 지독(공부법 40, 317쪽)과 비교해보자. 글자 수와 난이도가 거의 일정한 신문 칼럼 등이 비교하기에 적당하다.
- 읽은 후 이해도를 확인하는 질문에 답해보자(음독, 지독과 비교해보자).

공부법 39 음독

몸으로 흡수하는 원초적 독서

문장을 소리 내어 읽기

음독音讀, Reading Aloud은 누군가에게 들려주기 위한 읽기 방식이다. 학교나 옛 서당에서는 선생님이나 연장자가 듣는이 역할을 맡아 실수를 정정해주었다. 하지만 듣는 이, 즉 수정해주는 이를 두지 못하는 독학자는 혼자 음독하면서 녹음한 후 재생하면 된다.

도중에 막히지 않고 소리 내면서 술술 읽기란 의외로 어렵다. 음독에서 막힘은 정확하게 이해하지 못하고 있음을 알리는 신호다.

교양의 기초가 되는 음독

음독은 소리 내어 읽기를 말한다. 책을 읽기 시작하면서 경험하는 방법이기 때문에 결국에는 넘어서야 할 독서법으로 취급되는 경우가 많다.

그러나 음독은 교육 현장에서 여전히 중요한 역할을 담당한다. 소리를 냄으로써 가장자리에 앉은 학생도 어느 부분을 어떻게 읽는지 알 수 있다는 점, 다른 학생이 따라갈 수 있을 정도의 속도를 유지해야 한다는 점에서 지도자가 접근하기 용이하기 때문에 그 자리에서 읽기 방식을 교정·지도할 수 있다.

이 음독을 기본으로 하는 소독素讀(서투르게 떠듬떠듬 읽음-옮긴이)이나 암창暗唱(글을 보지 않고 입으로 욈-옮긴이)하는 방법은 고전의 문장이나 어구를 학습자가 몸으로 각인해 반사적·자동적으로 반응하게 한다. 이렇게 반사적·자동적으로 출력되기까지 심어진 다량의 비축 언어가 생각과 언어 운용을 위한 자원이 되며, 분야에 상관없이 지적 활동에 가담하는 사람들 사이에서 소통의 기반이 되었다.

교양이란 정독에 비해 느슨한 난독亂讀(내용이나 수준에 상관없이 닥치는 대로 읽음-옮긴이)의 성과가 아니라, 원래 이런 신체적 훈련을 기초로 한 것이다. 의미를 이해하기 위해 기억하고 암창하는 이런 접근법은 아동의 발달 특성에 기초를 둔(암기를 이해로, 반복 훈련을 자발성으로 대체한) 근대 교육관으로 보면 기본적으로 부정적이었으나, 사실상 다양한 상황에서 살아남았다. 거의 국민적으로 경험한 구구단 암기법을 떠올려보면 이해하기 쉬울 것이다.

그 밖에도 음독에는 읽는 이의 이해력을 개선하는 효과가 있다.[12] 음독은 발화를 위해 각 단어에 강제적으로 주의를 집중하게 한다. 이 때문에 인지적인 처리 자원이 적은 아동이라도 음독을 통해 각 단어에 강제적으로 처리 자원을 부여하면 문장을 확실하게 처리할 수 있으며, 이해도를 끌어올린다고 볼 수 있다. 다른 과제를 수행하도록 함으로써 독해에 할애하는 인지 자원을 감소시킨 실험[13]에서도, 묵독으로는 정답률이 감소한 데 반해 음독으로는 정답률 저하가 나타나지 않았다. 다시 말해, 정신이 산만해지거나 피로로 독서에 집중하지 못할 때 음독은 독서 이해력을 붙잡아줄 가능성이 있다.

'소리 내어 읽기'에서 '소리 내어 생각하기'로

마지막으로 묵독도 음독도 아닌 '혼잣말'이라 불리는 읽기 방식에 대해 언급해두자. 이는 텍스트를 작은 소리로 읽으면서 텍스트에 적혀 있지 않으나 마음속에 떠오른 느낌까지 표현하는 읽기 방식이다.

아동 교육을 연구한 마쓰미 노리오 박사 팀[14]은 혼잣말이 묵독보다 기억과 이해 측면에서 뛰어나다는 점을 시사하는 연구결과를 발표했다. 이 견해는 자기 생각을 목소리로 표현하면 소리 내지 않고 조용히 학습할 때보다 빠르고 깊이 배운다는 구소련의 교육심리학자 레프 비고츠키의 지적을 떠올리게 한다. 실제로 혼잣말이라는 읽기 방법을 연구의 도마 위에 올린 다나카 사토시[15]는 저학년이 문장을 독해하는 중에 표현하는 언어를 비고츠키의 자기중심적 언어로 인식했다. 텍스트를 따라 정확하게 소리 내어 읽을 뿐 아니라 텍스트에서 자극을 받아 탄생한 본인의 생각까지 소리로 표현하는 혼잣말에서, 독학자는 텍스트뿐 아니라 이해 범위 안에 있는 본인에 대해서도 음독하는 것이다.

이처럼 혼잣말은 사고 과정을 음성화하는 소리 내어 생각하기(공부법 52, 387쪽)라는 기법으로 우리를 안내한다.

- 짧은 문장을 음독하면서 다 읽을 때까지 시간을 측정하고 독서 속도를 계산하자(묵독, 지독과 비교해보자).
- 읽은 후 얼마나 이해했는지 확인하는 질문에 답해보자(묵독, 지독과 비교해보자).

공부법 40 지독

독자를 인도하는 독서의 길잡이

❶ 지금 읽고 있는 부분을 손가락이나 펜으로 짚는다.

시선은 손가락(펜) 끝에 고정한다.

❷ 행을 따라 손가락이나 펜을 움직인다.

읽는 곳을 따라 손가락이나 펜 끝도 이동시킨다. 이때 시점은 손가락(펜) 끝에 고정하고 있어야 한다. 손가락(펜) 끝이 이동하는 속도가 곧 읽는 속도다. 일정 속도 이상 움직이지 못하기 때문에 독서 속도는 제한되지만 앞으로 돌아가거나 다른 행을 읽을 일이 없다. 가리키는 부분을 음독과 병행해 읽어나가도 좋다.

난해한 문장을 읽는 방법

지독指讀, Pointing Reading 즉 '손가락 따라 읽기'는 현재 읽고 있는 곳을 손가락 등으로 더듬으면서 손가락이 가리키는 곳을 (때에 따라서는 소리를 내어) 읽는 방식이다.

이 방식은 독서 지도자의 입장에서는 음독과 마찬가지로 읽는 사람이 지금 어디를 읽고 있는지 수시로 확인할 수 있다는 이점이 있다. 집중하면서 문자를 따라가기 어려운 독서 초심자를 돕고 흩어지기 쉬운 시선을 읽어야 할 문자로 유도하는 장점도 있다. 이렇게 하면 독자가 건너뛰며 읽다가도 알아차리기 쉽고, 읽기 어려운 글자나 단어가 무엇인지 파악하기 쉽다.

독서에 익숙해지면서 손가락으로 가리키지 않아도 읽어야 할 행을 실수하지 않고 음독할 수 있게 되고, 더욱더 익숙해지면 소리를 내지 않고 책을 읽는 묵독 단계로 넘어간다. 그러면 인간은 발성의 한계 속도를 초월하면서 빠르게 읽을 수 있게 된다. 지독은 자칫 독서를 막 시작한 유아에게만 적용되는 방법이라 여길 수 있지만, 난해한 문장을 읽기 위해 예로부터 쓰이던 방식이다. 정신이 산만해져 독서에 집중하지 못할 때, 익숙하지 않은 종류의 문장에 도전했다가 소위 '눈알이 돌아가는' 상태에 빠졌을 때 지독은 구원투수다.

현재도 우리는 책이나 문서를 읽으면서 중요한 곳에 밑줄을 긋기도 하고 마커로 표시도 남긴다. 이런 표시를 나중에 다시 읽을 기회가 사실 많지 않지만, 표시해놓음으로써 그 부분에 집중력을 높이고 독해에 필요한 인지 자원을 끄집어낸다. 이는 일시적이자 부분적인 지독이다.

- 짧은 문장을 지독하면서 읽기를 마치기까지 시간을 측정해 독서 속도를 계산하자(묵독, 음독과 비교해보자).
- 읽은 후 이해도를 확인하는 질문에 답해보자(묵독, 음독과 비교해보자).
- 짧은 문장을 이용해 중요해 보이는 부분에 밑줄을 그으면서 읽은 후 밑줄을 긋지 않았을 때와 독서 속도, 이해도를 비교해보자.

읽기와 사고를 연결한다

❶ 한 번 대강 읽은 후 전체적인 구성이나 개요를 적어놓는다.

시간이 없다면 생략해도 되는 과정이지만, 전체상을 그려놓는 게 좋다. 읽기 시작했을 때 중요하게 느꼈던 부분도 전체적으로 살펴보면 큰 의미가 없는 경우가 흔하다.

❷ 읽으면서 필요한 곳에 표시한다.

마음에 든 문장이나 중요하다고 여긴 곳에 선으로 긋거나 형광펜 표시를 해둔다. 포스트잇을 붙여두어도 좋다. 색으로 구분하려 한다면 처음에는 여러 색으로 구분해놓고 싶겠지만(그 노력이 꼭 필요하다고 생각하겠지만), 자신의 독서 경험치가 늘어 숙련되면 자연스레 생각이 바뀐다. 자기 안에 남아 성장해가는 것이야말로 진정한 '표시'라고 생각하고 색 구분에 집착하지 않는 게 좋다.

❸ 다 읽었다면 처음부터 다시 읽으면서 표시해두었던 곳을 찾는다.

포스트잇을 사용했다면 다시 읽었을 때 불필요한 곳의 포스트잇은 떼어내어도 좋다. 표시를 남긴 페이지와 남긴 곳의 내용을 발췌하면 자기만의 색인(인덱스)이 만들어진다.

표시한 곳을 다시 읽으면서 떠오르는 생각 등도 함께 적어두면 감상문이나 리포트를 작성하기에도 유용하다. 이것은 교재 내용을 논의할 때는 반드시 거쳐야 할 기본 작업이다. 아련한 기억에만 의존해 교재 내용을 논하면 안 된다. 이때도 모든 표시를 다룰 필요는 없다. 적당히 추려내도 좋다.

모든 사고법의 기초가 되는 것

각독刻讀, Marked Reading은 일부러 흔적을 남기는 읽기 방식이다. 이 방법은 예부터 많은 독학자가 이용한 정독의 입문이자 서적 내용과 자신의 사고에 화학 반응을 일으키기 위해 유용한 수단이다.

텍스트에 선을 긋는 일은 오늘날에도 가장 널리 이용되는 학습 연구 중 하나지만, 그만큼 효과에 관해서는 찬반양론이 있다. 예를 들어, 언어학 교수 알리 아메르는 대학생이 내용을 트리 식으로 정리한 지식 맵과 밑줄을 긋는 방식이 과학 문헌 읽기에 도움을 주는지 조사했는데, 지식 맵이 더 효과적이었지만 양쪽 모두 효과가 있었다고 한다.[16]

반면에 사라 패터슨 박사는 밑줄을 그은 후에 그 책을 다시 읽기, 밑줄을 그은 후에 밑줄 치지 않은 책을 다시 읽기, 밑줄을 긋지 않고 텍스트를 다시 읽기, 이렇게 세 그룹으로 나누어 문장에 적힌 사실을 얼마나 기억할 수 있는지, 또 내용에서 추측할 수 있는 문제에 답할 수 있는지 비교한 결과 밑줄 친 텍스트를 다시 읽은 그룹이 다른 두 그룹보다 성적이 저조했음을 밝혔다. 오히려 선을 긋는 학습법이 기억을 상기하거나 추론하는 데 악영향을 미칠 가능성을 시사한 것이다.[17] 반대로 이 주제와 관련된 여러 문헌을 모아 실시한 메타 분석에서는 스스로 선을 긋는 행위가 그냥 읽기보다 효과가 있다는 결과가 나왔다.[18]

그러나 각독은 단순한 학습법을 초월한다. 텍스트를 읽고 중요한 곳에 선을 그어 그 내용을 고찰하고 메모를 남기는 일은 거의 모든 사고법에 공통으로 쓰이는 작업이기 때문이다. 우리의 뇌는 진화 과정에서 '정신이 흩어지도록' 조정되었다. 외부 세계에 끊임없이 안테나를 세우고 이변을 알아차려 재빨리 도망치기 위해서는 정신을 분산시켜야 했다. 이 뇌의 사양에 역행해 하나에만 생각을 집중하기 위해, 다른 사람이 도달하지 못하는 지점에까지 사고를 끌어올리기 위해서는 그것을 보조하는 외부장치가 필요하다. 그리고 인류가 가장 오래 사용해온 외부장치가 바로 문자와 문장어다.

읽는 이가 문장어와 격투를 벌여 자신의 사고를 확립해가는 도중 어떤 일이 일어나는지를 검토한다면, 이 '텍스트를 읽고 중요한 곳에 밑줄을 그어 그곳에 관해 생각하고 메모를 남기는 행위'가 모든 경우보다 우선하며 기초가 됨을 알 수 있다. 예를 들면, 어떤 도서에 관한 감상이나 서평을 쓸 경우, 특정 주제에 관해 리포트나 논문으로 논할 경우, 심지어는 인터뷰나 현장 기록을 정리하는 경우에도 같은 방법이 쓰인다.

그런데도 이 기술은 광범위하게, 그리고 당연하게 쓰이기 때문에 기술로 다루어지는 일이 그다지 많지 않다. 그래서 이 방식을 모르는 사람은 단지 책을 마지막까지 읽고 자신의 애매한 기억에만 의지해 감상문이나 리포트를 작성하려고 한다. 혹은 인터뷰나 현장 기록을 적당히 집어내어 배열한 뒤 보고에 대체하려고 한다. 훈련되지 않은 독해와 기억은 잡다하고 원문 텍스트에서 건져낸 단어의 정확도는 떨어지며, 양도 적다. 그 결과 쓸 내용이 부족하고 어딘가에서 들은 것 같은 흔한 발상이나 글자 수 맞추기를 반복하며 문장을 채우는 지경에 이른다.

문장어는 원래 우리의 사고를 온전히 옮기지 못한다. 생각을 적은 후 다시 읽으면 반드시 차이나 위화감을 느낄 것이다. 이는 다음에 생각해야 할 일, 우리의 사고를 앞으로 진전시키는 계기다. 느낀 점을 문장어로 바꾸어 적고, 읽었을 때 느끼는 위화감을 보완해 다시 적는, 이런 반복이 바로 사고하는 과정이다. 결국 텍스트를 읽고 중요한 곳에 밑줄을 그어 고민하고 메모를 남기는 행위는 실질적인 의미의 사고 과정을 따르는 것이다.

인지능력을 확장하는 발췌

텍스트에 표시하는 작업에서 한 걸음 더 전진하면 발췌에 이른다. 추가해야 할 작업은 표시한 구역을 다른 노트에 필사하기만 하면 된다. 나중에 다시 읽을 생각을 한다면 어느 책 몇 페이지에서 뽑았는지, 어떤 생각으로 그곳을 선택했는지 메모해두면 좋다. 이렇게 해두면 다시 읽을 수도, 인용해서 자신의 문장으로 만들 수도 있다.

추가 글쓰기의 효용은 첫째, 기억과 상기의 길잡이가 된다는 점이다. 그리고 둘째, 발췌한 단어를 핵심으로 일종의 결정체가 성장하기도 한다. 덧붙인 메모에서 작품이 탄생하는 것이다. 발췌를 1년 단위로 이어가고 기록한 노트가 한 권, 두 권 쌓일수록 자신이 단순히 어딘가에서 써먹고 싶은 말을 수집하고 있는 것만은 아니라는 사실을 깨달을 것이다. 원래 발췌는 언어를 다루는 사람 모두에게 전통적인 기초 훈련이면서도 중요한 자기수양self-cultivation 방법이었다. 거창하게 말하면 그들의 정신은 옮겨 적은 표현에 의해, 무엇을 뽑았으며 그로 인해 어떤 인간이 되려 하는지 결정하는 선택에 의해 형성된 것이다.

발췌 노트는 우리의 인지능력을 확대하는 외부장치가 될 수 있다. 노트를 다시 읽으며 떠오른 또 다른 생각을 습관처럼 메모할 때, 자신의 뇌

하나로 생각하는 게 아니다. 자신이 뽑아낸 내용의 원래 글을 쓴 선조들과 함께 사고하는 것이다(공부법 14: 사숙, 116쪽). 이 과정을 지속할수록 발췌 노트는 자신만의 살아 있는 지적 재산이 된다.

'내 인생의 책'을 만들어 내는 기술

발췌에 조금만 수고를 더하면 직접 색인을 만들 수 있다. 발췌 노트에는 쪽수도 적어놓았을 것이다. 한 권으로부터 뽑아낸 내용을 알파벳순이나 가나다순으로 정렬하면 효과적이다.

혹은 텍스트에 표시를 마친 후 처음부터 페이지 순서대로 뽑아내어도 상관없다. 직접 만든 색인을 덧붙이면서 각독한 서적은 필요한 때에 필요한 곳을 직접 참조할 수 있다. 랜덤 접근성을 갖춘 데이터베이스로 탈바꿈하는 것이고, 서적을 사전처럼 활용할 수 있게 되는 것이다. 한 번 읽은 후 두 번 다시 돌아보지 않을 책이라면 그런 수고는 필요 없다. 그러나 무언가를 진지하게 배우고 싶었던 적이 있는 사람이라면 그곳에 담긴 정보와 지식이 서적을 한 번 읽은 정도로는 모두 담아내기가 불가능하다는 것을, 또는 통독 외에도 다양한 책과 만나는 방법이 있음을 대부분은 쓰라린 경험을 통해 알고 있을 것이다.

늘 곁에 두고서 수시로 참조할 책을 인생 책이라고 한다. 손수 만든 색인은 평범한 책을 인생 책으로 개조하기 위해 효과적인 수순이다. 한 번만 읽으면 두 번 다시 잊어버리지 않는 기억력을 갖고 있다면 색인을 직접 만들 필요는 없을 것이다. 그러나 읽은 내용을 시간이 흐를수록 떠올리기 힘들어지는 평범한 기억력의 소유자라면 색인 만들기는 책을 진정으로 내 것으로 만들기 위해 불가피한 작업이다.

모든 소통이 쌍방향이듯, 서적과 관계를 맺는 방식 또한 상호적이다. 서적을 이렇게 변조하는 일은 반드시 독자 자신까지 바꿀 것이다. 서적에 표시하는 행위는 자기 안에도 동시에 무언가를 각인시킨다. 이것이야말로 책이 독자에게 제공하는 최고의 선물이다.

- **짧은** 텍스트(논문이나 책의 1장 또는 신문 칼럼)를 골라 형광펜 등을 이용해 밑줄을 그으면서 읽어보자. 선을 긋지 않고 읽을 때와 독서 속도나 이해도는 다른가?
- 선을 긋거나 포스트잇을 남기면서 이 책을 읽어보자. 마지막까지 읽었다면 선을 그은 부분이나 포스트잇을 남긴 곳을 페이지 수와 함께 발췌해 정리하자. 이로써 자신만의 색인이 만들어지며, 전용의 책이 완성된다.

공부법 42 단락 요약
강력한 집중을 만드는 독서의 보조 바퀴

❶ 요약할 문헌과 범위를 고른다.

책 한 권이나 두꺼운 문헌의 경우에는 장별로 고른다.

❷ 단락별로 번호를 붙인다.

단락 번호는 처음부터 책에 직접 적는다. 예를 들어 책의 1장이 14개 단락이라면 단락별로 들여 쓰기가 된 부분에 1, 2, 3 … 순서대로 번호를 적는다.

❸ 단락 수에 맞추어 넘버링한 공란이 있는 종이를 준비한다.

페이지 상단에 장제목을 쓰고 단락수에 맞춰 한 행씩 1, 2, 3 … 순서대로 넘버링한다.

❹ 읽은 내용을 요약해 공란을 채운다.

단락별로 길어도 한 문장 정도로 정리할 수 있도록 계획한다. 단락을 읽으면서 요약에 포함해야겠다고 정한 곳이나 키워드에 선을 그어두면 좋다. 선을 그은 곳을 연결해 문장이 되도록 정리한다. 중복된 부분이나 생략해도 되는 부분은 과감하게 덜어낸다. 이렇게 하면 내가 얼마나 이해했는지 기록하여 남겨둘 수 있다.

요약을 통해 비로소 이해하지 못했음을 깨닫는다

단락 요약은 정독을 위한 보조 바퀴다. 미리 단락의 수만큼 적는 칸을 만들어 그 공란을 채움으로써 독자를 깊이 있는 독서로 안내하기 위한 노력이다. 요약하기는 간단한 작업이 아니다. 당연히 단락의 내용을 요약하기 위해서는 자신의 언어로 표현할 수 있을 때까지 내용을 이해해야 한다. 충분히 이해하지 못한 점, 납득하기 어려운 곳은 요약하기가 어렵다. 이는 자신의 능력 부족 탓이 아니다. 자연스레 넘겨 읽을 때는 깨닫지 못한, 이해의 깊이가 적나라하게 드러났을 뿐이다.

일반적으로 한 권의 책을, 한 편의 논문을 구석구석 이해할 필요는 없다. 우리가 가까스로 무언가를 통독할 수 있는 이유는, 자각하지 못해도 어느 정도 넘겨 읽기와 얕은 이해를 스스로 허용하기 때문이다. 단락 요약은 그런 독서 방식을 통독 모드에서 정독 모드로 바꾼다. 그런 의미에서 최소한 한 번은 통독한 책, 가능하면 여러 차례 읽은 책을 두고 정독하는 게 바람직하다. 그렇게 함으로써 지금까지의 읽기가 얼마나 대충대충이었는지 절실히 깨닫는다. 이는 나쁜 의미로만 하는 말이 아니다. 마지막까지 읽는다는 목적에 부합하기 위해서는 이 대충대충이 효과적이었기 때문이다.

단단한 암반을 조금씩 긁어내듯이

여러 번 도전했지만 끝내 다 읽지 못한 어려운 책을 독파하는 데도 단락 요약이 쓰인다. 단단한 암반을 조금씩 깎아내듯 읽어나가는 방식이지만, 그렇게 접근하지 않으면 도저히 진도가 안 나가는 텍스트도 존재한다. 술술 읽을 수 있는 책은 위안이 되기는 하지만 거기에서 얻는 것은 이미 알고 있던 내용의 재확인과 자기만족뿐이다. 이에 반해 자신이 지금까지 시도하지도 않은 생각이나 삶의 방식으로 인도해주는 책은 그리 간단히 읽히지 않는다. 단락 요약은 이를 공략하는 가장 유용한 무기다.

바로 눈치챘겠지만, 이 작업에는 시간이 걸린다. 처음에는 이해하기 어려운 단락에 물음표만 남기고 넘겨도 좋다. 다른 페이지를 읽은 후에 이해가 되기도 하기 때문이다. 그래도 텍스트에 선을 긋거나 포스트잇을 붙이는 등 가능하면 궤적을 남기고(공부법 41: 각독, 319쪽) 키워드만이라도 발췌하자. 그 시점에서 가능한 최선의 방법을 취해두면 나중에 도움이 된다. 익숙하지 않은데도 완벽주의를 고집하면서, 세세한 내용까지 요약에 집어넣으려 하다가는 금방 좌절한다. 처음에는 자기 나름의 짧은 '기억'을 기록한다는 마음으로 해야 포기하지 않는다.

얼마나 이해했는지 스스로 점검하기

단락 요약은 읽는 이가 어디를 어느 정도 이해했는지, 혹은 하지 못했는지 극명히 기록으로 남는 자기점검이기도 하다. 이전의 자신과 비교하기 위해서는 같은 텍스트에 시간 간격을 두고 단락 요약을 반복하면 좋다. 그런 의미에서 성과물은 장기적으로 보존해야 한다. 중성지 노트를 추천하지만, 정리에 자신이 없거나 물건을 쉽게 잃어버리는 사람은 컴퓨터로 작성해 클라우드에 파일로 보존하기를 권한다.

요약한 글을 시간이 흐른 후에 다시 읽으면 자신이 얼마만큼 이해할 수 있게 되었는지 구구절절 깨달을 것이다. 읽는 이의 입장에서 자신의 성장을 구체적으로 아는 일은 독서에 무엇보다 강한 동기부여가 된다.

공부법 43 필사

어려운 부분을 이해하는 인지 자원 조달법

❶ 텍스트를 준비한다.

마지막 장까지 옮겨적을 수 있도록 처음에는 짧은 텍스트를 고른다.

❷ 텍스트를 조금씩 읽고 외운 후에 옮겨 적는다.

텍스트를 일정 분량 머릿속에 축적한 후에 한 번 눈을 떼었다가 텍스트를 보지 않고 머릿속에 남은 내용을 종이에 적는다.

보면서 베끼는 작업은 손에 익으면(특히 몰두하다 보면) 의식하지 않고도 그릴 수 있게 된다. 이렇게 되면 애써 집어넣은 텍스트의 내용이 의식에 걸리지 않고 흩어 사라진다. 외워 쓰기에는 이를 막는 목적도 있다.

❸ 틀린 글자는 지우지 말고 이중선을 그어 지움 표시를 한다.

어떤 표현을 어떻게 틀리게 썼는지 아는 것은 귀중한 기록이 된다.

❹ 준비한 텍스트의 마지막 페이지까지 포기하지 않는다.

한 권이든, 한 편이든 텍스트의 처음부터 마지막까지 옮겨쓸 것. 피로한 작업이므로 휴식을 취해도 상관없다. 며칠이 걸려도 된다. 초반에 성취감을 얻으려면 하루 만에 끝낼 수 있는 분량이 좋다.

❺ 다 옮겨 적은 후 실수한 부분이 있는지 검토한다.

다 옮겨 적은 후 원본 텍스트와 대조하면서 틀린 곳이 있는지 체크하자. 여기에서도 실수한 부분은 지워버리지 말고 이중선을 그어 잘 보이도록 표시한다. 오히려 틀린 곳에는 형광펜 등을 이용해 눈에 띄도록 하는 게 좋다.

외우기 위해서가 아니라 읽기 위한 필사

옮겨 적기는 학습법으로써 가장 효과적이라 알려진 방법이지만, 교재를 외우기 위해서도 많이 쓰인다. '공부 = 외우기 = 반복해 쓰기'라는 방정식은 널리 퍼져 있다.

그러나 여기서 소개하는 방식은 외우기 위해서가 아니라 읽기 위한 방법이다. 옮겨 적는 일은 과거에 서적을 읽을 수 있는 사람에게는 당연한 기술이며 작업이었다.

예를 들면 낙양지가고洛陽紙價高(낙양의 종이 값을 올린다)라는 고사성어는 진나라의 역사서에 실린 표현으로 출판이나 인쇄에 드는 종이가 부족해 가격이 높아진 게 아니라, 진나라 시인이 쓴 시를 베끼려고 낙양의 문인들이 종이를 사들이는 바람에 종이가 부족해진 역사적 사실에 유래한다. 인쇄가 당연한 우리로서는 상상하기 어렵지만 과거에 책은 소수의 출판사가 다수의 독자를 위해 대량 생산·대량 배포하는 방식이 아니라 베껴 쓴 것이었다. 읽기 위해서는 누군가로부터 책을 빌리고, 수중에 남기기 위해서는 필사하는 수밖에 없으니, 독자(필사자)의 손에서 손으로 넘어가고 퍼지는 구조였다.

옮겨 쓰기는 물질적인 복제가 수중에 남는 것만을 의미하지 않는다. 서적에 실린 언어 하나, 하나가 모두 남김없이 필사자의 눈과 손과 뇌를 거쳐 가는 수단이기도 하다.

수학자가 읽는 법

과거의 독자, 즉 필사자에 가장 근접한 읽기 방식을 택하는 사람을 현대에서 찾는다면, 수학서나 수식으로 논지를 전개하는 전문 과학서를 읽는 사람이다. 옮겨 적는다고 해도 한 글자, 한 구절을 기억하려는 것은 아니다. 수학이나 그 주변 분야에서 기억의 가치는 실로 낮다. 그들이 옮겨 적는 이유는 내용을 이해하기 위함이며 집중하기 위함이다. 문자로 하면 변수의 첨자가 한 곳만 i에서 j로 바뀌어 있다거나 하는 극히 사소한 차이에도 이를 알아차리지 못하면 증명 과정과 논지의 전개도 이해할 수 없을 것이다.

물론 한 글자 한 구절을 소홀히 하지 않고 세심하게 주의를 기울여 읽어나가는 일, 그러기 위해 준비한 노트에 텍스트 내용을 그대로 필사하는 것은 전문 수학서를 읽기 위한 최소한의 조건에 지나지 않는다. 그 외에도 연습문제를 풀거나 증명의 전개를 따라가고, 정의나 선행하는 정리로 몇 차례나 돌아가며, 정리의 의미를 이해하기 위해 간단한 예를 만들어 계산하고 결과를 확인한다. 모르는 점을 다른 문헌과 대조하고, 비지땀을 흘려가면서 생각하고, 그 모든 것을 노트에 적어 반복적으로 텍스트를 샅샅이 훑는다.

우리가 자주 접하는 수학자의 에피소드나 전기는 모두 인간성을 초월한 재능과 기행 덩어리로 가득 차 있어, 수학자가 이렇듯 순수하게 노력한다고는 도저히 상상하기 어렵다. 이쯤에서 수학자 당사자의 술회를 들어보자. 일본인 최초로 필즈상을 수상한 고다이라 구니히코는 〈수학에 왕도 없음〉이라는 글에서 자신의 학습법을 언급했다.

"수학을 배우는 방법은 이렇다. 수학책을 열어보면 몇 가지 정의와 공리가 있고 정리와 그 증명이 적혀 있다. 정리를 이해하려면 우선 증명을 읽고 논증을 따라간다. 그래서 증명을 이해하면 다행이지만, 모를 때는 반복해서 노트에 베껴가다 보면 대부분 알게 된다. 모르는 증명을 반복해 노트에 적는 것이 수학을 배우는 하나의 방법이라고 생각한다."

우리는 대부분 독서의 원형적인 형태를 소설 읽기에 두고 있다. 소설에서는 세부 내용을 빠트렸다 해도 최소한의 줄거리만 파악하면 즐길 수 있다. 그러나 학술문헌은 그렇지 않다. 특히 학습하지 않은 신규 분야에서는 무엇이 중요한지 모르는 것도 많고 초심자에게는 사소한 차이로 보이는 부분에 중요한 함의가 있기도 하다. 당장은 이해하지 못하는 지식, 건너뛰어서는 이해하지 못하는 문헌, 그뿐 아니라 자신을 바꾸지 않으면 읽어나가지도 못할 책과 맞닥트리는 일은, 독학을 지속하다 보면 언젠가는 경험할 일이다. 그리고 우리의 인지가 사안을 깔끔하게 처리하지 못할 때야말로 둔하고 대식가인 데다가 게으르기까지 한 시스템 2(13쪽)를 끄집어내어 단련할 수 있는 절호의 기회다. 어쨌거나 늦지는 않았다. 앞으로 나아가라. 그러기 위해 정독이라는 읽기가 있으니.

타인의 기록과 나의 배움을 연결한다

주석注釋에서 주注는 '한곳에 붙이다'라는 뜻, 석釋은 '설명하다, 풀다'라는 뜻으로, 설명을 붙이는 것을 말한다. 언어나 문장의 의미를 설명해놓고 원문의 해당 영역에 가져다 붙이는 것이다. 영어로는 'annotate'라고 해서, an(~로)과 notate(적는다)를 합친 말이다. 원래의 텍스트에 해설이라는 다른 텍스트를 덧붙이는 것이 핵심이다. 이로 인해 스스로 생각한 텍스트건, 선조들이 남긴 해설이건 외부로 공개되고, 여러 개의 텍스트가 서로 연결될 기회가 생긴다.

❶ 텍스트를 고른다.

주석은 시간이 상당히 걸리는 작업이다. 투입한 시간이 아깝지 않도록 가장 가치가 있는 텍스트를 선택한다. 처음 도전한다면 논문이나 책의 1장 분량 정도로 짧은 것을 다루며, 모든 페이지를 A3용지의 중앙에 복사한 후 여백에 주석을 적는 게 좋다. 여백이 넓을수록 작업하기 쉽다.

❷ 중요한 곳, 주의해야 할 곳에 표시한다.

텍스트를 여러 번 읽고 단락 요약(공부법 42, 323쪽)을 먼저 거친 후 이해도를 높여놓아야 이후 작업에 능률이 오른다. 추가로 각독(공부법 41, 317쪽) 후 중요하다고 생각하는 부분, 주의해야 할 부분 등에 표시해둔다. 깨달은 점이나 의문점을 적어두어도 좋다.

❸ 주석을 적는다.

아무것도 없는 상태에서 주석을 달라는 것은 아니고, 다음과 같은 단계를 밟으면 쉽다. 각독까지 마쳤다면 한 번 더 텍스트를 읽으면서 주석을 덧붙인다. 이때는 처음부터 끝까지 다 읽지 않아도 위화감을 느꼈던 곳, 중요한 곳부터 시작해서 텍스트 페이지를 앞뒤로 넘나들게 된다.

텍스트의 권말, 장말에 있는 주석을 옮겨 적는다

고전 텍스트의 경우에는 교정˚자나 편집자가 주석을 다는 경우가 많다. 이런 텍스트에 달린 주석에는 지금까지 해당 고전 텍스트에 관해 쌓아온 연구의 핵심이 응축되어 있다. 예를 들면 따로 참조해야 할 텍스트나 본문 이해에 도움이 될 만한 사항, 그 사항들을 확인하기 위해 참조한 자료 등 우리가 주석하기 위해서도 참고할 만한 정보가 가득 들어 있다.

주석에 반복적으로 등장하는 서적이나 자료는 이번 주석 작업을 도와주는 매개일 확률이 높다. 별도로 리스트를 만들어, 가능한 한 모아두고 활용하면 좋다.

주석서의 주석을 적는다

고전 텍스트의 경우 주석이 한 권의 책으로 따로 만들어지거나, 심지어 이런 주석서가 먼 과거로부터 대대로 쌓인 경우가 많다. 오히려 주석서

˚ 오래전부터 전해지는 서적인 경우, 다양한 경로로 복사·전승된 것이 많다. 교정이란 책에 대해서 다수의 사본이나 간행물의 본문을 비교·대조하는 등 전래되는 동안 발생한 내용의 오류를 바로잡고 옳은 문장을 정하는 작업이다. 우리가 접하는 고전 간행물은 보통 이런 교정을 거친 교정 완료본이거나 이를 바탕으로 제작된다.

가 쌓일 정도로 대대로 읽히며 해독이 붙은 텍스트를 우리는 경외심을 담아 고전이라 부른다. 이들 주석서도 가능한 한 곁에 두면서 참조하자.

교정 완료 텍스트에 붙은 주석은 역대 주석들에서 선택된 아주 일부에 지나지 않는다. 교정자에게는 최고의 선택이라 해도 자신의 읽기에는 다른 것이 도움이 될 가능성이 있다.

의문점을 조사한 것을 적는다

읽으려는 문헌에 교정이 끝난 텍스트나 주석서가 없다고 해도 겁낼 필요 없다. 오히려 그런 경우가 훨씬 많다. 자신이 이해한 것과 이해하지 못한 것 혹은 남은 의문점이야말로 자신의 주석 작업을 이끌어준다.

우선 물음표를 텍스트에 남기는 정도로 가볍게 출발하자. 이 의문들이나 불명확한 점은 대충 읽었을 때는 머릿속에 떠올랐다가 그대로 사라진 것들이다. 지금은 그것을 기록으로 남겨서 텍스트라는 암벽에 박는 하켄˚으로 쓸 수 있다. 일반적인 국어사전이나 외국어 사전, 각 분야의 전문사전에 해설서까지, 그밖에 연관 지을 만한 텍스트, 그리고 물어볼 만한 대상이 있으면 무엇이건 활용해서 주석을 달아가자.

처음에는 조사를 거듭해도 의문을 해결하지 못할 때가 많다. 의문이나 불명확한 점 중에 몇 가지만 해결해도 감지덕지다. 정도를 걷는다는 자세로 임해야 오래 버틴다. 의문이 생기는 것, 기록하는 것 자체가 자신의 읽기와 독해 능력을 성장시킨다고 믿으며 작업을 이어가자.

˚ 머리 부분에 구멍이 있는 못으로 암벽에 오를 때 확보 지점에 박아 발판으로 삼는 등 등반 보조용으로 쓰인다.

세상에 하나뿐인 지적 재산 만들기

주석은 독서 기술의 최종 단계에 위치하지만, 독서를 완결시키기 위한 것은 아니다. 오히려 자신의 읽기 방식을 타인의 읽기와 연동해 외부로 펼치는 것이다. 예를 들어 고전 텍스트 읽기는 그 텍스트뿐 아니라 주석의 형태로 쌓여온 다양한 역대의 '읽기'와도 대화하는 일이다. 역대 독자가 남긴 주석이라는 지적 자산이 지금 같은 텍스트를 읽는 자신에게 참고가 되듯, 자신이 지금 진행하려는 주석 달기라는 행위 또한 분명 도움을 준다. 우선 내일의, 앞으로의 자신이 가장 먼저 구제받는다.

인간의 사고가 꼭 언어로만 성립되는 것은 아니다. 그러나 효율적으로 외부에 표출하기 위해 언어는 유용하다. 언어는 우리의 사고를 완전히 투영하지는 못하지만, 일단 외부로 꺼낸 것을 다시 읽으면서 우리는 사고와 언어 사이에 차이가 있음을 깨닫고, 그 깨달음을 다시 언어화한다. 언어로 언어를 덮어씀으로써 사고를 단단하게 하여 발판으로 삼고, 머릿속 생각만으로는 달성하기 어려운 높은 경지에 오를 수 있다.

사고와 언어를 왕복하는 이 작업은 자신이 토해낸 언어에만 국한되지 않는다. 타인이 기록한 언어도 우리의 사고를 쌓는 발판으로 삼을 수 있다. 그렇기에 우리는 더욱 '거인의 어깨'에 올라 혼자서는 평생을 바쳐도 이르지 못할 곳까지 올라갈 수 있는 것이다. 아니, 우리 내부로부터 나온 것처럼 보이는 언어도 과거에 우리가 읽고 내면에 쌓아놓았던 타인의 언어에서 비롯된 것이다. 주석은 사고와 언어를 왕복하며 자기 안에서 과거의 독자에게, 그리고 앞으로 같은 텍스트를 마주할 미래의 독자에게 길을 터주는 기법이다. 무엇보다 직접 주석을 덧붙인 책은 앞으로 평생 활용할 수 있는, 세상에 단 하나뿐인 지적 재산이 된다.

공부법 45 스즈키식 6분할 노트

사고를 단련하는 원서 읽기

❶ 노트를 여섯 군데로 나누어 ①에는 텍스트를 짧게 나누고 복사한 내용을 붙인다.

이해하지 못한 문자열을 필사하면 실수하기 쉽고 자기 수정도 어렵기 때문이다.

❷ ②에는 단어나 어구, 구문에 관해 조사한 내용을 적는다.

기존에 단어의 의미나 품사 확인 등 어학을 예습할 때 해온 작업을 이곳에서 진행한다.

❸ ③에는 이해에 도움이 되는 배경 지식, 언어 외적인 사실 등을 적는다.

백과사전이나 참고문헌 등에서 조사한 내용을 적는다. 역서라면 역자 주로 언급되는 내용이 이에 해당한다. 텍스트에 등장하는 인물, 지명, 그밖의 고유명사의 개요 등을 적는다.

❹ ④에는 의문점과 사고 과정을 적는다.

어느 부분을 모르는지 파헤쳐, 나름대로 이해한 내용과 그 사고 과정을 자신만의 언어로 적은 후 정답이나 해설을 확인한다. 자신의 예상이나 의문과 옳은 번역문 사이를 몇 번 왕복하다 보면 텍스트 독해가 사고훈련의 영역에 도달한다.

❺ ⑤에는 번역문을 적는다.

나중에 수정할 소재로 삼기 위해서라도 번역문을 적는 공간을 마련해둔다. 사고 과정을 검증한다는 의미에서도 번역문 수정은 사고훈련의 후반을 담당하는 중요한 과정이다.

❻ ⑥에는 마지막으로 텍스트를 옮겨 적는다.

① 원문의 복사본 붙이기	④ 질문·의문점 등 (자신이 생각한 범위에서 문장화하기) 자신의 언어로 문장화하는 것이 중요
② 단어 (발음을 모른다면 발음기호도 표기) 어구·구문 등	⑤ 번역
③ 내용 조사 등	⑥ 원문을 수기로 옮기기 (녹음기를 이용해 연음도 적기)

'노트에 필기하기'가 아니라 '노트로 사고하기'

스즈키식 6분할 노트[19]는 외국어 역독譯讀이라는 작업을 뜻을 새겨 가며 자세히 읽는 정독精讀 수준까지 끌어올리는 방법이다. 이 노트를 개발한 스즈키 사토루는 프랑스 문학 연구가이지만 그의 방법은 프랑스어 외의 언어학습은 물론, 그 외 정독이 필요한 모든 분야에 적용된다. 원본 텍스트와 그 해석에 필요한 모든 항목을 펼침 면에 정리하는 게 포인트다. 이때 스스로 조사한 것과 자신의 사고 과정이 중요하다.

스즈키가 이 노트를 고안한 배경에는 프랑스어 수업시간에 교사가 해석해주는 내용을 그저 받아적기만 하고 시험 전만 되면 그 해석을 필사적으로 암기하거나, 교사가 칠판에 쓴 내용은 노트에 필기하면서 구두로 한 설명은 거의 흘려듣고 필기를 제대로 못 하는 학생들이 있었다. 이런 학생들에게 노트는 암기해야 할 것을 일시적으로 보관하는 수단에 불과하다. 그리고 그 학생들에게 배움이란 필시 누군가가 준비해준 정답을 기억하는 일일 것이다.

이런 태도로는 한 나라의 언어를 이해하기는커녕 수업을 따라가기조차 버거울 것이다. 그러나 노트는 읽는 이에게 텍스트를 이해하기 위한 조사와 사고를 재촉하고 기록하며 반복적으로 돌아보도록 끌어주기까지 한다.

낙제생 처칠을 구원한 방법

역독은 '문법 번역식 교수법'이라 불리며 예로부터 어학 교육에 이용되었으나, 낡은 방식이라는 이유로 많은 비판을 받았고 소통의 중요성을 외치는 사람들에게서 '문법을 의식하며 말하는 원어민은 없다', '문법 위주로 가르치니 아이들이 영어 말하기를 못한다'라며 특히 혹독한 평가를 받았다.

그러나 베스트셀러 작가가 된 것을 계기로 정치가가 되었으며, 제2차 세계대전 중에는 수상으로서 영국을 이끌고, 후에 이를 회상하는 책으로 노벨 문학상을 탄 윈스턴 처칠*의 견해는 달랐다.

거물급 정치가의 아들로 태어난 처칠은 명문 해로 스쿨Harrow School 입학시험에 세 번이나 떨어졌고 '특별 우대'로 입학을 허가받지만, 성적은 뒤에서 세 번째였다. 심지어 나머지 두 명은 바로 퇴학했다. 졸업 후에도 유명 대학교에 진학하지 못하고 어쩔 수 없이 사관학교에 입학해 군인이 되었으나, 얼마 지나지 않아 든든한 배경이었던 아버지가 사망했다. 그런데 군인으로서 인도에 부임하던 중 영국 잡지사에 기고한 기사 한 건은, 낙제생 처칠의 인생을 뒤바꾸는 계기가 되었다. 이 기사가 호평을 받아 『말라칸드 전장 이야기The Story of the Malakand Field force an Episode of Frontier War』라는 제목의 책으로 출간되었으며 베스트셀러가 되었다. 보어전쟁에서는 총 대신 펜을 들고 종군기자로서 참가했으며 적군의 포로가 되었다가 탈출에 성공했는데, 그 과정을 기록한 수기 또한 베스트셀러가 되었다.

처칠은 이 글쓰기 능력을 어디에서 습득했을까. 라틴어나 그리스어는 도저히 습득하지 못할 것이라는 편견 속에서 그에게 영어 작문을 가르쳤던 교사 소머벨이 문장을 수없이 해부하는 훈련을 시켰다며 해로 스쿨의 은사를 추억했다.[20] 그것은 상당히 긴 문장을 흑색, 적색, 청색,

---

* 윈스턴 처칠(Winston Churchill, 1874~1965): 공작 가문 출신으로 수상까지 지낸 보수당 거물 정치가의 장남으로 태어났다. 명문 해로우 스쿨의 낙제생이 진학하는 사관학교에 지원했으나 이곳에서도 실패를 거듭하며 공부로는 고전을 면치 못했다. 아버지의 죽음으로 든든한 버팀목을 잃은 후에는 탁월한 글쓰기 능력으로 유명해졌고 정치가로 전향했다. 제2차 세계대전에서는 수상으로서 나치 독일과의 치열한 전쟁을, 호쾌한 성격과 솔직한 웅변으로 국민을 고무해 영국을 이끌었다.

녹색 잉크를 써가면서 주어와 동사, 목적어, 관계절, 조건절, 접속절 등으로 분해하는 훈련이었다.

처칠은 거듭 낙제를 받아 가장 아래 학년을 세 번이나 다녀야 했으나, 덕분에 소머벨 선생님의 '문장 해부'를 다른 학생보다 세 배 더 공부할 수 있었다. 이로써 평범한 영어 문장의 기본구조를 뼈 마디마디까지 철저하게 익혔다. 아름다운 라틴어 시나 간결한 그리스어 경구를 써서 표창을 받은 우등생들과 비교해도, 영어 작문이라면 뒤떨어지지 않을 만큼 실력이 향상됐다.

소머벨이 학습 부진아들에게 행한 훈련은 문장어의 세부까지 의식하게 하는 정독의 기초였다. 이로 인해 처칠은 문장어를 자유자재로 다루는 능력과 함께 세상을 말로 휘어잡는 사고의 힘을 기를 수 있었다.

공부법 46 요약 주석법

읽은 내용을 한눈에 파악하는 독서 노트 작성법

❶ 대상 문헌을 읽은 후 노트를 만든다.

각 장의 제목이나 차례, 각 단락의 요약(공부법 42: 단락 요약, 323쪽), 그리고 특히 중요한 부분이나 나중에 필요할 것 같은 부분 추려낸 것(공부법 41: 각독, 317쪽) 등을 노트에 적는다.

❷ 만든 노트를 다시 읽으면서 노트의 여백에 의견을 단다.

문헌의 어떤 부분에 찬성하지 못하겠다면 그 부분의 빈 곳에 '반대!', '노No!' 등 부정적인 코멘트를 적으면 된다. 반대로 이해했거나 찬성을 표시하고 싶다면 여백에 '예스Yes', '격하게 공감' 등을 적는다. 훨씬 심오한 생각이나 긴 고찰을 했다면 그 역시 적어놓는다.

❸ 이따금 노트를 다시 읽으며 필요한 내용을 덧붙여 적는다.

노트의 본체 부분이 원래 문헌의 내용을 반영한 '객관 파트'라면, 여백에 적을 의견은 노트를 독자로 생각하거나 느낀 점을 적는 '주관 파트'다.

원본 문헌이나 노트에 적힌 내용은 달라지지 않지만, 독학자는 달라진다. 다시 읽어보면 같은 문헌에 대한 이해나 사고의 변화를 실감할 수 있다. 해당 부분에서 느낀 점을 계속 덧붙이면 노트에 여러 주관이 누적된다. 이는 세상에서 유일한 지적 자산이 된다.

망명 중인 혁명가를 지탱한 방법

러시아혁명의 지도자 블라디미르 레닌*이 망명지의 도서관에서 작성한 레닌 노트는 널리 알려져 있다. 망명 중이라는 이유로 서재 공간도, 텍스트를 소유하는 일도 포기한 레닌은 노트에 텍스트 요약과 인용을 정리해 그 여백에 코멘트를 남기는 형태로 독서 노트를 만들었다.

독자로서 레닌은 여백에 코멘트를 적는 데 머물지 않았다. 요약·인용을 해놓은 노트에도 자신의 목소리를 가득 담아놓았다. 레닌은 노트를 통해 헤겔이나 논적의 텍스트에 반박하는 글을 적으면서 자기만의 사상을 구축했다. 우리가 도망 다니는 처지는 아니지만, 많은 서적을 소유하지 못했고 만족할 만한 학습 환경을 얻지 못한 독학자자면 레닌이 직면했던 과제와 그의 연구는 참고할 만하다.

무제한 가필이 가능한 확장 레닌 노트

레닌 노트를 응용하면 읽고 공부한 내용을 정리하는 표를 만들 수 있다. 원본 텍스트 내용과 관련된 문헌 정보를 한 번에 볼 수 있는 요약·주석을 표로 정리하고 레닌 노트의 특징인 코멘트 작성용 여백을 덧붙인 형태로, 이를 '확장 레닌 노트'라 이름 붙였다. 원본과 비교했을 때 장점은 데이터 형태로 보존·관리할 수 있다는 점 외에도 얼마든지 칸을 추가하거나 수정할 수 있다는 점이 있다.

- 블라디미르 레닌(Vladmir Lenin, 1870~1924): 러시아의 혁명가. 러시아 사회민주노동당 볼셰비키의 지도자였으며 소비에트연방의 초대 최고 지도자였다. 학생운동을 하다가 대학교에서 추방되었으며 유배당해 각지를 전전하며 혁명 단체에 참가했고 그런 와중에도 독서를 통해 학습했다. 이후 혁명운동과 유배, 망명을 반복하면서도 독서를 무기로 레닌은 이론투쟁과 혁명을 승리로 이끌었다.

하단의 표와 같이 가운데 열에는 텍스트를 정리해두고, 오른쪽 열에는 해당 부분을 해설서에서 언급한 내용의 요약을, 왼쪽 열에는 요약을 읽은 후에 느낀 감상이나 의견을 적어두면 정리한 내용을 한눈에 파악하기 쉽다.

확장 레닌 노트 작성법 ✐

① 우선 원본 텍스트를 읽고 요약을 표 중간 칸에 장별 혹은 단락별로 입력한다.

② 해설서나 주석서에서 대응하는 부분을 요약해 원본 텍스트 오른쪽 칸에 입력한다.

③ 요약과 주석을 읽으면서 느낀 점 등을 왼쪽 칸에 입력한다.

감상/ 의견	단락별 요약	해설서/ 주석서

3. 마지막으로, 자기 나름의 지적이나 떠오른 점 등을 적는다

1. 우선 읽은 내용을 단락별로 요약한다

2. 다음으로, 해설서나 주석서에서 얻은 정보를 입력한다

13장

기억을 관리하는 요령

공부를 해도 자꾸 까먹는다는 사람이 많다. 하지만 알고 보면, 완벽하게 외울 수 있을 만큼 시간을 들여 공부한 적이 거의 없을 것이다. 교재나 노트를 한 번 쓱 보고 외울 수는 없는 일이다.

스마트폰으로 무엇이든 검색할 수 있는 시대에 기억력은 큰 의미가 없다고 생각할지도 모른다. 하지만 어떤 일이든 소홀히 해서는 아무런 성과도 얻을 수 없다. 외우기를 소홀히 하면 지식을 쌓는 길도 영영 요원할 뿐이다. 암기가 궁극적 목표는 아니지만, 공부에서 중요한 요소임은 분명하다. 생각해보자. 알파벳을 외우지 못하면 영어를 읽고 이해하는 것은 불가능에 가깝다.

우리는 무수히 많은 것을 의식적으로 떠올릴 필요조차 없을 만큼 완벽하게 기억하고 있기에 이해할 수 있다. 외우기 싫다고 도망치는 사람은 이해하는 단계에조차 이르지 못한다. 어려워서 모르겠다는 말을 하는 사람은 쉬운 것만 완벽하게 이해하고 있거나, 머리를 쥐어뜯어 억지로 떠올려야 할 만큼 얕게만 기억하고 있는 경우가 많다.

시험을 위한 암기를 우습게 여기는 사람도 있다. 하지만 암기는 시험을 위해서 하는 게 아니라 자신을 위한 것이다. 완벽하게 외워서, 집중력이라는 중요한 인지 자원을 기억을 위해 허비할 필요가 없어지면 이해를 위해 쓸 수 있다. 공부하다가 벽에 부딪힌 것 같을 때 미리 외워둔 정보들을 조합해 실마리를 찾아낸 경험도 분명 있을 것이다.

그렇다면 구체적으로 어떻게 외워야 할까? 기억법은 원래 변론술의 한 부분이었다. 변론술은 쉽게 말하면 장대한 변론을 외워둔 다음에 원고를 보지 않고 논하는 것이다. 이때 필요한 것은 대량의 정보를 기억하는 일뿐이다. 이 때문에 변론술을 위해서는 나름대로 준비가 필요한데, 기억법은 이런 니즈에 딱 맞았다.

그런데 요즘 우리에게는 양은 많지 않더라도, 한 종류가 아니라 여러 정보를 외우는 기술이 필요하다. 기억법에서는 기억하고 싶은 것을 연상할 만한 '열쇠'를 준비하라고 하는데, 여러 종류의 내용을 기억하려다 보면 이 열쇠가 갑자기 고갈된다.

요즘은 외우는 기술보다 관리가 중요하다. 이유 중 하나는, 앞서 말한 기억의 니즈 때문이다. 우리는 변론용 원고처럼 특별한 상황에 맞추어 방대한 정보를 외우기보다 여러 종류의 정보를 끊임없이 외우도록 요구받는다. 즉 스케줄까지 포함한 장기적인 관리가 필요하고 또 중요해졌다.

기억의 기술보다 관리를 중시하는 또 하나의 이유는, 망각이 인간의 본질이기 때문이다. 변론 기억 같은 단발성 승부라면 몰라도, 수년 이상 걸리는 생활 속에서는 망각을 피할 수 없다. 그러므로 한 번 외웠다면 두 번 다시 잊어버리지 않는, 내 입맛에 맞는 기억법은 없다는 사실을 인정해야 한다. 하지만 필요에 맞춰 스케줄과 타이밍을 고려해서 다시 외울 수는 있다. 시험이 몇 주 혹은 몇 달 남았다면, 얼마나 간격을 두고 복습해야 하는지 구체적으로 입증된 실험 결과도 존재한다.[21]

공부법47 기억법 매칭

내게 맞는 기억법을 찾는다

❶ 외우고 싶거나 외워지지 않는 내용을 적는다.

외우기로 한 것, 학습하다가 외우기가 어려웠던 것 등을 떠오르는 대로 적는다. 작업 순서, 사람 이름, 공간 이름, 영어 단어, 물리 공식 등 기억하려다가 실패한 것을 떠올려보자. 이를 '기억 과제'라고 부르자.

❷ 외우지 않았을 때의 불편함, 외웠을 때의 편리함을 적는다.

❶에서 나온 기억 과제에 대해 외우지 않으면, 혹은 외우지 못하면 어떤 점이 불리한지, 외우면 어떤 점이 유리한지 적는다.

❸ 각각의 '기억 과제' 외우기에 최적인 방법을 선택한다.

349쪽의 리스트는 자주 사용되는 기억법을 리스트로 정리한 것이다. 그 밖에도 자신이 쓰는 기억법, 혹은 시도한 적은 없으나 들은 적이 있는 기억법을 추가해도 좋다.

❹ 선택한 기억법을 시도해본다.

시도해보고 다른 방법이 나을 듯하면 그 방법도 시도한다. 이 과정을 반복하며 자신에게 맞는 기억법의 도구상자를 작성해 개정해간다.

유리한 점과 불리한 점을 적음으로써
기억에 관한 목적과 동기부여를 명시한다.
단순한 외우기에서 수행해야 할
작업으로 변환된다.

외우고 싶은 것 외우기 어려운 것	외우지 못할 때의 불리함	외울 때의 유리함	어울릴 것 같은 기억법
작업 순서	일일이 매뉴얼을 보아야 해서 그때마다 작업이 중단된다.	작업 속도가 빠르고 유연하다.	
사람 이름	상대에게 실례일 수도 있다. 상대방이 내 이름을 외우고 있으 면 민망하다.		
공간 이름			
영어 단어			
물리 공식			

기억은 이해의 좋은 조력자다

학습이란 정답을 외우는 것이라 믿는 사람들이 있다. 이런 관점에서 보면 가장 효율적인 학습법은 시험에 나오는 문제와 해답만 달달 외우는 것이다. 물론 이에 동의하지 않는다. 이런 관점은 극히 특수한 상황에 한해서만 유효하다. 당연한 이야기지만 누군가가 자신을 위해 질문과 정답을 세트로 묶어 기꺼이 준비해주는 상황은 그다지 많지 않다.

이해만 한다면 외울 필요가 없다는 데도 동의하지 않는다. '나는 공부를 못한다'라는 생각이 '나는 외우기를 못한다'는 생각과 강하게 맞물려 있는 경우가 많다. 하지만 이런 생각에 사로잡혀 배움을 포기해서는 안

된다. 아무리 높은 의식을 가져도 우리는 암기의 필요에서 벗어나지 못한다. 실제로 암기를 수반하지 않는 이해는 없다. 이해만 한다면 암기가 가능할 것이라고 주장하는 사람은 특별한 방법이나 노력 없이도 술술 기억을 잘할 뿐이다.

정확하게 말하면 이해는 최고의 기억법이다. 이해라는 암기 방식은 쉽게 잊히지 않고 외운 사항을 재생하기 쉬우며 응용하기도 쉽다. 이해는 투자 차원에서도 최고의 기억법이다. 때로는 이해하는 데 시간이 걸리고 많은 인지 자원을 투자해야 한다. 하지만 암기는 이해의 조력자이므로, 외운 것은 인지 자원의 면에서 볼 때 가장 낮은 비용으로 활용할 수 있다.

외국어를 읽다가 모르는 단어를 발견했다고 하자. 사전을 펼쳐야 할 시점이지만, 아무것도 아닌 이 작업이 문장을 이해하기 위해 소비해야 할 인지 자원의 일부를 빼앗는다. 사전과 텍스트를 왕복하는 일, 텍스트의 문맥에서 일시적으로 벗어나 사전에 적힌 설명을 이해하는 일 등 과정 하나하나는 사소하더라도 쌓이면 그만큼 뇌에서 에너지가 소비된다. 이것들은 모두 단어를 기억하고 있으면 피할 수 있었던 인지 비용이다. 기억에서 끄집어낼 재료가 많을수록 우리는 인지 자원을 빼앗길 필요 없이 원래 이해하려던 작업에 집중할 수 있다. 기억은 이해를 돕는 것이다.

이렇게 우리는 한 바퀴 돌아, 다시 기억의 필요 앞에 선다.

기억에 관한 생각을 바꾸다

그럼 어떻게 해야 기억력을 높일 수 있을까? 먼저 기억에 관해 좀 더 자세히 이해할 필요가 있다.

인지에 관한 인지를 '메타 인지'라고 한다. 그중에서도 기억에 관한 인지를 '메타 기억'이라고 한다. 메타 기억은 자신의 기억이나 기록에 대해 어떻게 인지하고 있는가를 뜻한다. 자신은 기억하지 못한다는 신념도 메타 기억의 일부다. 기억하기 어려워하는 사람일수록 기억에 관해 극단적인 생각을 갖게 마련이다. 기억에 관한 인지를 바꾸는 최선의 방법은 계획을 세우는 것이다. 아무리 계획이 순조롭게 흘러가지 않더라도 사전에 계획을 짜는 일은 많은 도움이 된다. 계획을 세우는 '플래닝'은 앞으로 하려는 일에 우리의 주의를 집중시킨다.

지금 무언가를 외우려 하는데 그 목적, 대상, 방법 등에 대해 미리 생각하고 어떻게 될지 상정해두었다고 해보자. 그렇다면 실제로 기억 작업에 돌입했을 때도 지금 무엇이, 어떤 문제가 생겼는지 어떻게 잘 풀리고 있는지 우리의 센서는 예민하게 반응할 수 있다. 기억법 매칭[22]의 역할은 이 기억을 계획하는 것이다. 맨손으로 기억이라는 난행에 도전하는 사람을 지원하기 위해 얼마나 많은 기억법이 있고, 어떠한 기억법이 있는지 열거한 '기억법 리스트'가 도움이 될 것이다.

이렇게 기억 플래닝과 기억 실천을 통해 우리의 딱딱하게 굳어버린 메타 기억은 수정된다. 범용 기억력이라는 능력은 존재하지 않는다는 점, 사람마다 외우기 쉬운 것과 그렇지 않은 것이 있다는 점, 그리고 대상과 목적에 맞춘 다양한 기억법이 있다는 점 등 기억에 관한 기본 사실을 이해한다면 외우기에 관한 피해의식은 줄어들 것이다. 기억법 매칭은, 무엇 하나 만족스럽게 외우지 못한다거나, 바로 잊어버린다거나, 천재는 노력 없이도 모든 것을 기억하고 절대로 잊어버리는 일이 없다거나, 혹은 절대로 잊어버리지 않는 기억법이 존재한다는 잘못된 '기억 신화'에서 자신을 해방시켜줄 것이다.

기억법 리스트 ✎

공부법 50: 니모닉스, 368쪽 참고

	기억법	개요	장점	단점
1	여러 번 복창하기	외우고 싶은 것을 몇 번이고 소리 내어 말한다.	준비할 필요 없이 간단하다.	순간 실수하면 실수한 대로 외워버려서 외웠는지 확인이 불가능하다.
2	여러 번 쓰기	외우고 싶은 것을 몇 번이고 적는다.	위와 같음	위와 같음
3	리콜 프로세스	정답을 가리고 외운 다음 바로 확인하기를 반복한다. 단어 카드나 사라지는 기화 펜을 사용한 방법도 이에 해당한다.	실수가 축적되지 않고, 외웠다는 착각에 빠지지 않는다.	긴 단어나 문장 등 한 번에 처리하지 못하는 것은 외우기 어렵다.
4	사프메즈 (SAFMEDS)법	'Say All Fast Minute EveryDay Suffle'의 약자. 카드 앞면에 문제, 뒷면에 정답을 적어 섞은 후 날마다 1분씩 가능한 빨리 답하기. 1분 안에 몇 장의 카드를 클리어했는지 기록해 그래프화한다	얼마나 외웠는지 바로 알 수 있고 의욕을 높이기 쉽다.	위와 같음
5	DWM법	'Day Week Month'의 약자. 하루 전, 일주일 전, 한 달 전에 외운 것을 복습한다.	단순한 복습보다 습관을 들이기 쉽고 복습 타이밍도 기억하기 쉽다.	더 장기간의 복습은 어떻게 할 것인지는 따로 생각해야 한다.
6	셀프 테스트	직접 만든 테스트를 스스로 푼다.	실수가 축적되지 않는다. 외웠다는 착각이 발생하지 어렵다.	시험 문제를 만들어야 하는 수고가 든다.
7	반복 드릴	단순한 문제를 반복해 풀면서 외운다.	실수나 기억이 불확실한 부분을 발견해 수정하며 외운다. 기억의 정확도나 상기 속도 등을 높이기에 유리하다.	쉽게 질린다. 정답률이 높아지면 지속할 동기가 떨어진다.
8	로우 퍼스트법 (Low First)	오답률이 높은 것부터 순서대로 복습한다. 오답률이 기준(10% 정도)보다 낮았던 항목은 복습 대상에서 제외함으로써 복습 효율을 높이는 방법도 있다.	스페이스드 리허설보다 기억효율이 높다.	오답률을 기록하고 복습 타이밍을 설정해야 하는 번거로움이 있다.
9	연상법	기억하고 싶은 정보에 자신이 제일 먼저 떠오른 것과 연관 짓는다.	뇌에서 만들어내기 쉬운 연상을 사용해 기억하기 쉽다.	호불호가 있으며 익숙하지 않으면 연상되는 이미지를 만들기에 시간이 걸린다.
10	키워드법	발음이 비슷한 모국어를 이용해 의미와 이미지를 연결한다.	숫자, 외국어 단어 등 그대로 외우기 힘든 것에 효과적이다.	발음이 비슷한 단어를 떠올리기 힘들다.
11	라임법	랩처럼 라임을 맞춰 외운다.	숫자, 외국어 단어 등 외우기 힘든 것에 효과적이다.	라임에 익숙하지 않으면 어렵다.
12	마이 포엠법	기억하고 싶은 표현을 집어넣은 일인칭 주인공 시점의 문장을 만들어 외운다.	자기가 주인공인 글은 외우기 쉬움	문장을 생각하기 번거롭다.
13	가사법	기억하고 싶은 것을 가사로 만든다.	멜로디를 동반해서 외우면 더 기억에 남는다.	가사나 멜로디를 생각해내기 어렵다.
14	머리글자법	외우고 싶은 것의 머리글자를 이용해 단어를 만들어 외운다. (예: 5대호→HOMES는 Huron, Ontario, Michigan, Erie, Wuperior의 머리글자)	단어 그대로보다 외우기 쉽고, 기억에도 잘 남는다.	외우기 쉬운 단어만 만들어내기는 어렵다.
15	니모닉스(기억법)	이미 있는 물건(열쇠)에 외우고 싶은 것을 이미지화해서, 연결해 외운다.	위와 같음	익숙하지 않으면 이미지 만들기에 시간이 걸린다.

16	수지법	기억하고 싶은 것을 손가락과 관련된 이미지로 기억한다. 니모닉스의 일종이다.	위와 같음	위와 같음
17	장소법	평소에 머무는 공간이나 아는 곳에 기억하고 싶은 것을 배치해 이미지를 만든다. 니모닉스의 일종이다.	위와 같음	위와 같음
18	통근길법	등하교·출퇴근 경로로 기억하고 싶은 것을 배치해 이미지를 만든다. 니모닉스의 일종이다.	위와 같음	위와 같음
19	박물관법	박물관이나 미술관 전시에서 기억하고 싶은 것을 이미지로 바꾸어 연결한다. 니모닉스의 일종이다.	위와 같음	위와 같음
20	수학자음치환법 (포네틱법, Phonetic)	숫자를 자음으로 바꾸고, 자음을 포함한 단어로 변환한다. (예: 0→s, c, z / 1→t,d,th / 2→n / 3→m / 4→r / 5→l / 6→sh,ch,j,g / 7→k,c,g,ng / 8→f,v / 9→p,b) 그 외의 알파벳은 모음은 임의로 쓸 수 있으므로 같은 숫자에 대응하는 무수의 페그를 만들 수 있다. 니모닉스와 조합해 쓴다.	위와 같음 니모닉스에서 '열쇠'가 고갈되는 것을 막으며 숫자를 외우기 쉽게 만든다.	위와 같음 숫자를 변환하는 규칙을 외워야 한다.
21	포네틱 맵	수학자음치환법에서 만든 페그를 조합해(예 10×10=100칸) 표를 만들어 니모닉스의 열쇠로 쓴다.	공간 배치나 지도를 기억하거나 대량의 내용을 암기하기 편리하다.	니모닉스와 포네틱법을 미리 숙지해야 한다.
22	도미닉법	페그(축)를 만들기 위해 숫자를 알파벳으로 변환하고(1→A 2→B, 3→C. 4→D. 5→E. 6→S. 7→G. 8→H. 9→N. 0→O) 그 알파벳 이니셜을 가진 유명 인사나 지인의 얼굴과 대조한다. 니모닉스와 조합해 쓴다.	다른 수치변환법보다 규칙이 쉽고 가장 외우기 쉬운 인간의 얼굴을 사용한다는 점에서 우수하다.	미리 대량의 유명 인사, 지인 리스트를 준비해야 한다.
23	메모리 트리	주제를 줄기로, 관련 항목을 가지와 잎으로 적는다.	처리한 정보를 잘 잊어버리지 않고 사용하기 쉽다.	이해가 필요하기에 시간이 걸린다.
24	콘덴스 노트	시험 범위를 커닝페이퍼처럼 한 장에 정리한다.	위와 같음	위와 같음
25	코넬대학식 노트	1페이지를 세 칸(본문, 제목, 코멘트, 요약)으로 나눈다. 제목, 코멘트 칸, 요약 칸을 보면서 복습한다.	위와 같음 복습을 위한 장치를 포함한다는 점도 유효하다.	위와 같음
26	교환 테스트	상대가 만든 문제를 자신이, 자신이 만든 문제를 상대가 푼다.	셀프테스트보다 효과적이다.	상대가 필요하다.
27	상호교수법	둘이서 대화를 주고받으며 '예측하기', '질문 만들기', '요약하기', '명확화하기' 등 4가지 방법으로 문장을 이해한다.	처리한 정보는 쉽게 잊히지 않고 사용하기 편리하다. 사회적 상호작용 속에서 사용된 정보는 더욱 기억에 잘 정착된다.	위와 같음
28	감정 링크	감정과 연관 지어 외운다. 예) 역사적 사건에서 당사자의 감정을 상상해서 체험한다.	강한 감정과 관련될수록 기억에 남기 쉽다.	감정을 환기하기 어렵다.
29	문맥 앵커링	기억 정보를 사용하는 상황과 유사한 환경에서 외운다.	외운 상황과 떠올린 상황이 일치할수록 떠올리기 쉽다.	유사한 상황을 준비하기 어려운 경우에는 효과가 없다.
30	게시법	외우고 싶은 것을 잘 보이는 곳에 붙여둔다. 구구단, 프랑스어 동사 활용 등에 해당한다.	최소의 노력으로 외울 수 있다.	시간이 오래 걸려 효율은 그다지 높지 않다. 준비가 필요하다.

※여기에서는 기억에 도움을 주는 기법이나 연구로 잘 알려진 것을 작성했다.

기억 장애 치료에 쓰이는 문장 기억법

❶ Preview(예습)

외우려는 텍스트(문장)를 처음에 대충 훑고 전체적인 개요를 파악한다.

❷ Question(질문)

텍스트(문장)의 핵심이 되는 부분에 대해 질문을 만든다. 5W1H(언제, 어디에서, 누가, 무엇을, 어떻게, 왜)라는 시점으로 질문을 설정하면 쉽다.

❸ Read(정독)

질문에 대한 답을 찾으면서 나중에 답할 수 있도록 텍스트(문장)를 자세하게 읽는다.

❹ Self-Recitation(자기 암창)

읽은 정보를 속으로 반복해서 되뇌면서 외운다.

❺ Test(테스트)

텍스트(문장)를 덮고 ❷에서 작성한 질문을 보면서 답을 적어간다. 모두 답했다면 텍스트를 보면서 정답을 맞춘다.

PQRST법의 예 ✎

> ### 문제
>
> 와카야마현에 설치된 임업 시험장에서 조사한 바에 따르면, 삼목·노송나무의 묘목을 보호하는 삼림 보호 울타리를 설치한 경우 멧돼지가 제일 먼저 파괴하거나 침입하고 사슴은 그곳을 노려 침입한 사례가 있다. 시험장은 '지상 60cm 이하의 울타리만 파괴되었다. 향후 대책을 연구하겠다'라고 했다.
>
> (기이민보紀伊民報, 2018년 9월 26일자)

❶ Preview(예습)

전체를 대충 읽으니 아무래도 보호 울타리에 관한 이야기로, 보호 울타리에 문제가 발생했음을 알 수 있다.

❷ Question(질문)

> 질문을 생각할 때 '무엇을 외워야 하는지 선별하는 작업'이 기억을 촉진한다.

Q1. 보호 울타리는 무엇을 보호하는가?(2가지)

Q2. 보호 울타리를 망가뜨린 것은 무엇인가?

Q3. 보호 울타리를 통해 먼저 침입한 것은 무엇이며, 다음에 무엇이 침입했는가?(2가지)

Q4. 파괴된 보호 울타리는 몇 cm 이하인가?

Q5. 이에 대해 어디에서 발표했는가?

❸ Read(정독)

> 질문을 염두에 두고 한번 더 문장을 읽는다.

❹ Self-Recitation(자기 암창)

❺ Test(테스트)

'테스트에 답하기 위해 떠올리는 작업'이 기억을 강화한다.

A1. 삼목 묘목, 노송 묘목

A2. 멧돼지

A3. 멧돼지가 먼저, 사슴이 나중에 침입했다

A4. 60cm 이하

A5. 와카야마현 임업 시험장

건망증 치료법을 기억 학습에 이용하다

PQRST법은 언어적 기억 전략이라 불리는 방법 중 하나이고, 문장에서 얻을 수 있는 정보를 외우는 데 효과적인 학습법이다. 이것은 효과가 높고 실행하기 쉬운 점 때문에 서구 유럽에서 널리 장려되는 방법이며, 건망증이나 기억 장애 환자의 기억력 개선에도 널리 쓰인다.[*]

PQRST법은 흔히 알려진 SQ3R법[**] 등과 같이 독서 전략으로 개발되었다. 전략Strategy이라는 용어는 원래 수학자 존 폰 노이만이 창시한 게임 이론 중에서 '일련의 순서로 가능한 방법 선택하기'를 제시하기 위해 쓰였는데, 심리학자인 브루너 연구팀에서 개념 달성 과제를 해결할 때 정보 수집 수단을 표시하는 데 적용하면서 널리 알려져, 인간이 능동적으로 정보를 처리할 때 사용하는 일련의 규칙을 표기하게 되었다.

이런 의미에서 문장을 읽을 때 우리가 무의식적으로 사용하는 규칙이

---

[*] 코르사코프 증후군(비타민 B1 결핍으로 뇌 기능 장애로 비롯한 건망증상), 뇌수막염 후 건망증, 두부 외상에 의한 건망증 등 많은 사례에서 PQRST법에 의한 기억력 개선이 보고되었다.

[**] 1946년에 심리학자인 프랜시스 로빈슨이 저서 『공부를 위한 읽기는 따로 있다』에서 제안한 독서법이자 학습법이다. 텍스트에 대한 학습 전략의 효시이며 그 후 학습 방법 이름을 각 단계의 머리글자로 표현하는 전통을 만들었다.

나, 이번 장에서 다루려는 누군가의 연구를 통해 의식적으로 습득해 쓸 수 있는 규칙 모두 읽기 전략이라고 할 수 있다. 기존의 전략 일부를 개량함으로써 새로운 전략을 개발할 수도 있다. 대표적인 읽기 전략은 다음 페이지의 비교표에 정리해놓았다. 비교표에서 시사하는 바와 같이, SQ3R법에서 출발한 독해 전략은 세부적인 조정은 있었으나 기본적으로 SQ3R에서 확장된 요소들이다.

- 읽어야 할 텍스트에 관해 개관하기(Survey/Overview/Preview)
- 다음에 읽어야 할 포인트에 대해 질문을 작성하기(Question/Ask/Key Ideas)
- 읽으면서 답을 찾기
- 그 후 외운 것을 입으로 말하거나 적어 내보내기(Recite/Recall/Verbalize/Write)
- 결과를 평가하기(Reflect/Evaluate/Assess)
- 더욱 복습하거나(Review), 테스트로 확인하기(Test)

PQRST법의 순서 역시 기본적으로는 다른 읽기 전략과 같지만, 포인트를 추출하기 위해 이용한 질문을 그대로 확인 테스트에 활용한다는 점에 비중을 두었다. 질문을 만드는 일, 답을 찾기 위해 문장을 읽는 일, 올바르게 읽었는지 확인하는 일, 한 번 더 같은 질문으로 테스트하는 일 등 일련의 작업을 통해 같은 기억 재료를 다양한 깊이로 처리한다.

독서 전략 비교표 ✐

SQ3R (로빈슨, 1946) 질문과 답에 의한 독해 전략의 효시이며 서양에서는 널리 쓰인 학습법	PQRST (스테이튼, 1951) 학습법의 효시. 『How to Study』에서 제안된, 이번 장에서 소개할 방법	OK4R (포크, 1962) 코넬대학교 독서와 학습 센터의 디렉터가 제안한 방법	R.S.V.P. (스테이튼, 1966) PQRST의 개발자 스테이튼(Staton)이 제안한 학습의 기본 전략	OARWET (노먼, 1968) 명저 『Successful Reading』에서 제안된 방법	PANORAMA (스페이스& 버그, 1973) 지금까지 독서법을 포괄한 가장 여러 단계의 방법	Cornell System (포크, 1974) OK4R을 개발한 포크가 개발. 코넬대학교 노트로 유명한 방법	REAP (에넷&만조, 1976) 저자의 생각을 자신의 언어로 표현할 수 있게 되는 독서법
					Purpose 목적 Adaptability 속도조절		
Survey 개관	Preview 예습	Overview 개관	Preview 예습	Overview 개관	Overview 개관		
Question 설문	Question 질문	Key Ideas 열쇠 개념		Ask 질문	Need (to question) 필요한 질문		
Read 독해	Read 독해	Read 독해	Study 학습	Read 독해	Read 독해	Record 기록	Read 독해
						Reduce 줄임	Encode 코드 부여
					Annotate 주석		Annotate 주석
Recite 암창	Self-Recitation 자기 암창	Recall 암창 기억	Verbalize 암창 구두 표현	Write 발췌	Memorize 암기	Recall 암창 기억	
		Reflect 회상		Evaluate 평가	Assess 평가	Reflect 회상	Ponder 숙고
Review 복습	Test 테스트	Review 복습	Review 복습	Test 테스트		Review 복습	

기억 기법으로 본다면 리허설 전략*이나 체계화 전략** 등 기억에 유효한 접근법을 조합하고 있으며, 다른 기억 전략보다 월등한 효과로 인정받고 있다. 건망증에 관한 부호화 장애 가설에서는 의미 처리가 자발적이지 않은 점이 기억의 장애를 초래한다고 보았다. 새로운 정보를 단기 기억이나 장기 기억으로 저장하기 위해서는 기억하기 쉬운 형태로 변환해야 하는데, 이를 '부호화'라고 한다. 기억 장애의 요인이 이 부호화 과정의 문제라는 견해가 부호화 장애 가설이다. 퍼거스 크레이크와 로버트 록하트에 의하면,[23] 부호화에는 형태적 부호화, 음운적 부호화, 의미적 부호화의 세 단계가 있다. 기억 장애가 있는 사람은 가벼운 형태적 부호화나 음운적 부호화는 가능하지만, 의미 처리를 수반하는 의미적 부호화를 행하지 않고, 이로 인해 제대로 기억하지 못한다.[24] PQRST 법이 이런 기억 장애 개선에도 효과가 있다는 점은 이 기법이 읽는 이에게 의미를 처리하도록 촉구하기 때문이라는 견해가 지배적이다.

• 리허설 전략이란, 단기 기억 내에 저장된 정보를 의도적으로 여러 차례 연상하는 것으로, 이로 인해 정보를 단기 기억에 저장함과 동시에 장기 기억으로 전송하는 가능성을 높일 수 있다. 단순한 반복인 유지 리허설은 기명해야 할 정보를 단기 기억 내에 보존시킬 뿐이지만, 정보에 대한 이미지를 만들어내거나 의미를 부여해 기존에 알고 있던 지식과 관련짓는 정밀화 리허설은 장기 기억으로의 정착을 촉진한다고 본다.

•• 관련된 정보를 정리해 외우는 기억 전략을 기억의 체계화라고 한다('기억의 ~'라 표현한 이유는, 게슈탈트 심리학에서 연구한 지각의 체계화나 사고 체계화라는 표현과 구별하기 위해서이다). 체계화 전략의 유효성은 예로부터 발화나 주관적 체계화에 관한 실험으로 입증되었다. 발화란 다른 카테고리(악기, 채소 등)에 속하는 단어를 랜덤으로 보여주어도 재생할 때는 카테고리별로 정리된 순서로 재생되는 현상을 말한다. 주관적 체계화란 서로 명료한 관계가 없는 단어를 다른 순서로 랜덤으로 보여주어도 재생하는 순서가 점차 일정해지는 현상이다. 이 현상은 인간이 주관적으로 단어를 관련지어 체계화하면서 기억하기 위해 발생하는 것으로 보인다.

공부법 49 프리맵 & 포스트맵

학습 전후에 도식화하여 정리한다

학습 전이나 후에 알고 있는 내용과 이해하고 있는 내용을 도식화(콘셉트맵)[25]해서 적는다. 학습할 때 콘셉트맵을 만드는 시점은, 학습 전후 교재나 텍스트를 참조하거나 하지 않는 경우를 조합하면 다음 4가지로 나눌 수 있다.

- 학습 전 × 참조하지 않는다
- 학습 전 × 참조한다
- 학습 후 × 참조하지 않는다
- 학습 후 × 참조한다

학습 진도에 맞추어 4개의 맵을 만들어 예습과 복습을 실행한다. 예습을 위한 맵을 '프리맵', 복습을 위한 맵을 '포스트맵'이라고 부르기로 하자. 콘셉트맵은 다음 순서로 작성한다.

❶ 몇 가지 떠오른 항목을 적는다.

콘셉트맵을 그릴 때는 떠오르는 항목을 무작위로 적는 일부터 시작한다. 여기에서 적은 현상이나 사항을 표현하는 개개의 항목을 '개념 라벨'이라고 한다. 처음에 적은 항목이 3개라면 가로세로 일직선으로 나란히 열거하기보다는, 삼각형의 세 꼭짓점에 오도록 배열한다. 나중에 선으로 연결할 때 일직선으로 3개를 배열하는 것보다 삼각형의 꼭짓점에 배

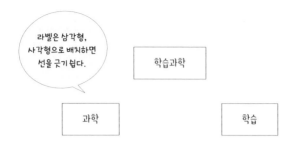

치하는 쪽이 연결하기 쉽기 때문이다. 같은 이유로 처음에 4개를 적었다면 일직선으로 4개를 배열하기보다 사각형의 각 꼭짓점 위치에 배치하는 게 좋다.

그림을 만들기가 너무 어렵다면 학습 전에 알고 있던 것들 중 학습 후에 기억하고 있는 것만 항목별로 적어도 좋다. 내 경험으로는 항목별로 적는 것보다 그림을 그리는 쪽이, '이것에 연결되는 게 뭐였더라' 하고 고개를 갸웃거리게 되어서 기억을 더 잘 끌어낼 수 있었다. 또한 모두 나란히 늘어서게 항목별로 적기보다는 항목끼리 서로 관계를 맺어주면 기억의 질이 높아질 것이다.

❷ 관련성이 있는 개념 라벨끼리 선으로 연결한다.

2개의 개념 라벨을 '선으로 연결하는 일'과 '어떤 관계인가'를 생각하는 일은 나누어 진행해야 수월하다. 어떤 관계일지 고심하지 말고 '일단은 선으로 연결해버리자', '관계를 몰라도 괜찮아' 하는 정도의 가벼운 마음으로 작업해도 좋다. 선으로 연결하는 동안, 관계를 생각하는 동안에도 부족한 것이 떠오르는 경우가 많다. 그렇기 때문에 단순한 항목별 적

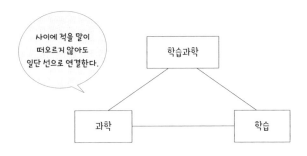

기보다 콘셉트맵으로 그리는 게 훨씬 깊이 기억을 끌어올릴 수 있으며, 더욱 많은 내용을 끄집어낼 수 있다.

❸ 연결한 개념 라벨 사이의 관계를 생각하고 선에 맞추어 적는다.

이를 '링크 라벨'이라고 한다. 오리지널 콘셉트맵에서 자주 쓰이는 링크 라벨에는 다음과 같은 전치사나 동사가 많다. '유사하다', '반대', '대립' 등과 같이 관계를 가리키는 짧은 단어를 마음대로 써도 좋다.

A→ (is a) → B …… 'A는 B이다'

A→ (has a) → B …… 'A는 B를 갖는다'

A→ (in) → B …… 'A는 B 안에 있다'

A→ (with) → B …… 'A에 B를 수반한다'

A→ (kind of) → B …… 'A는 B의 일종이다'

❹ ❷~❸의 작업 도중 떠오른 개념 라벨은 수시로 추가한다.

❺ ❷~❹를 반복한다.

떠오를 때마다 개념 라벨을 추가하고 새로운 관계를 맺어 링크 라벨을 붙이면서 맵을 확대한다. 각 맵은 그때그때 기억과 이해를 도식화한 것이다. 각각에 작성 일자를 적어두면 나중에 다시 보았을 때, 혹은 이전 맵과 비교할 때, 자신의 이해가 어떻게 바뀌었거나 발전했는지 구체적으로 확인할 수 있다.

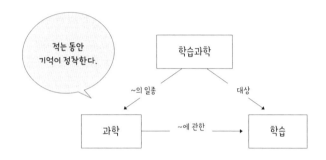

프리맵 작성 포인트

학습 전 × 참조하지 않는다

앞으로 학습할 주제에 관해 우선은 아무것도 보지 않고 떠오른 단어나 짧은 구절을 적는다. 주제에 관해 자신이 현재 가진 지식 외에 주제에 대해 생각나거나 상상한 것을 적는다. 어떤 관련성이 있는지 생각해서 링크 라벨을 덧붙여가면 더욱 좋지만, 앞으로 배우려는 분야에서는 관련성을 자세하게 특정하지 못할 수도 있다. 그럴 때는 '?'를 붙여두면 된다. 시간을 5분 정도로 짧게 정해서 그 시간에는 멈추지 않고 적는 게 좋다.

학습 전 × 참조한다

앞으로 읽으려는 책이나 오늘 학습할 범위의 차례에서 키워드를 골라 적는다. 생소한 분야라면 차례에 적힌 표현만 보고는 자세한 것을 모를 때도 많다. 단어의 의미를 모르겠다면 그 단어에 물음표(?)를 남긴다. 관련은 있어 보이지만 어떤 관계가 있는지 모를 때도 관련성을 표시한 선에 '?'을 남긴다. '이런 내용이 적혀 있을 것 같다'고 예상한 게 있다면 '?'를 덧붙여 메모해둔다. 이 물음표들은 앞으로 학습에서 무엇에 집중해야 하며 어떤 성과를 얻어야 하는지 이끌어주는 나침반이 된다.

포스트맵 작성 포인트

학습 후 × 참조하지 않는다

오늘 학습한 내용이나 좀 전에 읽은 책이나 그중 1장 등에서 아무것도 보지 않고 기억할 수 있는 단어나 짧은 구절을 무작위로 모두 적는다. 정확히 떠오르는 항목뿐 아니라 어렴풋이 기억나는 항목도 일단 적는다. 5분 정도로 시간을 짧게 잡고, 시간 내에는 멈추지 않고 적는 게 좋다. 적어놓은 항목끼리 관계를 만들어가면 처음에는 떠오르지 않았던 항목이 생각나는 경우가 많다.

학습 후 × 참조한다

아무것도 보지 않고 그린 콘셉트맵에 대해, 이번에는 텍스트나 노트 등을 다시 읽으면서 부족한 항목을 추가하고 부정확한 곳을 정정한다.

프리맵 ✐

학습과학에 대해 공부하기 위해 존 T. 브루어의 『생각을 위한 학교Schools for Thought』를 읽는 경우로 프리맵과 포스트맵 예시를 살펴보자.

학습 전×참조하지 않는다

학습 전×참조한다

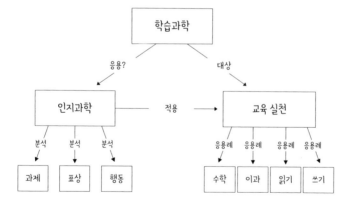

학습 후×참조하지 않는다

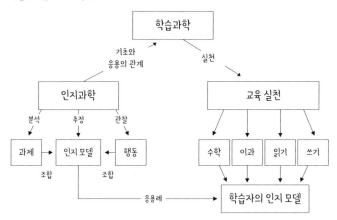

학습 후×참조한다

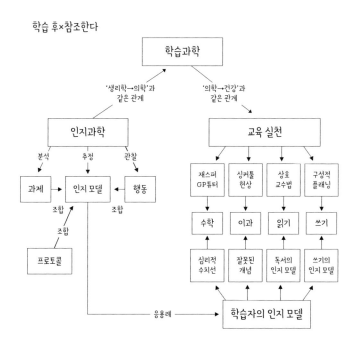

이해를 도식화해서 기억한다

프리맵과 포스트맵은, 기억하는 내용을 적는 일이 기억하기에 실패했을 때조차 학습을 촉진한다는 견해[26]와 조셉 D. 노박 연구팀이 개발한 콘셉트맵이라는 도식화 방법을 조합한 것이다.

기억을 출력하는 과정 자체에 기억이나 이해를 촉진하는 효과가 있음은 전부터 알려졌다. 머릿속에 있는 내용을 밖으로 끄집어내려는 작업을 통해 장기 기억 네트워크의 재편성이 촉진되고, 이해가 깊어지도록 하며 기억이 정착된다고 본다. 어떤 지식이나 정보든 독립한 형태로는 기능하지 않으며, 애초에 기억으로 정착하지도 않는다. 즉 새로운 지식을 이미 알고 있는 지식과 연결하지 못하면 이해는 고사하고 기억조차 어렵다.

우리의 장기 기억은 네트워크 상태로 구축되어 있으며 새로운 지식은 거기에 또 하나의 망을 만들어 기존에 보유한 지식과 이어짐으로써(기억 네트워크를 재구성함으로써) 학습이 진행된다. 또 이해란 지식이 다른 지식과 연결되는 것이며, 이해가 진전된다는 말은 그 연결성이 커지는 것이다.

이런 관점에서 보면 기억과 이해는 대립하지도 서로 오가지도 않으며 같은 현상을 다른 관점에서 본 것에 지나지 않는다.

무엇과 연결되는가

여기에서 이용한 콘셉트맵은 원래 학생의 과학적 지식을 표현하는 수단으로써 고안된 것이다. 맵을 그리는 사람의 뇌 속 지식과 이해의 구조(연결)를 도식화하는 수법이며, 개인과 집단 모두 이용할 수 있다.

노박은 심리학자 데이비드 오스벨이 주장한 '새로운 개념을 배우려면 사전 지식이 중요하다'라고 하는 학습관[27]을 기본으로 콘셉트맵의 순서와 이용법을 개발했다. 그는 저서『배우는 방법을 배우기Learning How to Learn』에서 "유의미 학습은 기존 인지구조에의 새로운 개념과 명제의 동화에 관계한다"라고 했다. 새로운 정보를 기존의 인지구조에 짜 넣어 관련짓는 것을 '새로운 지식의 구조화'라 하는데, 학습의 중급 과정에 해당한다.

현재 알고 있는 '관련성'을 그려보면 무엇을 얼마나 이해하고 있는가 혹은 이해하지 못하는가가 도형으로 표시되므로 자신의 이해 상태를 돌아볼 수 있다. 그 결과, 부족한 부분을 깨닫게 하거나 새로운 관련성을 발견하기도 하는데, 이것들은 모두 학습을 촉진한다. 또 새로운 지식이나 아직 이해하지 못하는 지식에 대해 '이것은 무엇과 연결되는가'를 생각하는 습관은 이해하는 힘을 기른다.

콘셉트맵을 그리기 위해 처음에 무작위로 그린 항목을 재고하고 항목끼리 선으로 연결하기 위해 그것들 사이의 관계를 생각함으로써 당시에는 떠오르지 않았던 항목이 나중에 떠오르기도 하고, 생각지도 못한 관계를 발견하는 경우가 많다. 적을 수 있는 내용부터 적어가다 보면 재생 가능한 기억도 늘어난다. 예습을 할 때 이를 활용하면 더욱 많은 보유지식을 활성화할 수 있고, 새로 습득할 지식을 연결하기 쉬워진다. 또 복습 현장에서는 더욱 많은 생각을 재생함으로써 기억의 정착과 이해의 촉진을 가져온다. 학습자가 자신의 무지를 얼마나 통감하든, 아무것도 모르는 것은 아니다. 게다가 지금까지 학습해 축적한 지식을 활용해 나날이 새로이 보고 들은 것을 수시로 이해하고 판단할 수 있다.

또한 배움이란 아무것도 놓여 있지 않은 빈 선반에 짐을 차곡차곡 쌓는 것이 아니다. 만약 그렇다면 자신에게 가치 있는 일과 무의미한 기록의 나열이 동급으로 기억될 텐데, 사실은 다르지 않은가. 우리의 장기 기억은 서로 이어지고 연결하는 네트워크 상태로 구성된다. 새로운 무언가를 배우는 일은 그 네트워크에 새로운 요소를 추가하는 것이고, 그러면서 기존의 네트워크를 새로 조합하고 재편성하는 것이다.

새로운 것을 하나 배우면 그와 관련된 기존의 지식도 변화한다. 다른 일들과 그다지 관계없는 '표면적'인 사항이라면 자신의 지식 네트워크의 가장자리에 덧붙을 것이다. 즉 그것을 배워도 변화하는 범위는 좁고 한정적이다. 반대로, 여러 사항과 관련된 '심층적' 사항이라면 자신의 지식 네트워크 중심 부근에 촘촘히 짜일 것이다. 즉 그것을 배움으로써 자신의 지식 범위는 영향을 받아 확장된다. 이렇게 생각하면 지식 네트워크의 어느 곳에 위치하는가에 따라 학습의 난이도나 속도가 달라질수 있다. 표면적인 지식은 보유지식에 거의 영향을 미치지 않으므로 쉽고 빠르게 배울 수 있다. 이에 반해, 깊은 지식을 배우기 위해서는 대규모의 보유지식을 개혁해야 한다. 그러기 위해 예전보다 강한 저항을 느낄 것이며, 더욱 오랜 기간 불안정한 상태에 놓일 것이다.

배움이란 본디 이런 것이다. 그렇기에 더욱 새로운 무언가를 배우면 양은 차치하고라도 우리가 사물을 바라보는 관점이나 가치관이 변화를 맞는다. 깊은 지식은 인식과 사고에 넓고 심각한 영향을 미치며 그 변화는 돌이키기 힘들다. 희소식도 있다. 만에 하나 학습이 '빈 선반에 차곡차곡 쌓는' 것이라면, 배울수록 채울 공간은 줄어들고 점차 배움이 힘들어지며, 한계에 도달해 길이 막힌다. 그러나 학습이 지식 네트워크의 재편성이자 확장이라면 아무리 배워도 한계는 없으며, 오히려 배울수록 그만큼 네트워크가 풍부해지고 새로운 지식을 연결하는 대상도 늘어난다. 다시 말해, 배움이 훨씬 쉬워진다.

지식은 연결되어 있다

새로 배운 지식을 이미 알고 있는 지식에 연결하는 일, 그렇게 지식 네트워크를 다시 짜 맞추어 확장해가는 일은 '우수한 공부 방식' 이상을 시사한다. 바로 지식과 그에 관한 지적 활동의 본질 자체다. 그러나 적극적으로 교육받지 않은 영역이기도 하다.

학교에서 교과목을 가르칠 때는 무엇을 얼마나 가르칠지에 관한 규정이 있으며, 그것을 제한된 시간 안에 완수해야 한다. 그러나 지식의 연결을 순수하게 따라가다 보면 자연스레 그 규정에서 벗어나고 제한선을 넘어가게 될 것이다. 어느 방향으로 흘러가고 확장될지 모르는 개개인의 지적 호기심을 하나의 과목이나 전문 분야에 묶어두기는 어렵다. 지적 호기심이나 지식의 연결이 배움을 위해 빼놓을 수 없는 '시작'임에도 학교에서 그다지 초점을 맞추지 못하는 이유는 이런 제약 때문일지도 모른다.

우리의 정보 니즈에 딱 맞춘 책 한 권이 없듯, 우리의 지적 호기심을 완벽하게 맞추어줄 과목이나 학문 영역은 존재하지 않는다. 그러나 우리는 무엇을 어떻게 배울지 스스로 정할 수 있는 독학자다. 우리의 탐구가 어떤 경계나 영역을 초월해 나아가게 될지라도 아무도 의식할 필요 없다. 책 한 권으로는 부족하다는 것도, 그것을 넘어 '어떻게 탐구 영역을 넓혀가는가'에 관해서도 앞서 설명했다. 나아가라, 그리고 연결하라. 지식은 새로운 연결을 기다리고 있으니.

공부법 50 니모닉스

고대 그리스에서 시작된 연상 기억법

니모닉스Mnemonics란, 고대 그리스 시대에 고안된 '이미지를 이용해 아는 것을 연결하는' 기법이다. 니모닉스는 기억 연결의 핵심인 '열쇠'를 준비하는 방법을 개선하면서 시대의 흐름에 맞추어 발전해왔으나, 여기에서는 원류에 해당하는 'Loci 시스템'을 소개하겠다. Loci 시스템에서는 기억을 연결하는 열쇠로 '장소'를 이용한다.

❶ 기억을 연결할 열쇠를 준비한다.

열쇠로 적합한 공간은 평소에 익숙한 곳이 좋다. 구소련의 심리학자 루리아A. R이 연구한 기억술사 'S'라는 남자[28]는 자신이 나고 자란 동네와 사는 집 주변에 있던 것을 열쇠로 이용했다.

370쪽에서는 그 예로 '잡지, 자동차, 의사, 장미, 공'을 외우는 경우 자기 몸의 일부를 장소로 이용하는 방법을 썼다. 신체는 어디에 가든 따라다니며, 오랜 기간 동고동락했기에 익숙한 재료다. 5가지를 외우므로 머리, 눈, 코, 입, 가슴을 열쇠로써 사용한다. 신체 아랫부분까지 장소로 쓴다면 20~30개 정도는 이 방법으로 기억할 수 있다.

❷ 외우고 싶은 것을 이미지로 변환한다.

이미지는 구체적이고 개별적이어야 한다. 기억하고 싶은 것이 만일 추상물이라면 이후에 소개하는 방법에 따라 이미지로 전환하기 바란다.

❸ 열쇠와 외울 대상의 이미지를 연결한다.

기억법의 중심은 이미 알고 있는 것(열쇠를 이용한 기억법에서는 열쇠)과 새로 외우고 싶은 것을 연결한 시각적 이미지 만들기다. 다음과 같은 결합 이미지를 만들어서 하나에 6~8초 동안 상상하자. 익숙해질 때까지는 서두르지 말고 연상하는 시간을 길게 잡는 게 좋다. 기억법에 관한 초기 심리학 연구[29]에 의하면, 처음 시도하는 사람은 이 결합 이미지를 만드는 데 하나에 4~8초가 걸린다. 이 시간은 물론 익숙해지면 짧게 줄일 수 있다.

생생하고 시각적이며 기묘한 이미지를 만들수록 기억이 더욱 오래 보존된다고 한다. 외우기에 적당한 이미지를 만들기 위해 다음 2가지에 유의하면, 생생하고 시각적이며 특이한 이미지를 만들기 쉽다.

· 연결하는 2개의 요소는 나란히 이어진 게 아니라 양자가 서로 영향을 주고받을 것(상호작용)
· 이미지는 정지된 그림이 아니라 움직일 것(동영상일 것)

니모닉스의 종류와 연상 방법

니모닉스의 '열쇠'를 준비하는 방법으로는 다음과 같은 것들이 있다.

· 실재 혹은 상상의 장소를 열쇠로 이용하는 'Loci 시스템(장소기억법)'
· 숫자처럼 순서가 명확한 것과 비슷한 이미지를 이용하는 '페그Peg 시스템'
· 숫자를 자음으로 변환해 그 자음을 포함한 단어의 이미지를 열쇠로 이용하는 '포네틱phonetic 시스템'

Loci 시스템의 예 ✎

잡지와 머리 〈장소〉

'머리 위에서 펄럭펄럭 종이 넘기는 소리가 들린다. 번들번들한 성인 잡지를 펼치니 꺼끌꺼끌한 종이 위에 4단짜리 글자가 가느다랗게 적혀있다. 머리카락이 잡지 지면으로 바뀌어버린 것이다'

자동차와 눈 〈장소〉

눈알이 동글동글 굴러다녀서 문지르니 콩알만 한 자동차가 속눈썹 위를 맹렬한 스피드로 달리고 있다.

장미와 입 〈장소〉

'입 안이 콕콕 쑤시기에 크게 벌려 손을 집어넣으니 향기로운 냄새를 싣고 장미꽃이 나오는데, 손과 입 안이 피로 물들었다'

공과 가슴 〈장소〉

'거대한 공이 맹렬한 기세로 날아와서 가슴에 박히더니, 뱅글뱅글 계속 돌고 있다'

의사와 코 〈장소〉

'재채기했는데 콧구멍에서 청진기가 튀어나와서 훌러덩 흘러내리기에 잡아당기니 꽁지에 작은 의사가 붙어 나왔다'

미리 열쇠를 준비하지 않고 기억하고 싶은 것들끼리 이미지화해서 관련짓는 경우도 있다. 이를 페어Pair 시스템 혹은 링크Link 시스템이라고 한다. 구체적인 사물을 기억하는 경우에는 그 모습을 연상하면 좋지만, 기억법에 따른다면 추상개념이나 외국어 스펠링 등 이미지화를 궁리해야 하는 기억 대상도 많다. 기억법을 실제로 써먹기 위한 첫 번째 장애물이 여기에 있다. 연상하기 어려운 것을 연상하려면 일반적인 해법은 없으나, 다음 3가지 전략을 세울 수 있다.

전략 1: 소리 분할과 언어유희

추상어나 외국어의 경우, 어원이나 유래를 알면 의미 있는 것으로 받아

들일 수도 있으나, 그것이 불가능하거나 피하고 싶은 경우, 무의미한 소리의 배열로 처리해야 할 필요가 생긴다. 이 경우에는 외우고 싶은 단어를 2~3파트로 나눈 다음에 발음이 비슷한 단어를 찾아 각 파트별로 대치하면 연상이 쉬워진다. 이는 글자놀이의 기본적인 기술이다.

전략 2: 구체화, 예시화

이미지화하기 위해서는 구상명사라 해도 특정 사물에까지 구체화할 필요가 있다. 예를 들면 일반적인 신발은 연상하기 어렵다. 자신이 평소 신고 다니는 신발 등을 특정하면 이미지가 명확하게 떠오른다. 또 본인을 주인공으로 하면 외우기 쉬우므로 '내가 소유한 물건'으로 변환하면 유리하다. 동사는 동작을 하는 주체나 동작에 필요한 것으로 전환할 수도 있다. '쓸다'라면 '빗자루'로 전환하는 식이다.

전략 3: 장면화, 스토리화

형용사, 동사에 대해 등장인물과 장면을 설정한다. 가령 나를 주인공으로 '내가 OO하고 있다', 'OO하는 나' 등의 장면을 그려본다. 장면과 스토리에 대해 어디에서 어떤 상황에 일어나는가를 이미지로 그릴 수 있으면 더욱 효과가 좋다.

고대 그리스로 거슬러 오르는 기억법의 역사

고대의 문헌에서는 기억법의 모든 발명을 고대 그리스의 서정시인 시모니데스로 귀결한다.*

"그림은 침묵의 시이며, 시는 언어적 재능으로 그려내는 그림이다."[30]

이 명언을 남긴 시모니데스**의 서정시는 풍부한 색채 감각과 영상성을 갖춘 긴장감 넘치는 묘사가 특징인데, 이미지를 이용한 기억법의 창시자로서 확실히 그럴듯한 표현이다. 키케로 또한 다음과 같은 에피소드를 소개했다.[31]

시모니데스가 테살리아의 왕 스코파스의 지원으로 궁전에 머물 때, 스코파스가 경주에서 승리해 축하 연회가 열렸다. 시모니데스는 스코파스의 부탁으로 그의 승리를 축하하는 시를 낭송했는데, 내용 중에 쌍둥이 신인 카스토르와 폴리데우케스를 칭송하는 내용이 너무 많았다는 이유로 스코파스가 시샘했다. 스코파스는 시모니데스에게 약속한 보수의 절반만 준 뒤 "나머지 몫은 쌍둥이 신에게 받으면 될 것이다"라고 했다. 그 후 시모니데스는 두 젊은이가 자신을 찾아와 밖에서 기다린다는 한 시종의 말에 자리에서 일어나 밖으로 나갔는데, 바로 그때 천장이 무너

---

* 예로는 학자이자 시인인 칼리마코스의 『아이티아』와 『파로스 연대기』가 있다. 군인이자 학자였던 플리니우스 또한 들은 것을 술어적으로 반복하는 기술은 시모니데스가 구성했고 철학자 메트로도로스가 완성했다고 기록했다. 키케로의 『신들의 본성에 관하여』에도 마찬가지로 기술되어 있다.

** 시모니데스(Simonides, B.C.556~B.C.468): 고대 그리스의 서정시인. 에게해의 키오스섬에서 태어났기 때문에 키오스의 시모니데스라 불린다. 창작에 대한 보수를 받았던 최초의 그리스 시인이라 전해진다. 참주시대(비합법적인 방법으로 왕권을 소유한 지배자가 통치하는 시대-옮긴이)의 아테네와 호족 스코파스 가문이 지배하는 테살리아에서 궁정 시인으로 활약했으며, 페르시아 전쟁 때에는 마라톤 전투, 아르테미시온 해전, 테르모필레 전투에서 전사한 그리스 장병의 용맹함을 찬양하는 시를 여럿 남겼다. 말년에는 시칠리아섬에 있는 도시 시라쿠사의 왕 히에론 1세의 초청을 받아 그곳에서 지냈다고 한다.

져 스코파스와 연회에 참석한 손님들은 모두 깔려 죽었다. 밖에는 아무도 없었으나, 시모니데스는 자신을 불러낸 두 사람이 카스토르와 폴리데우케스이며, 남은 보수 대신 목숨을 건져주었다고 믿었다.

한편 무너진 천장 더미에 짓눌린 사체는 누가 누구인지 모를 정도였으나, 시모니데스는 그 장소를 기억해내 사체의 신원을 모두 특정할 수 있었다고 한다. 이것이 바로 기억법(장소기억법)의 시초다. 키케로는 덧붙여, 자신이 만난 초인적인 기억력의 소유자들을 언급하면서 이런 사람들은 모두 외우고 싶은 것을 자신이 숙지하고 있는 장소(로크스)와 연관 지어 마음에 새겼다고 증언했다.

키케로는 고대 로마 시대에 최고의 변론가였으나, 그 후 등장한 쿠인틸리아누스 역시 『연설가 교육Institutionis Oratoriae』에서, 연설 내용을 집에 있던 동상에 빗대어 현관에서 안쪽으로 이어지는 방마다 연설문의 각 부를 대입시키는 방법을 설명했다. 이렇게 기억법은 변론 기술의 일부로 침투하게 되었다.

대신 구두 연설과 그 기술인 변론술은 공화제가 쇠퇴하면서 설 자리를 잃어갔다. 변론술은 언어기술을 훈련하기 위해 교육에 적용되어 근근이 명맥을 유지했으나, 점차 말의 표현법이나 문장 배치, 특히 전의轉義·문채文彩가 주류를 이루기 시작하면서 시학이나 문체론과 합쳐져 글짓기 이론, 즉 '수사학'으로 교양과목에 편입되어 중세 교양의 중요한 부분이 된다.

한편으로 구두 연설에서 필요에 의해 변론술에 적용되었던 기억법은 변론술이 현장 연설의 기능을 상실하고 주로 문서를 상대하기에 이르자, 기나긴 겨울을 맞게 되었다. 기억법이 다시 조명을 받기 위해서는 르

네상스라는 새로운 시대를 기다려야 했다.[32]

기억법이 입신양명의 무기가 되었다

르네상스가 시작된 근대 초기, 공화제 때와 같은 구두 웅변 활약의 장이 부활한 것은 아니었다. 인쇄술이나 값싼 제지법이 발명 또는 보급되었고 기억에 의존하지 않아도 되는 문서나 서적 같은 외부 기억 수단의 역할이 확대된 시대이기도 했다.

그런 와중에도 기억법이 다시 각광받은 이유는, 인문주의자들이 재발견한 고대 그리스·로마의 문헌이나 신세계 발견으로 유럽 밖에서 흘러들어온 새로운 문물과 정보가 인쇄술·제지법을 통해 폭발적인 지식과 정보의 양적 확대를 초래한 배경 때문이었다.

인쇄술은 서적의 유통량을 급증시켰고 고대 문헌의 보급과 박학다식한 인물을 출현시켰다. 고전이라는 카테고리는 같은 서적을 읽는 사람이 다수 발생하지 않으면 애초에 성립하지 않는다. 게다가 이런 지식이나 정보의 증대는 유동화하는 사회 상황 속에서 보급하기 시작한 새로운 지식이나 정보를 무기로, 스스로 사회적 영달이나 학문적 달성을 추구하는 사람들까지 탄생시켰다. 단적으로 말하자면, 기억법은 자신이 생각해낸 연설을 암기하는 수단이었다가 세계 정보를 내부에 축적함으로써 개인의 입신양명을 위한 무기가 된 것이다.

이 지식을 다량으로 다루기 위한 기억법은 또한 일부 철학자·사상가에게도 무기가 되었다. 신플라톤주의를 통해 새로이 손에 넣은 조응 관계를 기반으로 하는 우주관에 새로운 지식을 배치하기 위해 외워야 할 내용을 '장소'와 결부시키는 기억법이 채택된 것이다.

코스몰로지Cosmology(우주관)의 체계를 만드는 일이 동시에 여러 지식과 정보를 다루는 인지능력을 끌어올릴 수도 있다. 혹은 가장 추상적이라 여겨지는 지적 활동과 현세적인 출세 이익을 동시에 추구하는 방법을 얻을 수도 있다. 이 가능성을 간과할 만큼 당시의 철학자와 사상가는 메말라 있지도 않았고, 고지식하지도 않았다.

문학적인 상상력이 요구되는 시인이나 문학가도 기억법을 창조적인 사고에 응용했다. '결합술'이라는 기법은 기존의 요소를 조합해 신기한 착상을 얻는 기법인데, 과거에는 다량의 소재를 다루는 기술로 기억술과 맞물려 있다고 인식되었다.

기억의 시대는 가고 목록의 시대가 왔다

근대 초기에 대량의 정보와 지식이 유입하고 유통하는 상황이 기억법 부흥의 계기가 되었으나, 똑같은 상황은 새로운 지적 기술과 정보기술을 낳았고 그로 인해 기억법을 쇠퇴시키는 원동력이 되기도 했다.

그런 지적 기술·정보기술에 속하는 것이, 추상개념에서 이분법을 반복함으로써 다양한 지식을 수형도의 형태로 정리할 수 있는 페트뤼 라무스의 『변증법Dialectigue』*이며, 급증하는 문서·서적에서 필요한 내용을 추출해 다양한 색인·검색 시스템을 추가해 재이용하는 발췌술이었다. 이 기술들은 다양한 장소와 기묘한 이미지가 요구되는 기억술을 번잡하고 비용이 많이 드는 쓸데없는 방법으로 만들었다.

---

* 프랑스어로 쓰인 이 저서는 데카르트 이전의 '방법서설'로도 불리며 라무스의 저서 중에서 가장 유명하다. 라무스의 전기를 쓴 월터 옹(Walter J. Ong)의 말에 따르면 최종적으로 260쇄를 찍었다고 한다. 수형도는 '라무스의 그림(Ramist)'이라는 별명으로도 불리게 되었다.

발췌술을 연구하는 알베르토 세볼리니는 그 의의를 다음과 같은 가설로 제시한다.[33] 발췌술에 의해 암기의 부담에서 해방된 지적 에너지는 복잡하고 정밀한 사고로 관심을 돌리게 했고, 이는 다음 세대인 근대철학이나 자연학으로 이어졌다고 말이다.** 한편 발췌된 것을 어떻게 정리하는가에 관한 고찰은 이론화되었고 이것이 문헌학이나 도서분류학이라는 학문을 만들었다. 기억의 시대는 가고, 목록의 시대가 도래한 것이다.

끈질기게 살아남은 기억법

그럼 새로운 정보기술이 등장하면 오래된 기술은 밀려나고 마는 것일까? 분명 그런 주장은 끊임없이 제기된다. 목록, 백과사전, 컴퓨터, 고전적으로는 플라톤의 『파이드로스』에 보이듯 문자의 등장조차도 인간에게 가식적인 박식을 안겼고 지를 위한 노력에서 멀어진다는 비난을 받아왔다. 그러나 인류는 이들 정보기술의 등장으로 암기에서 해방되는 일은 없었다. 기억법 또한 과거의 번영과 과도한 기대는 잃었을지라도 그 후에도 다양한 개선을 거듭해 후세에 전해졌다.

기억법의 개선은 기억을 이어주는 열쇠가 고갈할 때의 대책으로 바뀌었다. 우리에게도 친숙한 장소에 기억을 대치하는 Loci 시스템으로는 연설처럼 한 종류의 방대한 내용을 외울 때는 유용하나, 여러 종류의 정보에 적용하려는 순간 장소가 부족해진다. 르네상스의 기억술사는 이 니즈에 답을 구하기 위해 '기억의 궁전'[34]을 만드는 등 대대적인 장치를 여

** 월터 옹 역시 자신의 저서 『구술문화와 문자문화』에서 글쓰기가 인간을 '기억하는 일에서 해방시키고, 정신으로 하여금 새로운 사색으로 향하는 것을 가능하게 하였다'라고 기술했다.

전통적인 기억법 ✎

	Pair 시스템	Link 시스템	Loci 시스템	Peg 시스템	Phonetic 시스템
창안자	불명	불명	시모니데스? (B.C.556~ B.C.468)	헨리 허드슨 (중세~1600년대)	스타니슬라우스 밍크 폰 벤세인 (1648) 프란시스 포벨 글로우 (1844)
이미지	○ ─ ○ ○ ─ ○	○ → ○ → ○ ○ → …	○ ○ ○ … ↑ ↑ ↑ ■─■─■ …	○ ○ ○ … ↑ ↑ ↑ □→□→□ …	○ ○ ○ … ↑ ↑ ↑ □─□─□ … ↑ ↑ ↑ 1 2 3 …
개요	대응하는 것을 이미지로 연상한다.	A、B、C、D… 이라면 A와 B、B와 C、C와 D… 식으로 연결한다.	현실 또는 가상의 공간에 외우고 싶은 것 을 이미지로 연결한다.	순서가 명확한 것 (Peg:말뚝)을 기억해 두고 그것에 외우고 싶은 것을 이미지로 연 결한다.	숫자에 대응하는 키워드를 생성해 외우고 싶은 것을 이미지로 연결한다.

> 시대가 발전할수록 이미지를
> 연결하는 '장소'를 만드는 방법
> 에 대한 고민이 엿보인다.

러모로 구상했으나, 진정한 돌파구는 수학을 이미지로 변환하는 규칙적
인 방법에서 얻었다.

이는 원래 기억하기 어려운 수학을 외우는 방법이었는데 이를 열쇠
만들기에 응용하면 수학이기 때문에 실로 무수의 열쇠를 생성할 수 있
고 여러 종류를 대량으로 외울 수 있게 된다. 또 숫자를 조합해 좌표를

표시하고 위치에 관한 정보를 기록할 수도 있다.

숫자 변환의 방법에는 고대 인도의 천문학자이자 점성술사인 하리다타가 고안한 카타파야디Katapayādi 시스템이 있다(683년). 기억술로 널리 쓰였으며 측정 시스템이라 불리는 숫자를 자음으로 변환하는 방법은 프랑스 수학자 피에르 헤리곤이 처음 사용했다.

현재 기억법 경기에서 주류가 되는 사람-행동-대상 시스템(Person-Action-Object, PAO System)은 숫자를 사람이 기억하기 쉬운 인물과 그 행동과 행동의 대상으로 변환하는 방법으로, 1987년 서른 살에 훈련을 시작해 1990년대 세계기억력 선수권 대회에서 우승을 이어온 도미닉 오브라이언의 도미닉법(인물과 행동을 조합하는 방법)에 '행동의 대상Object'을 추가한 것이다.[35]

내용을 쪼개서 복습한다

❶ 학습할 때 35분을 1세트로 설정해 다음과 같이 시간을 사용한다.

00~20분 ······· 신규 항목 학습

20~24분 ········ 정착시키기 위한 짧은 휴식과 복습 준비

24~26분 ········ 하루 전 학습 항목 복습

26~28분 ········ 일주일 전 학습 항목 복습

28~30분 ········ 한 달 전 학습 항목 복습

30~35분 ········ 당일 학습 항목 복습

❷ 계속하려면 10분 휴식을 취한 후 반복한다.

시간 분배 시스템으로 '나누어 외우기'

35분 모듈은 학습 시간 분배 시스템 중 하나다.[36] 35분 동안이라는 시간은, 많은 사람이 집중력을 유지할 수 있는 20분을 신규 항목 학습에 할애하기, 전체 학습 시간의 40%를 복습에, 60%를 신규 항목 학습에 할애하기라는 조건으로 계산해 설정했다. 하루 전, 일주일 전, 한 달 전에 학습한 내용을 복습하는 방식은 반복할 때마다 다음 복습까지의 간격을 늘

리는, 소위 스페이스드 리허설Spaced rehearsal*을 가능한 단순하게 진행하는 'DWMDay-Week-Month 시스템'을 적용한 것이다. 최초에 배운 후 하루, 일주일, 한 달 후에 복습하는 방식이다.

한 번에 외우기보다는 나누어 외우는 쪽이 효과가 크고, 게다가 오래 잊어버리지 않는다. 이는 단순한 암기에서 문장이해, 지능 습득에 이르기까지 모든 장르와 콘텐츠, 상황에서 검증되고 있다.

학습을 균등하게 분산한다고 해도 그 간격을 점차 넓히는 쪽이 효과가 있다고 알려졌다.** [37] 예를 들면, 3일 간격으로 복습하기보다 하루 후, 3일 후, 일주일 후… 이런 식으로 복습하는 방법이 쉽게 안착한다. 이 스페이스드 리허설의 효과는 수차례 실험으로 입증되었을 정도로 강력해서 독학자에 국한되지 않고 무언가를 배우는 사람에게는 상당히 도움이 된다. 그리고 실제 여러 방면으로 활용되고 있다. 그러나 의외로 잘 알려지지 않았고, 설령 들은 적이 있는 사람이라 해도 그다지 중요하다고 인식하지 않는다. 교육 현장에서, 교사나 학생에게 얼마나 알려지지 않았고, 유효성이 확인되지 않았는지를 조사한 연구[38]까지 있을 정도다.

스페이스드 리허설이 보급되지 않는 최대 원인은, 복습하는 타이밍을 관리하기가 귀찮다는 점에 있다. 이 문제의 대처법으로는 DWM 시스템과 같이 간략화하거나 스마트폰앱을 이용해 스케줄 관리를 맡겨버리기 등이 있다.

---

* Spaced Repetition 혹은 spaced rehearsal、expanding rehearsal、graduated intervals、repetition spacing、repetition scheduling、spaced retrieval and expanded trieval 등으로도 불린다.
** 단, 최근에 복습까지의 타이밍을 넓히는 확대분산 학습보다 일정 간격으로 복습하는 균등분할 학습이 장기적으로는 효과적이라는 연구가 늘고 있다.

맵 모듈

학습과 복습을 세트로 모듈화하는 방법은, 다양하게 조절할 수 있다. 하단은 프리맵과 포스트맵(공부법 49, 357쪽)을 적용한 모듈에 대한 설명이다.

35분 모듈

0~1분(1분간) .... 프리맵. 앞으로 배울 항목에 관해 알고 있는 것, 모르는 것, 알고 싶은 것 등을 최대한 적는다.

1~16분(15분간) .... 신규 항목 학습. 교재를 보면서 학습한다.

16~19분(3분간) .... 정착을 위해 짧게 휴식. 이 사이에 복습 준비를 한다.

19~21분(2분간) .... 하루 전 학습 항목 복습. 하루 전에 만든 맵을 보면서 내용을 떠올린다.

21~23분(2분간) .... 일주일 전 학습 항목 복습. 일주일 전에 만든 맵을 보면서 내용을 떠올린다.

23~25분(2분간) .... 한 달 전 학습 항목 복습. 한 달 전에 만든 맵을 보면서 내용을 떠올린다.

25~30분(5분간) .... 당일 학습 항목 재생과 맵으로 만들기. 우선 그날 배운 내용을 아무 것도 보지 않고 가능한 한 적는다. 마인드맵 혹은 콘셉트맵을 만든다.

30~35분(5분간) .... 맵 수정. 생각나는 대로 모두 적었다면, 교재를 보면서 맵을 수정한다. 오류를 정정하고 부족한 항목을 추가한다.

60분 모듈

2분·················프리맵. 앞으로 배울 항목에 대해 알고 있는 것, 모르는 것, 알고 싶은 것을 가능한 한 적는다.

28분··············신규 학습. 교재를 보면서 학습한다.

2분·················휴식 시간을 갖는다.

10분··············재생과 맵화. 지금 배운 것을 아무것도 보지 않고 가능한 한 적는다. 적은 항목을 연결해 콘셉트맵을 만든다. 혹은 처음부터 배운 것에 대해 아무것도 보지 않고 마인드맵을 적어도 좋다.

10분··············맵 수정. 교재를 보면서 맵을 수정한다(바로 피드백).

2분·················어제의 복습. 어제 그린 맵을 보면서 배운 것을 떠올린다.

2분·················지난주 복습. 지난주에 그린 맵을 보면서 배운 것을 떠올린다.

2분·················지난달 복습. 지난달 그린 맵을 보면서 배운 것을 떠올린다.

2분·················당일 복습. 앞서 만든 맵을 보면서 배운 것을 떠올린다.

14장

모르는 것에 대처하는 법

자신의 머리가 나쁜 건지 어려운 책에는 손도 못 대겠다고 말하는 사람들이 있다. 그러나 어려운 책을 읽기 어려운 건 머리가 좋고 나쁨과 별 관계가 없다. 책을 술술 읽는 것처럼 보이는 건 대체로 그 사람이 그런 책을 읽는 데 익숙하기 때문이지 꼭 머리가 좋아서는 아니다. 익숙하지 않은 분야의 책은 누구에게나 어렵다. 해당 분야의 상식은 전문가를 대상으로 한 서적에서는 이미 알고 있다는 전제로 서술되기에 새삼스레 설명할 필요가 없다고 본다. 책의 전제를 공유하지 못한 초심자가 그런 책을 읽는 건, 규칙을 모르는 게임을 하는 것과 같다.

그러면 혼자 공부하다가 모르는 곳이나 문제를 보면 어떻게 해야 할까? 이는 독학을 하는 사람이라면 반드시 거쳐야 하는 난관이다. 난관을 극복하는 것은 어려운 일이지만 분명 독학이기 때문에 시도할 수 있는 일도 있다.

우선 무엇을 배울지 직접 정할 수 있다. 지금 배우고 있는 교재가 본인한테 너무 어렵다면 더 쉬운 책으로 바꾸면 된다. 쉬운 책으로 우회하면 원하는 목표를 달성하기까지 시간이 걸리기 때문에 싫어하는 사람도 있다. 하지만 좌절하고 학습 자체를 포기하는 것보다는 훨씬 낫다. 그리고 당연한 일이지만, 쉬운 걸 읽어두면 다음에 더 어려운 책을 읽을 때 잘 이해되는 경우가 많다.

그렇다고 자기 수준에 맞는 책이나 자료가 꼭 존재하는 건 아니다. 초심자의 수가 많으니 초심자를 위한 책이나 자료는 많지만, 어느 정도 수준에 오르면 선택지는 좁아진다. 게다가 새로운 분야에는 초심자용 책이 없는 경우가 대부분이다.

혼자 공부할 때는 어느 지점에서 학습을 시작해야 할까? 먼저 무엇을 모르는지 특정해야 한다. '모른다'라는 말은 한마디로 끝나지만, 어떤 것을 모르는지 파악하려 들면 한두 가지가 아니다.* 예를 들면 문장에 나오는 용어나 단어를 모르면 조사하면 된다. 그러나 단어의 의미는 여러 개라서 각각 어떤 뜻에 맞추어야 할지 정하지 못해 모르는 때도 있다. 게다가 파트별로는 대충 알겠는데, 전체적인 내용을 이해하지 못해서 모르는 경우도 있다.

당장 무엇이 문제인지 모른다 해도 우리가 모든 걸 놓쳐버린 건 아니다. 모르는 상태를 분류하는 장점은, 이를 토대로 모르는 것을 이해하기 위한 루트맵을 그릴 수 있다는 점이다. 이해를 위한 지름길은 한 가지만

---

* '모른다'는 것에도 종류가 있다는 시점은 이케다 구미코(池田久美子)의 〈학생은 무엇을 모르는가: 무지의 형태〉 『신슈호난(信州豊南) 단기대학 기요』 18호에서 힌트를 얻었다. 이케다는 이 논문 안에서 대학생의 무지의 형태에 대해 '1. 용어의 의미·사항을 모른다', '2. 서술의 이면·언어 외의 의미를 모른다', '3. 부정합·파탄이 발생했는지 모른다', '4. 서술이 자신의 코드 시스템에 맞지 않는다', '5. 물을 가치가 없는 의사 문제에 막힌다' 라는 5가지를 들었다(6. '알고 싶지 않다'를 포함하면 6가지).

있는 게 아니지만, 이렇게 맵으로 정리하는 것이 직관적으로 이해가 진전되는 느낌을 줄 수 있다.

모르는 게 있으면 눈앞의 문제를 풀지 못하는 것뿐 아니라 자신이 어디에 있는지, 어디를 향하는지조차 모르게 된다. 해결을 위한 지름길은 알 수 있더라도, 지금 내가 어느 지점에 있는지 헤매기 시작하면 무엇부터 해야 좋은지는 정하지 못한다. 자신이 나아가는 길이 뒷걸음질이라는 것조차 모르면 노력하자는 마음도 꺾인다. 하지만 서 있는 곳을 알기만 해도 조금이라도 편안한 마음을 유지할 수 있는 것이다.

사실상 모른다는 상태는 인간이 배움을 시작하는 첫 단계에 있는 것이다. 우리는 모르기 때문에, 그런데도 이해하고 싶어서 배우기 시작한다. 혹은 지금까지 아무도 몰랐던 것을 밝히고자 한다면(이 지적 활동의 일부를 연구라고 한다), 너나 할 것 없이 무지에 도전하려 든다. 당장 아무것도 얻지 못하는 곤란에 빠진 순간, 아무리 머리를 쥐어짜도 해결책을 발견하지 못했을 때 선조들은 칠전팔기의 정신으로 도전했다. 이윽고 시행착오를 시작하며 몇 가지 함정에 빠지기도 하고 그러나 일말의 기회를 자기 것으로 만든 사람들이 우리가 지금 붙잡고 있는 지식의 단편을 남기는 단계에까지 도달한 것이다.

무지 루트맵은 그런 선조들이 지식을 향해 악전고투한 과정을 과감하게 단순화한 것이다. 풀지 못하는 문제를 나누어서 그런 부분의 단 하나라도 풀 수 있도록 하고, 방대한 조합을 시도하고, 어떻게든 완벽하게 다룰 수 있는 수를 조합할 수 있도록 연구한다. 그렇게 해서 한번 도달한 성과에 모순이나 어긋남이 발견되면 지금까지의 가정이나 해석에서 방향을 돌려 다시 시도한다. 그러나 지금까지 그럭저럭 순조로웠던 가정이나 해석을 외면하는 데 몇 세대가 걸리기도 한다. 과학사나 지식의 역사를 살펴보면 그런 예가 여럿 있다.** 무지에 도전하기 지쳤다면 그런 조상들의 도전을 조사해보면 도움이 될 것이다. 그 도전은 실패의 연속이었지만, 우리의 무지와도 분명 이어져 있다.

** 문제 해결과 실패라는 시점에서 과학사를 다룬 도서로 마리오 리비오의 『대단한 실수들(Brilliant Blunders)』이 있다.

공부법 52 소리 내어 생각하기

말로 표현할 때 이해가 깊어진다

❶ 과제를 선택한다.

어려운 문제나 잘 이해되지 않는 문헌 등 조사할 것을 하나 고른다.

❷ 자기 목소리를 녹음할 수 있는 장치를 준비한다.

녹음기나 평소에 쓰는 스마트폰 녹음 앱을 이용한다.

❸ 문제를 풀며, 혹은 문헌을 읽으며 생각나는 점을 소리 내어 말한다.

녹음을 시작하고 읽는 동안 무슨 생각이 드는지, 어떤 것이 머리에 떠오르는지, 사고 과정을 최대한 소리 내어 말한다.

❹ 일단락했다면, 녹음을 멈추고 재생한다.

문제를 풀지 못하거나 문헌을 읽다가 막힐 때가 자기 생각을 돌아볼 좋은 기회다. 문제를 막힘없이 풀었다 해도 물론 다시 듣는다. 녹음된 소리를 들으면서 문제 해결, 문장 이해 사이에서 행한 자신의 사고를 따라간다. 들으면서 메모를 하거나, 음성을 문자로 변환한 텍스트에 느낀 점 등을 추가하거나 수정하면서 들으면 더욱 효과적이다.

어린아이의 학습법

무언가를 배우기 시작한 어린아이는 실수하지 않으려고 매번 소리 내어 말하면서 작업을 실행한다. 소리를 내어 자기에게 지시함으로써 행동을 스스로 확인하고 컨트롤하는 과정이다. 성장하면서 소리 내어 말하던 단어를 이윽고 안으로 삼키고, 두뇌 회전만으로 자기 컨트롤이 가능해 지게 된다. 소리 내기는 누군가와 소통하면서 점차 제한을 받는다.

그러나 소리 내어 생각하는 것이 불필요해지는 것은 아니다. 익숙하지 않은 사태에 직면한 경우, 어떻게든 자신을 다잡지 않으면 안 될 때, 소리 내어 생각하기는 다시 등장한다. 곤란을 극복하거나 새로운 기술을 배우기에 많은 도움이 되기 때문이다.

인간은 조용히 배울 때보다 자기 생각을 소리 내어 말할 때일수록 빠르고 깊게 배운다. 이 매력적이면서도 일상적이라고 할 수 있는 현상이 연구의 화두로 떠오른 시기는 비교적 최근으로, 1920년대에 러시아의 심리학자인 레프 비고츠키*가 최초로 연구했다. 1970년대에 교육심리 학자들이 같은 현상을 깨닫기 시작하자 비고츠키의 저서는 점차 영어나 타 언어로 번역되었고, 비고츠키는 학습과학의 기본 이론가로 인정받게 되었다.[39]

그러나 오래된 교실, 즉 하나의 공간 안에서 가능한 높은 효율로 많은 학생을 집어넣고, 한 사람의 교사가 일방적으로 지식을 주입하는 형태의 교실에서는 소리 내면서 배우는 방법이 억제될 수밖에 없다. 다들 중구난방으로 소리를 내면 교사의 소리는 사라지고, 순차대로 지식을 전달하는 강의는 불가능해지기 때문이다.

• 레프 비고츠키(Lev Vygotsky, 1896~1934): 벨라루스에서 태어난 구소련의 심리학자. 38세의 젊은 나이에 세상을 떠날 때까지 고작 10년 동안 80편이 넘는 독창적 논문을 남겼다. 인간의 고차정신기능은 언어를 매개로 하며, 언어는 사회적 기원을 갖고 우선 사람들 사이에서 개인 간 정신기능(사회적 수준)을 거쳐야 개인 내 정신기능으로써(심리적 수준) 발현된다고 했다. 인간의 정신 발달에서 사회성이나 역사성을 다룬 그의 이론은 1960년대에 이르러 서구에도 소개되었고 광범위하게 영향을 미쳤다.

우리는 공부라고 하면 오로지 학교에서 하는 것이라 배웠기 때문에 학습 중에 소리 내기에 익숙하지 않다. 오히려 민폐를 끼친다고까지 훈련받고 있다.

교실 밖에서도 배움을 이어가기 위해

그러나 교실 밖에서는 어떨까. 말할 필요도 없이 학교는 인류보다 새롭고, 교실형 수업은 그보다 더 새롭다. 인류는 학교가 생기기 이전부터 배움을 터득했고, 지금도 우리는 교실 밖에서도 늘 배우기를 멈추지 않는다. 그렇지 않으면 새로운 장소에 젖어 들기는커녕 외출한 곳에서 집으로 돌아오는 일조차 불가능해질 것이다.

학교라는 특수한 환경에서 한 걸음 밖으로 나가보면, 학습의 대부분은 교실처럼 가르침을 일방적으로 받아들이는 형태가 아니라 사회관계 속에서 쌍방향으로 주고받으며 진행된다. 사회관계 속에서 몸짓, 손짓을 교환하고 소리도 나누며 많은 것을 배워나가는 것이다. 그리고 생물로서 인간의 특징은 이 방식을 기본으로 한다. 인간이 오랜 진화 과정에서 경험한 것은 이런 방식이기 때문이다. 다양한 액티브 러닝이나 공동학습은 이런 교실 밖에서의 배움에 관한 지견을 바탕으로 한다.

독학자도 사회관계를 접목한 학습이 가능하다. 1부에서 언급한 회독(공부법 15, 120쪽) 등이 이에 해당한다. 그러나 여기에서는 혼자서 할 수 있는 방식을 다루고자 한다. 말할 상대가 없는 경우에도 소리 내어 학습하기는 효과가 있다. 요즘처럼 자신의 말을 쉽게 녹음할 수 있고 음성 인식을 이용해 문자 데이터로 변환까지 가능한 환경에서는 더욱 진일보할 수 있다. 자신의 중얼거림을 녹음하고 그것을 재생하면서, 그리고 문자로 기록한 것을 다시 읽으면서, 때로 지적도 하면서 배우는 것이다.

앞서 소리를 내는 기법으로, 음독으로 바꾸어 생각을 소리로 내는 방법을 소개했다(공부법 39: 음독, 312쪽). 만약 함께해줄 사람이 있다면 둘이서 소리 내어 생각하면서 문제를 풀어보자. 혼잣말보다 상대가 있는 편이 자연스러우며, 기본적 방식인 만큼 효과도 높다. 자신의 사고를 상대가 알기 쉽도록 표현하려고 노력하는 과정이 문제 해결과 학습을 촉진한다.

몰라도 헤매지 않게 되는 길잡이

❶ 모르는 상황에 처하면 무지 루트맵을 꺼낸다.

❷ 이 맵의 어느 단계에 위치하고 있는지 확인한다.

불명형 무지는 아는 부분이 하나도 없거나 거의 없는 경우, 무엇을 모르는지도 모르는 상태. 생소한 외국어를 마주한 경우가 이에 해당한다.

부정형 무지는 드문드문 이해하지만 여러 해석 중 어느 것이 나은지 정하지 못하는 상태다. 외국어에서 단어별로 번역어를 대치해봤으나 무엇을 말하려 하는지 잘 몰라 다른 번역어를 끼워 맞추는 시행착오 상태다.

불능형 무지는 어떤 식으로 이해해야 할지는 결정했으나, 아직 부정합이나 모순된 점이 남아 있어서 수미일관한 해석이 불가능한 상태다.

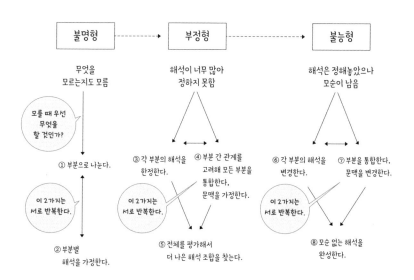

❸ 맵을 참고로 그 상태에서 무엇을 할 수 있는지 생각해 시도한다.

불명형 무지 → 부분으로 나누기 → 부분마다 가정하여 해석하기

이 경우에 가능한 대응법은, 그 모르는 곳 전체를 몇 개의 부분으로 나누는 것이다. 그다음에 나눈 부분마다 해석이나 의미를 짐작으로라도 정해두는 것이다.

모르는 외국어에 비유하면 단어의 종류로 나누는 것이다. 나누어 적을 수 없는 언어라면 그 자체가 험난한 과정일 것이다. 그리고 나눈 단어별로 그 의미를 가정하여 정한다. 사전을 찾을 수 있다면 사전을 참고로 번역어 중 하나를 적용해보는 것이 이 과정에 해당한다. 해석이나 의미부여가 순조롭지 않으면 이 단계로 돌아가 어떻게 나눌지 다시 정해 작업해야 할 경우도 있다. 이럴 때는 '부분으로 나누기'로 돌아가 해석을 다시 해야 한다. 다시 한 번 시도해서 실패한다면 몇 번이고 이 과정을 반복하자. 마침내 이 단계가 순조롭게 진행된다면 부정형 무지 단계로 넘어갈 수 있다.

불명형 무지에 대처하는 방법 ✎

부분으로 나누기→부분마다 가정하여 해석하기

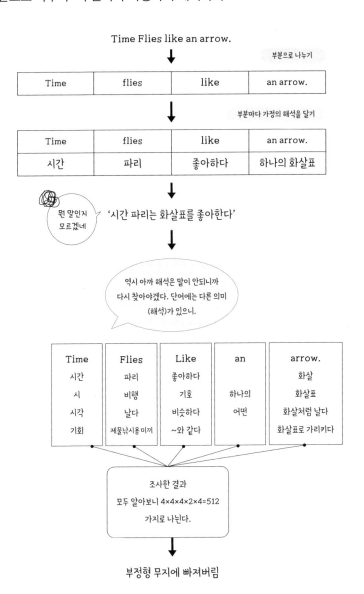

Time Flies like an arrow.

부분으로 나누기

Time	flies	like	an arrow.

부분마다 가정의 해석을 달기

Time	flies	like	an arrow.
시간	파리	좋아하다	하나의 화살표

뭔 말인지
모르겠네

'시간 파리는 화살표를 좋아한다'

역시 아까 해석은 말이 안되니까
다시 찾아야겠다. 단어에는 다른 의미
(해석)가 있으니.

Time	Flies	Like	an	arrow.
시간	파리	좋아하다	하나의	화살
시	비행	기호	어떤	화살표
시각	날다	비슷하다		화살처럼 날다
기회	제물낚시용 미끼	~와 같다		화살표로 가리키다

조사한 결과
모두 알아보니 4×4×4×2×4=512
가지로 나뉜다.

부정형 무지에 빠져버림

부정형 무지 → 전체 문맥을 가정하기 → 각 부분의 해석을 한정하기

이 경우에 가능한 작업은, 부분마다 해석(의 폭)을 한정하는 (압축하는) 것과, 부분 간 관계를 생각하면서 모든 부분을 통합할 문맥을 가정하는 것이다. 이 2가지를 반복하면서 전체를 평가해서 보다 나은 해석 조합을 찾는다.

외국어에 비유하면 부분 해석(각 단어의 의미)과 그것을 통합한 전체 문장의 뜻은 서로 의존한다. 즉 단어의 뜻을 모르면 문장의 뜻도 모르지만, 전체적으로 무엇에 관한 문장인가라는 문맥*을 규정하지 않으면 어떻게 해석해야 좋은지, 개개의 단어의 뜻을 어떤 것으로 선택해야 하는지 헤맨다. 이 단계에서 방침은, 복잡함을 감당할 수 있을 만한 범위로 제한하면서 작업을 이어나가는 것이다. 예를 들면, 먼저 도저히 불가능한 의미나 묶음을 배제(해석의 폭을 한정)하고, 전체적인 뜻이나 문맥을 가정함으로써 가능한 해석을 제한한다. 동시에 묶음의 수가 많아져도 좌절하지 않도록 종이에 적는 등 머릿속에서만 생각하는 게 아니라 외부 기록을 활용한다.

---

* 광의적으로 문맥에는 단어나 문장(때로는 표정이나 동작이기도 함)을 이해하기 위한 모든 것이 포함된다. 단어나 표정을 특정한 의미로 이해할 때는 우리는 (거의 자각하지 못하지만) 그에 대응하는 문맥을 동시에 선택한다.

전체적인 문맥을 가정하기 → 각 부분의 해석을 한정하기

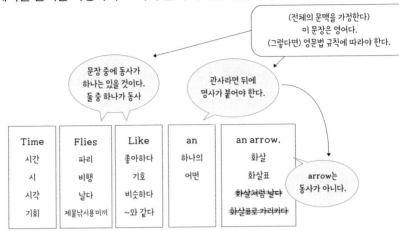

Like가 동사라고 가정(해석을 한정)하면

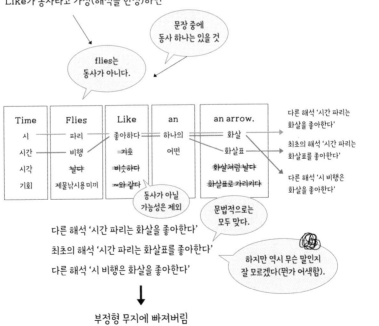

다른 해석 '시간 파리는 화살을 좋아한다'
최초의 해석 '시간 파리는 화살표를 좋아한다'
다른 해석 '시 비행은 화살을 좋아한다'

↓

부정형 무지에 빠져버림

불능형 무지 → 일단 이해한 것을 버리고 다시 시작

해석은 했으나 논리에 맞지 않거나 모순된 부분이 남아 있어 완전히 이해했다고 할 수 없는 단계에서는, 얼핏 헛수고한 것처럼 보이지만 만들어놓은 해석(일단 이해한 것)을 한 번 지워버리고 다시 할 필요가 있다.

그렇기 때문에 부정형에 대한 대응에서는 문맥을 가정하여 해석을 한정하기에 정신이 쏠렸으나, 그것과는 반대로 한번 손에 넣은 '일단 이해한 것'을 버리고, 도입한 문맥을 변경해 달리 해석한다. 그리고 전체적으로 모순이 없고 논리에도 맞도록(이해) 문맥을 다시 선택하고 재해석하기를 반복한다.

한 번 손에 넣은 '알았다'라는 느낌을 버리고 다시 '모르는' 상태로 몸을 내던지는 일은 고통을 수반하지만, 불능형 무지를 극복하기 위해서는 손에 든 해석을 일부러라도 놓아버릴 필요가 있다.

결국, 해석의 폭과 다양성을 다시 도입해 현재 이해한 것을 뒤엎고 해체한 다음에 재건하는 작업이 된다. 이런 해체와 재건을 반복함으로써 우리의 이해는 지금까지 도달하지 못한 영역에 발을 내딛게 된다.

'일단 이해한 것'을 버리고 다시 시작

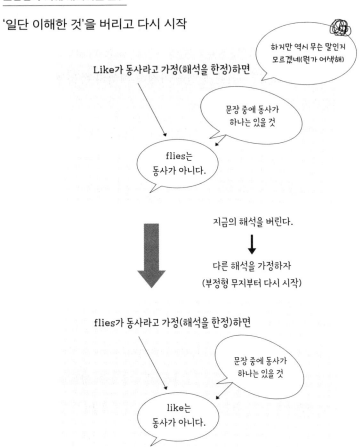

한 번 더 부정형 무지로 → 가정을 하나씩 바꾸기

오류나 모순이 남기 때문에 지금 해석을 버리고 한 번 더 부정형 무지로 돌아가는 경우에도 완전히 제로부터 시작하는 것은 아니다. 부정형 무지부터 다시 하는 요령은, 전체 문맥을 가정해 해석의 폭을 한정함으로써 조합 폭발을 억제하는 것이었다.

따라서 재해석의 기본 방침은 다음과 같다. 모든 가정을 한꺼번에 다 듬는 것이 아니라 다른 가정은 그대로 두고 하나의 가정만 우선 바꾸어 시험해본다. 이렇게 함으로써 해석에 다시 폭과 다양성을 도입했을 때 양에 눌리지 않기 위해 최소한의 폭과 다양성으로 조절하는 것이다.

다음 예에서는 '이 문장의 동사에 해당하는 단어는 like이다'라는 가정을 하나만 세워서, 그것을 '이 문장의 동사에 해당하는 단어는 flies이다'로 바꾸고 다른 가정은 내버려둔 채 다시 생각해보았다.

가정 속에는 바꿀 여지가 있는 것(여지가 큰 것)도 있으나 거의 바꿀 여지가 없는 것(여지가 적은 것)도 있다. 왼쪽 예에서는 '이 문장은 영어이다(그렇다면 영문법 규칙에 따라야 할 것)'는 바꿀 여지가 거의 없는 가정이다.

정리하면, 해석을 다시 하는 경우의 요령은 가정을 바꾸기 쉬운 단어에 주목해 바꾸기 쉬운 것부터 하나씩 변경해보는 것이다. 이렇게 하면 많은 해석에 짓눌리지 않으면서 다른 해석 찾기를 최대한 편하게 할 수 있다.

가정을 하나씩 바꾼다

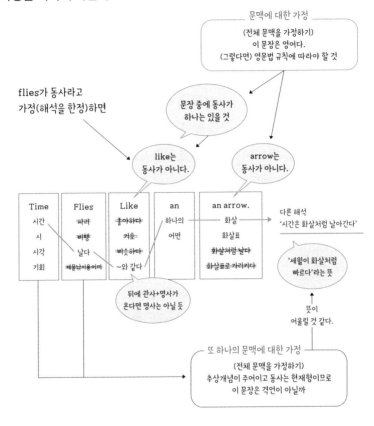

무지와의 정면승부

독학자에게 가장 큰 불안이자 실제로 앞을 가로막는 난관은 '모를 때 질문할 사람이 없다'는 것이다. 일상생활에서 모르는 일은 대부분 회피할 수 있다. 무지는 일상생활에서 종종 거절의 단어가 된다. 〈이솝 우화〉 중에 "저 포도는 분명히 실 거야"라고 말하는 여우처럼 "그런 건 몰라도 상관없어"라고 시치미 떼면서 무시할 수도 있다.

그러나 배움이란 현재 시점에서 이해하기 어려운 것에 도전하는 것도 포함한다. 모르는 것을 피해 다니기만 하면서 자신이 알고 있는 것, 익숙한 것 안에서만 빙글빙글 맴돌기만 한다면 무엇 하나 배울 게 없을 것이다. 그러면 우리는 이전과 같은 위치에 서서 한 발짝도 나아가지 못할 것이다. 무지에 직면하는 일은 모르는 것에 도전하려는 이상 피할 수 없는 길이다.

미지와 조우하는 일은 유쾌하지 않다. 때로는 자신의 무지와 무능을 통감하고 자기혐오에 빠지기도 할 것이다. 모르는 상태에서 맴돌기만 하는 건 절대로 안정적이지 못하다. 우리가 어려운 책을 포기하고 그 책을 내던지는 건, 모르는 상황에 직면하는 일에서 벗어나기 위해서다. 그러나 독학자는 무지 상태로부터 탈출할 수 있는 가이드라인을 갖고 있지 않다. 대부분 혼자서 무지와 맞붙어 극복해야 할 것이다.

무지 루트맵은 모든 것을 해결하지는 못한다. 하지만 자신이 무지에서 한 걸음 더 나아가고 있거나, 아니면 퇴행하고 있거나, 혹은 어느 쪽인지조차 모르는 채 쓸데없는 혼란으로 에너지를 소모하는 사람을 구원해준다. 현재 어떤 상태에 있으며, 그 상태에서 벗어나기 위해 지금 할 수 있는 일이 무엇인지 단서를 던져주는 것이다.

무지의 세계로 뛰어들어 무엇을 얻는가

인간에게 무지 상태는 참기 힘든 일이지만, 배움은 무지와 대면하고 함께 걷는 일이다. 학습에서 이익을 얻을 수 있는 사람은 몇 번이나 무지의 세계로 뛰어들 수 있는 사람, 그렇게 해서 무지에 대해 내성을 기른 사람이다.

사실 혼자 생각하다 보면 무지에 대한 내성이 생기기도 한다. 누군가가 완성해놓은 사고를 따르는 것이 아니라 스스로 생각하다 보면 무지 상태에 빠지는 일은 흔하기 때문이다. 정답 찾기를 매우 좋아하는 (짓궂은 표현을 쓰자면, 오답을 두려워하는) 학습자는 여기에서 삐끗한다. 그들은 이를테면 드릴 같은 반복 훈련을 선호한다. 이런 학습법은 노력을 쏟은 만큼 확실하게 결과를 얻기 때문이다. 그러나 생각하는 행위에는 그런 보증이 없다.

자신을 개선하면서 나아가려면

배움을 어느 정도 이어가다 보면 깨닫게 되겠지만, 학습에는 지금 가진 지식이나 기능을 기본으로 새로운 지식을 축적해가는 단계와 이미 가진 것의 적어도 일부(때로는 대부분)를 일단 깨부수고 새로 만들어가는 단계가 있다.

축적하는 동안에는 무언가를 배운다는 기분이 들고 지식이나 기술을 쌓고 있다는 자신감을 얻는다. 하지만 그 외의 배움이 있다는 것을 미처 알지 못하고, 이런 '양적 확대'는 반드시 벽에 부딪힌다. 또 통속적인 설명서나 입문서처럼 보이는 '알기 쉬운' 해설은 어려운 부분을 건너뛰거나 일상적인 감각이나 비유로 설명할 수 있는 부분만 다루는 경우가 많다. 복잡한 것을 이해할 때는 이렇게 처음에 접한 해설이나 거기에서 얻은 이해의 전제를 부순 다음 새로 구축할 필요가 있다.

독학자의 배움에서도 일정 수준 이상의 높은 지식을 얻기 위해서는, 자기 자신을 변형하지 않으면 읽을 수 없는 서적과 결투를 벌이는 등 무지로부터 도망치지 않고 맞서는 수밖에 없는 단계가 언젠가 온다. 이런 진정한 난제에 도전하면 몇 번이고 과거에 이해한 것을 버리고 새로 시작해야 할 필요가 생긴다.

결국 '안다는 신념'을 여러 차례 부수어야 한다.* '안다고 믿는 것'을 부수면 당연히 무지 상태로 일단 돌아간다. 여기에서 느끼는, '나는 지금 위기를 맞아서 무사히 빠져나가지 못할지도 몰라'라는 불안과 공포는 진짜다. 이 궁지로부터 도망치지 않고 빠져나왔을 때 자신은 분명 예전의 자신이 아닐 것이다. 지금까지 피하면서 지나왔다면, 이제 기회가 왔다. 무지와 함께할 마음의 준비가 되었다면 여기에서 제시한 작은 지도, 무지 루트맵이 분명히 자신을 도와줄 것이다.

---

* '안다는 신념'은 일종의 안정 상태이며 이 상태를 부수는 것은 물론, 지금 자신의 이해가 불충분하다고 자각하는 것 자체가 매우 힘들다. 거꾸로 말하면 모순이나 오류를 발견해 괴로워하는 일은 이 안정 상태를 탈피하는 절호의 기회이며 자신의 이해를 한 단계 발전시키는 자원이다. 니시바야시 가쓰히코의 저서, 『안다는 신념 わかったつもり』을 참고했다.

머릿속에 채운 지식이 자원이 된다

이 방법은 문제 연습 등의 효과를 높이기 위해 사용하는 방법이다.

⓿ 우선 문제를 풀어본다.

이미 한번(혹은 여러 번) 풀어본 문제라면 다음 단계로 넘어간다. 문제를 처음 푼다면 다 풀 때까지(혹은 풀지 못해 멈출 때까지) 시간을 측정한다. 풀지 못한 문제는 한 번 모범답안을 읽어둔다.

❶ 한 번 더 풀어본다.

풀이 방식을 까먹기 전에(본인은 그렇다고 믿겠지만), 한 번 더 같은 문제를 푼다. 완전히 같은 조건에서는 의욕이 생기지 않는다면 처음 투자한 시간을 절반으로 줄여 풀도록 목표를 정하면 좋다.

두 번째 풀이이므로(혹은 모범답안을 읽은 다음이므로), 그 문제를 풀 수 있으리라 확실하게 믿는다. 그뿐 아니라 풀이 방식 중 적어도 하나는 알고 있다. 풀지 못할지도 모른다는 걱정이 없고 마음에 여유가 생겼으므로 처음에는 깨닫지 못한 아이디어나 접근법이 생각날 가능성이 있다.

❷ 사고思考를 실황중계하며 푼다.

다음에는 시간제한과 별개의 무게를 실어 도전하자. 뇌에서 정보를 처리하기 위한 인지 자원은 한정되어 있다. 이번에는 이것에 제약을 건다. 문제를 푸는 동안 자신이 생각하고 있는 것을 말로 설명하는 것이다. 나중에 다시 들을 수 있도록 녹음해두면 좋다(공부법 52: 소리 내어 생각하기, 387쪽).

❸ 다른 사람에게 설명한다.

인간은 언어를 교환하고 동료에게 지시하며 의사를 전함으로써 사회를 이루는 생물이다. 누군가에게 전하고 누군가로부터 얻는 정보만으로도 우선순위가 몇 단계는 높아진다. 이를 이용해야 하지 않겠는가. 즉 혼자 문제를 풀지 않고 상대를 정해 가르치는 것이다. 상대의 이해도가 표정이나 발언으로 피드백되어 돌아오므로 상대가 알아듣도록 고심함으로써 문제를 혼자 푸는 경우보다 큰 효과를 얻는다.

❹ 자기 자신에게 설명한다.

가르칠 상대가 늘 있을 수는 없다. 그럴 때 독학자는 평소처럼 교사와 학생 역할을 동시에 담당한다. 자신을 상대로 가르쳐보는 것이다. 녹음한 내용을 다시 들어보면 잘 알겠지만, 생각을 중얼거리면서 행하는 언어화는 상당히 우왕좌왕하고 딴 길로 새기도 해서, 논리와는 거리가 멀다. 다시 들어도 알기 쉬운 건 아니다.

그다음 이를 적어보자. 자신이 어떻게 문제를 풀었는지 누군가에게 가르치듯 알기 쉽게 정리해 고치는 것이다. 노트를 좌우로 이등분해서 교사로서의 발언과 학생으로서의 발언으로 나누어 가르치는 과정을 적다 보면, 독학의 진면목인 교사와 학생 1인 2역이 실현된다. 학생 역할로서는 교사역의 불충분한 설명에 가차 없이 토를 달자.

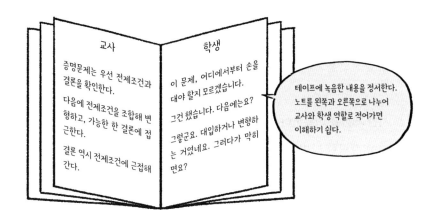

같은 자극에 지치지 않고 반복하기 위한 노력

반복의 중요성은 누구나 알지만, 실제로 반복하는 사람은 놀랄 만큼 적다. 인간이라는 생물의 본질이 그러하다. 인간은 같은 자극에는 지루함을 느끼고 늘 새로운 자극에 시선이 향하도록 만들어졌다. 그렇지 않으면 우리의 선조가 지낸 상황에서는 다른 짐승들에 습격을 당해도 대응하지 못하고 자연 속에서 살아남지 못했을 것이다.

그러나 우리는 선조가 다룬 적이 없는 자세한 정보를 다루고 이해하며 기억하려 한다. 같은 자극에 질려버리는 것이 본질이라면, 다른 자극으로 보이도록 위장하는 수밖에 없다. 간단한 4가지 방법을 소개하겠다.

시간차를 둔다

아마 가장 잘 알려진 방법일 것이다. 문제집을 한 권 다 푼 다음, 처음부터 다시 풀면 같은 문제를 두 번째로 풀 때까지 상당한 시간이 흐른다. 처음에 풀었을 때의 느낌이나 기억은 희미해지고 같은 문제라도 어느 정도 신선한 기분으로 도전할 수 있다.

시간 제한을 이용한다

더욱 강력한 방법은 곧바로 반복하는 것이다. 이는 인간의 설계 구조에 강력하게 저항하는 일이므로 실행하려면 노력이 필요하다.

문제를 풀기 위해 10분 걸렸다면 두 번째는 5분 안에 풀어본다. 이렇게만 해도 같은 문제를 풀었는데 전혀 다른 체험이 된다. 물론 속도와 정확성을 높이는 절호의 기회이기도 하다. 실제로 두 번째라 해도 절반으로 줄인 시간 안에 풀기는 어렵다. 그렇기에 같은 문제를 풀더라도 완전히 새로운 도전이 된다. 따라서 제한시간 내에 풀지 못해도 기죽을 필요 없다. 그러나 분함을 느끼는 정도라야, 그리고 어느 정도는 초조해야 의욕을 잃지 않는다.

중간에 포기하기 싫은 본성을 이용한다

인간은 한번 시작한 일은 끝까지 하고자 하는 성질을 타고났다(오브시안키나 효과, 65쪽). 이를 이용하면 된다.

교재를 세 번 읽고자 한다면, 첫 번째는 다 읽지 않고 조금이라도 좋으니 건너뛰면서 읽는다. 두 번째도 다른 곳을 건너뛰며 읽는다. 마지막에만 처음부터 차근차근 읽는다.

장소를 바꾼다

인간도 환경에 지배되는 생물이다. 같은 작업을 반복해도 장소가 달라지면 다른 체험이 된다. 외국에까지 나갈 필요 없이 의자를 평소 위치에서 1미터씩 이동하기만 해도 (바보스럽지만) 의외로 효과가 다르다.

또 같은 자리에서 계속 학습하는 일은 기억을 특정 장소에 의존하게 하는 위험이 있다. 다양한 장소에서 학습함으로써 장소에 대한 의존도를 낮출 수 있다.

아리송한 문제일수록 다시 푼다

'다시 풀기'는 문제집을 푸는 일반적인 학습에도 효과적이지만, 그 이상의 의의와 목적이 있다. 자신의 문제 해결을 교재로 삼아 외부에서는 절대로 얻을 수 없는 자신만의 지혜를 끌어내는 일이다.

인간은 문제를 해결했다 해도 그 모든 것을 이해하지는 못한다. 문제를 풀고 있는 도중 자신의 인지 자원 대부분은 문제에 집중되어 있어서, 실제로는 내가 어떤 생각을 하고 무엇을 했는지 그다지 신경을 쓰지 않는다. 그렇기에 나중에 무엇을 했는지, 어떤 순서로 생각했는지 기억하려 해도 어려운 경우가 많다. 또 쏟아부은 노력의 의의와 의미, 자신의 내면에 생긴 영감의 함의含意 등을 이해하기에는 누구라도 적지 않은 시간이 걸린다.

또 한 번 같은 문제를 푼다는 것은, 문제 해결에 사용한 적이 있으면서도 깨닫지 못한 방략(공부법 48: PQRST법, 351쪽)이나 거의 무의식으로 의지하고 있는 방법을 발견하는 기회를 부여한다. 그리고 어려운 문제일수록 그 효과는 크다.

문제집이나 입학시험 문제에는 반드시 참이 되는 답이 딱 하나 있다. 이는 상당히 강력한 제약이다. 해답이 여러 개이거나 주어진 조건에서 풀지 못한다면, 문제를 제대로 준비하지 못한 입시 당국은 사죄하고 풀었건 못 풀었건 수험생 전원의 답을 정답 처리할 정도다.

그러나 교실이나 학교를 벗어나면 우리가 풀어야 할 문제 대부분은 애초에 해결책이 있다고 약속된 바 없다. 해결책이 있다고 해도 하나로 한정되는 일은 드물고, 특히 기술자나 디자이너는 수많은 트레이드 오프trade off(하나를 얻으려면 반드시 다른 하나가 희생되거나 뒤처지는 관계-옮긴이)를 고려하면서 가능한 해결책 중 하나를 골라야 하는 더욱 어려운 문제에 봉착한다. 잊지 말아야 할 것은, 우리가 현재 쥘 수 있는 지식이나 지견은 과거에 누군가가 도전했고 어떻게든 해결책을 찾고자 물고 늘어진 과제의 성과물이라는 점이다.

독학이란 그런 인류의 지적 유산에 우리를 연결하는 것이라 말했다. 그리고 독학자도 배움을 놓지 않는다면 아직 아무도 진정으로 풀지 못한 문제, 혹은 자신이 피해갈 수 없는 문제에 도전하게 된다. 문제를 다시 풀어본 경험은 이런 어려운 문제와 마주했을 때 독학자에게 큰 힘이 될 것이다.

1978년에 컴퓨터과학의 노벨상이라 하는 튜링상*을 탄 계산과학자인 로버트 플로이드는 관례로 치러지는 수상자들의 기념 강연 중 문제 해결을 직업으로 하는 자에게 가장 가치 있는 '특별한 기술'을 소개했다.

---

* 계산기과학 분야에서 혁명적인 공적을 남긴 인물에게 해마다 국제적 컴퓨터 과학 학회인 ACM(Association for Computing Machinery)에서 수여하는 이 분야에서 세계 최고의 권위를 가진 상.

소프트웨어에 관한 여러 주요 분야에서 구문해석 이론, 프로그래밍 언어의 의미론, 프로그램의 자동검증, 프로그램의 자동합성, 알고리즘의 해석 확립 등 수많은 업적을 쌓은, 바꾸어 말하면 수많은 본질적인 문제를 풀어온 플로이드가 얻은 지혜는 다음과 같은 것이었다.

"복잡한 알고리즘을 설계했을 때 맛본 내 직접적인 경험으로는, 특정 기술이 내 능력을 높이기 위해 상당히 도움이 되었다. 의욕을 일으키는 문제를 하나 푼 후에 그때의 통찰에만 의지해 같은 문제를 다시 처음부터 푸는 것이다. 그 과정을 가능한 한 명쾌하며 직접적인 해답이 나올 때까지 반복한다. 그렇게 유사한 문제를 풀기 위한 일반성이 있고, 그것이 있으면 주어진 문제에 가장 효과적인 방법으로 처음부터 접근할 만한 규칙을 찾는다. 그런 규칙은 영원히 가치 있게 빛을 발하는 경우가 많다."[40]

15장

자기만의 공부법을 만든다

능력이 부족한 사람일수록 근거 없이 자기 실력을 과대평가하고 낙관적으로 산다. 심리학에서는 더닝 크루거 효과Dunning-Kruger effect[41]라고 하는데, 가령 학생이 수업을 듣고, 혹은 교재를 슬쩍 본 후 '이 정도는 알아, 껌이지'라고 자신하면서, 나중에 제대로 기억하지도 못하는 경우다. 또 '사회인이라면 이쯤은 할 수 있어' 하고 시작했다가 마감 직전에서야 이럴 생각이 아니었다며 아등바등하는 경우에도 해당된다. 머리가 나쁜 걸 견디지 못하니까 허풍을 떨고, 자기 실력과 맞지 않으니 할 일을 피해만 다니고, 쉽게 되지 않는다며 배움에 줄곧 거리를 두다가 〈이솝 우화〉의 '저 포도는 시겠지'라며 포기하는 여우처럼 배움이나 지식의 가치를 부정한다. 그리고 결국에는 다른 사람의 공부까지 방해한다.

반대로 능력 있는 사람은 자기 능력의 한계를 가늠할 수 있기에 가능한 일, 불가능한 일을 나누어서 한다. 무턱대고 하기는 불가능하다고 판단하고 버릴 것은 버리고, 중요한 것에 집중하는 것이다. 그리고 유한한 자원을 효과적으로 이용하려고 연구한다.

독학을 포기하는 것도 지속하는 것도, 무엇을 어떻게 배우는가도 모두 스스로 정할 수 있다. 독학의 모든 장단점은 여기에서 비롯된다. 그리고 배움은 결국 자신을 바꾸는 일이다. 어제 몰랐던 사실을 하나 알면, 새로운 스킬을 습득하면, 아주 조금이라도 사람은 변모한다.

그리고 자신이 달라지면 지금까지는 순조로웠던 방식이 안 맞을 수도 있다. 그렇다고 성과도 나오기 전에 효과를 느끼지 못한다고 해서 여러 방법에 손을 대면 배가 산으로 갈 것이다. 자신의 변화를 자각하고 효과를 측정하면서 필요하다면 방법을 바꾸어가면서 모든 결과에 책임을 지는 게 독학자다. 스스로 모든 것을 결정하여 실행한 것이니 누군가의 탓으로 돌려서는 안 된다. 마음 편하게 생각하자. 사실 실패해도 크게 잃는 건 없다. 깊이 생각해서 시도하되, 실패하면 누구나 다시 시작할 수 있다. 앞서 말했듯 많은 독학은 좌절한다. 안심해도 좋다. 독학이 실패한다고 해서 인생이 끝나는 건 아니다. 독학은 자기 의지의 하나로 시작할 수 있다. 몇 번을 좌절해도 하고 싶으면 다시 시작하면 된다.

장 자크 루소*같은 독학의 선구자들에게서 배워야 할 점은, 기회나 여건이 주어지지 않고, 때로 신이 나를 저버렸다고 느끼더라도 인간은 배

---

* 장 자크 루소(Jan Jacques Rousseau, 1712~1778): 스위스에서 태어난 프랑스 사상가이자 문학가. 루소의 인생은 도망의 연속이었다. 아버지는 제네바의 총평의회 회원이었으나 퇴역 군인과의 불화로 제네바에서 도주했고 루소는 그 후 거의 고아로 자란다. 직업을 전전한 후 자신도 제네바를 떠나 방랑생활에 들었다. 드 바랑 남작부인의 애인이 되어 부인이 소장한 방대한 책을 독파했으며 지적 생활의 기반을 만들었다. 아카데미 현상논문에 당선되었으며 파리로 나와 계몽사상가 드니 디드로와 친하게 지냈고 『백과전서』 집필에 참여했으며 『정치경제론』 『신 엘로이즈』로 성공한 인물이 되지만, 디드로 등 백과전서파들과는 점차 멀리하게 되었다. 그 후 동시에 간행한 『사회계약론』과 『에밀』은 판매 금지 처분을 받았고 체포를 피해 도피 생활을 시작했다. 스위스에서는 마을 주민의 박해를 받았고 영국에서는 데이비드 흄과 관계가 어긋나는 등 어디에도 정착하지 못했다.

움을 그만두지 못한다는 점이다. 좀 과장하자면, 인간이 책을 태우고 학자를 묻어버리고 지식을 무시해도 지知의 신은 인간의 손을 놓지 않는다. 언젠가 넘지 못할 벽에 맞닥뜨릴 때는 이 말을 떠올려보자. 스스로 지식을 거부하지 않는 한 지식도 자신을 받아들일 것이다. 기회나 조건이 충족되지 못해도 사람은 언제든 배움을 시작할 수 있다.

공부법55 메타 노트

나 자신을 학습 자원으로 삼는다

❶ 전용 노트(메타 노트)를 준비한다.

문제 연습이나 학습 내용을 적기 위한 노트와 별도로 독학을 하면서 깨달은 것들을 기록하기 위한 전용 노트를 준비한다. 이는 자신의 학습을 한 단계 높은 시점(메타 레벨)에서 바라보면서 감상이나 생각 등을 기록하기 위함이다. 두꺼운 종이 노트에 직접 적든 클라우드에 휴대용 단말기를 이용해 입력하든 상관없다. 늘 휴대하면서 꾸준히 적도록 한다.

❷ 깨달은 점을 메타 노트에 기록한다.

메타 노트에 기록하는 시간은 아무 때나 상관없다. 학습하면서, 쉬는 동안, 그리고 학습을 돌아보면서 느낀 점이나 생각을 날짜와 함께 적는다.

처음에는 딱히 적을 내용이 없을 것 같지만, 어느 정도 지나면 전에는 몰랐던 일이나 생각의 변화 등을 스스로 깨닫게 된다. 즉 자신의 학습을 메타 시점으로 보는 감도가 높아진다. 특히 학습이 순조롭게 이어지지 않을 때, 이유는 모르지만 평소와 달리 머릿속에 들어가지 않거나 의욕을 잃었을 때, 뭔가 문제가 있는 것 같을 때는 고민만 하지 말고 메타 노트에 느낌을 순서에 상관없이 적으면 좋다. 불만이나 불안도 좋다.

❸ 가끔 다시 읽으면서 떠오른 것을 덧붙인다.

메타 노트는 자신의 학습을 돌아볼 뿐 아니라 학습 방법이나 셀프 컨트롤 등 학습을 지지하는 노력을 개선하고 창출하는 중요한 자원이 된다.

메타 레벨에서 바라보아야 하는 이유

무언가 특별한 방법을 스스로 선택하고 그 방식에 맞추어 행동하려면 메타 인지가 필요하다. 지금 실행하고 있는 일이 방법적으로 맞는지 어떤지 부단히 확인하고 자신의 의지와 행동을 수정해야 하기 때문이다.

여기까지 가능해진 독학자는 더욱 앞으로 나아갈 수 있다. 스스로 개발한 방식으로 배워가는 것이다. 이로써 목적과 교재뿐 아니라 방법까지 외부로부터 주어진 방식을 벗어던지고 완전한 독학자가 된다.

배움은 자신이 지금까지 몰랐던 일이나 불가능했던 일에 도전하는 것, 맞서는 것이다. 앞에서 끌어주며 가르치는 사람을 두지 못한 독학자로서는 그 어려움과 방황을 자기 힘과 노력으로 넘어서지 않으면 안 된다. 자기 자신을 스승으로 두어야 한다. 메타 노트는 이를 위한 기법이다.

독학자는 다른 학습자에 비해 여러모로 불리한 환경에 놓여 있다. 자신의 태만을 질책하는 것도, 무지의 벽에 부딪혔을 때 다시 일어나는 것도, 외부로부터 도움을 얻을 수 있을지도 미지수이며, 대부분 혼자 힘으로 어떻게든 해야 한다. 그 와중에도 한 가지, 독학자가 유리한 점이 있다. 자신의 학습 방식을 세상에서 단 한 사람, 홀로 책임을 지는 것이다. 혼자 모든 것을 떠안아야 하기에 오히려 그 방식을 자유로이 바꿀 수 있다. 이 자유는 물론 저절로 따르는 위험과 붙어 다닌다. 컨트롤하고 있다고 믿었는데 본래 대면해야 할 것으로부터 달아나고 있었을 뿐이라는 상황도 일어날 수 있다. 그렇기에 더욱 자신의 배움을 한 단계 높은 곳에서 바라보는 시각이 필요하다.

나만의 지식 성장 가이드를 만든다

독학자도 처음에는 누군가의 방식을 따라 하면서 시작한다. 그러나 언젠가는 본인과 맞는 방법을 스스로 만들게 된다. 배움은 필연적으로 자신을 바꾸게 되기 때문이다. 학습 방식을 개선해나가지 않는 독학자는 언젠가 돌부리에 걸려 넘어질 운명이다. 자신의 방식을 만들어내려면 불가피하게 우선 시도하고 그것을 반복하며 맞추어서 조절하고 수정해야 한다. 이렇게 독학자는 독자적인 학습자가 되어간다.

우리는 재능에 대해서든 경험에 대해서든 남과 다른 특별한 존재다. 자신보다 뛰어난 학자는 얼마든지 있지만, 자신과 똑같은 학자는 없다. 게다가 다른 독학자와의 차이는, 자신이 배움을 이어가면 갈수록 그 배움은 확장된다는 것이다. 배움을 겹겹이 쌓아 올릴수록 독자적인 존재가 된다. 공부 방식을 배울 때 가장 참고할 만한 교재는 학습자 본인과 경험이다. 나아가며 배우다 보면, 그리고 벽에 맞닥뜨리면 반드시 독학자는 숙고하고 고민한다. 실천의 장에서 발생하는 깨달음은 대부분 부정적인 형태로 나타난다. 작업 중이거나 작업을 중단하면서 떠오르는 질문과 생각이 벽에 부딪히고, 혹은 암초에 걸려 정지해버렸을 때 새어 나오는 탄식. 이 모든 것이 의미하는 부분을 파헤치다 보면 자신만의 학습 자원이 된다. 자신에게만 어울리는 방법은 이 지점에서 탄생한다.

이렇게 독학자는 나날이 학습하는 가운데 자신이 배우고 싶은 것을 배우며, 동시에 배우는 방식에 대해서도 습득한다. 계속 적어나가는 메타 노트는 지금까지 독학의 가이드 역할을 한 이 책을 넘어서서, 혼자 공부하는 시간의 힘을 응축한 나만의 지적 성장 안내서가 되어줄 것이다.

공부의 토대를 세운다

독학을 위한 도구 소개는 3부까지로 끝났다. 여기서부터는 지식 확장을 위한 기초가 되는 분야인 국어, 외국어(영어), 수학의 기본기에 관한 이야기를 해보려고 한다. 엄마 배 속에서 나와 세상 빛을 본 이래 오랜 기간 사용해온 모국어조차 만족스럽게 다루지 못한다면 혼자서 읽고 쓰며 공부하기는 어렵다. 더불어 외국어와 숫자 학습은 학술정보를 비롯해 이용 가능한 학습 자원의 범위를 넓혀주기 때문에 중요하다.

과거에는 외국어 문헌을 입수하기 위해 상당한 시간과 비용을 투자해야 했다. 외국 서적을 사려면 홍보 책자를 보고 주문해야만 하는 시절도 있었다. 바다 건너 멀리에서 배를 타고 몇 개월에 걸친 여정을 지나야 물품이 도착하고, 원래 가격의 몇 배에 달하는 비용을 지불해야 했다. 이전에는 이런 외국 서적 입수의 어려움이 학술연구의 전문가나 아마추어를 가르는 첫 번째 장벽이기까지 했다.

현재에도 이 격차가 완전히 해소된 것은 아니다. 그러나 인터넷이 등장한 이래 다양한 면에서 변화가 일어났다. 우선 온라인 서점의 보급으로 외국 도서 입수에 필요한 비용과 시간이 상당히 압축됐다. 해외 고서점에 주문하기도 쉬워졌다. 또 저작권이 만료된 자료가 세계적으로 아카이빙되고 공개되었다. 연구논문 중에도 인터넷을 경유해 무료로 입수 가능한 문헌이 전체의 30%를 넘겼다. 마지막까지 남는 장벽은 우리의 외국어 독해 능력 정도인 시대가 도래한 것이다.

영어는 오늘날 과거의 라틴어, 프랑스어, 독일어를 대신해 학술 커뮤니케이션에서 링구아 프랑카Iingua franca(국제공통어)*가 되었다. 최신 연구 성과는 영어로 발표할 뿐 아니라, 그것들을 선택하고 모아 편집한 논문집부터 교재, 전문사전까지 우선은 영어로 마련되는 경우가 허다하다. 독학을 하는 사람에게 중요한 조사 도구(레퍼런스 툴)도 마찬가지다. 즉 영어를 어느 정도 읽고 쓸 줄만 알아도 레퍼런스 툴의 선택지는 현격히 넓어지고 조사 효율과 범위도 크게 향상된다. 영어 외의 외국어도 마찬가지로, 독학자에게 쓸 만한 무기를 늘려준다.

각 나라의 국립도서관은 인터넷을 매개로 해외로부터의 질문, 참고도서 의뢰에도 대응한다. 우리는 현재 집 안에서, 혹은 외출한 곳에서 휴대용 단말기를 통해 온 세상의 도서관으로부터 지원을 받을 수 있다. 이 책에서 소개한 참고문헌 중 몇 가지 또한 미국 의회 도서관, 프랑스 국립도서관 등으로부터 이메일 레퍼런스를 통해 획득한 결과물이다. 여기까지가 외국어를 배우는 일이 지식 확장에 도움이 된다고 생각하는 이유다.

수학에 대해서도 같은 이유를 들 수 있다. 수학은 거의 모든 자연과학과 과반수의 사회과학, 그리고 상당수의 인문과학에서 쓰이는 학술언어다. 수리 모델이나 통계적 수법의 강력함은 분야를 초월해 알려졌고 과학적 기법의 전용 범위는 앞으로도 확대될지언정 좁아지기는 어렵다고 본다. 수학을 학문으로써 이해하고 이용할 수 있는 문헌, 학습 자원은 눈부시게 넓어진다.

---

* 다른 언어를 사용하는 사람들 사이에서 의사소통 수단으로 사용되는 언어. 프랑크어, 프랑크 왕국 언어를 의미하는 이탈리아어에서 유래했다. 중세 이후 지중해 연안 항구에서 통상적으로 쓰였으며 이탈리아어를 토대로 프랑스어·그리스어·아랍어 등이 섞인 혼성어를 이렇게 불렀는데, 점차 공통 모국어를 갖지 않은 집단 내에서 소통에 쓰이는 언어를 가리키게 되었다.

유념할 것은 다음에 이어질 3가지 짧은 내용은 어디까지나 독학의 각 단계에서 어떤 기법이 쓰이는가를 보인 예시에 불과하며, 국어 혹은 외국어, 수학을 배울 때 거쳐야 할 독학의 '지침'은 아니라는 점이다.

독학에는 본래 정해진 루트가 없다. 독학자가 나아가는 길은 그 사람만의 유일한 길이다. 같은 것을 배운다 해도 직면하는 제약이나 이용 가능한 시간, 그 밖의 자원은 독학자가 놓인 상황이나 쌓아온 경험에 따라 제각각일 것이며, 들어오는 이를 환대하기 위해 미리 닦아놓고 깨끗하게 정비해놓은 길 따위는 독학자가 기대할 수 없다. 즉 독학자는 자기만의 제약과 씨름하면서, 학습 자원을 이리저리 버무리면서, 나아가야 할 루트를 찾아내면서, 시행착오를 거듭하고 환영받지 못할 문을 지나 세상 어디에도 없는 길을 만들어간다. 내딛는 걸음마다 발자국이 독학자가 지금 있는 곳과 과거에 머문 곳에서 얼마나 앞으로 나아갔는지 알려준다. 그래도 길을 개척해야 한다는 불안을 조금이라도 줄이는 데 앞으로 소개할 3가지 내용이 도움이 될 것이다.

처음 결정한 대로 일이 진행되지 않는 일은 일반적이다. 길을 잃었을 때나 어려움에 봉착했을 때도 고난을 벗어날 수단은 존재한다는 것, 몇 번이고 다시 도전할 수 있다는 것, 그리고 자신이 포기하지 않는 한 지식은 자신의 손을 놓지 않는다는 것. 이런 깨달음은 맨몸으로 지식 세계를 건너는 독학자를 응원하고 밀어줄 것이다.

국어 공부의 기본기

내 문해력은?

우리가 태어난 이후 줄곧 사용하고 있는 언어를 모국어라고 한다. 평소에 말하고 들으며 읽고 쓰기조차 하는 언어이므로 부족함을 느끼는 일은 적다. 그렇기에 모국어를 배울 때는 필요성을 인정하는 일이 가장 어렵다.

말하고 듣기와 달리 문자를 읽고 쓰는 일은 인간의 특성은 아니다. 인간이라는 생물이 그저 수천 년 전에야 겨우 획득한 새로운 스킬이다. 문자가 발명된 후에도 여러 시대와 지역에서 오랜 세월 동안 읽고 쓰기는 아주 한정된 사람들에게만 허용되었다.

학교 교육이 보급된 사회에서도 읽고 쓰기의 기본적인 식자능력은 있으나 문법적인 정확함이나 어휘는 부족했고, 적힌 글을 다루기에 어려움을 겪는 기능적 비식자非識字층이 적지 않게 존재했음을 발견했다.

기능적 비식자인 성인은 문장어를 제대로 다루지 못한다. 서면을 통한 지시에 따르는 일, 매뉴얼을 읽으면서 제품의 사용법이나 문제 대처법을 조사하기, 전철이나 버스 시간표를 이해하는 일, 그리고 당연히 서적으로부터 지식을 습득하는 일, 자기 생각을 언어로 적는 일도 이들에게는 어렵다. 기능적 비식자까지는 아니더라도 문장어를 이해하는 능력은 개인차가 크다. 원래 구어와 문장어는 언문일치 운동에서도 보이듯, 오랫동안 대부분 별개의 언어로써 다루어졌다. 일상회화에 쓰는 어휘나 다루는 화제의 범위도 적어놓은 언어의 것들과 같지는 않다. 일상회화에 부자유를 느끼지 않기에 자신의 모국어가 완벽하다고 믿는 사람은 그 외에 존재하는 언어의 확장을 모르는 사람이라 할 수 있다.

문장어는 시간과 노력을 투자해 배워야 하며, 또 배울 가치가 있다. 특히 독학자에게는 돌아오는 것이 큰 학습적 투자가 될 것이다. 주어진 교재를 학습하기만 한다면, 교육 동영상 등을 이용함으로써 읽고 쓰기 능력 부족을 어느 정도는 보완할 수도 있다. 그러나 누군가가 준비해준 교재를 넘어서 독학을 이어가기 위해서는 어떻게든 문장어를 다루는 기술이 필요하다. 심지어 습득한 기술이 높을수록 접근할 수 있는 학습 자원이 확대되고, 활용 가능한 학습 스킬의 폭과 질은 개선되며, 독학이 더욱 편하고 효율적으로 진행될 뿐 아니라 좌절하는 수가 줄어 총체적으로 더욱 많이 더욱 깊이 배울 수 있다.

그렇다면 어떻게 모국어 수준의 부족을 자각하고 새로 배울 동기를 얻을 수 있을까? 부족함을 느낄 기회를 만들어 그곳에서 도망치지 않고 직면해야 한다. 어려운 책을 읽다가 포기하는 원인을 다른 곳에 두지 않고 본인의 언어 기술을 재정비해 다룰 기회로 삼아야 한다.

그러나 부족함을 자각해도 모국어가 일상적으로 차고 넘쳐서 새로 배우려면 무엇부터 손을 대어야 좋은지, 애초에 무엇을 목표로 배워야 할지 알기 힘들다. 지금부터 모국어의 부족함을 자각한 후 새로 배우기 위해 무엇을 해야 하는지, 핵심을 몇 가지 소개하려고 한다.

비슷한 단어·개념끼리 조합해 비축한다

문장어를 이해하는 단계에서 최초의 관문은 개념을 이해하는 것, 스스로 개념을 이용해 생각할 수 있게 되는 것이다. 개념이란 사고를 통해 파악하고, 언어를 통해 표현한다. 이 개념을 이용해 생각할 수 있는 능력이야말로 시스템2의 본질이다.

개념을 이용하지 않는 사고는 개별 경험에 묶인다. 개념을 쓸 수 있어야 자신의 감각이나 경험과 완전하게 일치하지는 않는 타인의 사고나 이론을 자신이 놓인 상황에 적용할 수 있게 된다. 개념은 개별 사건·사상에서 공통되는 부분을 추출해 만들어지는데, 개념을 이용함으로써 현실의 일면을 끄집어내기도 하고 비슷한 것끼리 비교할 수 있게 된다. 말하자면 개념은 현상을 자세히 보는 렌즈가 되고 계측하거나 비교하기 위한 측정기도 된다.

무언가를 논의한다고 함은 자기 경험을 그저 열거하여 예시하는 데 그치지 않고 주제나 토픽과 관련된 여러 개념을 조합해 주장을 만들고 그 주장을 데이터나 논리로 뒷받침하는 것이다(공부법 33: 툴민의 논증 모델, 271쪽). 머릿속에 적절한 조합을 만들만 한 개념의 축적이 없으면 논의는커녕 다른 사람이 논한 것을 검증하기도 어렵다.

그리고 무엇보다, 단어나 개념을 그저 외우는 게 아니라 어떤 단어나 개념끼리 뭉치는지 알아야 한다. 단어는 원래 다른 단어와 어우러져 생각이나 사건을 표현하는 도구다. 단어마다 자주 붙어 다니면서 함께 쓰이는 단어가 있는데, '비'라는 단어는 '우산'이나 '젖는다'와 같은 단어와 자주 쓰이고 또 함께 어울려왔다. 현실적으로 비는 구름이나 우산이나 젖는 것과 관련이 있으니 당연하다. 우리는 지금까지의 경험으로 현실에서의 관계를 알 뿐 아니라, 읽은 것 중에서 그것들의 단어가 함께 쓰이는 것을 몇 번이고 목격했다. 이렇게 우리는 우산이라는 단어를 듣거나 읽으면 저절로 '비'를 연상하게 된다. 어떤 단어·개념이든 많은 단어·개념 사이에서 이처럼 비슷한 것끼리 짝을 이룬다. 단어는 비슷한 것들끼리의 관계망으로 서로 맞물려 있다고 할 수 있다.

추상적인 개념에도 이처럼 비슷한 조합이 있다. 추상적인 생각을 표현하거나 추상적인 문장을 읽고 이해하려 할 때, 생각 자체를 추상적으로 할 때, 우리는 이런 개념의 조합을 불러내 그 도움을 얻는다. 뇌에 축적된 개념망이 풍부해질수록 우리의 사고는 빠르면서 강력하고 유연해진다. 이 책에서여러 차례 등장한 말이지만, 우리는 혼자 생각하는 게 아니다. 단어나 개념을 이용한다는 것은 그 단어나 개념을 이용해온(그렇게 단련해온) 선조들의사고 일부*를 빌려 생각하는 것이다.

단어를 이해하고 단어 자체로도 발신의 기반이 되는, 이런 단어의 조합을 우리는 어떻게 알아야 하고 또 습득하면 좋을까. 다양한 분야의 책을 읽어야 한다는 게 올바른 답이지만, 애초에 그런 조합을 어느 정도 알지 못하면 많은 책에서 까다롭고 난해하다는 인상을 받을 것이고, 읽을 엄두도 못낼 것이다.

논리는 원래 대화다

단어(개념)와 그 조합을 축적하듯, 문장어를 다루기 위해 습득해야 할 또 하나의 능력이 있다. 적어놓은 내용을 단서로 적혀 있지 않은 내용까지 추측하는 능력이다. 물론 적혀 있지 않은 것을 상상만으로 채워버리거나, 문장의 뜻을 파악하지 않고 그저 자신의 기대나 희망을 밀어붙이는 게 아니다. 이 추측의 힘을 활용할 수 있어야 비로소 문자로서 현실에 쓰여 있는 것만

—

•　고대 그리스부터 서양 세계에 이어져 내려온 전형적인 논거 패턴을 '토포스'라고 한다. 독일의 역사가 쿠르티우스는 이 말을 문학의 전형적인 이미지로도 확대해 적용했다. 우리가 말하는 '같은 단어끼리의 조합' 역시 토포스라고 할 수 있다.

을 주워 담는 패턴 매칭을 넘어선, 진정한 독해가 시작된다. 이 힘을 오락적인 요소로 보여주는 장르가 추리소설이다.

같은 증언이나 증거를 손에 쥔 탐정들은 이 능력으로 애매하고 흐릿한, 경관이나 동료 눈에는 보이지 않는 사건의 진상을 추론(추리)한다. 탐정의 추리는 당연히 찍어 맞추는 게 아니며 단순한 직감에 한 것도 아니다. 그 증거로, 탐정은 어떻게 결론에 이르렀는지 추리 과정을 하나하나 설명할 수 있다. 때로는 동료나 경관으로부터 각 추론에 대한 질문이나 이의제기를 받기도 하지만, 탐정은 그것들에도 논리적으로 반박할 수 있다. 이것이 바로 논리의 힘이다. 실은, 질문이나 이의에 응답한다는 점이 본질적이다. 논리적 사고란 본디 이런 대화를 통한 상호검증을 기본으로 엎치락뒤치락하면서 구축된 것이기 때문이다.

여기에서 다음 교훈을 끌어낼 수 있다. 문장어를 이해할 때도 '그 이해의 과정을 하나하나 설명할 수 있는가', '그 설명에 대해 타인으로부터 질문을 받거나 다른 논의가 전개되었을 때도 조리 있게 반론할 수 있는가' 하는 점을 검토함으로써 논리적으로 생각하는 능력이 길러진다. 상대가 없어도 설명하는 연습을 하고, 반론이나 질문을 상정하는 일이 언어를 다루는 스킬을 올려준다.

논증의 재구성 Principle of Charity

마지막으로, 타인의 언어를 이해하기 위해 늘 대전제로 작용하는데도 거의 자각하지 못하는 것을 하나 소개하겠다. 이것을 거론하는 이유는 독서에 익숙한 사람은 거의 느끼지 못하면서 사용하고 있으나, 국어를 가볍게 여기거나 읽다가 자꾸 문장이 잘 넘어가지 않는 사람 대부분이 제대로 쓰지 못하는, 실로 언어 이해의 핵심에 해당하는 것이기 때문이다.

논증의 재구성이란, 쉽게 말하면 상대가 말하는 것을 가능한 한 '올바르고', '이치에 맞는' 것으로 해석하려는 원칙*을 말한다. 문장어라면 그 문장을 제대로 이해하지 못했을 때 상대의 글쓰기가 나쁜 게 아니라 자기의 해석에 문제가 있다고 생각을 바꾸라는 의미다. 이것이 왜 필요하며, 왜 중요할까?

첫째는, 우리가 빠지기 쉬운, 한 단어에 하나의 뜻만 있다는 제약에서 벗어나기 위해서다. 읽기를 어려워하는 사람은 자신이 알고 있는 단어에 조건반사적으로 반응해버리고 그 언어가 어떠한 글 속에서, 그리고 어떤 문맥 안에서 쓰이고 있는지를 고려하지 않고 주의도 기울이지 않는 경우가 많다.

이런 사람은 단어에는 항상 고정된 의미가 있다고 생각하고 의심 없이 읽어나간다. 그러나 문장에서 열쇠가 되는 언어나 개념은 사전에 실린 의미에 약간 거리를 두면서 독특한 뉘앙스를 띠우거나 독자적인 의미를 지니는 경우가 적지 않다. 직독에 무감각하고 집착이 심한 독자는 여기에서 발을 헛디딘다.

사실 이런 제약은 유소년기에 주위 사람이 하는 말을 듣고 단어의 의미를 배울 때 생기기 쉽다. 일상회화를 통한 배움에는 정답을 가르쳐주는 교사가 없으며, 말하는 이도 꼭 문법대로 이야기한다는 보장이 없다. 이때 '한 단어에 하나의 뜻'이라는 제약을 걸지 않으면 너무도 많은 해석의 조합이

---

* 이런 이유로 논증의 재구성은 관용의 원칙, 관대한 원리, 선의의 원리, 배려의 원리 등으로 번역된다. 철학자 콰인이나 그의 제자 데이비드슨의 근본적 번역 논의의 주제가 된 것으로 유명한데, 더욱 오래된 예로 탈무드에 "인간은 이유 없이 평가해서는 안 된다"라는 랍비 마이어의 말이 있다.

생기므로 부담이 되는 것이다(공부법 53: 무지 루트맵, 391쪽).

그러나 문장어를 제대로 읽고 해석하는 데 이 제약은 때로 장해물이 된다. 직독의 벽을 넘기 위해서는 문장에 등장하는 각 언어의 의미를 자신이 알고 있거나 사전에 실린 의미와 기계적으로 대응시키지 말고 문장 안에서 특유의 의미를 지니도록 이해할 필요가 있다. 그러기 위해서는 각 문장이 가능한 한 논리적으로 전개되도록 해석하는 훈련이 필요하다. 이것이 바로 논증의 재구성이다.

또 하나, 반드시 논리적이지만은 않은 문장을 읽을 때도 논증의 재구성이 도움이 되고 필요하다. 사실 우리가 마주하는 문장어는 일말의 틈도 없을 정도로 논리에 딱 들어맞는 글이 많지 않다. 아니면 논리적으로는 합당하지만, 주장을 뒷받침하는 근거가 불충분하고 그저 몇 가지 사례만 열거되거나, 주장을 지탱하는 전제나 조건 모두가 명시되어 있지도 않다. 좋은 말로는 자신의 논리적 사고에 자부심과 애착을 가진 사람, 나쁘게 말하면 논리병이라 할 만큼 비논리의 존재 자체를 허용하지 않는 사람은 특히 국어라는 과목을 우습게 여긴다. 국어에서는 논리적 필연성을 충족하지 않은 문장도 다루고, 어떤 방식으로든 있을 수 있는 저자나 등장인물의 심리를 묻는 문제까지 내기 때문이다.

국어 과목이 논리적 필연성을 충족하지 않는 문장을 다루는 이유가 있다. 우리가 만나는 언어와 우리가 발화하는 주장이 대부분 논리적 필연성을 갖기 불충분하며 막연한 수준에 머물기 때문이다.

우리는 늘 옳다고 할 수 없는 경우에서도 가능한 한 생각이 가치를 지니도록 힘쓴 후에 주장해야 한다(공부법 33: 툴민의 논증 모델, 271쪽). 또 항상 옳다고는 하지 못할 몇 가지 주장을 이해하고 비교해서 그나마 나은 것을 선택해야 한다.

그러기 위해서는 각 단어나 문장이 최대한 합리적으로 해석할 필요가 있다. 논증의 재구성은 반드시 옳은 것만은 아닌 어휘나 주장을 다루면서 주고받을 수밖에 없는, 우리가 서로를 의지하도록 하는 원리다.

외국어 공부의 기본기

롬브 커토의 분수식

외국어 습득은 상당 부분 신체 훈련에 속한다. 거듭 지속하지 않거나 훈련을 중단해버리면 그 기술은 녹슬고, 애써 습득한 것도 시간이 흐르면서 점차 잃어버린다. 외국어 학습에서 가장 핵심은 날마다 지속하는 일이다. 그보다 효과적이고 결정적인 방법은 없다.

대부분의 경우 우리는 일상생활에서 습득할 수 있을 만큼 깊게 외국어를 접할 기회가 없다. 그렇기에 의식적으로 그런 상황을 만들어야 하지만 매일 지속할 수 없게 방해하는 요인은 다양하다. 외국어 학습에서 특히 문제가 되는 것은, 학습자의 동기를 꺾어버리는 온갖 잡음이다.

그중 하나는 '그런 거 배워봤자…'라는 학습 내용에 대한 잡음이다. '원어민은 그런 식으로 발음하지 않아, 그런 표현은 쓰지 않아'와 같은 말이 대표적이다. 인터넷에서 표현 예시나 발음을 검색할 수 있는 시대에, 그 발언의 오류는 쉽게 확인할 수 있다. 외려 그런 식으로 상대를 비난하는 사람은 어지간히 세상 물정을 모르거나 공부에 게으른 사람이므로 '네 지적 수준으로는 쓰지 못할 거야'라며 무시하면 된다.

또 하나는, '그런 방법으로는 시간 낭비'라는 학습 방법에 관한 잡음이다. 있지도 않은 매너를 거짓으로 만들어 돈을 버는 선배를 '매너 강사'라고 하듯이, 'OO 방식이 아니면 안 돼'라고 말하고 싶어 입이 근질거리는 사람을 '학습 매너 강사'라 해두자. 학습 매너 강사야말로 학습 동기에 상처를 입히고 지속하기를 방해하는 독학의 적이다.

학습 내용과 학습 방법, 어느 쪽이건 위와 같은 잡음이 신경 쓰인다면, 독학으로 16개 국어를 익히고 밥벌이까지 한 롬브 커토*의 교훈을 떠올리자. 롬브 커토가 쓴 방법이 제2외국어의 학습법으로 반드시 최선은 아니다. 그녀가 이용 가능한 학습 자원은 시간과 자금, 교재 모두 제한적이었다. 그런데도 결과적으로 통역사로서 돈을 벌 정도로 실력을 익히고 성과를 올릴 수 있었던 것은 그녀의 방법이 지속 가능했기 때문이다.

대학교에서 자연과학을 배운 롬브는 외국어 학습의 성과와 직결되는 요인을 다음처럼 분수식으로 정리했다. 분자 자리에 있는 소비한 시간은 '학습에 소비한 시간'이며, 동기는 말 그대로 '학습의 동기'다. 이 둘의 수치가 클수록 성과는 올라간다. 이에 대해 분모 자리에 있는 억제·방해는 어학 학습자가 끌어안고 있을 법하거나 빠지기 쉬운 '틀림에 대한 공포' 등을 의미한다. 논리적인 기반을 놓치지 않으려고 모국어에 집착하면서 새로 배울 언어의 구조로 이행하지 못하는 것도 포함한다.

$$\frac{\text{소비한 시간} + \text{동기}}{\text{억제} \cdot \text{방해}} = \text{성과}$$

언어에 관한 한 '정답'에 대해 민감한 것은 인간의 특징이다. 인간은 언어의

---

* 롬브 커토(Lomb Kato, 1909~2003): 헝가리 출신 번역가이자 통역사. 대학교에서 물리학과 화학을 배운 후 생업으로 삼기 위해 영어를 시작으로 여러 언어를 습득했다. 본인의 어학 학습법에 혼자 읽기(autolexia), 혼자 쓰기(autographia), 혼자 말하기(autologia)라고 그리스어 유래의 'auto'를 붙여 부를 정도로 뼛속부터 독학자(autodidact)였다. 유학 없이 독학으로 16개 언어를 익힌 경험을 토대로 『언어 공부』를 집필했다.

아주 미묘한 차이를 상대가 동료인지 외부인인지를 판단하는 신호 중 하나로 사용해왔다. 그렇기에 억양이나 단어 사용의 사소한 차이를 민감하게 캐치하고 감정을 일으키도록 되어 있다. 그러나 그 화살 끝이 자신을 향해 버리면 우리는 언어를 표현하는 일 자체를 지나치게 염려한 나머지 회피하게 된다. 이 공포가 높을수록 결국에는 배움 자체를 포기해버린다.

이것을 몸소 체험했고, 그런 식으로 발생하는 억제가 학습 성과의 최대 방해자라 이해하기에, 롬브는 실수해도 실로 여유로운 태도를 짓는다. 자신에게 관대해서가 아니라, 학습이 성과를 올리기에는 무엇이 필요하고 무엇을 피해야 하는지 객관적으로 보면서 의식적, 전략적으로 오류를 감수하는 것이다.

롬브의 분수식은 일개 독학자로서 경험한 영역을 벗어나지 못하지만, 학습을 촉진하는 요인과 방해하는 요인을 분자와 분모로 배치해 일괄적으로 이해한다는 점에서, 심리학자 존 B. 캐롤의 학습시간 모델**과도 공통점이 있다.[1] 무엇보다 성과로 바로 이어지는 요인으로 '방식'이 포함되지 않는다는 점이, 학습 매너 강사를 포함한 다양한 잡음으로부터 외국어 학습자를 보호한다. 어학 학습에 필요한 것은 최고의 방법이 아니라, 학습자가 일으킨 작은 호롱불이 꺼지지 않도록 보호해주는 수호신이다.

좌절 없이 지속하는 학습법

학습 동기를 유지하면서 지속하는 일이 정말 중요함을 확인했다면 이를 외

** 학습률 = 학습에 소비된 시간 / 학습에 필요한 시간 = 학습 기회 × 학습 지속력(과제에 대한 적성 × 수업의 질 × 수업 이해력)

국어 학습에 구체적으로 적용해 대책을 세워보자.

외국어 학습에 도전했다가 중간에 포기해버린 경험은 누구에게나 있을 것이다. 어학 텍스트는 특정한 제약 때문에 학습자를 좌절로 빠뜨리기 쉽다. 지면이 한정되어 있기에 필요한 지식을 잊어버리지 않도록 끈질기게 같은 사항을 여러 차례 적을 만한 여유가 일반적인 어학 텍스트에는 허용되지 않는다. 그 결과, 앞부분부터 순서대로 읽어나가는 학습자에게 한 번 읽은 내용을 절대로 잊어버리지 않는 기억력을 요구하게 된다. 대단한 천재이거나 몇 번이고 앞으로 돌아가 포기하지 않고 스스로 반복할 수 있는 학습 철인이 아니라면 어학 텍스트를 혼자 힘으로 끝까지 완독하기란 쉽지 않다.

어학 텍스트를 앞에서부터 순서대로 학습하는 일은 목표 없이 계단을 하염없이 올라가는 것과 같다. 아래에서 소개하는 벽에 페인트칠하기 학습법은 오르고 있다고 느끼지 못할 만큼 경사를 완만하게 만들어준다.

벽에 페인트를 칠할 때는 그 특성상, 한 번에 두껍게 바르지 못한다. 한 번에 두껍게 칠하면 그 자체의 무게로 떨어져 나가기 때문이다. 따라서 페인트 벽은 전체를 몇 번에 걸쳐 얇게 발라야 완성된다. 외국어 학습에서는 예를 들면 다음과 같은 순서로 배운다.

① 우선 글자와 발음을 체크한다.

외래어나 고유명사를 해당 언어 문자로 쓴 것을 사용한다. 스펠링과 발음의 관계에 집중하기 위해 초반에는 읽기가 곧 의미로 이어지는 단어에 집중한다.

② 문법을 생각하기 전에 단어를 쳐다본다.

교재 뒤에 해당 교재 안에 수록된 단어를 모아놓은 부록 등을 활용한다. 수백 개의 단어를 한 번에 외우기란 뼈를 깎는 고통이지만, 이 단계에서 모두 외울 필요는 없다. 또 배우고자 하는 언어에서 빈번하게 나오는 글자 수가 짧은 단어부터 우선 외운다. 잊어버렸다거나 단어의 발음을 모를 때만 발음 규칙을 다시 확인한다.

③ 텍스트에 실린 회화나 기본 문장을 모두 읽는다.

단어의 상당 부분이 적어도 한 번은 본 것들이므로 무방비 상태에서 읽을 때보다는 어느 정도 수월하다. 문법 사항은 설명을 읽지 않으면 예문의 뜻을 모르는 경우에만 체크한다.

④ 문법 해설을 자세히 읽으면서 텍스트를 한 번 더 읽는다.

⑤ 대충 머릿속에 집어넣고 이해한 다음에 못박기를 한다.

한 장을 10회 음독하고 3회 필사한다. 그리고 이를 한 권당 3주 정도 훈련해서 이 텍스트를 완료하도록 한다. 도중에 포기하지 않기 위해서는 말도 안 되게 얇은 책을 여러 번 공부하는 것이다. 알고 싶다는 욕망이 묻혀버리지 않을 정도의, 더 배우고 싶은 충동을 억제할만한 분량을 정해서 날마다 반복한다.

어린이 사전과 백과사전은 도구이자 교재

초급 텍스트를 페인트 벽 방식으로 완료했다면 가장 쉬운 어린이용 사전쯤은 활용할 줄 알게 되었을 것이다. 완벽하게 숙지할 때까지 기다릴 필요는 없다. 가능한 한 빨리 배우고 있는 언어로 쓰인 어린이용 사전과 백과사전을 준비한다.

사전이나 백과사전은 독학의 도구임과 동시에 가장 훌륭한 학습 교재이기도 하다. 사전이나 백과사전의 각 항목은 어떤 단편소설보다 짧고 바로 읽을 수 있다. 게다가 다루는 내용은 천차만별이라 거의 모든 분야를 망라하는 지식의 보고다.

영어라면, 일러스트가 들어간 『My First Dictionary』가 영어권 유아가 처음 글자를 읽을 시기에 만나는 사전에 해당한다. 그림과 단어뿐 아니라 어구나 단문 설명도 조금씩 들어 있어 지루하지 않다. 아이 손으로 잡아도 남을 정도로 두께도 얇다. 사전을 완독했다는 경험을 쌓기에 안성맞춤이다.

이 책을 읽을 수 있으면 다음으로 『Children's Illustrated Dictionary』나 『Collins First School Dictionary』 같은 영어권의 5~10세 정도를 대상으로 한 책이 있다. 수록 단어도 앞서 언급한 책에 비해 늘었고 설명도 사진과 영문으로 실려 있다. 물건을 표현하는 명사뿐 아니라, 기본적인 동사나 형용사도 실려 있다. 중학교·고등학교에서 영어를 제대로 배운 사람은 이 단계부터 시작해도 좋다.

그다음은 『My First Encyclopedia』라는 백과사전으로 넘어간다. 완전 컬러 사진과 그림이 가득한 읽는 백과사전이지만, 여기까지 왔다면 간단한 책 정도는 술술 읽을 수 있다. 이 방식을 적용할 수 있는 언어는 당연히 영어만은 아니다. 주요 언어 대부분은 어린이용 사전이나 백과사전을 쉽게 입수할 수 있기에 같은 방식으로 적용해보면 좋다.

회화, 스몰토크를 넘어

마지막으로 회화에 대해 이야기해보자. 무인도에서는 언어가 필요 없다. 우리가 어떻게든 언어를 써야 하는 때는, 혼자서는 도저히 해결하지 못해 누군가에게 도움을 요청할 때다. 따라서 최소한의 회화는 다음과 같은 의미를 지닌다.

Hello. (로 불러 세우고)

Please. (로 부탁한 다음)

Thank you. (로 고마움을 전하고 헤어진다.)

기본 중의 기본으로 솔직히 단어 수준이지만, 단체여행에서는 쓸 만하다. 여기서 아주 조금만 회화 느낌을 더해보자.

Excuse me. (로 불러 세우고)

Can I have~? (로 부탁한 다음)

Thank you. (로 고마움을 전하고 헤어진다)

이보다 높은 수준의 영어는 여행 회화 시리즈를 참고하면 된다. 그러나 일상적인 회화처럼 들리려면 무언가가 더 필요하다. 이를 영어에서는 스몰토크small talk라고 한다. 사전에는 'light conversation(가벼운 대화), chitchat(잡담, 세상 이야기)'라고 되어 있다. 동의어로 'banter(악의 없는 농담), chatter(수다), gossip(소문, 험담)'이 나와 있는데, 우리는 평소에 딱히 새로울 것도 없는 회화를 주고받으면서 상대의 인격을 헤아리고 파악하며 인간관계의 거리를 조절한다. 스몰토크는 정보 전달이 아니라 인간관계의 구축 자체를 목적으로 한 언어의 교환이라 할 수 있다.

캐롤린 그레이엄의 「재즈 챈트Jazz Chants」 시리즈는 자주 쓰이는 어휘를 토대로 리드미컬한 짧은 노래를 만들어 학습자가 취약하기 쉬운 영어의 강약과 리듬을 과장되게 재즈 리듬에 실어 연습함으로써 자연스레 흡수하도록 했는데, 이 시리즈에 『Small talk: More Jazz Chants』라는 책이 있다. 사람 간의 대화를 성립시키는 중심 어절을 다루었는데, 회화를 배운다면 처음에 접해야 할 교재다.

대부분의 회화는 자주 쓰는 어휘로 만들어진다. 영어를 대입하지 않는 어구(Excuse me, Pardon me 등 회화 내용에 반응해 스스로 단어를 대입하거나 할 필요 없는 것)에 대해서는 『Common American Phrases in Everyday Contexts』가, 'Could you~?'처럼 말하는 내용이나 목적·기능에 따라 단어의 대입·대체가 필요한 정형 패턴에 대해서는 『Function in English』가 편리하다. 후자의 제목에 쓰인 'Function'은 말하는 목적을 의미하며, '동의한다', '사과한다', '예를 표한다'와 같은 목적별 표현을 140종류의 기능별로 정리해놓았다. 각 기능마다 통상·포멀·인포멀의 세 경우로 나누어 사용법을 표현한 회화 방식이라는 점에 높은 가치를 두고 싶다.

단 이런 서적들에서는 정해진 문구만 얻을 수 있기에 어떻게든 회화를 성립하게 만들어주지만 '아무라도 상관없는 누군가'를 상대로 하는 데서 멈춘다는 뜻이기도 하다.

그럼 정해진 문구만 주고받는 것 이상의 회화로 넘어가려면 어떻게 해야 할까? 자신이 생각한 (타인은 처음 듣게 될) 내실 있는 이야기를 짜서 효과적으로 전달하는 기술은 고대 수사학보다도 오래되었다. 현재는 언어를 거의 표현 수단으로만 축소해서 정의하고 있으나, 대중 연설은 본디 변론술로써 전통을 계승하는 분야이기도 하다. 『The Art of Public Speaking』은 미국 대학교에서 가장 널리 쓰이는 대중 연설 분야의 정식 교재다. 『Human Communication in Society』는 커뮤니케이션을 폭넓게 다룬 교재지만, 수사학이나 대중 연설에도 페이지를 할애하고 있다.

수학 공부의 기본기

수학에는 원어민이 없다

수학은 거의 모든 자연과학과 과반수의 사회과학, 그리고 상당수의 인문과학에서 쓰이는 가장 성공적인 인공언어다. 표현 내용의 정당화를 증명이라는 형식으로 표준화한 이 언어는 시대나 문화를 초월해 지식과 견문을 전하는 힘과 자연언어로 다루기 힘든 사안을 표현하고 추론하는 힘을 통해 지적 세계의 경계를 넓혀주는 역할을 해왔다. 향후 수학의 활용 분야나 영역이 확장될 전망은 있어도 좁아지리라고 보기는 어렵다. 이를 학습자의 관점에서 본다면 수학을 읽고 쓰는 능력으로 어느 언어보다 우월하게 접근할 수 있는 지적 자원이 확대된다고 할 수 있다.

덧붙여 말하자면, 영어와 같은 자연언어와 달리 인공언어인 수학에는 그것을 모국어로 쓰는 사람, 즉 원어민이 존재하지 않는다. 태어났을 때부터 제1언어로 영어를 써온 사람과 제2언어로 배워온 후발 학습자가 어깨를 나란히 하기란 쉬운 일이 아니다. 그러나 수학이라면 때로는 재능의 차이가 영향을 미치더라도 누구나 의식적으로 훈련을 쌓아 습득할 수 있다. 자연언어와 같이 탄생으로 얻는 이점이 없다는 것만으로도 이 강력한 언어를 배우는 의의는 충분하다.

상상력을 억제하고 손을 움직여라

그러나 '수학은 어렵다'는 생각에 많은 사람이 뒷걸음질 친다. 수학의 어려움 중 일부는 그 강력함의 반증이기도 하다. 수학이 다루는 대상 혹은 이끌어주는 세계는 종종 일상적인 감각이나 평소에 상상할 수 있는 범위를 초월한다. 이렇게 수학에는 '모른다'는 이미지가 붙어 다니기 때문에 수학 입문서나 일반인용 안내서는 수학이 무엇을 다루는지, 그리고 어떤 역할을 하는지 문외한인 독자가 유추할 수 있고, 일상적인 감각이나 상상력과 연결할 수 있도록 도형이나 비유 등을 곁들여 쉽게 전달하고자 힘쓴다.

그러나 일상적 이미지나 상상 가능한 것과는 동떨어진 대상을 다루기에 수학은 오히려 유용하다. 숫자를 이용해 도달한 결과가 때로 우리의 직감이나 감각과는 어긋나기에, 직감이나 감각(이 책에서는 시스템1)만으로는 풀지 못하는 문제를 해결할 수 있는 것이다.

수학 공부의 어려움 중 하나는 아마도 수학을 배우는 자체가 어렵다기보다 학습자의 일상적 감각이나 상상력에 의존하는 경직된 뇌에 있을 것이다. 바꾸어 말하면, 자신의 편견이나 외부로부터 받아들인 이미지로만 해석하여 어떻게든 '아는 체'하는 데 익숙하지만, 배움이 지속될수록 그런 편견이나 이미지로는 따라잡기가 힘에 부쳐 '모르게' 되는 것이다.

이는 인류 대부분이 오랜 기간 마이너스의 수나 허수를 받아들이지 못한 것과 같은 이유다. 숫자의 어려움, 무지의 원인이 명백해지면 취해야 할 대책이 결정된다. 자신이 품고 있는 편견이나 이미지로 이해하지 못한다면, 거기에 집착하지 말고 일단 거기서 벗어나자. '이걸 일상에서 무엇에 비유하면 되지?' 하고 하나하나 일상으로 끌고 들어가기를 멈추자.

그런 후에 수학 교재에서 명기한 정의나 정리로 돌아가자. 머리만으로는 구체적으로 이해하는 데 한계가 있으므로 추론의 규칙에 따르기 위해 마음을 비우고 손을 움직이기 바란다. 우선 그것들이 도출한 결과를 존중하고 관찰한다. 식을 전개하기 어렵다면 수식 처리 시스템Computer algebra system을 이용하는 것도 하나의 방법이다. 구체적인 수치를 대입하고 몇 가지 사례를 만들어도 좋다.

수학의 강력함 중 하나는, 우리의 직감이나 감각에서 이탈해도 오류 없이, 그리고 헤맴 없이 추론을 이어갈 수 있도록 만들어져 있다는 점이다. 일상에서의 감각이나 상상력과 거리를 두는 수단, 그때 밑거름이 되는 정의, 따라야 할 추론 규칙은 반드시 어딘가에 명시되어 있다. 공부를 하던 중 모르겠다면, 일상으로 회귀하는 게 아니라 수학 안으로 파고들자.

이해는 나중에 따라온다

수학에서는 교재보다 쉬운 입문서를 2가지 타입으로 구분한다. 하나는 그 수식으로 무엇을 하고 있는지 모르겠고 이미지가 떠오르지 않는 사람을 위한 해설집이다. 이것을 '알고 있는' 계열의 수학 입문서라 하자. 또 하나는 어떤 이미지인지를 생각할 겨를도 없이 더욱 절박한 상황에 놓인 사람을 위한 책이다. 예를 들면 시험이 닥치니 어떻게든 문제를 꼭 풀어야 하는 사람을 대상으로 한다. 수험 참고서나 '높은 점수를 얻는' 같은 제목이 붙는 이런 종류의 책을 '풀 수 있는' 계열의 수학 입문서라고 부르겠다.

앞서 언급한 대로 수학을 모르겠다고 생각하는 사람은 많다. 이를 필요성으로 바꾸어 인식한다면, 일반인을 위해 제공되는 수학 입문서는 '알고 있는' 계열에 주력한다. 그러나 해설을 보고 이해한 것 같아도 스스로 수학을 매만질 기회가 없으면 문장을 읽은 수준에서 끝나버린다. 게다가 그 '알 것 같다'는 착각 또한 비교적 빠르게 잊혀버린다.

'풀 수 있는' 계열의 수학 입문서가 끝까지 살아남는 경우가 많다. 문제를 풀 수 있으려면 싫어도 수학에 접촉해야 하며, 심지어 대부분은 반복 연습까지도 필요하기 때문이다. 어학에 대입해 말하자면, 외국어 단어를 보자마자 의미가 떠오르지 않으면 점점 읽기가 귀찮아진다. 단어를 기억하거나 사전 찾기에 뇌를 허비하면 내용을 이해하기 위해 쓸 인지 자원이 줄어들어 이해력도 떨어진다.

마찬가지 상황이 수학에서도 일어난다. 자주 출제되는 식 전개나 연산 방식에 전전긍긍하며 인지 자원을 소모하면 이해하는데 사용할 여분의 자원이 줄어든다. 반대로 '풀 수 있는' 계열의 수학 입문서를 가지고 식 전개나 계산을 기계적으로 풀 수 있을 때까지 반복 학습해두면 인지 자원을 덜 소모하면서 이해에 필요한 양을 확보할 수 있다는 이점이 있다. 말하자면 '풀 수 있는' 상황에 도달함으로써 '알고 있는' 상황까지 돌아볼 여유가 생긴다. 이렇게 수학에서는 이따금 이해가 뒤늦게 따라오기도 한다.

다만, 어찌어찌 풀 수 있는 단계에 도달했어도 '알고 있는' 쪽이 받쳐주지 못하는 상태는 썩 개운한 느낌은 아니다. 또 이해도가 얕고 지식의 뒷받침이 약하면 풀어본 적 있는 문제는 풀 수 있어도 응용을 하지 못하거나 시험이 끝나면 필요성이 사라져 급속도로 잊어버리기도 한다. 풀 수는 있지만 앎에 이르지 못하는 답답함에 동기를 부여해 이해하는 단계까지 연결하는 노력이 필요하다. '알고 있는' 계열 수학 입문서로 숨 고르기를 하고, '풀 수 있는' 계열 수학 입문서로 실력을 붙이면서 앞으로 나아가자.

수학책은 결론부터 나온다

일반적으로 수학 교재는 정리와 이에 증명을 덧붙이는 방식으로 전개된다. 이는 오랜 기간 지적 신뢰를 얻어온 방식이지만, 쉽게 쓰였다고 자부하는 수학 입문서 대부분이 '증명을 생략했다'라고 굳이 선을 그어놓을 만큼 도전하기 어렵다는 점에서도 독보적이다.

이 전개 방식이 어려운 이유 중 하나는, 우리가 모든 일을 경험하는 순서나 익숙한 사건의 시작부터 끝까지 이어지는 이야기 서술 방식 등과 달리, 정리와 그 증명은 거의 정반대 순서로 흘러가기 때문이다.

우리가 냉큼 치워버리고 싶은 성가신 일을 맡았을 경우(문제 해결)를 예로 들어보자. 정해진 해결책이 없다면 잘 무마되도록 이런저런 시도를 해본 다음, 모든 경우에 효과가 적용되지는 않지만 간단하고 특수한 상황에서 제대로 해결할 방법을 찾게 되고, 그 방법을 어떻게든 응용해서 보다 확장된 경우에도 써먹을 수 있도록 점점 일반화하고, 최종적으로는 추상적이지만 범용성이 있는 형태로 재정비하는 단계를 밟는다.

정의나 공론에서 출발해 주된 성과를 정리하고 그 정의·공론에서 증명을 통해 결론을 도출하는 수학 교재 스타일에서는, 최종적으로 도달한 '추상적이지만 범용성 있는 형태'가 문제 해결의 중심이 되고 최초에 발생한 개개의 사소한 사건은 기껏해야 마지막에 각 정리의 사례로 다루어지고 만다. 게다가 정리라는 '추상적이지만 범용성 있는 형태'를 도출하기 위해서는, 더 추상적이고 독립적으로는 무엇을 위해 존재하는지도 모를 정의나 공리부터 적어가야 한다. 정의나 공리의 의의는 전체를 통해 이해함으로써 마지막에 명백해진다. 구체적인 것부터 추상적인 것으로 진행하는 우리 경험의 순서에 맞추자면 수학 교재의 서술 방식은 완전히 거꾸로 흘러가는 것이다.

그러나 여기까지 이해했다면 해법은 분명하다. 교재에 적힌 서술을 다시 뒤집어보면 되는 것이다. 예를 들어 해당 정리가 무엇에 쓰이는가, 즉 어떤 문제 해결에 도움을 주는가를 가리키는 예나 연습 문제를 먼저 살펴둔다. 자신이 배우고 있는 내용이 어디에 다다르는지 알고 싶어지면, 중간에 몇 번이고 돌아가면 된다. 지금 배우는 수학 교재 중에 그다지 쓸 만한 게 없다면, 다른 책으로 눈을 돌려도 된다. 수학에 관한 백과사전, 본문에서 소개한 문헌 검색 방법, 그리고 차례 매트릭스(공부법 28, 232쪽)가 도움을 줄 것이다.

애초에 이 정리가 언제 누군가에 의해, 정확하게는 어떤 과제나 문제의 식을 품은 사람에 의해 만들어졌는지 알아두면 '구체에서 추상으로'라는 순서로 이해하는 데 도움이 될지도 모른다. 즉 수학사 쪽으로도 눈을 돌려 보는 것이다.

에른스트 하이러와 게르하르트 바너가 공동 집필한 『이력별 분석 연구 Analysis by Its History』는, 수학사를 대담하게 파고들어 해석학(미분적분학)이 발전한 실제 역사를 따라가는 형식으로 구성된 이색적인 교재다. 미분·적분이 지금 형태로 정비되기 전의 특수한 문제부터 시작해, 후에 개개의 해결책이 필요 없도록 일반적인 형태로 미분적분학이 탄생했고, 나아가 종래의 직감적으로 이해하기 쉬운 방식이 어떤 문제에 봉착해 그것을 극복하기 위해 어떻게 엄밀화·추상화되었는지 그 과정을 좇는다. 초심자가 따라가기 어려운 현재와 같은 방식의 수학 교재가 필요하게 된 이유 또한 이해할 수 있을 것이다.

주

배움을 포기하지 않은 사람들에게

1) Matthew T. Gailliot, Roy F. Baumeister, "The Physiology of Willpower: Linking Blood Glucose to Self-Control", *Self-Regulation and Self-Control*, UK, 2018.

2) Joseph Heath, *Enlightenment 2.0 Restoring Sanity to Our Politics, Our Economy, and Our Lives*, Harper, 2014.

3) Lynn Hasher, David Goldstein, Thomas Toppino, "Frequency and the conference of referential validity", *Journal of Verbal Learning and Verbal Behavior*, 1977.

4) 지식을 인지적 환경 구축이라는 관점으로 인식하게 된 계기는 植原亮, 『실재론과 지식의 자연화(実在論と知識の自然化)』(勁草書房, 2013)를 참조했다.

5) 조너선 하이트, 『행복의 가설』, 물푸레, 2010.

6) Andy Clark, *Being There: Putting Brain, Body, and World Together Again*, Mit Press, 1996.

7) National Center for History in the Schools, *National Standards for History in the school*(Basic Edition), UCLA Public History Initiative, 1996.

1부 우리는 왜 배우는가

1) 인간이 인지에 있어서 외온 동물이라는 지적과 도마뱀의 예는 조지프 히스, 김승진 옮김, 『계몽주의 2.0』(이마, 2017)에 수록됨.

2) 데이비드 알렌, 공병호 옮김, 『끝도 없는 일 깔끔하게 해치우기』, 21세기북스, 2011.

3) 노구치 유키오, 김용운 옮김, 『초스피드 학습법』, 랜덤하우스코리아, 2005.

4) https://amachang.hatenablog.com/entry/20080204/1202104260

5) 셀프 모니터링 대한 일본어 연구 사례는 「인지적 행동요법에 관한 최근 연구」, 『지바대학 교육학부 연구기표 제1부』 30권에 수록됨.

6) oggl: https://toggl.com 또는 AtTrack: http://www.wonderapps.se/atracker/ 참조.

7) '주로 언어와 시스템 개발에 관하여(主に言語とシステム開発に関して)'라는 제목으로 블로그를 운영하는 lang_and_engine의 「효과적인 외국어 공부 시간 만들기」에서 고찰한 내용이다. https://language-and-engineering.hatenablog.jp/entry/20130709/LevelOfFreedomAndLanguageStudy 참조.

8) R. Keith Sawyer, *Explaining Creativity: The Science of Human Innovation*(2nd edition), Oxford University Press, 2012.

9) Cirillo, F, *The pomodoro technique*, San Francisco, Creative Commons, 2009.

10) Pavel Tsatsouline, *Power to the People!: Russian Strength Training Secrets for Every American*, Dragon Door Publications, 2000.

11) David Premack, "Reinforcement Theory", *Nebraska Symposium on Motivation*, USA, 1965.

12) 와타나베 시게루(渡辺茂), 『피카소를 가려내는 비둘기』(ピカソを見わけるハ), 日本放送出版協会, 1995.

13) Heather Piwowar, Jason Priem, Vincent Larivière, Juan Pablo Alperin, Lisa Matthias, Bree Norlander, Ashley Farley, Jevin West, Stefanie Haustein, "The state of OA: a large-scale analysis of the prevalence and impact of Open Access articles", PeerJ 6:e4375, 2018. https://doi.org/10.7717/peerj.4375

14) 무크 수료율이 10퍼센트 정도라는 조사는 "edX's First Course Research Highlights" 참고. https://blog.edx.org/edxs-first-course-research-highlights

2부 무엇을 배워야 하는가

1) 에이미 E. 허먼, 문희경 옮김, 『우아한 관찰주의자』, 청림출판, 2017.

2) 가와키타 지로(川喜田二郎), 『속 발상법: KJ법의 전개와 응용』(続・発想法: KJ法の展開と応用), 中央公論新社, 1970.

3) 같은 책, 16~48항.

4) Roland Barthes, *L'ancienne rhétorique*.

5) Bernard Lamy, Antoine Arnauld, Pierre Nicole, Claudine Marret, Johannes Klopper, *La rhetorique, ou, L'art de parler*, Netherlands: Chez la veuve de Paul Marret, dans le Beursstraat, pp.371~373, 1712. 구글 북스에서 열람 가능함.

6) Ray Bradbury, *I Sing the Body Electric!*, Subterranean Press, 2007.

7) http://www.webofknowledge.com/wos

8) https://www.ncbi.nlm.nih.gov/pubmed/

9) Judith Garrard, "The Matrix Method", Health Sciences Literature Review Made Easy, Jones&Bartlett Publishers, 1999.

10) 오바야시 다료(大林太良), 「인류문화사에서의 기우제」(人類文化史上の雨乞い), 『궁중제사 연구』(新嘗の研究) 4, 第一書房, 1999.

11) C. K. Rovee-Collier, M. W. Sullivan, "organization of infant memory", Journal of Experimental Psychology: Human Learning and Memory, USA, 1980.

12) B. F. Skinner "Superstition in the pigeon", Experimenta, USA, 1948.

3부 어떻게 배워야 하는가

1) Robert B. Brandom, *Making It Explicit: Reasoning, Representing, and Discursive Commitment*, Harvard University Press, 1998.

2) John D. Bransford, Ann L.Brown, Rodney R.Cocking, *How People Learn: Brain, Mind, Experience, and School*(Expanded Edition), National Academy Press, 2000.

3) National Center for History in the Schools, *National Standards for History in the school*(Basic Edition), UCLA Public History Initiative, 1996.

4) David T. Z. Mindich, Just the Facts: How "Objectivity"efine American Journalism, NYU Press, 1998.

5) Al-Juzajani, *The Life of Ibn Sina*, ed. and tr. William E. Gohlman, Albany, State University of New York Press, p.69, 1974.

6) Jonathan Baron, "tage not necessary for reading", *Journal of Experimental Psychology*, UK, 1973.

7) 다나카 사토시(田中敏), 「독해에서 음독과 묵독의 비교연구 개설」(読解における音読と黙読の比較研究の概観), 『독서과학』(読書科学) 33, 日本読書学会, 1989.

8) 구니타 쇼코(國田祥子), 야마다 교코(山田恭子), 모리타 아이코(森田愛子), 준조 가즈미츠(中条和光) '음성과묵독이 문장이해에 미치는 효과 비교-읽기 방식 지도법 개선을 위해' 『히로시마대학교 심리학 연구』8호.

9) 다케다 마리코(竹田眞理子), 아카이 미하루(赤井美晴) '장문의 음독과 묵독이 기억에 미치는 효과: 난이도가 다른 산문과 시를 이용해'(音読と黙読が文章理解におよぼす効果の比較: 読み方の指導方法改善へ向けて), 『와카야마대학 교육학부 교육실천 종합센터 간행물』(和歌山大学教育学部教育実践総合センター紀要), 22권.

10) 가와시마 슈이치(川島秀一) 『책 읽기의 민속지: 교차하는 문자와 이야기』(「本読み」の民俗誌: 交叉する文字と語り), 勉誠出版, 2020.

11) 고바야시 마사키(小林昌樹), 「도서관에서는 어떤 책을 읽을 수 있고 읽을 수 없었는가」(図書館ではどんな本が読めて、そして読めなかったのか), 야나기 요시오(柳与志夫), 다무라 슌사쿠(田村俊作) 엮음, 『공공도서관의 모험』(公共図書館の冒険), みすず書房, 2018, 제2장.

12) Samuel D. Miller, Donald E. P. Smith, "Differences in literal and inferential comprehension after reading orally and silently", *Journal of Educational Psychology*, USA, 1984.

13) 다카하시 마이코(高橋麻衣子), 「문장 이해를 위한 묵독과 음독의 인지과정: 주의자원과 음운변환의 역할에 주목해」(文理解における黙読と音読の認知過程: 注意資源と音韻変換の役割に注目して), 『교육심리학 연구』(教育心理学研究), 55권 4호, 2007.

14) 마쓰미 노리오(松見法男), 후루모토 유미(古本裕美), 미쓰케 란(見附藍), 「아동의 문장 기억·이해에 미치는 중얼거림 읽기와 묵독의 효과」(児童の文章記憶·理解に及ぼすつぶやき読みと黙読の効果), 『히

로시마대학 대학원 교육학 연구과 간행물』(広島大学大学院教育学研究科紀要), 제2부, 문화교육개발 관련영역, 2004.

15) 다나카 사토시(田中敏),「유아의 스토리 이해를 촉진하는 효과적 자기언어화의 환기」,『교육심리학 연구』(教育心理学研究), 2004.

16) Aly Anwar Amer, "The effect of knowledge-map and underlining training on the reading comprehension of scientific texts", *English for Specific Purposes*, 13(1), 1994.

17) Sarah E. Peterson, "The cognitive functions of underlining as a study technique", *Reading Research and Instruction*, UK, 1991.

18) K. Bisra, Z. Marzouk, S. Guloy, P. H. Winne, "A meta-analysis of the effects of highlighting or underlining while studying", *American Educational Research Association*, USA, 2014.

19) 스즈키 사토루(鈴木曉), 조치대학교 프랑스어 프랑스 문학 기요편집위원회 엮음,「중급 프랑스어의 효과적인 학습 교수법: 이상적인 노트 작성법」(中級フランス語の効果的学習教授法: 理想的なノートの作り方),『Les Lettres Françaises』,19호, 65~75쪽, 1999.

20) 윈스턴 처칠, 임종원 옮김,『윈스턴 처칠, 나의 청춘』, 행복, 2020.

21) Nicholas J. Cepeda, Edward Vul, Doug Rohrer, John T. Wixted, Harold Pashler, "Spacing effects in learning: a temporal ridgeline of optimal retention", Pshchological Science, 2008.

22) NPO법인 후투로(FUTURO) LD 발달 상담센터 가나가와(NPOフトゥーロ LD発達相談センターかながわ),『실행 기능력 스텝업 워크시트』(実行機能力ステップアップワークシー), かもがわ出版, 2017. 94쪽에 소개된 '기억법 매칭'을 기본으로, 기억법 리스트를 확대했다.

23) Fergus I. M. Craik, Robert S. Lockhart, "Levels of processing: A framework for memory research", *Journal of Verbal Learning and Verbal Behavior*, 1972.

24) Laird S. Cermak, *Human Memory and Amnesia*(PLE: Memory), Psychology Press, 2014.

25) Joseph. D. Novak, "Concept mapping: A useful tool for science education", *Journal of Research in Science Teaching*, 27(10), pp.937~949, 1990.

26) Nate Kornell, Matthew Jensen Hays, Robert A. Bjork, "Unsuccessful Retrieval Attempts Enhance Subsequent Learning", *Journal of Experimental Psychology: Learning, Memory, and Cognition*, USA, 35(4), pp.989~998, 2009.
Lindsey E. ichland, Nate Kornell, Liche Sean Kao, "The Pretesting Effect: Do Unsuccessful Retrieval Attempts Enhance Learning?", *Journal of Experimental Psychology*, USA, 2009.

27) David P. Ausubel, *Educational psychology: a cognitive view*, Holt, Rinehart and Winston, 1968.

28) 알렉산드르 로마노비치 루리야, 박중서 옮김,『모든 것을 기억하는 남자: 한 기억술사의 삶으로 본 기억의 심리학』, 갈라파고스, 2007.

29) B. R. Bugelski, Edward Kidd, John Segmen, "Image as a mediator in one-trial paired-associate learning", *Journal of Experimental Psychology*, USA, 1968.

B. R. Bugelski, "The image of mediator in one-trial paired-associate learning: III. Sequential functions in serial lists", *Journal of Experimental Psychology*, USA, 103(2), pp. 298~303, 1974. http://dx.doi.org/10.1037/h0036810

30) 플루타르코스, 『아테네인의 명성』.

31) 마르쿠스 툴리우스 키케로, 김성숙 옮김, 『우정에 대하여/노년에 대하여/변론에 대하여』, 동서문화사, 2017.

32) 르네상스 이후의 기억법 부흥에 관해서는 구와키노 고지(桑木野幸司), 『기억술 전사: 므네모시네의 향연』(記憶術全史: ムネモシュネの饗宴) 講談社, 2018 참조.

33) Alberto Cevolini, *De Arte Excerpendi: Imparare a dimenticare nella modernità*, Olschki, 2006

34) Giulio Camillo, *L'Idea del Theathro*, CreateSpace Independent Publishing Platform, 2012.

35) 도미닉법에 관해서는 도미니크 오브라이언, 박혜선 옮김, 『기억의 법칙』(들녘미디어, 2003), PAO 시스템에 관해서는 조슈아 포어, 류현 옮김, 『아인슈타인과 문워킹을: 보통의 두뇌로 기억력 천재되기 1년 프로젝트』(이순, 2011) 참조.

36) Gillian Butler, Nick Grey, Tony Hope, *Manage Your Mind: The Mental fitness Guide*(Third Edition), Oxford University Press, 2018.

37) Arthur M. Glenberg, Thomas S. Lehmann, "Spacing repetitions over 1 week", *Memory&Cognition*, 8(6), pp.528~538. 1980.
John A. Glover, Alice J. Corkill, "Influence of paraphrased repetitions on the spacing effect", *Journal of Educational Psychology*, USA, 79(2), pp. 198~199, 1987.

38) Ernst Z.Rothkopf, "Some Observations on Predicting Instructional Effectiveness by Simple Inspection", *The Journal of Programed Instruction*, 1963.
Eugene B. Zechmeister, John J. Shaughnessy, "When you know that you know and when you think that you know but you don't", *Bulletin of the Psychonomic Society*, 15(1), pp. 41~44, 1980.

39) R. Keith Sawyer, *The Cambridge Handbook of the Learning Sciences*, Cambridge University Press, 2006.

40) 세키 세쓰야(赤攝也)가 번역한 『ACM 튜링상 강연집』(ACMチューリング賞講演集)(共立出版, 1989).

41) Justin Kruger, David Dunning, "Unskilled and Unaware of It: How Difficulties in Recognizing One's Own Incompetence Lead to Inflated Self-Assessments", *Journal of Personality and Social Psychology*, USA, 77(6), pp.1121~1134, 1999.

공부의 토대를 세운다

1) J. B. Carroll, "A model of school learning", *Teachers College Record*, 64(8), pp.723~733, 1963.

혼자 공부하는 시간의 힘

초판 1쇄 발행 2021년 12월 3일
초판 4쇄 발행 2022년 5월 2일

지은이 책 읽는 원숭이 **옮긴이** 정현옥

발행인 이재진 **단행본사업본부장** 신동해
편집장 김경림 **책임편집** 김하나리
디자인 this-cover **교정교열** 조창원
마케팅 최혜진 최지은 **홍보** 최새롬
국제업무 김은정 **제작** 정석훈

브랜드 웅진지식하우스
주소 경기도 파주시 회동길 20
문의전화 031-956-7350(편집) 031-956-7127(마케팅)
홈페이지 www.wjbooks.co.kr
페이스북 www.facebook.com/wjbook
포스트 post.naver.com/wj_booking

발행처 ㈜웅진씽크빅
출판신고 1980년 3월 29일 제 406-2007-000046호

한국어판출판권ⓒ ㈜웅진씽크빅 2021
ISBN 978-89-01-25367-1 [03190]